인도 선교 시리즈 ❷

인도 문화에
적합한
선교 방식의 탐구

인도 선교의 이해 II

진기영 지음

CLC

기독교문서선교회(Christian Literature Center: 약칭 CLC)는 1941년 영국 콜체스터에서 켄 아담스에 의해 시작되었으며 국제 본부는 영국의 쉐필드에 있습니다.

국제 CLC는 59개 나라에서 180개의 본부를 두고, 약 650여 명의 선교사들이 이동도서차량 40대를 이용하여 문서 보급에 힘쓰고 있으며 이메일 주문을 통해 130여 국으로 책을 공급하고 있습니다.

한국 CLC는 청교도적 복음주의 신학과 신앙서적을 출판하는 문서선교 기관으로서, 한 영혼이라도 구원되길 소망하면서 주님이 오시는 그날까지 최선을 다할 것입니다.

Understanding of India Missions(II)

Written by
Ki-Young Jin

Korean Edition
Copyright © 2016 by Christian Literature Center
Seoul, Korea

추천사 1

최은성 목사
서울은현교회 담임
인도 선교네트워크 대표

지식 없는 열심은 무가치하고, 서두르면 무리가 따른다
(잠 19:2, 메시지 성경).

인도 선교에 동참하게 된 지 20년의 세월이 흘렀습니다. 그동안 선교의 후방에서 선교의 전방을 지원하는 사명으로 힘을 다해, 때때로 힘에 겹도록 인도 선교에 동참하였습니다. "총체적 선교"라는 기치 아래 이것저것 가리지 않고 "선교"라는 이름이 붙은 일이라면 무엇이든, 어떤 일이든 나름대로 최선을 다해 섬기려고 했습니다.

사람도 철이 들 때가 있는 것처럼 선교 사역도 철(?)이 들 때가 있는 것 같습니다. 그동안 나 자신은 물론 한국 교회가 선교에 특별한 열심과 헌신으로 세계 선교에 동참해 왔습니다. 한국 교회의 급성장과 궤를 같이하여 한국 교회의 선교도 세계 선교 역사에 기록적인 기여를 함으로 단기간에 선교사 파송 세계 2위를 자부하는 선교 대국이 되었습니다.

하지만 지금까지 한국 선교의 역사와 사역을 반추해 보면 위의 잠언의 말씀과 같이 선교의 열정은 특심하였지만 올바른 지식 없는 열심으로 인해 오히려 역기능적이고 역효과적인 선교 사역도 많았음을 자성하지 않을 수 없습니다.

특별히 한국 교회의 인도 선교 역사가 30년이 넘어섰고 파송 선교사의 수도 일천 유닛(unit)을 넘어선 이때, 지난 선교에 대한 겸허하고 진지한 반성과 더불어 더욱 성숙하고 효과적인 오늘과 미래의 선교를 모색하는 열기와 변화가 가득함을 주님께서 기쁘게 여기시리라 믿습니다.

이번에 존경하는 진기영 선교사님의 『인도 선교의 이해(II)』가 출간됨을 진심으로 기뻐하고 감사하게 생각합니다. 목회자요, 현장의 선교사요, 또 탁월한 선교학자로의 입체적인 준비와 사역을 감당해 오신 진기영 선교사님의 깊은 학문과 넓은 현장과 뜨거운 영성이 낳은 산고의 저술이어서 더욱 신뢰와 감동이 있습니다.

앞서 저술된 『인도 선교의 이해(I)』와 여러 저술과 논문, 포럼, 세미나를 통해 접한 진기영 선교사님의 저술을 통해 '지식 없는 소원과 열정'의 민낯을 직면하고 부끄러움과 반성을 하게 되었고 선교에 대해 더욱 진지한 고민을 하게 되었습니다.

한국인으로 인도에서, 인도의 신학생들에게 힌두교와 선교를 가르치는 탁월한 학자이자 헌신적인 선교사이신 진기영 선교사님이 지금까지 드린 수많은 시간과 땀과 눈물의 열매인 이 책을 통해 한국 교회의 인도 선교가 올바른 지식과 방향, 비전 가운데 더욱 풍성한 열매를 맺게 하는 씨앗이 될 줄로 믿고 기쁨과 감사함과 확신으로 추천합니다.

추천사 2

김한성 박사
아세아연합신학대학교 교수, 선교영어학

『인도 선교의 이해 (II)』는 힌두권 선교사와 예비 선교사들뿐 아니라 한국 교회가 읽어야 할 귀한 책이다. 한국 선교사들의 복음에 대한 열정과 잃어버린 영혼들에 대한 사랑과 희생은 거의 전 세계가 알고 있다고 해도 과언이 아니다. 한편, 우리가 얼마나 지혜롭게 선교 현장에서 사역하고 있고, 한국 교회가 뒤에서 지원하고 동역하고 있는가라는 질문 앞에서 우리는 종종 궁색해진다. 이 책은 이런 우리에게 힌두권 선교에 대한 통찰력과 지혜를 제공한다.

진기영 박사님은 실천적인 면에서나 학문적인 면에서나 힌두권 선교에 대해 깊은 이해와 함께 해박한 지식을 가지고 있어서, 그의 힌두권 선교에 대한 글과 말은 귀 담아 들을 필요가 있다. 진 박사님은 영국 에딘버러대학교에서 선교학을 공부하였고, 현재 인도 유니언신학교에서 가르치시는 학자요 교육자일 뿐 아니라 한국 교회로부터 파송 받아 십 년 넘게 인도에 대해 연구하고 사역하고 있는 선교사이다.

물론, 최근까지 한국 교회의 힌두권 이해는 초보적 혹은 개론적 수준에 맴돌았던 것도 안타까운 현실이었다. 이런 가운데에 진 박사님은 힌두권 선교와 관련하여 진일보한 주제들을 보다 깊게 다루며 한국 교회와 선교사들에게 소개하고 있다.

이 책에서 다루고 있는 주제들은 제목만 읽어도 매우 흥미롭다. 힌두권 선교를 위한 선교 변증, 한국 교회의 인도 선교, 선교 전략, 선교신학의 주제로 엮여 있고, 각 주제마다 정말로 한국 교회와 한국 선교사들에게 꼭 필요한 내용이라고 할 수 있다. 그래서 이 책을 힌두권 선교사 모두와 한국 교회의 선교 관련 목회자, 평신도, 지도자들에게 꼭 읽어 보기를 추천한다.

추천사 3

임희모 박사
한일장신대학교 명예교수, 선교학

    진기영 박사의 인도 선교 연구와 저술 및 강의에 대한 실존적 특징은 다음과 같은 사실에서 드러난다. 저자는 2009년 영국 에딘버러대학교에서 인도 힌두교 상황에서 성취론적 선교를 강조한 슬레이터(Thomas E. Slater)를 비판적으로 연구하여 선교학 전공으로 박사 학위(Ph. D.)를 취득하였다. 그런데 저자의 학문적 모교가 되는 에딘버러대학교의 최초 선교학 교수는 인도에서 20년 동안 선교를 수행하고 1849년 귀국한 더프(Alexander Duff) 선교사였다. 더프는 에딘버러 선교학의 비조(鼻祖)가 된 셈이다.

    그러나 저자는 더프의 여러 선교학적 공헌을 인정하면서도 그가 행한 선교의 문화제국주의적 접근을 비판한다. 저자는 선교나 선교학에 있어서 학문적 객관성과 비판적 엄격성을 강조하고 있다. 이러한 연장선에서 저자는 인도 선교의 과거와 현재, 그리고 선교신학과 전략을 비판적으로 분석하고 대안적 모델을 연구하여『인도 선교의 이해(II)』라는 역작을 출간하였다. 필자가 이해한 대로 이 책의 출간 배경과 의도 및 특징을 간략히 서술하고자 한다.

    우선 저자는 사도 도마의 선교 이후 거의 2,000년, 가톨릭 포르투갈인들의 도착 이후 500년, 그리고 개신교 덴마크-할레 선교회의 경건주의자들의 선교 이후 300년간 인도에서 활동한 선교사들과 이들의 선교 전통을 관찰하고 인도 교회의 속사정을 응시한다. 사실 2천 년 혹은 500년 혹은 300년의 기독교 선교가 진행된 지금, 인도의 기독교 인구는 2-3%에서 오르락내리락 하고 있다. 더구나 이 기독교인의 90%가 힌두 사회 주류로부터 소외되고 차별 받고 가난하고 낙후되고 격리 당한 불가촉천민들이다. 하층 클래스의 종교로 전락되어 분리당한 기독교는 인도 사회를 이끄는 중산층 힌두들과 상층 카스트로의 진입이 거의 막혀 인도 전체를 변혁하고 복음화하고 하나님 나라를 세우는 선교를 수행함에 있어서 전략적 한계를 갖는다. 이러한 상황에서 인도 내부 사정에 대한 몰이해로 외부자적 시각을 갖는 외국 선교사들은 이러한 불가촉천민과 하층 카스트를 온존하고 억압하는 힌두교와 카스트 제도 타파를 선교의 과제로 삼기도 한다. 주류 문화와 사회를 적대하는 선교 접근은 그 자체가 한계를 갖기 마련이다.

저자는 이러한 인도 교회와 선교사들의 전략적 한계를 극복하고 인도에 하나님 나라 확장의 선교를 수행하기 위한 관찰과 연구를 오랫동안 진행하였다. 우선 저자는 인도 선교사로 파송받아, 인도를 복음화해야 할 신학교(연합성경신학교, Union Bible Seminary)에서 종교학과 선교학 교수로서 연구하고 강의하고 있다. 교수, 선교사에게 인도 종교 문화와 사회에 대한 폭넓은 연구와 깊은 이해는 필수적이다. 이를 바탕으로 인도 기독교와 교회, 외국 선교사들, 한국 선교사들의 활동을 반성적으로 들여다보고 인도 선교 상황에서 최적의 효율적 선교 전략을 연구하였다.

첫째, 선교사로서 저자는 내부자적 관점을 채용하여 인도 선교 전략을 구상하고 실천한다. 그동안 외국에서 온 선교사들이 일방적, 사시적 시각으로 인도를 들여다보고 판단하면서 자기들에게 익숙한 방식으로 외부자적 선교를 실시하였다. 이러한 한계 상황에서 저자는 선교사들이 도외시한 인도 특유의 내부 사정과 상황을 철저히 연구하고 검토하였다. 인도 문화 상황에서 인도인들의 특성을 이해하고 기독교와 교회가 어떻게 인도인들의 것들이 될 수 있는가를 관찰하였다. 이러한 내부자적 시각을 가지고 저자는 인도 사회 중산층 힌두들을 대상으로 선교 가능성을 찾아 전략을 논의하고 모델을 제안하고 있다.

둘째, 저자는 문화적 접근 방식으로 힌두교 인도 사회의 힌두들의 유일신론적 태도를 관찰하고 이들의 기독교 수용 가능성을 검토하였다. 예수 그리스도의 기독교는 인도의 천민들과 중산층을 포함한 다수 국민들의 종교가 될 가능성이 있음을 객관적으로 연구하였다. 다신론적 힌두교 상황에서 각각 힌두는 하나의 신을 믿는 유일신론적 신앙 태도를 갖는다. 이러한 힌두들에게 이들이 이해 가능한 방식으로 기독교 복음을 전해야 한다는 것이다. 저자는 힌두 선교의 새로운 패러다임을 논의한다.

셋째, 저자는 예수 박타(Yeshu Bhakta) 모델을 제안한다. 예수 박타란 "문화적으로는 힌두 공동체의 삶의 방식을 따라 사는 사람이면서 신앙적으로는 예수 그리스도만을 사뜨 구루(Sat Guru, 참된 선생님)로 따르는 신자(박타)"를 뜻한다. 이 모델은 상층 카스트와 도시 중산층 대상의 선교를 수행 가능케 하는데, 인도 문화에 적합한 '가정 삿상'(가정 교회) 전도 방법을 활용하면 경제적으로 돈이 안 드는 선교 모델이기도 하다. 이 모델에서 힌두들은 어느 특정 신을 선택할 수 있는 전통(Ishta Devata)에 따라, 예수 그리스도만을 주님으로 모시고 길과 진리와 생명의 삶을 살 수 있다. 전통적 선교 방식의 기독교인이 사회의 최하층으로 전락하는 것과 달리, 이러한 예수 박타는 자신의 기존 사회관계망이나 공동체로부터 분리될 위험이 전혀 없다.

넷째, 저자는 진실성을 담아 소통의 선교를 강조한다. 대부분의 선교사들이 외부자적 시각만 바라보고 정향되어 있는 상황에서 저자는 내부자적 선교지향을 강조하고 이 두 시각이 상호소통하여 하나님 나라 선교를 위한 상호보완적 차원으로 발전하기를 바란다. 이러한 의미에서 선교사들 간의 소통과 대화는 절대적으로 필요한 것이다. 우선 인도인들과 선교사들 간의 소통과 대화 그리고 여러 관계 속에서 선교를 수행하는 선교사들 간의 소통과 대화, 인도의 한국 선교사들과 한국의 후원 교회들 간의 소통과 대화와 변화가 일어나야 할 것이다. 이를 위하여 저자는 객관성을 기본으로 진실과 성실을 담아 선교적 소통을 겸허하게 주장하고 있다.

진기영 박사의 이러한 인도 선교에 대한 폭넓은 이해와 충정 어린 제안을 담은 책을 한국 교회와 한국 선교사들 특히 인도에서 활동하는 한국 선교사들이 필독하기를 소망하면서 추천하는 바이다.

목차
contents

추천사 1	최은성 목사(서울은현교회 담임, 인도 선교네트워크 대표)	4
추천사 2	김한성 박사(아세아연합신학대학교 교수, 선교영어학)	6
추천사 3	임희모 박사(한일장신대학교 명예교수, 선교학)	8

저자 서문   14

제1부 힌두에게 호소력 있는 기독교 메시지   18
- 1장 안에서 보는 힌두교   21
- 2장 인도 박띠(Bhakti) 신앙에 대한 개혁주의 선교적 접근   29
- 3장 힌두교에 대한 선교사 메시지   54

제2부 전통적 선교에 대한 반성   106
- 1장 한국 교회 인도 선교 33년과 다음 세대의 과제   109
- 2장 한국 교회의 인도 선교 패러다임 전환   142
- 3장 총체적 관점에서 보는 윌리엄 캐리의 인도 선교 재평가   164
- 4장 힌두 민족주의: 박해와 기독교 선교   183

인도
선교의
이해 II

제3부 인도인의 필요를 채우며 인도 문화에 적합한 선교 방식   210

  1장 라젠드라 다스의 힌두 선교와 한국인 선교사의 과제   213
  2장 인도의 블루 오션, 도시 중산층 선교 방법론   227
  3장 구루 쉬쉬야 관점에서 본 인도인 제자 양성 방법   249
  4장 힌두 선교와 예수 박타(Yeshu Bhakta) 모델   276

제4부 카스트 힌두에 적합한 인도 선교신학   302

  1장 인도 선교에 있어서 로고스신학의 역할   305
  2장 상층 카스트 선교에 유용한 성취신학   321

  참고문헌   343

저자 서문

진기영 박사

인도 Union Biblical Seminary 종교학, 선교학 교수

『인도 선교의 이해(I)』이 작년에 발간된 지 1년 후 다시 『인도 선교의 이해(II)』를 내놓게 되어 기쁘다. 이번의 두 번째 책은 2003년 에딘버러 대학에서 석박사 공부를 시작하면서부터 지금까지 13년 간 선교학회지 및 각종 세미나와 포럼에서 발표한 글들과 일부 미발표한 글들을 하나로 모은 것이다. 『인도 선교의 이해(I)』이 인도 선교의 특수성, 인도의 신앙, 인도 선교 역사, 인도 선교 방법론의 개론적 이해를 제시했다고 한다면, 『인도 선교의 이해(II)』는 좀 더 상세한 각론적 이해를 제공한다.

『인도 선교의 이해(I)』이 인도 선교의 여러 분야를 두루두루 다루었다면 『인도 선교의 이해(II)』는 그 중에서 인도 선교 방법론에 초점을 맞추었다. 13년간 여러 가지 상황에서 여러 가지 다양한 주제로 글을 썼는데 다 모아 놓고 보니 그 글들은 한결같이 '인도 문화에 적합한 선교 방식은 무엇일까?'라는 질문에 답을 찾는 과정이었다. 그래서 『인도 선교의 이해(II)』에는 부제로 '인도 문화에 적합한 선교 방식의 탐구'라고 붙였다.

제1부 '힌두에게 호소력 있는 기독교 메시지'는 힌두신앙이 주류인 인도인들에게 적합한 기독교 메시지는 무엇일까에 대한 탐구를 다루었다. 선교사와 함께 대부분의 인도 기독교인들이 알고 있는 힌두신앙은 마귀

사탄의 종교, 우상 숭배, 다신교이며 그들의 신은 부패한 신, 음란한 신이다. 그러나 힌두들이 고백하는 신 역시 거룩한 신, 정의의 신이며, 그들의 종교 역시 창조주를 인격적으로 믿음으로 구원에 이르는 유일신교적 신앙의 요소를 갖고 있다. 만일 힌두신앙이 후자에 속한 것이라면 우리는 어떻게 힌두들을 이해할 수 있고 그들에게 호소력 있는 복음을 전할 수 있을까?

제1부는 힌두신앙에 대한 올바른 이해를 기초로 어떻게 성경적이며 힌두들도 받아들일 수 있는 선교사 메시지를 만들 수 있는가에 대한 통찰을 제시하고 있다.

제2부 '전통적 선교에 대한 반성'은 역사적, 사회 문화적, 커뮤니케이션의 측면에서 전통적 선교를 성찰하는 내용을 다루고 있다. 많은 선교사들이 열정을 가지고 일하며 본인들이 하는 사역에 보람과 자부심을 갖고 있다. 서구 선교사들 역시 인도 선교를 위해 처자식을 잃고 자신의 청춘과 목숨을 버리며 헌신적으로 인도 영혼을 섬겼다. 그러나 안타깝게도 기독교 선교에 대한 주류 인도인의 피드백과 평가는 인색하고 냉랭하다 못해 적대적이기까지 하다. 그 이유는 선교사들과 현지인 사역자들이 주류 인도인에게는 공감이 안되는 비성육신적 선교, 그들의 문화에 무디고 문화파괴적인 선교를 일삼았기 때문이다. 제2부는 이런 점에서 그동안 서양 및 한인선교사들이 전통적으로 진행해오던 선교에 대한 문화적 성찰의 기회를 제공하고 있다.

제3부 '인도인의 필요를 채우며 인도인의 문화에 적합한 선교 방식'은 인도인의 방식으로 인도인이 편안하게 느끼는 방식의 선교란 어떤 것인가를 탐구하는 시도의 몇 가지 결과물을 다루고 있다. 선교사의 필요를 채우기 위해 선교사가 편안하게 느끼는 방식으로 진행되는 선교는 인도 선교에 재앙과 실패로 점철되어 있다. 반면에 인도인의 필요를 섬기며 그들에게 친숙한 방식의 접근은 선교사의 입맛과 기대수준에는 맞지 않을

지 모른다. 그럼에도 불구하고 인도에서 서양인과 한국인에게 불편한 옷이 그들에게는 맞는 옷이다. 그 불편함들이 편안하게 느껴지는 동일시화의 과정이 어쩌면 성육신의 과정이고 인도에서 기독교 복음이 인도인의, 인도인을 위한, 인도인에 의한 신앙으로 뿌리를 내리는 과정이라고 할 수 있겠다.

제4부 '카스트 힌두에 적합한 인도 선교신학'은 힌두의 신앙적 문화적 배경을 가지고 기독교 복음을 나타내는 작업의 신학적 타당성을 살펴보는 내용이다. 힌두들이 이해할 수 있는 기독교 신앙의 제시는 필연적으로 힌두 신앙 속에 있는 기독교적 진리를 활용하게 된다. 그런 진리의 요소가 유대교나 이슬람교도 아닌 힌두교 내에서 어떻게 생겨나게 되었는지, 그리고 그것과 기독교를 어떻게 연관지을 수 있는지 져스틴, 오리겐 등 교부신학자들과 서양 선교사, 인도 기독교인의 이야기를 들어 보자.

『인도 선교의 이해(I)』도 그렇지만 이번 『인도 선교의 이해(II)』에서는 더욱 더 분명하게 전통적 선교와 인도 문화에 적합한 성육신적 선교를 대조하여 제시하였다. 나는 이것이 기존 선교에 대해 전면적 비판을 하는 것이 아님을 분명히 말하고 싶다. 앞에서도 이야기했지만 인도에서 살았던 모든 선교사들의 열정과 헌신과 희생에 경의를 표한다. 수명을 단축하는 공해와 온갖 불편함에도 불구하고 인도땅에서 사는 것 자체가 성육신적 삶을 사는 것이라고 본다. 그러나 우리가 모든 것을 다 잘 해온 것은 아닐 것이다. 더구나 인도 선교를 시작한지 한 세대가 지난 지금, 어떻게 하면 좀 더 내실 있는 선교를 할 것인가에 우리 모두 마음을 모으고 있는 줄 안다. 이 책에 나오는 내용은 그런 작업을 하는 데 조금이라도 도움이 되기를 바라는 데서 나온 글로 이해해 주기를 바란다.

인도 문화에 적합한 선교 방식의 탐구는 이제 시작에 불과하다. 왜 그런 탐구가 필요한 것인지, 그런 탐구가 없으면 어떤 문제가 생기는지, 그리고 그 탐구는 어떤 방향으로 진행되어야 하는지를 이해하려면 인도 선교 및 서양 근대 선교의 뿌리이자, 오늘날 가장 대중적인 인도 선교 방식의 기원이 되는 윌리암 캐리의 선교 방식에 대한 재평가가 필요하다. 그래서 지금 집필 중이며 내년에 출간 예정인 책이 『서양식 선교의 종말: 근대 선교의 아버지, 인도 선교의 재앙, 윌리암 캐리』이다. 그 다음으로는 인도 문화에 적합한 선교 방식의 실제적 대안으로 "예수 박타" 방식에 대해 집중적으로 조명하는 책을 쓸 계획이다. 이 모든 작업은 성육신적 선교, 인도 문화에 적합한 선교를 하고자 하는 고민의 산물이다. 정답은 없거나 모른다. 정답을 찾기 위한 많은 고민이 있을 뿐이다. 그러나 고민이 늘고 같이 고민하는 사람이 늘수록, 비성육신적 선교에서 차츰 멀어지고 성육신적 선교 쪽으로 가까이 가는 사람들이 늘어날 것은 분명하다. 지금이 아니라 다음 세대의 선교, 인도땅에서 서구의 왕국이나 한국인의 왕국, 한국 교회와 교단과 선교단체의 왕국이 아니라 하나님의 나라를 세우기 위해서….

마지막으로 내 아내 박은애 선교사에게 고마운 마음을 표하고 싶다. 왜냐하면 『인도 선교의 이해(I)』도 그렇지만 『인도 선교의 이해(II)』 역시 아내가 아니면 빛을 보기가 어려웠기 때문이다. 『인도 선교의 이해(I)』의 경우는 완벽주의가 있어서 더 많은 자료를 읽은 연후에야 책을 쓰고자 하다가 책 내는 일이 계속 지연되고 있었는데 아내의 촉구로 책을 마무리할 수가 있었다. 이번 경우에도 자료집처럼 그냥 몇 권만 출력해서 필요한 사람들만 주려고 했었는데 『인도 선교의 이해(II)』로 해서 출판하라고 한 사람도 아내였다. 뿐만 아니라 글 하나 하나 교정해 주면서 평가와 비판을 아끼지 않고 해 준 아내에게 감사의 마음을 표한다.

제1부
힌두에게 호소력 있는 기독교 메시지

1장 안에서 보는 힌두교
2장 박띠 신앙에 대한 개혁주의 선교적 접근
3장 힌두교에 대한 선교사 메시지

▶ 19세기 때 선교사들이 인도인이 메고 다니는 가마 타고 다녔던 사진

전통적 선교에서 문화에
적합한 선교로 전환하라

인도 선교의 이해 II
Understanding of India Missions II

1장

안에서 보는 힌두교[1]

학업이든 비즈니스 등 여러 가지 이유로 인도 땅에 살고 있는 우리 한국 사람들 입장에서 보면 인도의 문화는 참 이상한 것이 많다. 한국의 전통 종교인 불교의 기원지가 이 나라이기 때문에 어느 정도 공통분모가 없는 것도 아니지만 여러 가지 면에서 한국과는 많이 다르다.

외국인 등록(FRO) 서류 중에 주소 확인 문제로 지역 경찰서에 가게 되는데, 사무실 안으로 들어가면 여러 힌두 신들의 이미지가 액자에 담겨 다닥다닥 붙어 있다. 경찰서 구내에 한 뼘밖에 안 되는 뒷마당이 있는데 거기를 가득 차지하고 있는 것은 커다란 힌두 신상이다. 한국 같으면 어떤 특정 종교의 상징물이나 신상을 정부 건물 안에 이렇게 버젓이 모셔 둘 수는 없는 일이다.

인도도 힌두교가 국교는 아닌데 … 어디 이뿐이겠는가?

한번은 택시를 타고 어디를 가게 되었는데 운전석 앞쪽에 코끼리 신, 가네쉬 상이 놓여져 있을 뿐 아니라 좁은 차 공간 안에 운전사가 향을 계속 피워대는 바람에 가는 내내 독한 향 냄새를 맡아야 했다. 게다가

---

[1] 이 글은 2016년 2월, 뿌네 한인회보인 "나래하"에 실었던 글이다.

도중에 향이 다 타자 가던 길을 멈추고서는 향을 사러 갔다가 돌아왔다. 물론 승객인 나에게는 한마디 양해를 구하지도 않았다. 어제는 볼 일이 있어서 인도인 운전사를 두고 있는 친구 차를 타고 아우랑가바드에 갔다 올 일이 있었는데, 그 운전사는 그날이 금식하는 날이라고 음식을 먹지 않는다.

인도 사람에게 힌두교라는 신앙은 어떤 의미를 가지는 것일까?

안타깝게도 힌두교는 외부인들에게 부정적인 모습으로 많이 알려져 있는 것을 본다. 이는 우리가 인도의 문화와 종교를 볼 때 대부분 외부자적(etic) 관점으로 보기 때문이다. '외부자적 관점'이란 문화인류학의 조사 연구 방법 중 하나로서 보편적, 객관적 잣대를 가지고 어떤 문화와 사회적 행동이나 체계를 이해하고 평가하는 것이다. 이 경우 문제가 되는 것은 우리는 우리의 입장이 객관적이고, 보편타당하다고 보지만 실제로 자문화중심적인 경우가 많은 것이다. 옳고 그름의 기준이 한국 또는 미국이니까 인도 사람들의 삶의 모습이 이상하게 보이는 것이다. 인도인에 대한 편견과 오해는 많은 경우 여기에서 비롯된다.

그러나 우리는 현지 문화의 내부에 사는 사람들의 내부자적(emic) 관점을 제대로 알기 전까지는 우리의 판단을 얼마 동안 보류할 필요가 있다. 왜 이 나라 사람들은 어떤 특정 행동이나 사고를 하게 되는지, 그들이 어떻게 믿고 느끼는지, 그 배경 문화와 신앙을 알게 되면 현지인에 대한 이해가 깊어진다. 그러기에 내부자적 관점과 외부자적 관점을 상호 보완함으로써 전체적인 그림을 그릴 수 있다. 그런 점에서 이 글은 우리가 이상하게 여기는 인도의 종교적 현상들에 대해 내부자인 인도인들은 어떻게 생각하고 어떻게 말하는지에 초점을 두고 서술하고자 한다.

먼저 인도인들은 왜 소나 코끼리, 원숭이, 뱀 같은 동물들을 숭배하는가 생각해 보자.

신이라면 적어도 인간보다는 탁월한 존재라야 되지 않을까?

그런 점에서 동물을 신으로 모시는 인도 사람들은 참 이상하게 보인다. 그러나 사실 인도 사람은 우리가 생각하는 것처럼 신을 숭배하는 것과 같이 동물을 숭배하는 것이 아니라 그들을 존경하고 사랑하는 것이라고 말한다. 그 증거로 벵갈루르에 황소 신전이 예외적으로 있기는 하지만 암소 신전은 전국적으로 찾아볼 수 없다.

인도인이 특별히 암소를 사랑하는 이유는 그들이 인도인들의 식탁에 필수적인 우유, 크림, 요거트, 치즈, 버터, 기(ghee)를 공급해 줄 뿐만 아니라 농촌에 필수적인 연료와 비료를 제공해 주고, 죽어서도 살과 가죽과 뼈 등 어느 것 하나 버릴 것 없이 모든 것을 바쳐 인간(특히 인도 사람)을 위해 봉사하기 때문이라고 말한다. 이런 이유로 마하트마 간디는 육신의 인간 어머니보다 소를 더 존경하고 사랑한다고 말한 바 있다. 인도인이 소를 아끼고 사랑하는 또 다른 이유는 인도인들이 가장 많이 숭배하는 신 끄리슈나가 본래 소를 돌보던 목자였고, 또 다른 대중적인 신 쉬바는 소를 타고 다녔으며, 쉬바신의 거처를 지키는 동물이 바로 소였기 때문이다.

자신들의 신이 아끼고 돌보는 동물을 그 신자들이 어찌 아끼고 사랑하며 돌보지 않겠는가?

소뿐 아니라 모든 동물을 아끼고 사랑하는 것이 인도인의 국민적 특성이라고 할 수 있는데, 이는 신성이 모든 피조물 속에 다 깃들어 있다고 보는 그들의 신관에 기인한다. 그뿐만 아니라 그들의 윤회관에 따르면 사람이 죽으면 그것으로 끝이 아니고 수많은 재탄생의 과정을 통과하게 되는데 그 과정에서 인간의 혼이 소에게도 깃들 수 있고, 개와 심지어는 버러지에게도 깃들 수가 있는 것이다. 인도인들이 비폭력(Ahimsa) 사상을 가지고 모든 살아 있는 생명을 해치지 않고자 하며 채식을 이상적인 식단으로 생각하는 이유도 여기에 있다.

그래서 간디는 "한 국가의 위대함의 정도와 도덕적 진보는 동물을 어떻게 다루는가에 달려 있다"고 말하고 있고, 그런 관점에서 본다면 대도시 한복판 도로를 점거하는 소에 관대할 뿐 아니라 소에 화환을 걸어 주고 장식품으로 데코레이션을 해주는 인도, 매년 수만 명의 사람들이 물려 죽는데 그럼에도 불구하고 뱀을 잡아 죽이기를 꺼리는 인도야말로 인류 문명 가운데 가장 위대한 국가, 가장 도덕적인 나라가 아니겠는가?

다음으로 인도에 살다 보면 느끼는 것이지만 인도에는 웬 신들이 그렇게 많나 하는 생각이 든다. 기독교에는 예수님, 이슬람교에는 알라, 불교에는 부처님, 유교에는 공자님, 그런데 힌두교에는 브라마, 비슈누, 쉬바, 끄리슈나, 람, 가네쉬, 하누만, 두르가, 깔리, 사라스와띠, 락슈미 등 헤아릴 수가 없이 많다. 어떤 사람은 진화론적 종교진보사관에 기초하여 유일신교가 가장 고등한 종교이고 힌두교처럼 여러 신을 숭배하는 다신교는 가장 낮은 수준의 종교라고 폄하하기까지 한다.

그러나 아무 힌두교인에게나 물어보라. 그들이 여러 신들의 존재를 인정할지는 몰라도 개인적으로 믿고 따르는 신은 하나의 최고신이라고 말할 것이다. 힌두교를 다신교라고 오해하는 사람이 많으나 정작 인도인 자신들은 일신교적 신앙을 가지고 있다고 말한다. 언어가 다르고 문화가 달라 지역마다 언어마다 다른 이름을 가질 수는 있으나 힌두교인이 숭배하는 신은 하나라는 것이다.

예를 들어 힌두교에는 4개의 주요 교파가 있는데 쉬바파에게는 쉬바가 최고신이고, 비슈누파는 비슈누가, 샥띠파는 여신 샥띠가 주신이며 다른 신들은 인간과 같이 본질적으로 주된 신의 피조물일 뿐이다. 스마르따파는 일원론으로서 신들을 포함하여 모든 존재하는 것들이 하나의 신 브라만의 현현으로 보기 때문에, 근대 인도 최고의 성자로 일컫는 비베카난드(S. Vivekanand)는 자신의 책 『힌두교』에서 힌두교는 다신교가 아니고 일신교적 종교라고 말했던 것이다.

물론 힌두교에 일신교적 특징이 있다고 하나 기독교나 이슬람과 같은 종류의 일신교는 아니다. 힌두교의 독특한 신관을 소개하기 위해 19세기 독일의 학자 프리드리히 막스 뮐러(Friedrich Max Muller)는 단일신론 또는 택일신론(henotheism), 교체신론(kathenotheism)이라는 용어를 만들었다. 앞에 것은 다른 신들의 존재를 부정하지 않지만 하나의 신만을 최고신으로 택하여 숭배하는 신앙을 말하고, 뒤에 것은 한 시기에 하나의 신만을 숭배하는 것을 말한다. 좀 이해하기 어려울 수는 있지만 한 가지 확실한 것은 힌두들은 동일한 능력과 자격을 가진 여러 신들의 존재를 인정하지 않는다는 것이다. 대부분의 신들은 인간과 똑같이 죄를 짓기도 하고 그들의 선과 악에 따라 윤회의 과정을 거쳐야 하는 피조물이다. 인간에 비해서는 탁월한 능력을 가지고 있지만, 최고신의 수하에 있고 그 신을 받드는 피조물이자 종과 같은 존재라고 말할 수 있다. 기독교의 천사와 좀 비슷할 수 있다.

어쨌든 힌두들이 최고신 하나를 믿는지는 모르지만 교파에 따라, 지역에 따라 여러 가지 이름으로 그 신을 부르니 혼란스럽고 다신교처럼 보이는 것은 사실이다. 그러나 이름은 여러 가지일지라도 힌두에게 있어서 진리는 여러 개가 아니라 하나이다. 힌두 최고의 경전 베다의 목적이자 정수로 일컬어지는 스베따스와따라 우빠니샤드 IV. 11-20에 따르면 "만일 사람이 분별력이 있다면 그분을 바로 알게 될 터인데, 그분은 모든 생명체를 낳으시고 다스리는 분이시며, 모든 축복의 근원이 되신다." 간디의 경전이자, 인도인에게 가장 사랑받는 경전인 바가바드 기따 VII. 17에 의하면 "이러한 지혜의 사람들 가운데 오직 하나이신 신을 사랑하고 예배하는 자는 가장 귀한 자이다."

기독교나 이슬람교의 입장에서 볼 때 또 한 가지 이상한 것은 돌이나 금속, 또는 종이에 새겨진 형상을 예배의 대상으로 삼는 이미지 숭배, 또는 우상 숭배이다. 서두에서도 이야기했지만 힌두 신전에 가거나 아니면 가정집의 성소에는 거의 대부분 갖가지 우상의 이미지로 가득하다.

힌두교는 우상 숭배의 종교인가?
힌두들은 답한다.

> 우리는 돌이나 금속으로 된 우상을 신으로 숭배하는 것이 아니라 이미지를 통해 그 배후에 있는 신에게 예배드리는 것이다. 높고 보이지 않는 신적 존재를 보이는 이미지 안으로 불러들임으로써 그분과 교제하고 그분이 주는 복을 받는 것이다.

힌두들은 초월적이고 보이지 않는 신적 존재와 이미지를 통해 소통하는 것을 전화기를 사용하는 것으로 비유한다. 인도에서 서울에 있는 가족과 소통하는 경우 우리가 플라스틱으로 된 전화에 대고 말하는 것으로 보이지만, 사실은 전화를 도구로 삼아 보이지 않고 멀리 떨어져 있는 살아 있는 존재와 소통하는 것이다. 이미지는 돌이고 나무고 금속이고 종이에 불과하다. 그런 것들이 초월적이고 인간에게 복을 주는 존재일 수는 없다. 그러나 신을 부르는 특별한 의식을 통해서 성별시키면 그 이미지가 인간에게 축복을 부어 주는 신의 존재로 바뀌어질 수가 있고 적어도 신이 머무르는 장소가 될 수 있다고 말한다. 이렇게 힌두가 이미지 숭배, 또는 우상 숭배에 대해서 기독교인이나 무슬림에 비해 혐오감이 없고 편하게 느끼는 것은 만물 속에 무소부재하며 편재하는 신의 존재를 믿기 때문이다. 그들은 신이 하늘 저 멀리, 구름 바깥 머나먼 곳에 있기보다는 바로 이곳, 돌 속에, 나무 속에, 사람 속에 있다고 믿는다.

그러나 힌두의 궁극적인 목표, 최고 경지의 신앙에 있어서는 어떤 우상도, 어떤 이미지도 필요가 없다. 어떤 힌두들에게 이미지와 우상이 필요하다면 그것은 그들이 그런 것들의 도움을 받아야 신과 소통할 수 있는 어린아이 같은 신앙의 단계에 있다는 것을 의미한다. 최고 단계에 있는 요기(요가 수행자)들은 이미지 없이 바로 신과 소통할 수 있고 해야 한다고 말한다.

보이지 않는 신적 존재를 보이는 것을 통해 확인하고 소통하려는 것은, 추상적이고 말 못하며 움직이지 못하는 신으로 만족할 수 없고, 살아 있으며 대화하고 응답할 수 있는 신적 존재를 향한 인도인의 갈망의 표현이라고 할 수 있다.

마지막으로 모든 종교의 궁극적 목표인 구원관에 대해 말해 보고자 한다. 보통 외부인들은 힌두들이 그들의 범신론 신앙 때문에 죄의식도 없고 윤리 의식도 없다고 말한다. 그리고 구원은 인간 구원을 위한 신의 어떤 행위와도 관계없이, 단순히 신인동체에 대한 깨달음을 통해 반복되는 윤회의 사슬에서 벗어나는 데 달려 있다고 본다. 그러나 이와 같은 외부자의 시각은 힌두교의 다양한 전통과 철학을 9세기 힌두교의 성자 샹까라의 아드바이따(둘이 아니고 하나라는 뜻으로 일원론 사상) 하나로 축소시켜 이해하는 환원주의적 이해라는 문제점이 있다.

기독교에서는 태초에 말씀(로고스)이 있다고 하는데, 흥미롭게도 힌두교는 브리하다라니야까 우빠니샤드 I,ii,1에 의하면 태초에 '배고픔'이 있었다고 말한다. 배고픔은 곧 죽음을 의미하는 것인데 생로병사, 그 중에서도 죽음을 궁극적인 인생의 고통으로 인식한다. 한 번의 죽음도 고통스럽지만 한 번으로 그치지 않고 인간이 살면서 저지르는 선악의 행위의 대가를 지불하는 과정에서 또 다시 태어나고 또 다시 죽는 일을 반복하는 윤회(삼사라)의 과정을 피할 수 없다고 한다.

그런데 이 고통의 원인에 대한 해석이 철학 학파 또는 종파에 따라 다르다. 앞에서 말한 샹까라의 베단따 철학에 따르면 세상의 궁극적 존재인 브라만과 내가 하나 됨을 깨닫지 못하는 무지에서 온갖 두려움과 욕심과 고통이 따른다고 말한다. 그러기에 여기에서는 둘이 아니고 하나라는 참된 지혜를 가져야만 모든 고통, 특별히 반복되는 무거운 윤회의 고통에서 해방될 수 있으며 그것이 바로 목샤(또는 묵띠)라고 한다. 이 학파에서는 다른 학파와 달리 대체로 지반 묵띠, 곧 우리의 육체가 죽지 않고 살아 있을 때 이러한 구원의 최종 단계에 이를 수 있다고 주장한다.

이에 비해 미맘사 학파는 제사 의식을 바르게 수행함으로써 목샤에 이를 수 있다고 주장하는데 이는 바가바드 기따의 핵심 가르침인 대가를 바라지 않는(욕망을 갖지 않고 자기 희생적인) 행동을 함으로 성취될 수 있다고 한다.

마지막으로 11세기의 성자 라마누자(Ramanuja)를 대표자로 하는 박띠 전통에 따르면 세상의 고통과 불행, 특히 윤회의 고통은 살아 있는 인격적인 신의 가르침인 다르마(Dharma)를 따라 살지 않는 인간의 죄에서 기인한 것이기 때문에, 요가나 금욕이나 인간의 어떤 행위와 지혜로도 구원에 이를 수 없고, 오직 자비로운 신의 은혜와 사랑에 대한 전적인 신뢰와 헌신에 의해서만 목샤에 이를 수 있다고 한다.

쉬바파 힌두교의 주요 경전인 마하쉬바 뿌라나를 읽어보면 타락한 브라민 부부인 빈두가와 찬출라의 회심과 구원에 대한 이야기가 3장에 걸쳐 역사적 사건으로 소개되고 있는데, 이는 힌두교가 얼마나 죄를 철저하게 다루며 회개와 믿음, 하나님의 자비와 신자의 거룩한 삶에 대한 강조가 얼마나 분명한지 알 수 있다. 그뿐만 아니라 힌두의 신 중 베다의 신인 쁘라쟈빠띠라는 신은 세상의 창조주인데 최초로 인간이 된 신으로서 인류 구원을 위해 자진하여 희생 제물이 된 신이다. 쉬바신의 목은 검푸른 색깔인데 이는 그가 피조 세계의 구원을 위해 독을 마셨기 때문이다.

힌두교를 공부하지 않고서 힌두교를 비판하지 말자. 인도 종교를 알면 인도 문화가 보인다. 그들이 내밀히 고민하는 것, 슬퍼하는 것, 희열을 느끼는 것, 그리고 꿈꾸고, 희망하는 것이 보인다.

2장

인도 박띠(Bhakti) 신앙에 대한 개혁주의 선교적 접근[1]

1. 들어가는 말

인도에서 산스크리트어로 '박띠'(Bhakti)라는 말은 '사랑' 또는 '헌신'을 의미하는 것으로서, 하나님께 대한 사랑과 헌신을 통해 구원 또는 해방 (moksha)에 이를 수 있다고 믿는 힌두교의 핵심적인 내용 중의 하나이다. 인격신을 숭배하는 박띠 신앙은 기원후 6-7세기 남부 지방으로부터 시작해서 12세기 북부 인도에 이르기까지 일반 대중들 사이에 보편화된 대중적 신앙으로서, 행위(karma) 또는 지식(jnana)을 통해 해방에 이를 수 있다고 믿는 식자층의 철학적 힌두교와 대조를 이루면서도 그것들과 함께 힌두 신앙의 주요한 특징으로 자리를 잡고 있다.[2]

인도의 바이블 벨트로 불리는 남부의 께랄라와 따밀나두 지역으로 가

---

[1] 이 글은 총신교회선교연구소의 모임에서 처음으로 발표한 후 「선교신학」 제26집 1권 (2011)에 실린 글이다.
[2] Klaus K. Klostermaier, *A Concise Encyclopedia of Hinduism* (Oxford: Oneworld Publications, 1998), 36.

보면 이곳 사람들이 타지역 사람들에 비해 복음의 수용력이 높으며 또 일단 개종을 한 뒤에는 신앙과 사역에 대단히 헌신적이라는 말을 이구동성으로 한다. 아직 가정적인 단계이긴 하지만 그 중요한 이유 중 하나는 바로 이곳이 역사적으로 박띠 운동의 중심지로서 지금도 박띠 신앙인이 많기 때문인 것으로 보인다. 힌두교의 여러 교파 중에서 박띠 신앙은 기독교와의 그 유사성 때문에 일부 인도 기독교 전도자들과 학자들에 의해 주목받아왔다.

크게 비슈누파와 쉬바파에 속하는 박띠 신자들은 다음과 같은 특징을 가진다.

첫째, 자신들의 경전을 신의 계시요 구원에 이르는 유일한 길로서 높이고 그 경전을 표준으로 살고자 힘쓰는 사람들이다.

둘째, 그들은 기독교와 똑같지는 않지만 나름대로 유일신 신앙을 가지고 있으며 자신들의 기도에 응답하는 인격적인 하나님을 믿는다.

셋째, 그들은 하나님께 대한 믿음과 사랑을 가질 때 하나님의 은혜로 구원받는다고 믿는다.

넷째, 비슈누파에만 해당되기는 하지만 그들은 성육신 신앙을 가지고 있다. 이런 신앙을 가지고 있기 때문에 그들은 유사한 신앙을 가진 기독교에 대한 거부감이 적을 수 있다.

물론 유사하기 때문에 도리어 기독교에 대해 흥미를 못 느낄 수 있고, 더구나 외국 종교인 기독교보다는 조상 대대로 내려온 전통 종교를 선호하는 사람이 많은 것이 사실이다. 그럼에도 불구하고 그들이 기독교에 호의적이고 또 일단 개종하면 마치 신앙을 오래 가졌던 사람처럼 견고하고 헌신적인 이유는, 기독교 신앙과 유사한 박띠 전통 가운데 살아 왔기 때문으로 볼 수 있다.

박띠 신앙이 이렇게 힌두 선교와 밀접한 관계가 있음에도 불구하고 정작 박띠 신앙에 대해 알고 있는 사람은 인도에서 사역하는 선교사들 사이에서조차 매우 드물다. 그 이유는 다음과 같다.

첫째, 서구는 말할 것도 없고 한국에 주로 알려진 전형적 형태의 힌두교는 샹까라(Sankara)의 베단따(Vedanta) 사상이기 때문이다. 이 사상에서는 브라만(Brahman)이라 불리우는 영원하고 비인격적인 하나님만이 유일한 실재이며, 인간의 영혼인 아뜨만(Atman)을 포함한 우주는 본래 브라만과 하나이며 같은 것이라고 한다. 인간의 죄와 고통은 이러한 사실을 깨닫지 못하는 무지 때문에 일어나는 것인데 명상을 통해 이를 깨달으면 윤회의 고통에서 해방된다고 한다. 이러한 이해를 기초로 힌두교의 하나님은 비인격적인 '철학'의 하나님이고, 힌두교는 기독교와 달리 '자력구원' 사상을 가지며, 우주만물을 신과 동일시하기 때문에 많은 신을 숭배하는 '다신교'라고 결론을 내리게 되는 것이다.[3]

그러나 막상 인도 땅에 가 보면 이런 철학적 힌두교 사상을 가진 사람을 만나 보기는 거의 어렵다. 왜냐하면 이렇게 모호한 철학적 깨달음을 통해 구원에 이를 수 있다고 믿는 사람은 인도인 중에서도 식자층에 속하는 극소수인데 반해, 인도에서 다수가 믿는 대중적인 힌두교는 궁극적으로 박띠의 종교이기 때문이다.[4]

둘째, 선교사들의 박띠 신앙에 대한 이해가 부족한 것은 선교학자들의 박띠 신앙에 대한 이해 부족과 관계가 있다. 화란의 대표적인 개혁주의 선교신학자인 요한네스 바빙크는 인도네시아에서 20년간 사역한 관계로, 이슬람의 신비주의에는 정통하지만 아쉽게도 인도 종교에 대해서는 이해가 떨어진다. 그도 박띠 종교를 언급하기는 하지만 거기에서 말하는

---

[3] 채은수, "인도의 종교사상과 기독교 선교," 「신학지남」, 1986년 봄, 여름호(통권 208호), 136-137.

[4] Dayanand Bharati, *Understanding Hinduism* (New Delhi: Munshiram Manoharlal Publishers, 2005), 202, 252.

은혜 개념이 성경적 개념과는 "완전히 다르다"고 말했다.[5] 물론 성경적 개념과 완전히 같지는 않지만 그럼에도 불구하고 완전히 다른 것도 아니다. 그러기에 개혁주의 신학자인 김성태 교수는 "박띠 요가의 은총 개념을 이해하고 있는 힌두교인들에게 이것을 접촉점으로 하여 분명히 제시해야 한다"고 말했던 것이다.[6] 그러나 김성태 교수 역시 다른 설명 없이 박띠 신앙을 "사랑의 헌신을 통한 구원의 길"이라고만 말함으로써 박띠 신앙을 '믿음'의 길이 아니라 '헌신'의 길, 다른 말로 하면 '인간의' 헌신(또는 공적)을 통한 자력구원의 신앙이라는 인상을 준다.

채은수 교수도 박띠 신앙을 "인간 중심적인 경건"[7]이라고 정의함으로써 역시 '인간의' '경건'이라는 행위의 영역으로 떨어뜨린다. 박띠 신앙에 헌신과 행위의 요소가 없는 것은 아니나 궁극적으로 하나님의 은혜로 죄사함과 구원을 받으며 이는 오직 믿음으로 가능하다는 핵심적인 내용을 빠뜨려서는 온전한 이해라고 볼 수 없는 것이다.

셋째, 한국 선교사들에게 박띠 신앙에 대한 이해가 부족한 것은 한국 교회가 전반적으로 근본주의 신학의 영향때문에 일반은총(또는 문화)을 경시하는 경향과 관계있는 것으로 보인다. 이상규는 한국의 개혁주의 신학을 분석하면서 이렇게 말했다.

> 한국 장로교회가 개혁주의를 표방하지만 사실은 근본주의, 세대주의 혹은 경건주의적인 요소들이 혼재되어 있다. 무엇보다도 그리스도의 우주적 주권을 말하는 개혁주의를 표방하면서도 문화 현실이나 사회현상에 무관심하거나 침묵하는 근본주

---

5 J. H. Bavinck, 『기독교 선교와 세계문화』(*The Impact of Christianity on the Non-Christian World*), 권순태 역 (서울: 성광문화사, 1990), 54.
6 김성태, 『선교인류학 선교와 문화』 (서울: 이레서원, 2000), 168.
7 채은수, "인도의 종교사상과 기독교선교," 137.

의적 입장을 취해 왔다. 한국의 개혁주의 교회에는 대체적으로 문화 소명에 대한 이해가 결여되어 있는데, 이것은 일반은총에 대한 이해가 결여된 근본주의적 성향을 그대로 보여 주는 일예라고 할 수 있다. 문화적 사명에 대한 무관심은 결과적으로 도나티스트들이나 청교도들에게서 보는 분리주의적 경향을 보게 된다. 이것은 결국 그리스도는 교회의 머리인 동시에 만유의 주재라는 사실이 망각되고 만다.[8]

국내에서 문화 현실이나 사회현상에 대해 무관심하거나 침묵하는 근본주의 입장이 선교지에서는 타 종교에 대한 무시와 정죄, 그리고 타문화에 대한 파괴 일변도의 선교 방식에서 여실히 나타난다. 개혁주의가 아니라 근본주의 신학을 가짐으로 선교사는 현지인들과 친구가 되기보다는 도리어 분노와 공격의 대상이 되는 일이 선교지에서 자주 일어난다. 2008년 오릿사 및 벵갈루르 지역에 일어난 힌두들의 기독교인에 대한 폭력 사건이 그 일례이다. 그뿐만 아니라 근본주의 신학을 가진 선교사들은 타 종교를 우상 종교, 마귀 종교로만 알기 때문에 타 종교에 대한 관심과 공부가 없으며, 그 결과 그들 속에 있는 유용한 접촉점을 알지도 못하고 활용하지도 못함으로써 선교사 메시지 전달을 어렵게 만들고 궁극적으로 실패로 끝나기 쉬운 것이다.

선교사들이 현지 종교와 문화에 대해 바르게 알고 이를 선교 역사에 활용함으로써 이방인의 개종과 교회 설립이라는 결실을 맺으려면 두 가지 문제가 해결되어야 한다고 본다.

첫째, 우리가 선교하는 대상인 현지인의 신앙과 사상에 대해 내부인의 경험과 전문가의 지식으로 정확히 알 필요가 있다.

---

8 이상규, "한국에서의 개혁주의 신학," 「역사신학 논총」 창간호, 1999, 422.

둘째, 위와 함께 타 종교와 타 종교 속에 있는 진리의 요소에 대해 성경적인 입장을 올바르게 세우는 것이 근원적으로 중요하다고 본다.

개신교 진영 내에서도 타 종교에 대한 여러 가지 다양한 견해가 있겠지만 인도에서 사역하고 있는 선교사들 중에 다수를 점하고 있는 개혁주의 입장을 중심으로 박띠 신앙을 살펴보고자 한다.

먼저 힌두교 가운데 박띠 신앙이 무엇이며 그것과 기독교 사이에는 어떤 유사점이 있는지, 그럼에도 불구하고 근본적으로 다른 점은 무엇인지 살펴보고자 한다. 이는 힌두교에 대한 기존의 부정일변도의 시각을 교정하고 균형 잡힌 이해를 제공해 줄 것이다. 다음으로는 개혁주의 입장은 박띠 신앙 중에 있는 진리의 요소를 어떻게 이해하는지, 그리고 그것이 힌두 선교에 어떻게 활용될 수 있는지에 대해 대표적인 개혁주의 신학자인 요한 바빙크, 김성태를 중심으로 살펴보고자 한다.

2. 박띠 신앙과 기독교의 유사점

힌두교 사상과 신앙을 이해할 때 주의할 점은 힌두교를 기독교와 같이 단일한 교리와 체계를 갖춘 하나의 종교로 보아서는 안 된다는 것이다. 원래 힌두교란 말은 페르시아인과 그리스인들이 인더스 강 너머에 사는 사람들의 종교를 총칭해서 붙인 말이다. 그래서 인더스 강 너머에 사는 사람들은 범신론 신앙만 가진 것이 아니라 일신론자도 있고 무신론자도 있는데 이들 모두가 같은 힌두로 불리는 같은 인도 사람들인 것이다.

이슬람에 수니파가 있고 시아파와 수피파가 있듯이 힌두교에는 스마르따(Smartas)파가 있고 쉬바(Saivas)파와 비슈누(Vaishnavas)파가 있다.[9] 이

---

9 Subodh Kapoor, *A Short Introduction to Vaisnavism* (New Delhi: Indigo Book, 2002), 1.

중 스마르따는 샹까라를 지도자로 해서 브라만과 아뜨만이 같다는 베단따 사상을 신봉하는 자들이다. 그들은 베다와 우빠니샤드(Upanishad)를 계시된 하나님의 말씀으로 받들며, 지혜를 통해서 구원(해방)에 이르는 길을 제시하는 철학적 힌두교에 속한다. 쉬바파와 비슈누파는 박띠 계열에 속하는 힌두의 교파로서 각기 쉬바와 비슈누를 자신들의 유일 최고신으로 모시며, 그들에 대한 믿음과 사랑 곧 박띠에 의해서 구원에 이를 수 있다고 말한다. 그들은 자신들의 경전인 바가바드 기따(Bhagavad Gita), 바가바따 뿌라나(Bhagavata Purana), 쉬바 마하뿌라나(Siva Maha Purana) 등을 베다와 동일한 권위로 여긴다.

박띠 신앙은 대체로 비(非)아리안 전통에서 나온 것으로서 그 기원은 베다시대로부터 찾을 수 있지만, 아바따라(avatara: 성육신) 신앙과 함께 발전하기 시작하여 기원후 11-14세기에 그 운동이 전국적인 현상으로 퍼지게 되었다. 이는 대중들에게 있어서 우빠니샤드의 추상적인 브라흐만 신을 숭배하기 보다는 끄리슈나(Krishna), 라마(Rama)와 같이 인격적인 신을 믿고 사랑하는 것이 훨씬 쉬웠기 때문이었다.[10] 박띠 운동은 기원후 7세기부터 남인도의 알바(Alvars)라고 불리는 비슈누파 신비가들과 성자들, 그리고 나얀마(Nayanmars)라고 하는 쉬바파 성자들의 등장과 함께 꽃을 피우기 시작했다. 이 운동의 특징은 카스트와 서열과 남녀의 성에 관계없이 누구든지 하나님을 만날 수 있고, 신을 사랑하고 복종하는 사람이라면 여성이든지, 천민이든지, 누구든지 구원받을 수 있다는 것이었다.[11]

이처럼 신비가들과 대중들 가운데 들판에 번지는 불꽃처럼 퍼져가던 박띠 신앙에 철학적 기초를 놓음으로써 주류 힌두 철학의 하나로 자리잡

---

10 K. M. Sen, *Hinduism* (Middlesex: Penguine Books, 1961), 20.
11 D. S. Sarma, *Hinduism Through the Ages* (Bombay: Bharatiiy Vidya Bhavan, 1989), 37.

게 한 것은 결정적으로 라마누자(Ramanuja, 1017-1137)의 공헌이었다. 그는 전통적인 베단타 철학을 계승하면서도 알바들의 유신론 신앙을 조화시킴으로써 박띠를 통한 구원의 교리를 확립시키고자 시도했던 것이다. 그는 브라만의 실재성과 독립성을 인정하였지만 샹까라와 달리 인간의 영혼과 우주도 신에 의존적이기는 하지만 역시 실재하는 존재라고 주장했다.[12] 그럼으로써 그는 브라만이 그 스스로는 영원성과 초월성을 지닌 비인격적인 실체로 존재하면서도 세상에 대한 관계에 있어서는 은혜로 인간을 구원하는 인격적인 존재라고 설명하였다.[13]

라마누자의 사후에 그의 제자들이 두 파로 갈라져 오늘날까지도 비슈누파가 두 교단으로 존재하는데, 북부학파(Vadagalais)는 산스크리트어로 된 베다 경과 베단따 전통에 좀 더 무게를 둔다. 그들을 '원숭이 학파'라고도 부르는데, 이는 엄마 원숭이가 불 속에서 새끼 고양이를 구해낼 때, 구해내는 것은 엄마지만 새끼도 엄마를 꽉 붙들어야 하는 것으로 구원의 과정을 비유하기 때문이다.[14] 이는 하나님의 은혜는 구원에 있어서 유일한 요인이 아니며, 신자의 헌신이 없이는 구원할 수 없다는 것이다. 마치 개신교의 알미니안주의와 같이 신인협동설의 개념이다. 그러나 남부학파(Tengalais)는 따밀어로 된 경전과 알바들의 박띠 신앙에 더 무게를 두었다. 그들은 '고양이 학파'라고 부르는데, 이는 고양이가 새끼를 건져낼 때 목덜미를 입으로 물어서 건져 내는 것으로 구원을 비유하였기 때문이다. 즉 구원은 전적으로 하나님의 은혜에 달려 있고 그분께 주도권이 있는 것으로서 하나님이 구원하는 대로 내어 맡기는 것 외에 인간이 달

12　S. Radhakrishna, *Indian Philosophy*, Vol. 2 (New Delhi: Oxford University Press, 2008), 617.
13　Dayanand Bharati, *Understanding Hinduism*, 251.
14　Klaus K. Klostermaier, *Hinduism: A Short Introduction* (Oxford: Oneworld Publications, 2006), 116.

리 할 수 있는 것은 아무 것도 없다는 구원관이다.

라마누자 이후 박띠 신앙의 전파에 가장 중요한 공헌을 한 사람은 마드바(Madhva, 1199-1278)이다. 그는 샹까라나 라마누자의 일원론 사상과 완전히 결별하여 이원론을 주장했는데, 그에 의하면 하나님은 인간과 전혀 다른 인격적 실체로서 스스로 존재하는 분이고 인간은 그분에 의해 존재하게 된 의존적 존재라는 것이다.[15] 하나님과 인간이 다르고, 인간 상호 간이 다르고, 인간과 자연만물이 다 다른 존재라고 말했다. 이런 인간이 영원한 지옥에서 건짐을 받아 구원에 이를 수 있는 길은 오직 하나님(비슈누)의 아들 '바유'(Vayu)의 중보에 의해서만 가능하다고 했다.[16] 그는 선교에 열심을 내었는데 그 이유가 있다.

첫째, 바유가 유일한 중보자이며 다른 중보자는 없다고 보았기 때문이었다.

둘째, 모든 인간이 죄인이며 세상 어느 누구도 구원받을 자격 있는 자는 아무도 없다고 보았기 때문이다.

마드바는 기독교의 예정 교리와 유사한 내용을 제시했는데 사람이 자기 공적으로 하나님을 감화시킬 수 없고, 단지 하나님이 어떤 사람은 구원하기로 선택하고 어떤 사람은 내버려 두기로 선택한다는 것이다.[17]

이렇게 남인도에서 시작된 박띠 운동은 북인도와 전국을 휩쓸게 되어 마침내 절대주의자의 베단따 철학으로 무장한 브라만 사제들도 다수가 이 유신론 신앙을 수용하지 않을 수 없었다. 그리하여 비인격적 브라만의 형이상학적 신 개념을 받아들이는 것처럼, 인격적인 신 이쉬와라(Ishvara)의 종교적인 개념과 박띠를 통한 구원의 길도 보편적으로 받아

---

15 Dayanand Bharati, *Understanding Hinduism*, 251.
16 S. Radhakrishna, *Indian Philosophy*, 689.
17 S. Radhakrishna, *Indian Philosophy*, 698.

들이게 된 것이다.[18] 그러므로 힌두 전도자이자 힌두교 연구가인 바라띠(Bharati)는 인도에서 힌두교의 현실을 다음과 같이 진단했다.

> 힌두 철학의 핵심적이고 주요한 특징이 베단따 사상이라고 결론을 내리는 것은 옳지 않다. 현실은 베단따 철학은 단지 이론으로서만 존재하고 실제 삶에서 힌두교는 추상적인 철학보다는 박띠 운동에 훨씬 더 많은 영향을 받고 있는 것이다.[19]

힌두교에서 박띠 신앙이 차지하는 비중은 위에서 간략히 박띠 운동의 역사를 통해 살펴보았다. 이제 교리적인 면에서 기독교 신앙과 유사한 박띠 신앙의 내용을 살펴보면 다음과 같다.

첫째, 박띠의 신관이다.

박띠의 신은 특징적으로 유일 최고신이며 인격적인 신이다. 힌두 경전에 나오는 유일신 근거 구절을 보면 먼저 정통적인 스마르따에게 최고 경전인 리그베다는 "조물주께서 땅을 짓고 하늘의 영광을 드러내실 때 그 기초가 무엇이었는가? 눈으로 사면을 바라보시며, 입으로 사면에 말씀하시고, 팔로 사면에 대시고 발로 사면을 밟으시며 한 분이신 하나님께서 하늘과 땅을 지으셨느니라"(리그베다 10.81.82)고 말한다.

우빠니샤드도 "하나님은 한 분이시며 만물을 다스린다. 그 빛이 비치면 낮도 밤도 없으며 존재도 비존재도 없고 오직 쉬바만 계신다"(우빠니샤드 4.11.20)고 한다. 박띠의 경전인 바가바드 기따는 "오직 나만을 사랑으로 섬기며 나 외에 다른 것은 섬기지 말라"(바가바드 기따 6.31)고 배타적인 섬김을 요구한다. 힌두교는 구원의 길에 이르는 여러 개의 길을 가지

---

18 Dayanand Bharati, *Understanding Hinduism*, 196.
19 Dayanand Bharati, *Understanding Hinduism*, 252.

고 있는 것으로 알려져 있다. 그러나 박띠 신앙은, 세계적인 힌두학자 클로스터마이어(K. Klostermaier)가 말한 대로, 각기 자신들의 하나님만을 섬기며 다른 신을 섬기면 구원이 없다고까지 이야기한다.[20]

요한 바빙크는 힌두의 신은 "현대 과학이 자연 혹은 이성이라고 부르는 것과 그리 다를 바 없다"고 하며 "그가 스스로 우리의 조그마한 요구라도 진지하게 들어 주실 것이라고 희망하는 것은 어리석은 일"이라며 그 인격성을 부정한다. 그러나 박띠 힌두는 자신들의 하나님을 이렇게 말한다.

> 우리 하나님은 고통하는 인생들에게 자비를 보이시고, 그들의 문제에 관심을 가지시며, 지상에 자주 강림하심으로(성육신) 모든 피조물의 행복을 위해 수고하신다.[21]

교파와 학파를 초월하여 힌두들이 사용하는 신명 중에 '바가완(Bhagavan)'이라는 이름이 있다. 이쉬와라도 인격적인 신을 말하지만 그것은 종종 복수형으로도 사용되곤 한다. 그러나 바그완은 언제나 단수형이다. 즉 유일한 인격신이 바가완인 것이다.[22]

둘째, 박띠의 인간관이다.

베단따 전통에서 아뜨만(영혼, 자아)은 신의 일부분이기 때문에 죄에

---

20 Klaus K. Klostermaier, *Mythologies and Philosophies of Salvation in the Theistic Traditions of India* (Waterloo: Wilfrid Laurier University Press, 1984), 90-91.
21 Subodh Kapoor, *A Short Introduction to Vaisnavism* (New Delhi: Indigo Book, 2002), 3.
22 P. Fallon, "God in Hinduism: Brahman, Paramatman, Ishvara and Bhagavan," in De Smet and J. Neuner, eds., *Religious Hinduism* (Mumbai: St. Paul's, 1996), 114-115.

영향 받지 않으며 죄란 단지 실수이며 무지라는 입장에 있다. 그러나 박띠 경전에는 죄로 인해 고통하며 신의 자비와 용서를 구하는 내용으로 가득하다. 쉬바 경전은 창세기와 비슷하게 말한다.

> 태초에 하나님이 사람과 여자를 창조하셨으므로 세상은 거룩하였다. 그러나 그들이 후에 죄에 빠짐으로 거룩한 삶이 그치고 죄가 시작되었다(쉬바즈나나포탐 1).

17세기 구자라띠 시인 다두다야이(Dadudayai)는 시편의 다윗과 같이 이렇게 기도한다.

> 주님 앞에 저의 죄는 모든 신경과 혈관 구석구석에 가득 차 있습니다. 순간 순간 죄를 범하니, 주여 저를 용서하여 주옵소서! 단 하나도 선행을 한 것이 없으며, 내게는 아무런 덕도, 공적도 없습니다. 그리하올지라도 주여 당신의 죄 많은 자녀를 버리지 마옵소서, 주님이 아니면 어디로 피하겠나이까? 탐심과 자만과 분노와 거짓이 나면서부터 나를 이끌어왔나이다. 오, 비참한 나여. 주님만이 나의 도움이십니다. 아버지여, 당신의 풍성한 사죄의 꿀물로 나를 씻어주소서, 그리고 상한 마음을 치료하여 주옵소서.[23]

쉬바파 박띠들은 하나님 앞에 자신들의 죄를 통감하며 자복하는데 자

---

23 A. J. Appsamy, *Temple Bells: Readings from Hindu Religious Literature* (Calcutta: Association Press, 1931), 62.

신들의 죄가 하나님과의 교제를 단절시킨다고 고백한다.[24] 이는 그들의 죄의 개념이 단순히 도덕적인 죄만을 말하는 것이 아니라 하나님께 대한 관계성 파괴라는 신앙적인 죄를 인식하는 것을 의미한다. 그래서 쉬바의 경전인 쉬바 마하뿌라나에서는 "마음의 변화를 가져오는 회개야말로 죄를 씻어버리는 최선의 치료책"이라고 권면한다.[25]

셋째, 속죄 및 구원관이다.

선이든 악이든 자기가 행한 댓가는 자기가 책임진다는 까르마(karma: 업보) 사상이 교파를 막론하고 있는 것은 사실이지만 박띠 신자들은 특이하게도 대속 개념을 가지고 있다. 즉 어떤 사람이 죽음에 임박할 때 그가 행한 죄를 그에 대한 선물로써 브라만 사제가 자신에게 전가시키는 의식이 있다. 또한 어떤 한 사람이나 동물을 희생양으로 삼아 마을의 모든 죄를 그에게 뒤집어 씌우는 의식을 가진 다음 희생제사와 함께 모든 죄가 사해진다고 믿기도 한다.

또 쉬바파 중 한 교단인 쉬바 시단따(Siva Siddhanta)의 경전은 다음과 같이 전한다.

> 잃어버린 아들을 찾기 위해 사냥꾼이 된 왕과 같이 하나님은 세상 쾌락으로 인해 하나님을 잃어버리고 죄 중에 살고 있는 인생들을 되찾기 위해 세상에 오셨다. 그 분은 목숨을 버림으로 속죄하셨고 이로써 그 백성을 죄와 고통에서 건지셨다(티루나불까라사 265-8).

---

24 S. Radhakrishna, *Indian Philosophy*, 680.
25 Trans. into English by Shanti Lal Nagar, *Siva Mahapurana*, Vol. I (Delhi: Parimal Publications, 2007), 14.

그러므로 박띠의 구원관은 결코 인간의 행동에 대한 보상이나 대가가 될 수 없고 하나님의 은혜가 필수적인 요소가 되는 것이다.[26] 그래서 박띠의 경전 바가바드 기따는 말한다.

> 나를 믿으라, 왜냐하면 나의 은혜로 그대가 영원하고 변함이 없는 상태에 이르기 때문이다(기따 18.55).

바가바따 뿌라나는 말한다.

> 요가에 의해서도 아니고 철학에 의해서도 아니며 어떤 행위나 연구나 고행이나 금욕에 의해서가 아니라 오직 나에 대해 진실한 믿음(박띠)을 가진 자만이 나를 만날 수 있으리라(바가바따 뿌라나 11.8).

3. 박띠 신앙과 기독교의 차이점

이상에서 보는 것처럼 박띠 신앙이 여러 가지 면에서 기독교와 유사한 부분이 있으나 자세히 살펴보면 기독교와 많은 차이점을 발견할 수 있다. 우선 가장 중요한 것부터 이야기하면 박띠 신앙이 유일신적인 요소를 갖고 있고 인격신을 믿으며 하나님의 은혜로 말미암는 구원관을 갖는다 할지라도 이것만 있는 것이 아니라 동시에 다른 신도 인정하며, 하나님의 은혜와 함께 인간 행위의 가치도 긍정한다는 것이다. 박띠 신앙의 철학적

---

26 J. Calvin Keene, "Ramanuja, The Hindu Augustine," *Journal of Bible and Religion*, Vol. 21, No. 1, Jan., 1953, 7.

기초를 놓았던 라마누자를 보면 알 수 있듯이 그는 유신론 신앙을 받아들였지만 동시에 전통적 베단따 철학의 일원론도 유지했다.[27]

쉬바의 경전인 쉬바 뿌라나를 보면 헌신의 마음으로 이 경전의 말씀을 듣는 사람들은 모든 죄를 사함 받을 뿐 아니라 "실제로 쉬바신과 같은 형태"를 가지게 된다고 말하는데,[28] 이는 아뜨만을 브라만과 동일시하는 일원론 사상에 다름 아닌 것이다. 서구인이나 기독교인의 관점에서는 유신론을 가지면 비인격적인 철학적 하나님은 내어 버려야 하고, 일신론 신앙을 가지면 다신론과 범신론은 버려야 마땅할 것이다. 하지만 이는 서구를 비롯한 비인도인의 시각일 뿐, 힌두들은 다양한 견해를 상호 충돌하는 것으로 보지 않고 상보적으로 보기 때문에 여러 가지를 같이 가지고 있는 것에 어려움을 느끼지 않는다.

신 개념뿐 아니라 라마누자의 구원론 부분도 박띠의 길과 함께 업보의 길, 지혜의 길을 통합함으로써 이 사이의 균형을 유지하고자 했다. 그와 같이 균형을 유지하기 어려운 제자들 가운데 북부 원숭이 학파 쪽은 인간 행위 쪽에 더 무게를 두었다. 남부의 고양이 학파는 전적인 하나님의 은혜를 강조했으나 그럼에도 불구하고 하나님의 은혜와 자비는 그 은혜를 받을 만큼 하나님께 헌신하는 행위를 하는 사람들에게 주어지는 것으로 해석하는 사람들이 있다.[29]

이 경우 믿음과 사랑과 복종과 헌신은 모두 인간의 공적이 되며 업보를 통한 구원 사상과 다를 바 없게 되는 것이다. 대부분의 베단따 신봉자들이 지혜의 길을 따르면서도 업보의 길과 박띠의 길을 배제하지 않듯이,[30] 많은 박띠 신봉자들 역시 박띠의 길을 받아들이면서도 행위를 통한

---

27 D. S. Sarma, *Hinduism Through the Ages*, 42.
28 Shanti Lal Nagar, *Siva Mahapurana*, 2.
29 Subodh Kapoor, *A Short Introduction to Vaisnavism*, 21.
30 Merwin-Marie Snell, "Hinduism's Points of Contact with Christianity in Salva-

구원의 가능성을 배제하지 않는다고 보아야 할 것이다.

박띠 신앙 가운데 하나님의 아들의 중보자 개념이 있고 하나님의 은혜로 죄를 사한다는 개념이 나오는 것은 고무적인 일이나 그 죄문제 해결을 위해 박띠의 신이 한 일은 무엇인가를 기독교와 대조해보면 그 차이점이 두드러진다. 박띠의 신은 단순히 말로 죄를 사하거나, 브라만이나 현자의 대속으로 사하거나, 하늘에서 땅으로 내려와 잃어버린 아들을 찾기 위해 사냥꾼이 된 후 속죄하는 것으로 나온다. 그러나 여기에서 똑같은 죄인인 인간 브라만이 다른 사람의 죄를 대속할 수 있다고 보는 것은 성경의 관점과 근본적으로 다르다. 브라만이 아무리 공덕을 많이 쌓고 수행을 많이 했다고 해도 하나님 앞에서 보면 여전히 죄인이며 같은 죄인으로서 다른 사람의 죄를 대속할 자격이 없는 것이다.

인간은 하나님을 잊어버리고 쾌락 중에 살고 있는데 하나님이 잃어버린 아들을 찾기 위해 사냥꾼의 모습으로 세상으로 온 것은 퍽 감동적이나, 박띠의 신이 세상에 와서 한 일은 잃어버린 아들의 기억을 되살리고 왕자의 신분을 회복시킨 것이 전부일 뿐 구체적으로 아들의 죄 문제를 해결하기 위해 한 일은 없다. 이 점에서 하나님의 아들이 십자가에서 대속의 죽음을 함으로써 하나님과 화해하고 인류의 죄 문제를 근본적으로 해결한 기독교와 큰 차이점이 있다. 곧 박띠의 은혜 사상에는 그 은혜를 효력 있게 하는 신적 자기 희생으로서의 십자가 사건이 없는 것이다. 박띠 신자들이 끊임없이 신의 이름을 부르고 아침과 저녁으로 뿌자(puja: 예배)를 하며 신성한 강에서 목욕을 해도 근본적으로 죄의식을 떨쳐 버리지 못하고 진정한 평화를 누리지 못하는 이유가 바로 여기에 있다.

박띠 신자 중에 쉬바파는 성육신을 인정하지 않지만 비슈누파는 하나님이 인간이 되어 세상에 온다는 아바따라 신앙을 가지고 있다. 그러

---

tion," *The Biblical World* Vol. 4, No. 2, Aug., 1894, 103.

나 이는 기독교의 일회적인 성육신과 달리 계속적으로 나타나는 성육신이다. 이미 10번, 20번, 또는 24번 나타났다고 보며, 앞으로 말세에 마지막으로 나타날 종말적 성육신인 깔낀(Kalkin)을 기다리고 있다.[31] 박띠의 성육신인 라마와 끄리슈나는 지상에 내려와 정의를 세우고 마귀를 파괴시키기는 하나 기독교에서와 같이 죄와 죽음의 문제를 해결하기 위한 십자가의 죽음이나 부활은 없다. 끄리슈나는 단지 이 땅에서의 할 일을 마친 뒤 사냥꾼의 화살에 맞아 죽고 천상에 올라갔을 뿐이다.

4. 유사점에 대한 개혁주의 입장

이상에서 힌두교가 기독교와 많은 부분에서 근본적인 차이점들을 갖고 있음을 살펴보았다. 그러나 그럼에도 불구하고 앞에서 살펴본 대로 박띠 신앙의 경우 기독교와 유사한 내용들도 적지 않은 것을 발견하게 된다. 그런데 개신교 학자들 가운데는 이러한 유사점 자체를 부정하는 사람들이 있다.

예를 들어, 바르트주의자인 화란의 선교학자 헨드릭 크래머(Hendrick Kraemer, 1888-1965)는 그리스도 안에만 유일한 계시가 있고 그 밖에는 계시가 없으므로, 타 종교 안에 있다고 주장되는 모든 유사점과 접촉점은 거짓이요 오류이며 도리어 차이점이 된다고 했다.[32]

크래머는 좋은 선교사라면 현지인들로부터 긍정적 반응을 일으키고 그들로 하여금 복음을 받아들이게 하는 관문으로서 접촉점을 찾아야 하

---

[31] Geoffrey Parrinder, *Avatar and Incarnation* (Oxford: Oneworld Publications, 1997), 123.

[32] H. Kraemer, *The Christian Message in a Non-Christian World* (London: The Edinburgh House Press, 1938), 115, 136.

지만, 타 종교 속에 있는 교리와 신앙 안에서는 그것을 찾을 수 없고, 접촉점은 오직 선교사의 성품과 태도 안에서만 발견된다고 했다.[33] 그의 영향을 받은 많은 선교사들이 이방 종교에서 오직 하나님께 대한 반역과 사탄의 활동과 심판만을 바라봄으로 정죄와 공격 일변도의 기독교 메시지를 전달하게 되었다.

그들이 성품과 태도로는 아무리 온유하고 친절한 마음씨를 가진다 할지라도, 현지인들이 존경하고 사랑하는 전통문화와 신앙에 대해 정죄와 심판 일변도의 메시지를 전달할 때 어느 누가 그들이 전하는 기독교 메시지에 호감을 가지고 받아들일 수 있을까?

무엇보다 바르트와 크래머의 관점이 과연 성경에 의해 지지를 받는가?

개혁주의자는 타 종교 속에 있는 진리의 요소를 어떻게 보아야 하는가?

타 종교 가운데 있는 유사점을 접촉점으로 기독교 복음을 전달하는 것이 개혁주의 신학의 입장에서 정당한 것인가?

이것이 정당하다면 그것이 개혁주의 선교사의 선교 현장에 어떤 영향을 줄 것인가?

타 종교에 대한 개혁주의 입장은 화란의 개혁주의 선교신학자인 요한 바빙크(Johan Herman Bavinck, 1895-1964)가 잘 보여 준다. 그의 입장은 일면 바르트와 크게 다르지 않아 보인다. 바빙크에게 있어서 이교 신앙은 썩어지지 않는 하나님의 영광을 썩어질 인간의 형상으로 바꾸는 것으로서, 창조자에 대한 반역이며 불신앙이다.[34] 타 종교인들이 하나님을 갈구하기도 하지만 동시에 달아나려 하고 있는 것으로 본다. 이교주의의 본

---

33 H. Kraemer, *The Christian Message in a Non-Christian World*, 130, 140.
34 J. H. Bavinck, 『기독교 선교와 세계문화』, 114.

질은 진리를 대치하여 자기 신성화를 하는 것에 불과하다는 것이다. 부분적으로 이교주의 안에 진리의 요소가 있는 것 같으나 종교의 전체주의 콘텍스트 안에서 보면 그것은 진리에서 근본적으로 벗어나 있다고 한다.[35]

결정적으로 예수 그리스도 외에는 다른 이름을 주신 일이 없으므로 이교신앙으로는 결코 구원에 이를 수 없다는 것이 바빙크를 비롯한 개혁주의자의 입장이라고 말할 수 있다. 타 종교 속에 진리의 요소가 있다고 하여 그것으로도 구원을 받을 수 있다면 선교사들이 멀리 이방 땅으로 나아가 선교를 해야 할 하등의 이유가 없는 것이다.

이렇게 바빙크가 기독교 계시의 유일성과 구원 문제에 대해서는 타 종교와의 사이에 명백하게 선을 그으면서도, 일반은총이라는 측면에서는 타 종교와 문화 속에 유용하고 고상한 진리의 요소를 인정하고 이를 기독교 선교의 접촉점으로 적극 제시하는 것은 주목할 만하다. 그는 인간이 죄로 인해 오염이 되었으나 그럼에도 불구하고 오염된 언어와 문화를 사용하여 복음을 전하는 기적의 역사를 하나님이 일으키고 계신다고 한다.

그러므로 그는 전통문화를 무조건 파괴하기보다 오염된 것과 함께 있는 고상하고 선한 요소는 유지하면서 복음으로 재건하고 중생시키고 변혁시켜야 한다고 말했다.[36] 그뿐만 아니라 그는 이방 나라의 철학자들에게 하나님의 신성에 관한 희미한 느낌이나 생각이 있는 것을 볼 수 있는데, 그것을 주신 분은 바로 하나님이라고 말한다. 그것은 '부스러기 지식', 또는 '불완전한 지식'이기는 하나, 하나님을 더듬어 찾아 발견케 하는 것이며, 가장 멀리 떨어진 민족들에게까지도 자기를 증거 하시는 하나님의

---

35 J. H. Bavinck, 『기독교 선교와 세계문화』, 123.
36 J. H. Bavinck, 『기독교 선교와 세계문화』, 67.

사역이라고 말한다.[37] 그는 기독교 신앙과 타 종교 사이의 관계에 대한 자신의 연구에서 이렇게 말한다.

> 우리는 로마서 1장에서 바울이 밝혔던 두 가지 사상에서 출발해야 옳음을 분명히 깨닫는다. 거기서 우리는 하나님께서 태초부터 모든 사람에게 언제나 자신을 계시하셨음을 보았다. 하나님께서는 모든 사람에게 관심을 갖고 계신다. 하나님께서 감동시키지 않으신다면, 부처도 구원의 도리를 명상조차 하지 못하였을 것이다. 모하메드도, 하나님께서 그에게 관심이 전혀 없었더라면, 그의 예언적 증언을 한마디도 하지 못하였을 것이다. 어쨌든 모든 종교는 하나님의 침묵적 사역을 포함하고 있다. 인간은 언제나 하나님의 이 침묵적 사역을 억눌러 왔다.[38]

하나님이 "모든 시대, 모든 지역, 모든 사람에게 언제나 자신을 계시하시는 침묵적 사역"이 있다.

첫째, 하나님이 우리 마음에 심은 종교의 씨일 수 있고,

둘째, 그가 지으신 자연 만물을 통해 나타내 보이시는 영원하신 능력과 신성일 수가 있으며,

셋째, 부처와 무함마드와 힌두의 현자들을 통한 하나님의 자기 계시일 수 있겠다.

그러나 이것은 성경과 예수 그리스도를 통한 계시가 아니기 때문에 모

---

37 J. H. Bavinck, 『기독교 선교와 세계문화』, 67.
38 J. H. Bavinck, 『절과 모스크 사이의 교회』(*The Church Between Temple and Mosque: A Study of the Relationship Between the Christian Faith and Other Religions*) 전호진 역 (서울: 성광문화사, 1983), 242-243.

두 일반은총의 영역에 속한다. 그는 이 일반은총을 이방 선교의 디딤돌로 사용할 것을 제안한다. 단어를 포함한 인간의 언어가 죄로 인한 오염 때문에 복음의 장애물이 될 수도 있지만 적절하게 사용하면 디딤돌이 될 수 있다는 것이다.[39] 그래서 바빙크는 아레오바고 연설에서 희랍 철학자들의 글을 인용한 바울 사도와 같이, 인도에서 사역하는 선교사는 고대 시인과 철학자들에 의해 씌여진 종교적이고 철학적 교훈에 대한 여러 책들을 자유롭게 사용하며 복음을 설명하면 유용할 것이라고 제안한다.[40] 이렇게 할 때 복음이 좀 더 친근하고 토착적인 방법으로 표현되어 훨씬 더 쉽게 이해되리라는 것이다.

백석대학교의 주만성은 일반은총에 대해 다룬 그의 글에서 선교적인 측면에서 일반은총의 역할에 대해 바빙크와 일치하게 두 가지로 말한다.

첫째, 일반은총은 특별은총의 자리로 나아가기 위한 자리를 준비하는 것으로 보아야 한다.[41] 왜냐하면 두 은총은 결국 하나님의 은총이라는 상위의 일치점에서 만나기 때문이라는 것이다. 일반은총을 통해 하나님이 내적 외적으로 타 종교인에게 주신 것이 있는데, 이것을 무시하기보다는 이것을 특별은총의 자리인 그리스도께로 나아가기 위한 준비로 사용하는 것이 지혜롭고도 적절한 선교 방식으로 보인다.

둘째, 주만성은 타 종교인이 어떻게 진리를 말할 수 있는지 칼빈의 말을 인용하여 일반은총으로 설명했다.

> 칼빈은 인간의 본성의 타락 가운데서도 하나님의 은혜, 즉 악한 본성을 깨끗케 하는 은혜가 아니라 내적으로 그것을 억제

---

39 J. H. Bavinck, 『기독교 선교와 세계문화』, 56.
40 J. H. Bavinck, 『기독교 선교와 세계문화』, 58.
41 주만성, "일반은총의 진보적 작용에 대한 신학적 논쟁," 『대학과 선교』 제8집, 2005, 290.

하는 은혜가 들어설 여지는 얼마든지 있다는 사실을 강조하고 있다. 칼빈은 일반은총 분야의 신학적 사고에 있어서 선도적 역할을 했음이 분명하다. 비록 그가 성숙한 일반은총론을 꽃피우지는 않았지만 그는 분명히 하나님의 은총이 있어 비록 인간의 죄성을 제거하지는 않지만 인간 삶에서 죄의 출현을 억제하며 비신자들로 하여금 많은 진리를 발하도록 하시며 많은 문화적 소산들을 산출케 하신다고 가르치고 있다.[42]

특별계시를 소유하지 않은 비신자, 또는 타 종교인이 어떻게 "많은 진리"를 발할 수 있으며 많은 문화적 소산을 산출할 수 있는지에 대해 근본주의 신학을 가진 사람은 부정적인 입장을 가질 수 있다. 그러나 개혁주의 은총론은 그것이 가능하다고 말하며 개혁주의자들은 칼빈이 이를 선도했음을 인정해야 할 것이다. 개혁주의 은총론은 신자뿐 아니라 많은 비신자를 통해서도 인류 문화와 문명이 건설되어 왔으며, 힌두교의 성자들, 부처, 무함마드, 소크라테스, 공자 등 수많은 타 종교인을 통해 많은 진리의 가르침이 있어왔다는 사실과 부합된다.

채은수도 바빙크, 주만성과 동일하게 타 종교 속에 있는 진리를 긍정하고 그것을 활용하여 기독교 복음을 증거해야 한다고 주장하는 입장에 서있다. 그는 개혁주의 선교신학의 단초를 연 예로 어거스틴을 소개하면서 그가 기독교 진리를 신플라톤주의적으로 상황화하였다고 주장했다.[43] 즉 어거스틴은 신플라톤주의에 있는 기독교 진리와 병행하는 어떤 진리를 인정할 뿐 아니라 그것을 적극적으로 수용하여 기독교 복음을 설명

---

42 주만성, "일반은총의 진보적 작용에 대한 신학적 논쟁," 270.
43 채은수, "개혁주의 선교신학의 단초로서 어거스틴 사상," 「신학지남」 2008년 가을호 (통권 제296호), 2008, 204.

하였다는 것이다. '애굽의 금'은 돌이 섞인 금이고 금이 아니라고 말하기를 잘 하는 근본주의 신앙인들에게 있어서, 어거스틴은 "애굽의 금도 금이다"는 사상을 잘 수용한 사람으로서 성공적인 상황화를 성취한 모델로 제시한 것이다.[44] 김성태도 일반은총의 선교적 가치를 긍정하며 이를 적극적으로 활용해야 함을 주장하는 점에서 근본주의와 다른 개혁주의 노선에 서 있는 것으로 여겨진다. 그는 앞에서도 언급했지만 힌두교의 혼합주의적 경향에 대해서는 경고를 하면서도, 박띠 요가의 은총개념을 이해하고 있는 힌두교인들에게 이것을 접촉점으로 하여 분명히 제시해야 한다고 권면한다. 한 걸음 더 나아가 그는 보통 은총의 접촉점을 적극적으로 찾아서 다리를 놓아야 할 이유를 제시하고 있다.

> 복음 전달 시에 수용자의 문화를 무조건 거부하고 부정하는 것이 아니라, 문화 속에서 보통 은총의 접촉점을 찾고, 하나님이 예비하신 바 된 선교의 다리를 사용하여 하나님의 말씀을 통한 문화 변혁을 일으킴으로, 성경적 토착 교회와 토착 신학을 형성한다.[45]

일반은총을 접촉점으로 삼는 것은 일차적으로 하나님이 예비하신 것을 이용하여 복음을 효과적으로 전달하기 위한 것이지만, 궁극적으로는 토착 교회와 토착 신학을 형성하는데 중요한 역할을 한다고 했다. 만일 복음의 전달과 토착 교회, 토착 신학 형성에 일반은총의 접촉점이 그렇게 중요한 것이라면 그의 말대로 선교사들과 선교학자들은 그 접촉점을 충분히, 그리고 정확하게 찾기에 힘써야 할 것이다. 그것을 함부로 다루

---

44 채은수, "개혁주의 선교신학의 단초로서 어거스틴 사상," 238.
45 채은수, "개혁주의 선교신학의 단초로서 어거스틴 사상," 331.

면 혼합주의에 빠지고 성경과 거리가 먼 교회와 신학을 만들 우려가 있기에, 선교학자와 선교사와 현지 기독교인들이 주의 깊게 살펴보고 연구해야 할 것이다.

5. 결론

위에서 본 바와 같이 박띠 전통은 인도인에게 베단따 전통의 '차가운' 철학적 신 대신에 '따뜻한' 인격신을 제시해 주고, 어려운 '지식'과 '행위'의 길 대신에 '사랑'과 '헌신'과 '믿음'을 통한 구원의 길을 인도인에게 제시해 주었다. 비슈누와 쉬바를 숭배하는 대중들의 박띠 신앙은 가빈 플라드(Govin Flood)가 말한 대로 절대주의적 일원론 체계를 따르는 철학적 신앙과 함께 현대 힌두교의 핵심적인 특징이라고 말할 수 있다.[46]

따밀의 박띠 전통에서 자라났으며 남인도 교회의 주교이자 박띠 연구의 대가인 아빠사미(A. J. Appsamy)는 기독교와 깊은 연관성이 있는 이 "박띠 전통이야말로 힌두들에게 기독교 메시지를 선포하고 설명할 수 있는 가장 유용하고 인도적인 도구"라고 확신했으며, 『인도 기독교신학 서론』으로 유명한 영국 학자 로빈 보이드(Robin Boyd) 역시 "박띠 계열 인도 기독교 시인들이 다른 누구보다도 인도에서 기독교를 편안하게 만든 사람들이며 그들의 작업이 인도 땅에서 기독교회가 뿌리 내리고 꽃 피우는데 가장 중요한 요소가 될 것"이라고 평가했다.[47]

이러한 박띠 신앙에 대한 한국 선교사들의 평가는 근본주의 전통의

---

46 Gavin Flood, *An Introduction to Hinduism* (New Delhi: Cambridge University Press), 103.

47 Robin H. S. Boyd, *An Introduction to Indian Christian Theology* (Madras: CLS, 1975), 143, 118.

영향을 받아 부정 일변도이며 그로 인하여 인도에서의 기독교 메시지는 전통 종교에 대하여 공격적이고 정죄와 비난이 주류를 이루는 경향이 있다. 이런 점에서 하나님이 그의 선하심 가운데 비기독교인들에게도 일반은총을 주셨고 이것이 그들을 특별은총인 예수 그리스도께로 인도하는데 접촉점과 디딤돌과 선교의 다리로 사용될 수 있다고 믿는 개혁주의 관점이 힌두 선교에 긍정적인 역할을 할 수 있을 것이다.

물론 개혁주의 관점에 문제와 위험성이 없는 것은 아니다. 바빙크가 타종교의 경전을 기독교 전도에 활용할 수 있다고 말했는데 이와 같은 방식이 기독교와의 접촉점과 다리 삼기에는 유용할 수 있지만 다른 한 편으로 기독교의 독특성과 정체성을 약화시키고 혼합주의의 위험에 빠트릴 수가 있는 것이다. 그러므로 선교의 다리를 놓을 때 힌두교 가운데 어떤 부분이 유사점이 있지만 어떤 부분은 어떻게 다른지 명확하게 구분할 수 있어야 한다. '다리 놓기'는 박띠 신앙이 힌두교 선교에 유용하게 사용될 수 있는 가능성이지만 그 다리가 정확하고 튼튼한 다리인지에 대한 평가가 필요하고, 또 그것이 과연 유용한 다리인지 현지인의 피드백을 받을 필요가 있는 것으로 사료된다.

인도에서의 한국 선교가 이제 30년이 지났다. 이제는 많은 선교사를 보내고 많은 교회 설립하는 것 못지않게 힌두교 내에 있는 접촉점과 다리를 연구하고 토착 교회와 토착 신학이 나아가야 할 방향을 제시함으로 선교의 풍성한 내적 결실을 맺어야 할 때이다. 이 점에서 힌두교 중에 기독교와 유사한 내용이 많은 박띠 신앙은 효과적인 선교의 다리 만들기와 인도인이 이해할 수 있는 기독교 메시지를 만드는 데 유용하게 쓰일 수 있을 것으로 전망된다.

3장

힌두교에 대한 선교사 메시지

인도에서 성취신학에 기여한 토마스 슬레이터 선교사의 공헌에 대한 비판적 연구[1]

1. 서론

타문화권에서 사역하는 선교사에게 있어서 본질적이고도 도전적인 과제는 선교사 메시지를 만드는 일이다. 이 일이 까다롭고 어려운 이유는 그 메시지를 듣는 청중들이 중립적 위치에서 기독교를 만나는 것이 아니라 기존의 전통적인 역사적, 사회적, 문화적 상황이라는 입장에서 만난다는 것이다. 그러므로 기존의 종교적, 지적, 사회적 조건을 어떻게 다루느냐 하는 것은 선교사 메시지가 어떤 내용이 되어야 하는 것과 불가분의 관계를 갖는다. 그런데 현지 신앙과 문화에 대한 19세기 선교사의 주류적 접근 중 하나는 그것이 악과 마귀의 산물이라는 인식으로 인하여 부정적이고, 공격적이며, 비난 일색이었다.

그러나 다른 한편으로 19세기 후반 대영제국의 관할 지역 내에 또 다른 중요한 선교적 접근이 있었는데, 그것은 부분적이긴 하지만 힌두교에

---

[1] 이 글은 2009년 획득한 필자의 에딘버러대학교 박사 논문 중 1, 3, 4, 7장 가운데 힌두교에 대한 선교사 메시지를 중심으로 선택적으로 요약한 글이다.

공감대를 가지며 기독교 진리와 공통적인 부분도 있음을 인식하고 그것을 복음 전도를 위한 준비로 보는 것이다. 이러한 공감적 관점에서 볼 때 전통 신앙과 문화는 무조건 파괴시켜야 할 악의 덩어리로 볼 것이 아니라 세계의 완성자 예수 그리스도에 의해 완성되고 수정되며 그 이상이 성취되어야 할 것으로 보는 것이다.

부정일변도의 입장은 100년이 지난 지금도 인도에서 여전히 볼 수 있는데 그 이유가 있다.

첫째, 인도 현지 신앙에 대한 이해 결여가 주된 이유이다. 현지에서 십 년, 이십 년 사역한 선교사라 할지라도 자신이 경험한 범위 안에서만 부분적으로 알 뿐, 현지인들이 중요하게 여기는 경전과 신앙의 실제에 대한 전체적 이해를 결여한 경우가 대부분이다. 그래서 힌두교의 전부를 부정하면 자신이 전해야 할 기독교 복음의 주요 메시지도 부정하게 됨을 알지 못한다. 예를 들면 성육신, 인격적인 하나님, 유일신, 속죄, 믿음으로 말미암는 구원의 도리와 같은 것들이 베단타 철학과 함께 힌두 철학의 주요 학파이며, 일반 힌두들의 신앙에 얼마나 깊이 자리잡고 있는 줄을 알지 못하고 있다. 현지의 신앙과 문화에 대한 무지야말로 인도에서 기독교 메시지의 전달을 가로막는 가장 기본적인 장애인 것이다.

둘째, 인도에서 다수의 선교사들이 부정 일변도의 입장을 견지할 수 있는 이유는 부정 일변도의 기독교 메시지를 전해도 반발하지 않을 사회의 최하층민을 대상으로 사역하고 있기 때문이다. 인도 기독교인의 95%는 사회의 최하층민인 지정 카스트와 지정 부족민들이다. 선교사들의 절대 다수 역시 이런 사람들을 그 대상으로 삼고 있다. 그들은 인도사회에 정치, 사회, 경제적으로 뿌리가 없는 소외 계층일 뿐만 아니라 신앙과 문화도 힌두교와는 매우 다른 종교를 가지고 있다. 인도 사회에서 사람 취급을 받지 못하고 있기 때문에 그들 가운데 힌두교를 비난한다고 직접적으로 문제될 일은 없는 것이다. 그러나 선교사들이 부정적 공격적 입장을 취하는 것은 결국에 알려지게 된다. 힌두와 무슬림들을 대상으로 역개종운동을 펼치는 힌두세계회의(V.H.P) 같은 힌두 민족주의 단체들의 모니터링으로 각종 문서를 통해 기독교인의 입장이 알려지면서 기독교인들은 힌두들의 분노와 종파폭력의 희생물이 되는 것이다. 그뿐만 아니라 중요한 것은 인도의 주류이자 다수인 카스트 힌두들의 전도를 막아 버리는 결과를 낳게 된다. 공격 일변도의 선교는 후기 식민주의 시대를 사는 인도인들 가운데 모든 친구와 접촉점을 끊어 버림으로써 인도에서 기독교는 영원히 천민의 종교로만 남고 인도 주류사회에 하나님 나라의 전파는 중단되고 마는 것이다.

그러나 부정 일변도의 선교사 메시지에 대한 반발과 반기독교 운동은 20세기 후반의 일이 아니라 19세기 중반 이후 인도에서 영국식 교육의 결과 증가하기 시작한 교육 받은 계층의 등장으로 말미암아 일찍부터 시작되었다. 그 최일선에 서서 교육 받은 카스트 힌두들을 대상으로 사역하던 제1호 선교사가 바로 토마스 슬레이터(Thomas E. Slater, 1840-1912) 선교사였다. 그는 런던선교회 소속 영국 선교사로서 1867년에서 1905년까지 40여 년간 꼴까타, 첸나이, 벵갈루르를 중심으로 교육 받은 카스트 힌두들을 대상으로 전문 사역을 한 선교사이다.

슬레이터 선교사는 천민들을 대상으로 사역하는 선교사들이 보지 못하는 기독교에 대한 힌두들의 반발과 힌두 민족주의와 전통종교의 부흥을 가장 먼저 보고 체험한 사람이었다. 그래서 그는 부정 일변도의 접근으로는 힌두 개종자를 한 사람도 얻을 수 없다는 것을 일찍부터 파악하였다. 힌두교가 다 나쁜 것이 아니라 그 속에 기독교와 유사한 공통 진리도 있다는 점을 인정하고 존중하였으며, 이런 것을 접촉점으로 삼아 기독교 메시지를 전달했을 때 힌두들이 보여준 긍정적인 반응과 변화의 결과를 사역을 통하여 맛보았다. 이러한 역사적, 문화적 맥락에서 힌두교에 대한 공감적, 평화적 접근을 취하면서도 기독교 진리의 독특성과 우월성을 소개하고자 하는 그의 치열한 노력의 결과 탄생한 것이 그의 성취신학 사상이었던 것이다.

성취신학 사상의 대표자로 더 잘 알려진 사람은 인도에서 슬레이터라기보다는 도리어 존 파커(John N. Farquhar, 1861-1929) 선교사이다. 파커가 유명해진 것은 1910년 에딘버러대회 제4분과인 "비서구권 종교와 관련된 선교사 메시지" 분과의 보고서를 통해 성취신학 입장을 가진 전형적 선교사로 알려졌기 때문이었다. 이는 파커가 이 대회의 대회장 격인 존 모트에 의해 인도 YMCA 대표로 발탁된 사람으로서 소위 '정치 바람'을 탔기 때문이며 보고서를 쓴 C. H. 로빈슨과 신학적으로 같은 입장에 있었기 때문이었다.

그러나 보고서와는 달리 실제로 성취신학 사상을 인도에서 시작하였을 뿐만 아니라 그것을 완숙한 형태로 체계화하고 보급시킨 사람은 의심의 여지없이 슬레이터 선교사이다. 파커가 처음으로 성취의 개념이 담긴 글을 발표하기 시작한 것은 1903년이었고 그의 대표작인 『힌두교의 왕관』이 출판된 것은 에딘버러대회가 끝난 후 1913년의 일이었다. 반면에 슬레이터는 1875년부터 이미 30년이 넘는 세월 동안 성취신학에 대한 수많은 논문과 책을 출판하였으며 수많은 순회 강연과 선교사 수양회 등을 통해 성취신학 학파를 형성할 만큼 영향력을 끼친 지도적인 인물이었다.

에딘버러대회 때에도 그는 제4분과 통신원 중 가장 긴 123페이지에 달하는 글을 써 보냈을 뿐 아니라 로빈슨에 의해서도 파커의 4번과는 비교도 안 되게 11번이나 그의 글이 인용될 정도로 제4분과 메시지 형성에 공헌이 큰 인물이었다. 이런 점에서 케네스 크랙넬(Kenneth Cracknell)은 비기독교 종교와 관련하여 선교사 메시지를 만든 인물들 가운데 결정적인 공헌을 한 위대한 선교사 8명 가운데 한 사람으로 슬레이터를 꼽았던 것이다. 또한 성취신학 사상을 전반적으로 연구한 폴 헤지스(Paul

Hedges) 역시 전형적이고 체계적인 성취신학 사상의 대표자는 파커가 아니라 슬레이터임을 밝힌 바 있다.

슬레이터의 이러한 성취신학은 기독교 신앙 자체 때문이 아니라, 기독교인이 된다는 것이 의미하는 부정적인 이미지가 교육 받은 상층 카스트의 혐오감을 유발하고 그들의 공격을 자초하는 역사적 상황에서 탄생된 것이다. 즉 인도에서 기독교는 사랑하는 인도의 신앙과 문화유산을 파괴시키는 외국 종교요 수치스러운 것으로서 거절되고 있는 것이다. 힌두교에 대해 비난하는 태도를 버리고 힌두교와 기독교를 똑같이 공정하게 다루지 않는 한, 슬레이터와 힌두 지도자들 사이에 의미 있는 의사전달이란 거의 이뤄질 수가 없었다. 그래서 교육 받은 힌두들에게 평화적이고 인도적인 메시지를 제시하기 위해 슬레이터는 힌두들에게 공감하는 방법과 성취신학을 만들어 내었던 것이다.

슬레이터의 신학에 의하면 기독교 진리와 유사한 힌두 경전의 최고 이상, 그리고 하나님과 연합하고자 하는 갈망 같은 것들은 파괴되기보다는 보전되어야 하고 존중되어야 할 것이다. 왜냐하면 그것들은 역사 속에 성육신하신 그리스도에 의해 궁극적으로 채워지고 성취되기 위하여 만유 가운데 내재하는 로고스에 의해 그동안 영감을 받고 준비된 것으로 보기 때문이다.

힌두에 대한 슬레이터의 선교사 메시지는 하나님이 서구 사람들은 사랑하고 돌보사 구원의 길을 보여 주신 반면에 인도인들은 완전히 내버려 두신 것이 아니라는 것이다. 힌두교 안에도 하나님의 구원과 죄사함과 영생과 천국과 하나님을 만나고자 하는 갈망이 있고, 오직 믿음으로, 하나님을 사랑함으로, 하나님께 헌신함으로 구원에 이르는 길에 대한 안내가 나온다.

역사적인 예수 그리스도의 존재와 그분이 하신 속죄의 역사가 빠져 있기 때문에 부분적인 것에 불과하지만 이것이라도 칠흑같이 깜깜한 세상에서는 작은 등불이 될 수 있는데, 이는 무소부재하시며 차별 없이 사랑하시는 하나님께서 인도 사람에게 주시는 증거요 복음의 준비라는 것이다. 이와 함께 중요한 것은 그가 선교사 메시지를 만들 때 영국인의 틀을 버리고, 로고스의 사역으로 하나님이 인도인의 심성 속에 각인시키신 베단타 색깔을 가지고 표현할 것을 주창했다는 것이다. 그러므로 슬레이터의 성취신학은 그리스도의 유일성에 대해서는 타협함이 없으면서도 힌두들이 이해하고 받아들일 수 있는 평화적이고 인도적인 선교사 메시지를 위해 필요한 토대를 제공하는 것이었다.

본 논문은 일차적으로 그동안 파커에 의해 가려져 있던 슬레이터가 단지 성취신학의 선구자일 뿐만 아니라 파커가 처음으로 성취 개념을 말하기 한 세대 이전인 1875년부터 성취신학의 발전과 보급에 결정적 역할을 한 인물임을 밝히고자 한다.

첫째, 그동안 파커를 중심으로 성취신학을 연구해 왔던 에릭 샤프(Eric Sharpe)를 중심으로 한 선행 연구가의 견해를 정면으로 부정한다.

둘째, 프로테스탄트 입장에서 슬레이터가 로고스론을 어떻게 힌두 베단타 사상에 적용시킴으로써 기독교와 힌두교 사이의 평화적인 관계를 수립했는지 보여 주고자 한다. 슬레이터는 베단타 사상과 기독교신학 사이의 관련성을 제시한 첫 번째 신학자였다.

셋째, 1910년 에딘버러 선교사대회(이하 에딘버러대회) 제4분과(비기독교 종교와 관련한 선교사 메시지)의 준비에 슬레이터의 신학이 주요한 영향을 끼친 것을 여러 가지 증거로 증명하고자 한다.

본 논문을 씀에 있어서 필자가 제기한 주요 질문이 있다.

첫째, 인도의 성취신학의 발전을 연대순과 신학적 체계라는 관점에서 볼 때 슬레이터가 파커에 이은 부차적 인물인가, 아니면 그보다 더 중요한 공헌을 한 인물인가?

이 질문은 파커 이전에 슬레이터의 등장으로 이미 성취신학이 완성되었다는 구체적인 증거가 있는지, 그리고 파커와 비교해 볼 때 슬레이터 신학에 어떤 중요한 차이가 있는지 하는 질문과 연관이 된다.

둘째, 기독교 메시지의 현지화라는 측면에서 슬레이터는 로고스신학을 어떻게 적용시켜 기독교와 힌두교 사이에 평화적 관계를 수립하였는가?

이 질문 역시 슬레이터의 로고스 개념이 기독교인과 힌두 사이에 선린관계를 세우는데 있어서 왜 결정적으로 중요한지, 어떤 점에서 로고스 사상이 현지인의 틀을 갖고서 기독교 메시지를 전달하는 데 있어서 항구적인 토대를 제공해 주는지 하는 질문으로 구체화할 수 있다.

셋째, 1910년 에딘버러대회 제4분과에 답장을 써 보낸 여러 선교사 중 슬레이터는 평범한 한 사람에 불과한가, 아니면 세계 종교와 관련하여 선교사 메시지를 만드는데 있어서 결정적 영향을 끼친 중요한 인물인가?

이 논문에서 채택한 방법론은 두 가지이다.

첫째, 힌두교에 대한 영국인의 태도와 성취신학의 기원을 추적하는 과정에서 다양하게 산재한 문헌에 대한 역사적 연구 조사 방법론을 사용하였다. 슬레이터 신학의 선구자들과 슬레이터 사이에 연대순과 공헌의 정도를 평가함에 있어서 역사적-비판적 분석의 방법을 사용하였다.

둘째, 슬레이터가 남긴 각종 원자료를 검토하고 평가함에 있어서 그의 공감적 방법과 로고스 사상이라는 관점에서 기술적-분석적 방법을 사용하였다. 또한 이와 함께 고전적 성취신학에 대한 기여도를 평가함에 있어서는 비교 연구 방법론을 사용하여 파커와 대조하여 슬레이터 신학의 특징을 드러내었다. 이 논문의 목표는 세 가지이다.

첫째, 슬레이터 신학에 대한 포괄적 검토와 비판적 평가를 통하여 19세기 프로테스탄트 선교신학의 역사에서 빠트린 부분을 채워 넣고 잘못 알려진 부분을 수정하고자 한다.

둘째, 힌두들에게 기독교 메시지를 제시할 때 슬레이터가 채택한 로고스신학이 그들의 종교적 개념과 기독교를 연관시키는 것을 어떻게 정당화시킬 수 있는지 그 가능성을 제시하고자 한다.

셋째, 1910년 에딘버러대회 때 슬레이터가 끼친 영향력을 조사함에 있어서 본 논문은 기존의 학자들이 간과했던 부분에 대해 이제까지보다 더 철저한 과학적 조사와 해석을 함으로써 근대 프로테스탄트 선교 운동의 발전에 기여한 그의 공헌을 발굴하고자 한다.

2. 힌두교에 대한 19세기 영국의 견해들

인도에서 성취신학의 위치를 이해하고 슬레이터가 했던 신학적 작업의 가치를 평가하기 위해서는 19세기 영국령 인도의 힌두교에 대한 태도를 알 필요가 있다. 종교 사학자 샤프는 20세기 이전 전통적인 선교사 가운데 힌두교를 비난하는 태도가 지배적이었으며, 이러한 태도를 강화시키는 다섯 가지 요소가 있었다고 말했다.[2]

① 영어 교육이 교육 받은 계층을 전통 힌두 문화로부터 멀어지게 함
② 이른바 선교 기지 의식 구조(mission compound mentality)로 인하여 개종자들이 현지 사회로부터 분리됨
③ 선교사들의 하층 카스트 집중 현상
④ 보수적인 선교사협회
⑤ 제2 복음주의 각성운동의 영향으로 기독교와 세상의 어두움에 대해 여전히 존재한 날카로운 구분

---

2 E. Sharpe, *Not to Destroy but to Fulfil: The Contribution of J. N. Farquhar to Protestant Missionary Thought in India before 1914* (Uppsala: Almqvist & Wiksells Boktrycheri AB, 1965), 55-56.

그러나 그의 분석과는 달리 영어 교육은 결과적으로 힌두 르네상스와 민족주의 운동을 진작시키는 결과를 낳았다. 부분적으로 선교 기지에 사는 사람들도 있었지만 더 많은 사람들이 자신들의 카스트와 커뮤니티에 남아 기독교인으로 살아가야 했다. 또한 많은 선교사가 하층민들을 대상으로 사역한 것은 사실이지만 대학 지식인층에서 전문적으로 사역하는 교육 선교사의 숫자가 19세기 후반에 증가하기 시작했으며, 인도인들이 발간한 여러 영어 신문의 도움으로 대부분의 선교사들이 힌두 지식인층에서 일어나는 일들—그들의 기독교에 대한 반감과 민족주의 운동, 그리고 전통 종교 부흥운동—을 다 알고 있었다. 선교사협회의 보수주의는 신학적 성향에 따라 다양하며, 오히려 영국 성공회 주교 웨스트코트(B. Westcott), 대주교 벤슨(E. Benson), 스코틀랜드 장로교회 인도 선교부 총무 맥레오드(N. Macleod) 등과 같이 힌두교에 대해 관용적 태도를 갖도록 격려하는 경우도 왕왕 있었다.

그뿐만 아니라 샤프의 주장과는 반대로 19세기에는 힌두교에 대해 관용적 태도로의 전환이라는 새로운 흐름을 가져오게 한 중요한 사상적, 역사적 맥락이 있었다. 먼저 1859년 처음 발표된 다윈의 진화론이 그것인데, 진화론은 점차 기독교 지도자들에게 영향을 끼쳐 타 종교를 기독교와 같은 종교적 본능을 가진 종교요 신적 계시 중 하나로 보게 하는 역할을 했다. 또한 많은 선교사들이 힌두교 경전의 오류에 대해 공격했었는데, 19세기 후반 역사적 비평주의의 등장으로 말미암아 기독교 경전인 성경 역시 오류가 있는 인간의 책이라는 점이 제기되었다.

무엇보다 1870년대에 보급된 비교종교는 종교 간에 많은 공통점이 있고, 어느 종교도 진리를 다 가지고 있지는 않음을 알게 해주었다. 특별히 19세기 후반부터 힌두 르네상스와 민족주의가 활발하게 일어남으로써 선교사들의 힌두교에 대한 전통적 비난의 태도와 방법이 현지인의 반감을 불러일으킬 뿐 아니라 선교사들의 안전까지도 위태롭게 만드는 것으로 인식됨으로써 현지인과의 접촉과 전도를 위해 공감적 태도는 필수적인 것으로 받아들이게 되었다. 영국 성취신학의 역사에 대해 쓴 폴 헤지스(Paul Hedges)는 이렇게 달라진 환경을 배경으로 하여 1890년대 말쯤 이르러서는 성취신학이 비기독교 종교에 접근하는 가장 보편적인 패러다임으로 자리잡게 되었다고 말하고 있다.³

에릭 샤프는 존 파커에 대한 연구서를 쓰면서 19세기 영국의 힌두교에 대한 태도를 부정적 태도 한가지로 설명했는데 그가 이 분야의 대가였기 때문에 미국 고든콘웰신학교의 선교학 교수인 티모시 테넌트(Timothy Tennent)를 비롯한 다수의 후속 연구자들은 이를 무비판적으로 수용하고 있는 형편이다. 하지만 슬레이터와 동시대 성취신학 학파 소속 선교사들에 관한 연구가 빠졌기 때문에 그는 영국인의 힌두교에 대한 태도에서 19세기 후반에 등장한 매우 중요한 한 부분을 거의 빼 버리고 말았다. 그는 복잡한 19세기 현상을 조사함에 있어서 파커와 관련된 자료, 부정적 태도의 자료만 편향되게 취급함으로써 복잡한 19세기 사상의 흐름을 지나치게 단순화시키는 오류를 범하였다.

힌두교에 대한 영국의 태도는 세 가지 시기로 나눌 수 있다.

첫째, 영국의 벵골(Bengal) 정복이 이루어진 1760년대부터 1835년 영어 교육이 시작될 때까지 관용적 태도를 가졌던 시기인데, 동인도회사의 보수주의자들과 오리엔탈리스트들(The Orientalists)이 그 중심에 있었다. 에드먼드 버크(Edmond Burke, 1729-1797)를 위시한 동인도회사의 보수주의자들은 무갈(Muyghal)제국 통치자 아우랑제브(Auranzeb)의 종교에 대한 관용 정책을 모델로 삼아 힌두의 문화와 전통은 탁월한 것이며 그

---

3 Paul Hedges, *Preparation and Fulfilment: A History and Study of Fulfilment Theology in Modern British Thought in the Indian Context* (Oxford: Peter Lang AG, 2001), 226.

것을 존중하는 것이 제국의 질서유지에 도움이 된다는 입장을 1858년까지 유지하였다. 이들과 같은 선상에서 홀웰(J. Holwell, 1711-1798), 존스(Sir William Jones, 1746-1794), 콜브룩(Henry Colebrooke, 1765-1836), 뮤어(John Muir, 1810-1888), 윌슨(H. Wilson, 1786-1860), 모니어 윌리엄스(M. Monier-Williams), 뮐러(F. Müller) 등 오리엔탈리스트들은 인도에 대한 열정을 가진 사람들로서 힌두교는 기본적으로 유일신교적인 특색이 있으며 기독교와 공통된 진리를 가지고 있는 것으로 보았다.[4] 그들은 광범위한 힌두 문헌들을 번역하고 비교문헌 연구를 함으로써 비교종교학 발달을 촉진시켰으며, 19세기 영국인들의 인도 종교에 대한 지식을 크게 증가시키는데 공헌했다.

둘째, 1835년부터 1870년까지 정치적으로 진보주의자들과 종교적으로 보수적인 선교사들이 힌두교에 대해 적대적인 태도를 보였던 시기이다. 동인도 회사의 최고위 관료였던 공리주의자 제임스 밀(James Mill, 1773-1836), 존 밀(John Mill, 1806-1873) 등은 힌두교는 후진 종교이며 신률(divine law)이라는 이름으로 종교 독재를 행사하여 인도인들을 사제주의와 카스트의 노예로 만들었다고 주장했다. 입장은 다르지만 전통적인 복음주의 선교사들 역시 힌두교는 악마적 기원을 가진 거짓, 미신, 우상, 억압의 종교로서 어떤 댓가를 치르더라도 반드시 제거해야 한다고 공격을 가했다.

셋째, 뮐러가 비교종교에 대한 강연을 처음으로 시작하던 1870년부터 세기말까지 힌두교에 대한 관용적 태도가 급증하던 때이다. 사실 힌두교에 대한 긍정적 태도가 인도에서 나타난 것은 독일 선교사 지겐발크(B. Ziegenbalg, 1682-1719)가 처음이었다. 그는 1710년에 이렇게 말했다.

---

4 T. R. Trautmann, *Aryans and British India* (Berkeley and Los Angeles: University California Press, 1977), 64.

나는 그들(힌두의 현자들)이 가르치는 모든 것을 거부하지 않는다. 오히려 복음의 빛이 비추이기 전 오래 전부터 그들 가운데 있었던 작은 빛을 기뻐한다. … 왜냐하면 그들의 가르침은 인간의 이성에서 나온 것일 뿐만 아니라 하나님의 말씀과도 일치하기 때문이다.[5]

지겐발크는 힌두교가 다 나쁜 것이 아니고 그 속에 성경과 일치하는 진리도 있는 것을 발견하여 그것을 징검다리 삼아 그리스도의 복음을 증거하였다. 그러나 이러한 시도는 본국과 후속 선교사의 반대에 직면하여 결국 당대로 그치고 말았다. 가톨릭 측에서는 일찍이 예수회 선교사인 로버트 드 노빌리(Robert de Nobili, 1577-1656)와 장 칼메트(Jean Calmette, 1693-1740)가 힌두의 관습과 문화에 대해 관용적 태도를 보였다. 그러나 그들 역시 신학적인 측면에서는 후대 개신교 선교사 중 상당수가 갖고 있는 대결적 견해(Confrontational view)와 다르지 않았다.

그러나 19세기 후반에 이르게 되면 가톨릭에서는 인도 신학의 아버지라고 불리우는 브라마반답 우빠디아이(B. Upādhyāy)와 그의 이른바 캘커타 학파가 토미즘(Thomism)에 근거하여 힌두의 베단타(Vedānta) 철학은 초자연적 은혜인 그리스도를 알기 위해 반드시 있어야 할 토대라고 말하며 관용적 신학을 전개했다. 인도의 개신교 신학자들 가운데서는 앞에 언급한 바너지를 비롯하여 고레(Nehemiah Goreh, 1825-1895), 센(Keshub Sen, 1838-1884), 아빠사미(A. S. Appasamy, 1824-1926), 띨락(Nārāyan Tilak, 1862-1919) 등이 힌두교를 복음의 준비로 보고 기독교는 이에 대한 완성된 계시요 성취로 이해하는 신학을 공통적으로 주장했다.

선교사들 가운데는 샤프의 말과 달리 공감적 입장에서 성취신학을 주

---

5 A. Lehman, *It Began at Tranqueba* (Madras: CLS, 1956), 84.

장하는 선교사들이 크게 증가하여 이 시기의 선교잡지들을 보면 관용적 태도의 글들이 지속적으로 나타나는 것을 알 수 있다.[6] 캘커타의 주교였던 레지널드 히버(Reginald Heber)와 제임스 롱(James Long) 선교사와 같은 경우는 대표적으로 보수적인 선교사로 알려져 있지만 그들 역시 힌두교 속에 있는 많은 진리가 기독교 신앙과 공통이라는 점을 인정하기를 주저하지 않았다.[7]

켈렛(F. Kellett), 롭슨(John Robson), 싱클레어(W. Sinclair), 레드펀(E. Redfern) 같은 선교사는 '성취'라는 용어를 사용하여 힌두교와 기독교의 관계를 표현하였으며, 특히 져스트(E. Just), 휴렛(John Hewlett), 베이컨(J. Bacon), 밀러(William Miller) 같은 사람들은 로고스신학에 기초하여 힌두교 속에 있는 공통의 진리는 내재하시는 하나님의 로고스에 의해 존재하게 된 것이라고 주장했다. 이들의 글은 선교 잡지와 책을 통해 출판되었을 뿐 아니라 매달 정기적으로 모인 지역 선교사 모임에서 정기적으로 발표됨으로 급속하게 공감대를 넓혀 나가게 되었다.

그리하여 1880년대와 1890년대에 이르게 되면 성취신학적 입장은 학계나 진보적 진영의 선교사 사회에 국한되지 않고 교단에 관계없이 힌두들에게 접근하는 실제적이며 성경적인 접근으로 다수의 선교사들에게 채택이 되었으며 그 증거가 1910년 에딘버러대회 제4분과에 보고된 보고서의 내용이다. 이 보고서를 보면 타 종교에 대한 공감적 태도는 극소

---

6 샤프는 존 파커의 자료에 초점을 맞춘 결과 19세기 후반의 선교잡지에 빈번하게 등장하는 관용적 태도의 선교사에 대한 자료를 검토하는 것을 놓치고 말았다. 이 시기에 힌두교 대한 관용적 태도를 나타낸 글들이 실린 잡지는 *The Indian Evangelical Review, The Madras Christian College Magazine, The Harvest Field, The East and West* 등이었다.

7 Graham Houghton, "Late Nineteenth Century Protestant Christian Attitudes towards Hinduism," *The Gospel among Our Hindu Neighbours* (Madras: Partnership in Mission, 1983), 15.

수를 빼고 절대 다수가 동의하는 것이며 그중에서 성취신학적 입장을 취하는 선교사는 절반에 이른다.

이 세 번째 그룹의 관용적 태도를 가진 선교사들은 슬레이터의 신학에서는 특징적이고 파커에게는 빠져 있는 로고스신학을 다수 가지고 있었는데 이는 알렉산드리아의 교부들 곧 순교자 져스틴, 클레멘트, 오리겐, 아타나시우스가 처음 시작한 것이었다. 그들은 그리스 철학과 신앙의 신봉자였다가 기독교로 개종한 사람들이었기 때문에 자신들이 과거 가지고 있었던 헬라의 신앙과 문화에 대한 긍정적 가치를 인정하였다. 헬라의 신앙과 사상은 실제로 자신들이 기독교 신앙을 갖는데 있어서 복음의 준비로서 역할을 했으며, 그러한 준비는 그의 영으로 내재하시는 하나님의 로고스에 의하여 헬라의 철학과 종교 가운데 이뤄지게 되었다고 말했다. 슬레이터는 오리겐을 비롯한 알렉산드리아 교부들의 이러한 공감적인 태도와 이방인을 얻기 위한 방법을 선교사들이 받아들여야 한다고 역설했다.

이상을 살펴볼 때 힌두교에 대한 관용적 태도는 일부 전통적인 영국 선교사와 정치가를 제외하고 인도에서 특히 현지인들 가운데 지배적인 태도였음을 알 수 있다. 19세기 후반에 이르러 인도인의 민족의식이 싹트고 힌두 르네상스와 함께 전통 종교에 대한 자신감이 회복되면서 과거의 공격적이고 부정적인 선교사의 태도는 설 자리를 잃고 말았다. 그리하여 힌두교 속에 있는 진리를 전적으로 부정하지 않으면서도 기독교 메시지의 독특한 주장을 전달할 수 있는 성취신학적 선교사 메시지가 힌두 선교를 원하는 현지인 그리스도인들에게 호감을 받았으며 이러한 반응은 한 세기가 지난 오늘날에도 여전히 변함없이 효과적인 방법으로 힌두 전도자들 가운데 사용되고 있다.

3. 슬레이터의 생애와 성취신학 서론

1) 슬레이터의 생애와 사역

슬레이터의 생애와 사역은 세 시기로 나눌 수 있다.

(1) 형성기(1840-1871)

그는 1840년 회중교회 목사인 윌리엄 슬레이터의 아들로 태어났다. 십대 청년기에 그는 어느 크리스천 건축가의 도제 생활을 하던 중 그의 신앙적 감화와 그의 형제 중 한 선교사의 영향으로 선교사로 봉사하는 것에 매력을 느끼게 된다. 그리하여 19세의 나이에 런던선교회에 가입하고 버밍엄에 위치한 스프링 힐 칼리지(오늘날 옥스퍼드대학교 내 맨스필드 칼리지의 전신으로서 회중교회 목회자 양성 기관)에 입학하여 공부를 마친 후 1866년 안수 받고 결혼을 했다. 그리고 바로 그 해 12월 아내와 함께 캘커타에 선교사로 파송되어 그곳에서 채플 목사요 보와니포 신학교에서 교수 사역을 시작했다. 그러다가 아내의 갑작스런 질병과 죽음이 계기가 되어 그는 선교지를 남쪽 마드라스로 옮기게 되었다.

(2) 마드라스 사역(1871-1882)

1871년 마드라스에 있는 런던선교회 소속 영어 교육 기관에서 교수로 사역을 재개했으며 회중교회 목사의 딸을 현지에서 만나 재혼하였다. 그는 이곳에서 많은 인도 학생들이 서구 교육을 받은 후 신앙적으로 방황하는 모습을 보면서 교육 받은 계층을 위한 전문 복음 사역의 필요성을 절감하고 있었다. 이때 이런 필요에 눈 뜬 런던선교회에 의해 1875년 교육 받은 계층을 위한 전문 선교사로 임명받게 되었다.

이후로 그는 설교와 저술과 강연, 개인적 대화와 정기적인 심방 등을 통해 교육 받은 계층을 위한 전도와 제자 양육 사역에 전념하였다. 특별히 슬레이터는 선교사들의 공격적인 설교로 인하여 자신의 학생들 가운데 팽배한 적대감과 성장하는 민족주의를 보면서 힌두 복음 전도에 실패하는 이유가 기독교 신앙 자체 때문이 아니라 전통적 방식의 부정적이고 비난하는 태도 일변도의 방식 때문임을 깨닫게 되었다. 그리하여 그는 힌두교를 존중하고 공감하며 산스크리트어로 힌두 경전을 연구하기 시작하였으며, 힌두들이 갈망하는 이상이 바로 기독교 안에 있음을 증거하는 방식을 시작하게 되었다. 그가 신앙적 주제로 설교와 강연을 할 때 정기적으로 400-500명의 학생이 참석하였으며 토론에 이어 저녁시간에는 사람들을 자신의 집으로 초청하거나 아니면 학생들의 집으로 심방하여 인격적인 대화와 교제의 시간을 가졌다.

그의 사역이 당장 직접적 개종의 열매를 많이 낳지는 못했지만 세월이 흐르면서 그동안 공격적인 선교사의 설교에 의해 상처받고 마음이 닫혔던 정통 힌두 배경의 사람들이 기독교로 개종하는 일들이 나타나기 시작했다. 더 중요한 것은 그의 끊임없는 순회강연을 통해 마드라스 지역뿐 아니라 남인도 전역에 걸쳐 힌두교에 대한 공격적 태도가 사라지고 힌두교를 존중하면서 선교하는 경향이 증가하게 된 것이다.

그러나 일부 전통적인 선교사들 가운데는 그의 사역에 제동을 걸어 런던선교회 이사진에게 장문의 편지를 보내 그를 해임시키고자 했다. 이로 인하여 슬레이터는 정신적으로 적지 않은 타격을 받았으나 도리어 이를 계기로 그동안 자신의 사역을 돌이켜 보고 자신의 신학적 입장과 힌두들에 대한 접근방법을 평가하면서 자신의 사상과 사역에 대해 더욱 깊은 확신을 갖게 되었다.

(3) 방갈로 사역(1882-1912)

이때는 방갈로를 무대로 사역하였다. 이 시기는 그의 사역의 절정기일 뿐만 아니라 공감적, 성취신학적 접근에 대해 소개하는 수많은 논문을 『마드라스 크리스천 칼리지』, 『하비스트 필드』, 『동과 서』, 『기독교 세계』, 그리고 『인도 복음주의 평론』 등의 선교 잡지에 기고하였으며 많은 책들이 출판되었다. 그리하여 슬레이터는 후에 시카고 종교회의를 조직한 H. 배로우즈에 의해 다음과 같은 평가를 받았다.

> 인도 땅에서 힌두들에게 기독교를 해석해주고, 생각하는 그리스도인들에게 힌두교를 소개시킴에 있어서 슬레이터 이외의 적격자를 찾기는 어렵다고 본다. 적절한 훈련과 풍부한 경험, 그리고 지성적인 틀을 갖추었기 때문에 슬레이터는 동양 정신을 가진 사람에게 서양적인 접근을 할 때, 그들을 참으로 진실하고 지혜롭게 다룰 줄을 안다.

슬레이터는 1905년 현직에서 은퇴와 함께 건강 회복을 위해 호주 시드니에서 말년을 보냈다. 그는 이곳에서 몇 권의 책을 쓰고 정기적으로 선교 잡지에 기고를 했으며, 1910년 에딘버러대회 때에는 장문의 제4분과 답변서를 에딘버러로 보냄으로 선교대회에 큰 기여를 했다. 그는 1912년에 72세의 나이로 생애를 마쳤다.

2) 슬레이터의 지적, 종교적 배경

19세기 후반기 영국에서는 F. M. 뮐러, M. 모니어 윌리엄스, A. M. 페어베언 등의 영향으로 비교종교학이 크게 발달했는데 슬레이터는 이를 통해서 큰 통찰력을 갖게 되었다. 이들 학자들의 노력으로 산스크리트어로 되어 있던 힌두 경전의 대다수가 번역이 됨으로써 선교사들이 과거 맹목적으로 비난하기만 했던 힌두 신앙 중에 기독교와 유사한 내용의 성육신, 삼위일체, 행위가 아니라 믿음과 은혜로 얻는 구원관, 죄 사함과 인격적인 유일신 개념조차 있는 것을 발견하게 되었다. 슬레이터를 비롯한 다수의 선교사들이 전통적인 비난 일변도의 태도에서 벗어나기 시작한 것은 바로 비교종교학의 연구성과와 직접적인 관계가 있다고 할 수 있다.

대표적인 성취신학 선교사인 슬레이터와 파커를 포함하여 이 시기 인도에서 활약한 저명 선교사 중에 B. 루카스, R. A. 흄, J. P. 존스가 모두 회중교인이었다는 것은 특기할 만하다. 회중교회 사상 중 슬레이터에게 영향을 끼친 것은 다음과 같은 사실이다.

첫째, 신앙 문제에 있어서 유일하고 충분한 권위는 오직 성경이라는 사상이다. 회중교인에게 있어서 신앙의 최고 권위는 오직 성경 말씀이며 하나님의 말씀 외에 다른 어떤 인간의 권위도 인정하지 않는다.

둘째, 하나님 말씀의 의미를 해석하는 것은 모든 사람에게 하나님께서 주신 천부의 권리이며 의무로서, 누구든지 자신의 양심이 확신하는 바 옳은 바대로 행할 자유를 갖는다. 이 권리에 의해서 회중교인은 양심과 사상의 자유, 그리고 신학의 자유를 가질 수 있다.

슬레이터가 성경의 독특하고 유일한 가치를 고수하면서도 전통적인 성경 해석에 크게 얽매이지 않고 타 학문의 결과에 개방적이고 성경과 양심에 근거하여 새로운 신학적 시도에 용감할 수 있었던 것은 자신과 자신이 속한 단체 사람들이 위와 같은 회중교회 전통에 있었기 때문에 가능했던 것으로 보인다.

저스틴, 클레멘트, 오리겐과 같은 알렉산드리아 교부들은 앞에서도 이야기했지만 슬레이터의 신학 사상을 형성하는데 결정적인 영향을 끼쳤다. 19세기와 20세기에 등장한 성취신학은 알렉산드리아 교부들의 신학의 부활이라고 할 수 있다. 슬레이터에 의하면 인도 기독교회가 그리스도를 해석하는 일에 공헌하려 한다면 알렉산드리아 교부들이 가장 완벽한 모델이 될 수 있다고 말했다. 그는 "그리스도를 해석함에 있어서 인도 기독교회의 공헌"이라는 그의 글에서 앞으로 인도에서 많은 오리겐과 동방의 교부들이 나와서 서구인의 모델에 얽매이지 않고 독립적이고 인도적인 신학을 만들어 주기를 기대한다고 말했다.

순교자 저스틴(AD 100-165)은 유대 밖에 살고 있는 이방인이라도 하나님께서 결코 그들을 버리지 않으사 자신을 나타내셨다고 말했다. 이교도의 철학 중 기독교 진리와 유사한 모든 훌륭한 사상들은 하나님이 뿌려 주신 로고스의 씨앗(로고스 스페르마티코스)이라고 말했다. 모든 족속마다 매우 부족하기는 하지만 진리의 씨앗이 준비되어 있는 것은 내재하는 영으로 세계 안에 역사하는 신적 로고스가 있기 때문이며, 그 최고의 이상은 성육신 하신 로고스에 의해 완전히 성취하게 된다는 것이다.

클레멘트(150-215)는 그리스 철학이 일종의 '징검다리'요, '가정 교사', 그리고 장차 올 완전한 것의 '예표'로써 이 모든 '준비'는 그리스도께서 오심으로 온전히 '성취'하게 된다고 주장했다. 오리겐(186-254) 역시 유사한 로고스신학을 전개했다. 이를 볼 때 슬레이터 신학에서 나오는 주요 용어와 사상들이 대부분 알렉산드리아 교부들에게서 빌린 것임을 알 수 있다.

K. C. 센은 알렉산드리아 교부들과 막스 뮐러와 함께 슬레이터 사상을 형성하는데 가장 중요한 영향을 끼친 인물 중 하나이다. 그 이유는 센이 K. 바너지와 함께 슬레이터 앞서 성취사상을 설파한 사람이었을 뿐 아니라, 슬레이터가 성취신학적 입장에서 복음 메시지를 전할 때 호의적인 반응을 보인 영향력 있는 현지인 지도자였기 때문이다. 센은 힌두이면서도 대속주이신 그리스도를 갈망하던 사람이었고 브라모 사마즈라는 단체를 창설하여 힌두들에게 기독교적 진리를 가르친 사람이다.

슬레이터는 인도 땅에 선교사로 도착한 날 이후로 줄곧 그에게 관심을 가져왔으며 후에 그의 전기를 썼고, 방갈로에서 그가 정기적으로 성경을 가르친 학생들 중에는 브라모 사마즈의 지도자들이 있었다. 슬레이터는 센을 통해 성취신학의 아이디어를 얻기도 하고 또 자신이 생각한 바 공감적 접근이 얼마만큼 효과가 있는지 브라모 멤버들과의 대화를 통해 깊이 체험하기도 하였다.

어떤 면에서 보면 센과 그의 브라모들은 슬레이터 성취신학의 리트머스 시험지와 같은 것이었다. 만일 그들로부터의 호의적인 반응이 없었더라면, 슬레이터는 자신의 접근이 부적합한 것으로 생각하여 공감적 접근법을 포기했을런지 모른다. 그러나 힌두 지도자인 센의 성취사상에 대한 적극적인 지지는 슬레이터 신학에 확신과 신빙성을 더해 주었다. 센은 1879년 이렇게 말했다.

> 하나님과 하나 되는 것이 인도인의 신앙입니다. 이런 사상을 통하여 인도는 결국 그리스도에 도달할 것이라고 봅니다. 그분이 인도의 경전을 성취하지 아니하시겠습니까? 복음서에 나오는 다음 구절이 생각납니다.
> '내가 온 것은 파괴하러 온 것이 아니라 성취하러 온 것이라.'
> 그리스도는 이미 여러분 안에 계십니다. 그분은 여러분이 의식하지 못할 때조차도 여러분 안에 있습니다. 왜냐하면 그리스도는 세상에 와서 각 사람에게 비치는 빛이시기 때문입니다.

슬레이터가 지적한대로 센의 브라모 사상은 여러 가지로 부족한 것이 많이 있다. 그럼에도 불구하고 센은 슬레이터가 확신을 갖고 성취신학을 주창하는데 큰 힘을 준 것이 사실이다.

3) 슬레이터 신학의 초기 소스

슬레이터가 성취신학 사상의 주창자라는 말이 무색할 정도로 슬레이터 앞에 수많은 직접적 소스들이 있었다. 19세기에 성취 개념을 처음으로 말한 사람은 아구스트 네안더(August Wihelm Neander)였다. 그는 1825년 『기독교 종교와 교회의 일반 역사』라는 그의 책에서 성취개념에 대해 명백히 말한 바 있는데, 이 책은 이후에도 네 차례에 걸쳐 19세기에 지속적으로 출판이 되었다.

네안더는 베를린대학의 신학 교수였는데 자신의 대표작인 앞의 책에서 '마귀의 작품이 아니라 하나님의 사역으로서 철학', '준비', '성취', '완성', '파괴가 아니라 성취', '로고스의 씨'와 같은 용어를 사용해가며 하나님이 증인이 없이는 세상을 내버려 두지 않으신다고 말했다. 네안더가 중요한 것은 그가 성취신학의 주요 개념을 19세기에 가장 처음으로 말했을 뿐 아니라 슬레이터 자신에 의해서 성취신학의 소스로 언급되어진 다섯 사람 중 한 사람이기 때문이다.

다음으로 중요한 사람은 네안더 외에 슬레이터가 자신의 소스로 직접 언급한 막스 뮐러와 모니어 윌리엄스, 마두래의 주교인 R. 콜드웰, 그리고 K. 바너지이다. 슬레이터에 의해 직접 인용되지는 않았지만, 슬레이터가 1876년 성취신학 사상을 담은 『계시된 하나님』을 출판하기 이전에 성취개념을 담은 사람들이 있었다. 롤랜드 윌리엄스의 『최고신 지식에 관한 대화』(1856), 윌리엄 밀러의 『역사의 계획』(1863), 존 롭슨의 『힌두교와 기독교와의 관계』(1874)와 같은 소스가 있었다. 슬레이터 자신도 자기 신학의 독창성을 주장하지 않았으며, 스스로 뮐러와 콜드웰, 바너지, 센, 네안더, 그리고 궁극적으로 알렉산드리아 교부들에게 빚졌다고 말했다.

그럼에도 불구하고 간과되어서는 안 될 것은 질적, 양적인 면에서 힌두교에 대한 적대적인 태도가 만연하던 시대에 슬레이터만큼 명확히 그리고 상세하게 성취 사상을 말한 사람은 이전에도 없었고 이후에도 없었다는 점이다.

4) 슬레이터의 성취신학 개요와 동시대 사람들

슬레이터는 성경 말씀과 알렉산드리아 교부들의 역사적 예를 전거로 삼아 자신의 신학을 정당화시켰다. 그는 먼저 비기독교인들에 대한 하나님의 상한 마음으로부터 성경적 증거를 제시한다.

> 주 여호와의 말씀이니라 내가 어찌 악인이 죽는 것을 조금인들 기뻐하랴 그가 돌이켜 그 길에서 떠나 사는 것을 어찌 기뻐하지 아니하겠느냐(겔 18:23).

슬레이터에 따르면 하나님은 어떤 악인도 죽기를 원치 아니하시고 어떻게든 살리기를 원하신다는 것이다. 이런 입장에서 힌두들은 지옥에서 심판받기로 운명 지어진 버림받은 마귀의 자식이 아니라, 사랑하는 아버지께로 돌아갈 기회가 아직 남은 탕자 아들(눅 15:11-27)이다.

사랑의 하나님께서 때가 차매(막 1:15), 그의 아들을 보내사 세상의 구원을 위해서 하나님 나라를 전파하셨다. 하나님께서 복음의 도래를 위해 헬라의 철학과 로마를 준비하셨던 것처럼, 하나님은 인도 사람을 위해 인도의 현자들을 준비하셨다. 슬레이터는 세상에 흩어져 살고 있는 많은 사람들이 하나님의 구속적 사역의 바깥 영역에 돌봄이 없이 버려져 있다는 것을 결코 상상하지 못한다. 왜냐하면 성경의 하나님은 편벽된 하나님이 아니라 모든 민족의 아버지이시기 때문이다. 그러므로 그는 사도 바울의 설교에서 나오는 다음 구절 인용을 즐겨 한다.

> 하나님이 지나간 세대에는 모든 민족으로 자기들의 길들을 가
> 게 방임하셨으나 그러나 자기를 증언하지 아니하신 것이 아니
> 니(행 14:16-17).

하나님은 이방인을 내버려 두신 것이 아니라 도리어 희미하고, 깨어지고, 부분적인 것이긴 하지만 증인을 보내사 세상을 비추어 오셨다는 것이다. 슬레이터는 요한복음에 나오는 대로 진정한 빛의 보편성을 믿었다.

> 참 빛 곧 세상에 와서 각 사람에게 비취는 빛이 있었나니
> (요 1:9).

내재하시는 영에 의해 증거되기 때문에, 기독교적 시각에서 볼 때 미신과 오류에 둘러싸여 있기는 하지만 그래도 이방인의 신앙 가운데 얼마간이라도 진리가 있기 마련이다. 그래서 슬레이터는 마태복음의 다음 구절을 좋아한다.

> 내가 율법이나 선지자를 폐하러 온 줄로 생각하지 말라 폐하
> 러 온 것이 아니요 완전하게 하려 함이라(마 5:17).

슬레이터에게 힌두 신앙은 뒤집어서 엎어야 할 것이 아니라 그리스도에 의해 채워져야 할 열방의 채워지지 않은 갈망이다(학 2:7). 만일 힌두가 하나님을 경외하고 의롭게 산다면, 그렇게 살다가 하나님께 받아들여진 로마인 고넬료와 같이 받아들여질 것으로 보았다(행 10:35). 결국 슬레이터는 동서로부터 많은 사람이 이르러 아브라함과 이삭과 야곱과 함께 천국에 앉게 될 것을 바라보았다(마 8:11).

슬레이터 성취신학의 뼈대를 형성하는 세 가지 핵심 요소가 있다.

(1) '준비'

하나님은 그 섭리 가운데 고대 세계의 신앙을 준비하셨다. 세계 종교 안에 기독교와 유사한 진리가 있다는 것은 하나님께서 세계 종교의 발전 과정에 개입하셨음을 의미한다고 본다. 예를 들어, 불멸에 대한 힌두의 갈망은 기독교의 영생에 대한 가르침의 준비이고, 끄리슈나에 대한 신앙은 그리스도 성육신의 복음에 대한 가장 확실한 준비로 보는 것이다. 힌두교와 기독교 사이에 있는 이러한 공통점은 슬레이터의 입장에서 볼 때 계시의 정도의 차이는 있을지라도 하나님께서 어느 곳에서나 그의 영으로 역사하시는 증거이다. 준비가 없는 곳에 성취도 없다. 그런 점에서 슬레이터의 신학은 '준비'의 신학이라고 불릴 수 있다.

(2) '성취' 개념

슬레이터에 의하면 세계 종교는 인격적인 하나님, 성육신, 영생, 구원에 대한 갈망을 가지고 있다. 그런데 이러한 갈망은 하나님께서 그리스도를 위하여 준비하신 것이므로, 다른 종교의 가르침으로는 채울 수 없고, 오직 그리스도만이 만족시킬 수 있다고 한다. 모든 세계 종교 시스템은 실상의 '그림자'이고, 구속(redemption)의 '약속'이기 때문에 그 자체로는 불안정하고, 임시적이고, 결핍을 내재하는 갈망이다. 그러기에 그러한 약속을 성취하고 갈증을 만족시킬 그리스도를 반드시 필요로 한다고 말했다. 그럼에도 불구하고 슬레이터는 힌두교가 폐기되기보다는 그리스도 안에서 성취될 것을 다음과 같이 기대하였다.

> 우리는 그리스도의 종교를, 파괴자로서가 아니라, 그들의 옛 신앙의 가장 훌륭한 이상을 성취해 주는 성취자로서 붙들어야 한다. 그리스도의 전파자로서 우리가 할 일은 다른 사람의 종교적 확신을 짓밟고 비방하거나 뿌리 뽑고 폐하는 것이 아

니라, 기독교의 빛에 비추어 그들의 신앙을 해석해 주고, 그것
이 어떻게 그리스도를 증거하는지, 그리고 그리스도가 없이는
그것이 상대적으로 얼마나 무가치하고 채워지지 못한 상태로
놓이게 될는지 보여주는 것이다.[8]

그리스도가 인도인의 갈망에 대한 성취요 대답이라고 슬레이터가 생각한 근본 이유는 그의 기독교적 계시관 때문이었다.

동방에 종교 교사로 가라는 우리의 주장은 종교사상가로서 본질적 우월성에 근거한 것이 아니라 단지 유일한 계시이신 그리스도를 갖고 있기 때문이라는 사실을 우리는 지금 발견해 나가고 있는 중이다. 그리스도의 영광스런 계시는 모든 이전 계시들을 파괴하기 위함이 아니라, 수정하고 성취하기 위한 것이며, 서로 불러 모아 바르게 해석해서 그 교훈을 완성하고자 함인 것이다. 오직 그리스도만이 세계인의 필요와 인간 영혼 깊은 곳에 죄사함을 갈구하는 것에 대한 대답이 되신다. 그리스도는 진리가 충만한 분이시다.

슬레이터의 견해에 의하면 기독교 계시는 유일하고 완전하나 힌두교는 부분적이고 부족한 것이 있다. 이런 입장은 좀 교만한 태도일 수는 있지만 슬레이터는 선교사로서 그리스도를 제외한 모든 종교가 임시적이고 쇠퇴해가며 불안정함으로 그리스도 안에서 완성을 갈망한다고 보았던 것이다.

(3) '로고스'(Divine Word, or Divine Reason) 개념

로고스는 세계 종교 속에 진리의 요소가 어떻게 들어가게 되었는지,

---

8 Thomas E. Slater, "How Shall We Preach to the Hindus?" *The Harvest Field*, Vol. VII, No. 9, March, 1887, 260.

하나님의 준비가 어떻게 이뤄졌는지 말해 준다. 신앙의 갈망이 그리스도 안에서 성취되는 것을 발견하도록 이끌어주는 추진력을 로고스라고 한 것이다. 슬레이터는 이 로고스를 보편적 로고스(universal logos)와 성육신적 로고스(incarnated logos)로 나누었는데, 앞의 로고스는 내재하는 그리스도(Christ within)이고, 뒤의 로고스는 외부에 계신 그리스도(Christ without)이다. 그는 내재하는 로고스가 시대와 지역, 종교에 제한 받지 않고 어디나 있는 것임을 그의 『계시된 하나님』에서 이렇게 말했다.

내가 처음부터 언급한 관점에서 볼 때 기독교는 한 국가나 세상의 특정 지역에 속했기 때문에 다른 나라와 지역에는 이질적인 어떤 것이 아니며, 세계사의 어떤 시기에 새로운 종교로 갑자기 나타나는 어떤 것이 아니라, 역사상 언제나 존재해 왔던 것이며, 그것의 본질적 불변의 성질에 의하여 우리의 공통 도덕의 원리가 그런 것처럼 모든 인류의 자연적 유산인 것이다. 그것은 외부에서 사람들에게 억지로 집어넣어야 하는 어떤 것이 아니라 이미 모든 사람 내부에 관념과 원리가 씨의 형태로 있는 것인데, 단지 생기와 활력을 불어넣는 일만 남은 것이다.[9]

슬레이터는 만일 어떤 사람이 자신이 갖고 있는 빛과 로고스를 따라 충실하게 살았다고 한다면, 비록 무신론자의 이름으로 불렸을지라도 진정한 그리스도인이라고 말할 수 있다고 했다. 이는 보편구원을 주장했다기보다는 하나님의 정의의 관점에서, 비록 외부에 계신 역사상의 그리스도에 관한 계시가 전해지지 않은 이방인이라고 할지라도 지역, 시간, 인종과 종교를 넘어서서 자기에게 주어진 로고스, 곧 하나님의 법을 따라 산 사람이 있다면 그 사람의 구원 가능성이 있지 않은가 말하는 것이다. 유

---

9 Thomas E. Slater, *God Revealed: An Outline of Christian Truth. Being Sunday Afternoon Lectures Delivered to Educated Hindus* (Madras: Addison and Co., 1876), 55-56.

대인이 율법에 따라 사는 것이 거의 불가능 하듯이, 이방인들도 최고도의 로고스를 따라 사는 것이 불가능할지 모른다.

그럼에도 불구하고 보편적 로고스가 존재하는 것이 중요하며 이로 인하여 이방인도 하나님 앞에 핑계할 수 없으며, 성육신적 로고스의 도래에 대한 확실한 준비가 된다고 보았다. 이러한 보편적 로고스의 존재는 그리스도가 오시기 이전 이방세계의 구원 문제에 대한 슬레이터 나름의 대답을 보여준다.

4. 슬레이터 신학의 등장: 그의 청중과 방법론

1) 슬레이터의 청중과 그의 신학

슬레이터의 성취신학은 그가 평생 사역의 대상으로 삼았던 교육 받은 힌두 계층에게 기독교 복음을 전달하려는 과정에서 필연적으로 발생하게 되었다고 말할 수 있다. 이 계층은 주로 상층 카스트로 구성되었는데 자신들의 문화적, 사회적, 종교적 유산에 깊이 뿌리를 내리고 애국정신에 사로잡힌 탓에 하층 천민들과 부족민들에게 적용된 방법과 신학으로는 접근조차 하기가 어려웠다. 19세기 후반에 이르면 영국식 교육 정책의 영향으로 교육 받은 계층이 크게 증가하기에 이른다.

문제는 다수의 선교사들이 최하층민 선교에만 주력하고 이들 교육 받은 카스트 힌두들은 전도의 대상에서 제외하거나, 또는 하층민들에게 비난 일변도로 접근하는 방식을 그대로 교육 받은 상층민들에게도 적용시킨다는 데 있었다. 그래서 기독교는 빠른 속도로 하층민의 종교로 이미지가 굳어지고 반면에 상위계층 힌두교도들은 기독교에 대한 반감과 분노를 더욱 더 키워가게 되었다. 교육 받은 엘리트들의 기독교에 대한 적대감이 클수록 선교사들은 그들에 대한 접근을 포기하고 비난의 강도를 더욱 높였다. 이에 대해 슬레이터는 주장했다.

> 만일 우리가 인도의 성채를 옮기고 인도 지성인들을 굴복시키려면, 그리고 만일 인도 교회가 현지문화에 뿌리를 내리고 자존감을 갖고서 강력하게 성장하기를 원한다면, 우리의 불신앙과 굴욕적인 실패의 고백이 아니고서는 결코 상층 클래스를 포기할 수 없다.

슬레이터는 교육 받은 힌두 계층에게 복음을 전하려면 전통적인 접근은 전혀 도움이 되지 않을뿐더러 해롭기까지 한 것을 발견하고 좀 더 우호적인 접근법을 모색하였다. 슬레이터의 신학은 교육 받은 계층에 대한 그의 이해에서 비롯되는데 그 특징은 다음과 같다.

첫째, 당시 대학 교육을 받은 힌두들은 애국주의 또는 민족주의의 영향을 받아 지배 계층인 영국인과 기독교에 매우 적대적이었다. 그들의 전통 신앙에 대해 조금이라도 비난을 가하거나 부정적으로 말하는 것은 타오르는 불에 기름을 끼얹는 것과 같았다. 교육 받은 힌두들은 또한 하층민들과 달리 힌두교에 대한 강한 애착심을 갖고 있었다. 그들은 최초의 힌두교 선교사로 미국과 영국에 힌두교를 전파한 비베까난다(Swami Vivekananda, 1863-1933)에 무한한 자부심을 가졌으며, 영국인 아니 베상(Annie Besant, 1847-1933)의 신지학회운동(Theosophical movement)에 자극을 받아 선교사들의 기독교 전파에 맞서 힌두 사상을 전파하는 일에 공격적으로 나섰다.

둘째, 인도 지식인들은 서구 교육의 영향으로 증거와 합리적 설명이 없이는 어떤 것도 받아들이지 않는 과학적 비평주의에 익숙해 있었다. 이와 같은 힌두들의 마인드를 잘 알고 있었던 슬레이터는 그래서 적대적인 종교로서 기독교를 제시하기보다는 그들 마음의 깊은 곳에서 우러나오는 갈망과 현자들에 의해서 제시된 가장 고상한 신앙의 내용을 만족시킬 수 있는 대체적인 종교로 제시하고자 했다. 인도 문화 유산의 중요성을 잘 알았기에 그는 인도의 신앙을 존중하고 그리스도를 힌두교와 관련하여 표현하고자 노력하였다.

슬레이터의 중요 청중 중의 하나는 앞에서 언급한 바 있는 브라모 사마즈 사람들이었다. 브라모 사마즈는 근대 힌두 개혁 운동 중 하나로서 기독교와 계몽주의가 등장함에 따라 힌두교의 가르침과 관습을 이성과 기독교 윤리를 기준 삼아 복종시킴으로써 순수한 형태의 힌두교를 만들고자 시도한 단체이다. 브라모 사마즈란 한 분이신 진실한 하나님을 믿는 신자들의 모임이라는 뜻이다.

K. C. 센은 비슈누파 박띠 신앙의 전통을 따라 성장한 사람으로서 기도 중에 하나님은 아버지시며 모든 사람은 형제임을 깨달았다고 한다. 그는 1861년 브라모 사마즈를 창설했는데 이 모임의 핵심 신앙고백은 하나님은 제일원인으로서 창조주시요 인간은 하나님을 예배하고, 죄를 회개하며, 성스러운 책을 연구함으로써 하나님의 은혜로 말미암아 구원을 얻을 수 있으며 거룩해진다는 것이다. 그는 차이따냐의 박띠 신앙에 기초한 신앙을 회원들에게 가르쳤으며, 여기에 성경의 사용, 주일 모임, 하나님께 대한 기도, 브라모 전도 등 기독교적 요소를 도입했다. 이 무렵 센은 기독교 서적을 많이 읽음으로 해가 갈수록 기독교 신앙 가까이 접근하게 되었다. 무엇보다도 브라모 사마즈는 힌두 지성인들에게 유일신교에 대해 개방적인 태도를 갖도록 도왔고, 그리스도에 대한 편견을 깨뜨림으로써 세례 요한과 같이 기독교 복음을 영접할 준비를 했다는 점에 주목할 필요가 있다.

센이 힌두인지 기독교인인지에 대해서는 논란의 여지가 있지만 센은 힌두들과 기독교인들 양쪽에 적지 않은 영향을 끼쳤다.

첫째, 그는 로빈 보이드 말대로 '신의 인성'과 자기부인으로서 '케노시스'(kenosis) 개념을 인도인 가운데 처음으로 사용한 사람으로 이는 힌두들에게 그리스도의 본질을 소개하는데 중요한 역할을 했다.

둘째, 그는 삿싯아난다(존재, 지성, 축복)이라는 전통적 브라만의 정의를 사용하여 힌두들에게 기독교의 삼위일체를 소개한 첫 번째 사람이었고 이는 브라만답 우파디아야를 비롯한 다수의 기독교 학자들에게 선례가 되었다.

셋째, 센은 '아시아적 그리스도' 개념을 처음으로 사용했으며, 자신의 '새은혜교회'를 인도인들에게 민족주의적 교회의 예로 제시했다.

넷째, 그는 파커와 슬레이터와 같은 선교사가 말하기 이전에 먼저 성취의 개념을 말한 인도인이었다. 일부 사람은 센을 혼합주의자라고 말했지만 센이 죽기 일 년 전 그가 남긴 글을 보면 그는 명확하게 자신의 죄를 위해 십자가에 죽으신 그리스도를 영접한 것으로 보인다.

> 그리스도의 속죄의 교리는 얼마나 진실하고 얼마나 고귀한 것인가! 그분은 세상을 위해 자신의 몸을 대신 내어 주셨다. 보라, 십자가에 못박히신 그분의 피로 말미암아 나는 하나님과 화목하게 되었도다. 사랑하는 동포 형제들이여, 그대들도 나처럼 그분을 통해 하나님과 화목하게 되기를 바라노라. 그리스도는 우리가 믿든지 아니 믿든지 우리 모두를 위해 귀한 보혈을 흘렸으니, 이제 남은 일은 오직 그것을 우리에게 적용하는 것이로구나.

물론 센의 신학은 분명 정통 기독교신학이 아니었지만, 그는 기독교 전도자도 훈련받은 기독교신학자도 아니었고, 단지 그리스도를 발견하는 여정 중에 있던 힌두 순례자였을 뿐이다. 해가 갈수록 그리스도에 대한 참신앙에 가깝게 성장했으며, 자신을 따르는 사람들이 인도 문화유산에 적절한 방법으로 그리스도께 나아가도록 이끄는 데 책임감을 느꼈던 사람이었다.

슬레이터가 선교사로서 그에게 주목하였던 것은 그와 브라모 사마즈의 존재가 기독교회 테두리 밖에서 구원을 준비하고 계시는 성령의 역사의 구체적 증거가 될 수 있었기 때문이었다. 왜냐하면 그는 힌두로 태어나서 자랐는데 스스로의 탐구에 의하여 예수님을 "나의 그리스도, 나의 주님, 영원한 로고스, 하나님의 말씀이시요, 세상에 와서 각 사람에게 빛을 비추셨던 바로 그 참 빛"이라고 고백하였기 때문이다.

슬레이터가 준비와 성취, 로고스와 같은 개념에 확신을 가졌던 것은 바로 센과 브라모 사마즈의 존재가 있었기 때문이었다. 또한 슬레이터에게 있어서 브라모 사마즈는 교육 받은 힌두들에게 기독교 메시지를 어떻게 해석하는 것이 그들에게 어필할 수 있는지를 보여 주는 하나의 역할 모델이 되었다. 슬레이터는 브라모 사마즈의 성공과 영향력에 대해 이렇게 말했다.

> 브라모 사마즈는 확실히 그리스도의 이름을 인도에 널리 알리는 데 기여했다. 과거에 그에 대해 신성모독적인 목소리를 내던 것이 지금은 모두 잠잠하게 되었다. 사마즈는 사람들 가까이로 그리스도를 가져다 주었다. 서구 기독교를 인도인이 알아들을 수 있도록 해석해 준 부분에 대해서 인도 기독교인들은 사마즈에게 큰 빚을 졌다고 말할 수 있다.

슬레이터의 입장과 사마즈의 입장에 공통점이 있고 사마즈는 기독교 진리를 적극적으로 탐구하기를 원했기 때문에 방갈로의 사마즈 회원들은 수년 동안 슬레이터가 인도하는 화요일 저녁 성경 공부 모임에 정기적으로 참석해서 가장 열심히 들었다. 슬레이터는 매일 같은 심방으로 말미암아 방갈로의 힌두들을 다 알고 있었고 사마즈 회원들을 자세히 알고 있었다. 그들의 신실한 배움에 대한 답례로 슬레이터 자신도 종종 사마즈 모임에 참석하기도 하였다. 이런 점을 고려해 볼 때 슬레이터 신학의 발전과 사마즈와의 관계는 깊은 상관관계가 있다고 하겠다.

2) 공감적 접근 방법론

이상에서 보는대로 슬레이터의 신학은 힌두들에게 기독교 메시지를 조심스럽고 신중하게 전하고자 하는 탐구의 산물이라고 할 수 있다. 이런 목적을 이루기 위해서 슬레이터는 '공감적 접근의 방법'(the method of sympathetic approach)이라고 하는 효과적인 방법을 제창했다.[10] 그는 공감적 방법이 다른 땅에 살며 다른 신앙을 가진 사람들을 다룸에 있어서 부정이나 냉소가 아니라 관심과 흥미로 이끌면서 그리스도에 관한 지식을 줄 수 있는 필수적인 방법이라고 보았다. 그에 따르면 '공감'이란 단지 다른 사람의 신앙을 이해하는 능력만이 아니라 그 신앙과 자신의 신앙 사이의 공통점을 인정하고 동료 순례자의 느낌을 같이 나누는 것이다. 그의 공감법은 상대방의 신앙을 공정하게 다루는 것에서부터 시작한다. 왜냐하면 편견이야말로 사람의 마음 문을 닫고 분노를 일으키는 원인이 되기 때문이다.

선교사들은 인도 종교가 하나님이 아니라 사람이 만든 것이며, 마귀의 작품이고, 악이라고 정의하지만, 인도사람의 눈으로 볼 때 이것은 독단적이고 편견에 차 있으며 자신의 신앙을 모욕하는 행위일 뿐이다. 현지인들

---

10 Thomas E. Slater, *The Higher Hinduism in Relation to Christianity: Certain Aspects of Hindu Thought from the Christian Standpoint* (London: Eliot Stock, 1901), iv.

의 입장에서 볼 때 이것은 불공정한 것이다. 힌두들에게 그런 불공정한 접근을 할 때 받아들일 사람은 아무도 없으며 도리어 혐오감을 불러일으키게 된다. 그러므로 슬레이터의 생각에 인도인의 신앙을 '공정하게' 다루는 것이야말로 적대감을 완화시키고 그리스도를 향한 관심을 갖도록 이끄는데 가장 중요한 것이다. 공정하게 다루는 슬레이터 방법의 궁극적 목표는 친근하고 존중하는 분위기에서 그리스도의 복음을 나눌 수 있는 공통의 땅을 확보하는 것이다. 슬레이터는 『기독교와 고등 힌두교』라는 그의 책에서 이 방법의 원리를 이렇게 말했다.

> 우리가 비기독교 세계의 종교를 정의와 겸손과 사랑으로 다루지 않는다면 결코 그들을 얻을 수가 없을 것이다. 부자가 가난한 형제들을 다루듯이 그들을 다루어야 한다. 그들에게 가까이 다가가 공통의 땅에 서서 그리스도의 풍요함을 같이 나누어야 한다.

슬레이터라고 해서 독단과 편견에서 완전히 자유로울 수는 없지만 그래도 슬레이터에게 인정해줄 수 있는 점은 정서적인 언어로서가 아니라 이방인을 지옥의 불쏘시개 감으로 여기던 시대에 공정하게 다루는 과학적 방법을 시도했다는 점이다. 선교사가 가져야 할 자세로서 겸손과 동정심과 사랑에 대해 말하는 사람은 많았지만 슬레이터 이전에는 어느 누구도 공정하게 다루는 원리의 중요성을 말하지 못했고, 그처럼 다른 종교에 대해서뿐 아니라 자신의 신학과 사역에까지 철저하게 그 원리를 적용한 사람은 없을 것이다.

당시 선교사들은 대부분 힌두교 경전에 대해서는 현대의 학문적 비평주의를 적용하여 그것의 비역사성을 주장하고 경전의 권위를 깎아내렸다. 그러나 성경에 대해서는 결코 그런 방법론을 적용하지 않았다. 그런데 문제는 교육 받은 인도 사람들 역시 서구식 비평적 사고 방법으로 훈련받았기 때문에 기독교의 경전인 성경에 대해서 선교사들이 힌두교 경전을 보는 것과 같은 방식으로 이해하고 있었다는 것이다. 힌두교에 적용한 방법론은 기독교에도 적용시켜야 공감을 받을 수 있다고 슬레이터는 생각했다. 그리고 슬레이터는 기독교를 하나님의 계시로 보는 것처럼 힌두교도 사람의 공교한 작품이 아니라 하나님의 계시로 보았다.

왜냐하면 기독교가 성경을 영감된 하나님의 계시로 주장하는 것과 똑같이 힌두들도 베다와 바가바드 기따를 영감된 하나님의 계시로 주장하기 때문이었다. 진리 주장이 같은데 내 것만 옳다고 주장하고 다른 사람이 것은 거짓이라고 억누를 때 힌두들은 그 불공정함 때문에 기독교에 대해 마음의 문을 닫는 것이다. 공정하게 다루기의 마지막 단계는 양쪽의 유사점과 차이점을 비교함으로써 그 의미와 상호 관계를 고찰하는 것이다.

슬레이터의 공감적 방법에 있어서 또 한 가지 독특한 것은 "모든 종교를 그 종교 자체의 경전과 시스템의 관점에서 그것의 가장 훌륭한 점에 의해 판단하되 공정함과 정의와 사랑의 마음으로 보는 것이며 대조점도 찾지만 공통점도 찾는 방법이다." 일반적으로 선교사는 힌두교의 약점과 기독교의 강점을 비교하는 설교를 했는데 이는 생각하는 인도인에게 납득을 주지 못한다. 왜냐하면 그의 눈에 보이는 것은 선교사들과 달리 힌두교의 장점과 기독교의 단점이기 때문이다.

그래서 교육 받은 힌두들의 마음에 공감을 주려면 힌두들의 가장 훌륭한 점을 인정해 주되 그것과 함께 기독교의 훌륭한 점을 같이 제시하는 것이다. 그러면 아무리 힌두교에 훌륭한 요소가 있다고 할지라도 거기에는 반드시 한계가 있고 결핍이 있기 때문에 힌두교의 장점을 말하더라도 기독교 복음의 탁월성을 슬레이터는 믿었으며 이것이 기독교 복음을 명확히 증거하면서도 힌두들의 마음을 얻을 수 있는 길이라고 생각했다.

선교사의 자기 중심적인 입장을 버리고 현지인과 공통의 땅 위에 다른 사람의 입장에 섬으로써 슬레이터는 인도의 문화유산을 파괴하지 않으면서도 늘 역사하시는 하나님의 영을 따라 인도 최고의 이상을 그리스도 안에서 성취시키고자 했던 것이다.

5. 힌두교에 대한 슬레이터의 선교사 메시지

슬레이터의 성취신학은 본국의 신학적 맥락에서 조직신학적 연구의 결과로 나온 산물이 아니라 기독교에 반감을 품고 있는 타 종교인에게 기독교 복음 메시지를 설득적, 평화적으로 제시하기 위해 선교 현장에서 나온 것이다. 라틴의 교리적 전통에서 보면 기독교 바깥 세계 종교 가운데는 어떤 계시도 없고, 구원도 없다는 것은 명백한 것이다. 그러기 때문에 이런 전통에 서 있는 대다수 선교사들이 힌두교에 대해 부정적, 적대적인 태도를 표명했고 지금도 그렇게 하고 있는 것이다.

그러나 슬레이터가 볼 때 문제는 인도인들이 소중히 여기고 사랑하는 힌두교를 전부 부정하는 것은 옳은 것이 아닐 뿐더러, 힌두들에게 접근할 수 있는 길을 스스로 끊어 버림으로써 궁극적으로 인도에서 복음의 진보를 근본적으로 가로막는 것이었다. 그래서 슬레이터는 힌두교 가운데 있는 기독교적 진리를 긍정하면서, 그리스도가 힌두교에 죽음의 조종이 아니라 희망의 종소리를 의미한다는 확신 가운데 힌두들을 그리스도에게로 이끌 소망으로 자신의 공감적 성취신학을 제시한 것이다.

존 스커더 선교사는 힌두교는 우상 종교요, 미신과 오류와 문제점 투성이라고 말했다. 힌두교는 기껏해야 하나님을 향한 인간의 추구이거나 마귀의 역사에 의해 만들어진 병든 현상으로 보았다. 궁극적으로 모든 힌두는 지옥에 들어갈 운명이라는 것이다. 이런 견해를 가지게 된 두 가지 전제는 힌두교는 진리, 또는 기독교의 하나님과 아무런 관련이 없다는 것이고, 다른 하나는 그 결과로서 힌두교는 완전히 거짓이라는 것이다. 이와 달리 슬레이터는 물론 힌두교 안에 다른 점과 악한 점이 있는 것도 사실이지만 동시에 그 안에 기독교와 공통적인 선한 요소도 있다고 말했다. 슬레이터는 힌두교 안에 기독교와 유사한 진리를 발견함으로써 그것을 통해 힌두들의 신앙을 존중할 수 있게 되었고, 교육 받은 힌두들에게 복음을 전하기 위하여 그것을 연관 지어 설명하고자 시도하였다.

슬레이터의 견해에 의하면 비유적으로 말해서 힌두교는 '쓰레기 더미 아래 감추인 보물'(treasures hidden under heaps of rubbish)이라는 것이다. 겉으로 볼 때 미신과 거짓과 우상이라는 딱딱한 표면 밑을 파고 들어가 보면 비록 아름다운 모자이크를 만들기 위해 연결하긴 해야 하지만 돌들 가운데 군데군데 보석이 박혀 있다는 것이다. 힌두교를 부분적으로만 알고 전체를 싸잡아서 비난하는 사람과 달리 슬레이터는, 힌두교 경전의 전체와 신앙의 실상을 제대로 알기만 한다면 힌두교 속에 세상의 빛에 대한 증거가 있고, 진리의 씨가 있음을 인정하게 된다는 것이다. 슬레이터가 이렇게 힌두교의 이상을 긍정적으로 평가하는 것은 그것이 하나님에 의해 지음받은 고상한 성품(a higher nature)에서 나온 하나님께 대한 갈망이라고 보기 때문이다. 슬레이터는 『계시된 하나님』에서 이렇게 말했다.

> 사람 안에 있는 종교적인 본능은 하나님의 손가락에 의해 만들어진 것이다. 세상에 있는 수많은 종교들은 그 신적 본능에서 나와 표현된 것으로 인간이 하나님을 더듬어 찾은 결과이다. 기독교는 모든 종교가 추구하는 갈망을 참으로 만족시켜 준다. 기독교는 그것이 어디에서 발견되든 그 고귀하고 아름다운 갈망을 짓밟거나 무시하지 않으며, 도리어 고양시켜 주고 이끌어 주며 소중히 여긴다.

슬레이터에 따르면 비록 인간이 죄의 욕구를 따라 육체의 지배를 받는 저등한 본성이 있기는 하지만 또한 이와 함께 '하나님께로부터 받은 고귀한 본성'도 있다.

예를 들어 힌두의 아바따라(성육신) 신앙은 인격적인 하나님, 인간 문제에 공감하는 하나님을 향한 마음 속 깊은 갈망의 반영된 것이라고 할 수 있다. 인생의 비참함과 죄악 속에서 신적 구원자에 대한 마음의 소원을 표현한 것이라는 것이다. 그러한 마음의 갈망은 그들이 그 갈망의 성취자요 계시자인 그리스도를 영접하기 위한 토대요 준비라고 한다.

또한 기독교의 하나님은 인간에게 신적 본능을 주셨을 뿐 아니라 기독교의 계시와는 질적인 차이가 있기는 하지만 신적인 빛, 또는 계시를 주셨다. 힌두교의 가르침 속에 기독교의 그것과 놀라울 정도의 유사성이 있는 것은 바로 이 때문이며, 그러한 것들이 씨가 되어 후에 참된 신앙이 싹트게 될 것이다.

여기서 핵심 문제는 힌두교가 기독교와 공통으로 갖고 있다는 빛과 진리가 같은 기독교의 하나님으로부터 온 것인가 아닌가 하는 것이다. 많은 선교사들이 힌두교의 신적 기원은 말할 것도 없거니와 힌두교와의 공통적 요소조차 인정하지 않을는지 모른다. 그러나 슬레이터는 진리란 그것이 어느 곳에서 발견되든지 하나님의 영으로부터만 나올 수 있다고 믿는다. 또한 세계 역사를 주관하시는 하나님이 계심으로 말미암아 어느 종교도 우연히 존재할 수는 없다고 말한다. 슬레이터가 힌두교 안에 있는 신적 계시를 인정한 것은 의심할 여지가 없지만 그는 힌두교가 멸망에 처한 사람들을 구원하기에 충분할 정도라거나 그리스도 안에 있는 완전한 계시를 받아들이도록 사람들의 마음을 움직이는 역할까지 한다고는 결코 믿지 않았다.

또 한 가지 힌두교가 중요한 것은 그것이 하나님의 영의 섭리적 인도하심에 의해 인도 사람들과 그 문화적 특질에 딱 맞게 주어진 종교라는 점이다. 물론 힌두교의 문제점도 많다고 말한다. 예를 들어 슬레이터는 힌두교가 더 나은 사회 질서를 위한 사회 변혁의 힘을 가지지 못한 것으로 말한다. 또한 브라만(Brāhman, 힌두의 절대자 하나님)과 아트만(Ātman, 인간 자아)의 하나 됨을 주장하는 아드바이따 베단타(Advaita Vedānta) 사상은 어려운 형이상학적 개념으로 인해 다수의 사람들에게 구원을 제공해 주지 못한다고 보았다.

기본적으로 힌두교는 자연으로부터 시작하였기 때문에 타락한 인간의 저등한 본성(a lower nature)을 따르는 것이 많이 있어 많은 부분에서 비진리를 수용하게 되었다고 말했다. 그러나 그럼에도 불구하고 슬레이터는 힌두교가 인도인들이 복음을 영접하는 데 희미하지만 등불과 증거자의 역할을 한다고 보았다. 힌두교는 기독교의 그림자이며, 계시의 예표, 진리의 씨, 구속의 약속, 무의식적 예언 등으로 묘사되었다.[11]

슬레이터가 힌두 사상 중에 복음을 위한 준비적 진리로 언급하는 예는 먼저 범신론이 있다. 이는 세계 가운데 내재하시는 하나님(indwelling God)에 대한 진리의 준비요 접촉점으로 설명한다. 슬레이터의 이러한 견해는 후에 브라마반답 우빠디아이, P. 조한스 등에 의해 아드바이따 베단타 사상과 관련하여 기독교신학을 세우려는 흐름으로 이어졌다. 물론 이와 같은 긍정적 측면을 말했을 뿐 아니라 피조물인 자연과 창조주이신 하나님을 동일시하는 범신론은 잘못된 것임을 지적하였다. 그뿐만 아니라 범신론은 모든 것 속에서 하나님을 봄으로써 힌두의 많은 신들과 미신들을 만드는데 기여했다. 무엇보다 범신론의 철학적이고 비인격적인 신은 도덕적인 삶에 도움이 되지 않으며, 선악 간에 구별을 부정함으로써 모든 도덕성을 무너뜨리게 된다고 신랄한 비판을 가하였다.

---

11 Thomas E. Slater, "The Old and the New," *The Madras Christian College Magazine*, Vol. 1, July, 1883, 12.

다음으로 슬레이터는 베다와 베다의 주석서에 나오는 희생제사, 그리고 희생제사가 되신 창조주 쁘라자빠띠는 하나님의 어린 양 예수 그리스도를 통한 완전한 희생제사의 준비적 가르침으로 말했다. 그는 윤회와 같은 개념은 기독교와 멀지만 제사제도는 기독교 사상과 가장 가까운 준비로 보았다. 슬레이터가 말한 대로 쁘라자빠띠는 구속의 약속으로 해석될 수가 있기 때문이다.

업보는 뿌린 대로 거둔다는 바울의 가르침과 상통하는 것이며, 또한 죄의식의 증거요, 사람이 죄를 지으면 반드시 고통과 형벌이 따른다는 것을 보여준다. 이와 연결된 것으로서 윤회(saṃsāra)는 영혼의 불멸에 대한 준비라고 했다. 이렇게 복음에 도움이 되는 측면도 없지 않아 있지만 이 업보의 교리는 죄사함과 믿음의 교리와 충돌이 되는 어려움이 있다고 보았다. 또한 업보의 교리는 힌두 베단티즘과 카스트 제도, 그리고 마지막 장례의식인 쉬라다(shraddha)와 모순된다고 말했다.

힌두신의 삼위일체(Sat-Chit-Ānanda)는 기독교의 삼위일체에 대한 준비이며, 끄리슈나(Kṛṣṇa)에 대한 신앙은 기독교 성육신 신앙에 대한 준비로 이해했다. 힌두 아바따라는 신과 인간이 연합하고자 하는 인간의 갈망이다. 이 점에서 아바따라는 실체에 대한 그림자요 기독교 성육신에 대한 준비적 진리인 것이다. 그러나 슬레이터는 비슈누 신의 여덟 번째 성육신인 끄리슈나가 인간성을 버리고 하늘로 돌아가 버림으로써 구속은 불완전한 상태로 남게 되었다고 한다.

쓰레기 더미 아래 감춰진 보물로 보는 슬레이터의 힌두교에 대한 견해는 분명히 이중적인 태도가 있다. 힌두교는 쓰레기이자 보물이며, 힌두교는 터무니없는 것도 아니고 보물만 있는 것도 아니다. 그가 이런 관점에서 힌두교를 보는 이유는 그것이 신적 본능의 산물이며 같은 하나님께로부터 온 신적 계시임을 인정했기 때문이다. 그러나 만일 힌두교가 하나님의 계시의 산물이며 각 민족의 특징에 맞게 주어진 것이라면 이미 잘 맞는 신앙의 보물을 가진 이들에게 가서 수고스럽게 전도할 필요는 왜 있는 것인지 하는 의문이 든다.

또 다른 측면에서 슬레이터가 말한 바 힌두교 안에 있는 쓰레기와 보물의 비율이 어느 정도인가 살펴보면 많은 쓰레기와 아주 적은 보물이 있다고 말할 수 있다.

그렇다면 이는 힌두교를 비난하던 전통적인 선교사들의 접근과 어떤 점에서 다르다고 말할 수 있는가?

또한 슬레이터는 힌두교의 사회적 타락상에 대해 말했는데 사실 그런 문제는 인도에만 있는 문제가 아니라 영국과 한국과 세상 어느 나라나 있는 문제가 아닌가?

또 한 가지 힌두의 입장에서 슬레이터에게 제기할 수 있는 질문은 왜 기독교는 자신만이 완전하고 충분한 계시를 갖고 있다고 하면서 힌두교는 그렇게 적은 정도의 계시만 인정하는가 하는 것이다. 기독교는 완벽하고 타 종교는 불완전하다고 보는 것은 교만한 태도임에 틀림이 없다. 힌두교도 기독교와 같은 수준의 계시를 가지고 있다고 진리 주장을 할 수 있지만 슬레이터는 선교사로서 그리스도만이 완전한 계시를 가지고 있다는 신앙고백을 한다.

이러한 힌두교 이해를 바탕으로 슬레이터가 힌두들에게 제시한 선교사 메시지가 있다.

첫째, 하나님은 인도인을 내버려 두신 것이 아니라 하나님의 로고스를 통해 힌두교 안에 그리스도의 복음을 영접할 준비를 하고 계셨다는 것이다. 한 힌두가 슬레이터의 강의를 듣고 질문했다.

"만일 사람이 스스로 찾을 수 없는 계시에 대해 성경이 가르치는 것이라면 왜 세계는 그동안 버려져왔고 지금도 버려져 있는 것인가?"[12]

---

12 Thomas E. Slater, *Report of Work among the Educated Classes in Bangalore* (Banga-

만일 세계가 버려져 왔다면 계시를 주지도 않고 심판하는 것은 불공정하고 잔인한 일이며, 게다가 양심대로 선하게 산 사람이 행여라도 있다면 그런 사람에게 하나님의 정의와 사랑을 외치기는 어려운 일일 것으로 슬레이터는 보았다.

역으로 만일 하나님이 버리지 않으셨다면 하나님은 무엇을 하고 계셨는가?

슬레이터는 이 대답에 대해 하나님은 힌두를 버리지 않으셨고 오히려 힌두교 안에 선한 요소를 심음으로써 인도인들이 그리스도를 알 수 있도록 준비해 오셨다고 말했다. 어디나 내재하시는 보편적인 하나님께서 힌두의 현자들 가운데 영감을 불어넣으시고, 진리로 인도하시고, 그리스도를 영접하도록 준비를 추진해 오셨다는 것이다. 그리스도의 종교는 신적 로고스가 언제나 이미 인도에 있었기 때문에 인도인들의 본성에 조금도 이상하거나 외국적인 것이 아니라고 한다.

슬레이터는 이처럼 힌두들에게 기독교 메시지를 전하는데 로고스 개념을 사용함으로써 힌두교와 기독교 사이에 상대적으로 평화적인 관계를 설정했다. 힌두교 안에 성경의 하나님이 일하시고 어떤 준비를 한다는 것이 선교사들로서는 좀 이상하게 들릴 수 있지만, 인도의 대표적인 신학자인 아빠사미(A. J. Appasamy, 1891-1970)의 아래에 나오는 글에서 확인할 수 있는 대로 대부분의 인도 기독교인들이 슬레이터의 메시지를 긍정적으로 받아들였다.

> 하나님은 그 자신을 위한 길을 오랜 세월 동안 서서히 준비해 오셨다. 인도에서 대부분의 기독교인들은 인도의 철학과 종교들이 어두움의 세력에 의해 영감받은 것이 아니라, 때로 분명

---

lore: London Mission, 1883), 4.

할 때가 있고 또 때로는 희미할 때가 있기는 하지만 '사람을 이끄는 하나님의 손길에 의해 형성된 것을 볼 수가 있다.[13]

둘째, 힌두교 안에 준비하신 것을 완성할 성취자로 하나님은 예수 그리스도를 보내셨다. 슬레이터는 내재하는 로고스에 의해 준비적인 진리, 선한 요소를 힌두들도 갖게 되었지만 그리스도 없이는 힌두교가 그들의 필요를 다 채우지 못하고 불안하고 한계적일 수밖에 없다고 보았다. 힌두교가 그림자라면 그림자 혼자로는 설 수 없고 실상이 와야 한다는 것이다. 그 실상은 슬레이터에게 있어서 오직 예수 그리스도이다. 그가 예수 그리스도만이 힌두들의 갈망과 이상을 온전히 채울 분으로 이야기하는 것은 첫째로 힌두들이 그리스도로만 채워지도록 그렇게 지음을 받았기 때문이며, 둘째로 그리스도가 유일하고 온전한 하나님의 계시자라고 믿기 때문이었다.

'그리스도만이 동방의 철학에서 제기하는 문제들을 해결해 주되, 유일하게 참된 해결책을 제시해 주기 때문'이다. '그리스도는 동방에서 단지 희미하게 표현만 하던 종교적인 개념에 대한 영적 배고픔과 목마름을 만족시켜주며, 동방의 현자들이 비전으로만 보던 것을 진정으로 실현시켜 주며, 그들이 갈망하던 것을 진정으로 성취시켜 주셨기 때문이다.'

셋째, 기독교는 동양의 종교이다. 내재하시는 그리스도의 영에 의해 인도의 사상과 신앙이 섭리적으로 준비되었다고 보았기 때문에 슬레이터는 인도인들에게 외국 종교 또는 서양의 신앙으로라기보다는 동양의 종교로서 기독교를 제시하였다.[14] 이런 이유로 그는 선교사가 자신의 선교 현장

---

13 T. Dayanandan Francis ed., *The Christian Bhakti of A. J. Appasamy: A Collection of His Writing* (Madras: C. L. S., 1992), 229.

14 Thomas E. Slater, "How Shall We Preach to the Hindus?" 261.

에 이르게 되었을 때 거기서 할 일은 하나님이 이미 거기서 기르고 계시는 것이 무엇인지 살피는 것이라고 했다. 위대한 농부이신 하나님이 씨를 뿌리지 않은 곳이 없는데, 유럽의 작은 식물원에 없는 것이라고 해서 조물주가 뿌려 놓은 작물을 뽑아 버리지 말고 이미 거기에서 자라고 있는 것에 물을 잘 뿌려 주어야 한다고 보았다. 여기서 물을 준다는 의미는 인도인들의 갈망을 만족시키고 성취시키시는 그리스도를 전하는 일이다.

이처럼 슬레이터는 인도인들의 의식을 기독교화한다고 할 때 그것은 서구와 똑같이 바꾸는 방식으로 해서는 안 된다고 보았다. 왜냐하면 동양은 영원히 동양이며 결코 서구식의 모양을 본뜬 기독교인은 되지 않을 것으로 보았기 때문이었다. 그러므로 동양의 정서와 사상에 비추어 기독교를 인도식으로 자연스럽게 만들고 해석하는 것, 이것이 인도인에게 기독교 메시지가 호소력을 얻느냐 못 얻느냐의 관건이 된다고 주장했다.

기독교를 동양의 종교로 제시하기 위해서 슬레이터는 기독교가 유대인에게뿐만 아니라 인도인들에게도 적합한 보편 종교라는 사실을 보여 줄 필요를 느꼈다. 진리는 통일성이 있기 때문에 기독교는 유대인의 경전과만 관계가 있는 지역 종교가 아니라 유사성과 성취라는 측면에서 다른 민족의 경전과도 깊은 관련을 맺는다고 주장하였다.

하나님의 로고스가 고대 세계의 사상과 신앙의 정수를 빨아들여 그것에 동화했기 때문에, 이러한 동화와 팽창의 힘에 의해 기독교 복음은 보편 종교가 될 자격을 얻게 되었다고 보았다. 또한 유럽의 종교가 아니라 인도의 종교로써 기독교는 힌두교의 영향을 받아 독특한 네 가지 복음을 갖게 되었다고 말한다.

① 명상적인 삶의 복음
② 보이지 않는 분의 존재에 대한 복음
③ 절대자에 대한 갈망의 복음

④ 과거에 대한 책임을 존중하는 복음

 이 네 가지는 동양의 기독교인이 서구에 나눠 주고 전파해야 할 기독교 복음이라고 소개한다.

5. 슬레이터의 선교사 메시지에 대한 비판과 평가

 슬레이터의 성취신학과 그에 기초한 선교사 메시지는 고등 힌두 신앙을 가진 힌두들을 대상으로 선교하던 다수의 선교사들과 그동안 공격적인 선교사 메시지에 반발하던 현지인들로부터 긍정적인 반응을 얻었다. 그러나 한편으로 슬레이터의 신학은 당대와 후대 여러 비판자들을 만나게 된다.

 1) 마이소르(Mysore)의 웨슬레 선교회의 회장인 허드슨(J. Hudson)과, 또 다른 성취신학자인 파커(J. Farquhar)의 비판

 이들은 슬레이터가 그리스도를 성취자와 완성자로 보는 것은 옳게 여겼지만 그리스도가 힌두교의 이상을 성취했기 때문에 개종 이후 기독교인의 삶에 있어서 힌두교는 아무 역할도 없고 당장 파괴해야 되는 것으로 보았다.
 만일 하나님이 보편적인 로고스로 힌두교 안에 복음을 준비시켰다면, 왜 비기독교적인 요소를 제거함으로써 더 나은 준비를 시키지 못하였는가?
 힌두교가 갖고 있는 근본적인 약점과 불충분한 준비는 이런 것들이 그리스도께로부터 나온 것이 아니라 인간의 본성으로부터 나온 증거라고 주장했다.

이에 대해 슬레이터는 힌두교의 악과 약점은 인간의 타락한 본성에서 나왔기 때문이지만 기독교와 공통된 진리가 있다는 사실은 내재하시는 하나님의 로고스가 존재한다는 증거라고 반박한다. 무엇보다 인도인이 아끼는 유산을 파괴하는 것이 힌두들이 기독교에 대해 반감과 증오심을 품는 주된 이유인데, 개종하기까지는 준비적 진리로서 힌두교의 가치를 인정하다가 개종 후 기독교 내부에서는 그것을 폐해버린다면 힌두 전도에 도움이 되지 않을 것이며, 그런 행위는 결국 기독교인을 현지 공동체로부터 분리시킴으로써 인도 기독교는 영원히 천민의 종교에서 벗어나지 못하게 될 것으로 보았다.

또한 진리는 어디에 있더라도 진리이기 때문에 힌두가 개종한 후에라도 힌두교 속에 있는 그 진리는 신자들을 위한 교육적인 면에서 지속적인 가치를 가지는 것으로 본다. 이는 마치 태양빛이 있더라도 부분적으로, 지역적으로 작은 등불은 여전히 필요한 것과 마찬가지이다. 저녁 노을은 저녁 노을의 아름다움과 그 가치를 지니며, 실내와 저녁 시간에 여전히 불빛이 필요한 것과 마찬가지로 힌두교의 교육적인 역할은 계속해서 존재한다는 것이다.

2) 선교사 호그(Alfred Hogg)의 비판

슬레이터 당대에 대표적인 비판가였던 호그는 먼저 힌두교와 기독교 사이의 유사점을 근거로 성취를 주장하는 성취신학은 피상적인 관찰일 뿐만 아니라 실제로 선교에 도움이 안 된다고 말했다.[15] 그런 주장은 힌두

---

15 Hogg's Edinburgh paper, 25. J. Cox, *The Development of A. G. Hogg's Theology in Relation to Non-Christian Faith* (Unpublished Ph. D. Thesis, University of Aberdeen, 1977), 107, 150.

가 이미 믿고 있는 바를 강화시키기만 할 뿐 힌두교와 기독교 사이의 실제 차이점을 모호하게 만든다고 하였다.

또한 그리스도가 힌두의 갈망을 성취한다는 주장은 견강부회(牽強附會)라고 말했다. 왜냐하면 힌두교 가운데 성취해야 할 많은 부분을 그리스도가 빠뜨렸으며 힌두교에 결코 없는 부분까지도 성취하고 있기 때문이다. 만일 성취신학이 옳다면 인도인은 언제나 그리스도에 대한 갈망이 있어야 할텐데 실제로 선교사들은 그리스도를 증거 하기 전에 그리스도에 대한 갈망부터 심어야 하는 것이 현실이다. 인도 종교가 진리를 찾는 데 실패했다는 성취신학의 주장은 옳지 않다. 왜냐하면 그것은 진리에 대한 탐구만 있는 것이 아니라 진리에 대한 발견(a finding)도 있기 때문이다. 도덕적인 면에서 인도의 종교가 이루지 못한 것을 그리스도가 성취한다고 말하는 것은 교만한 태도이며 이는 반감을 불러일으키게 된다.

이상의 비판에 대한 슬레이터의 대답이다.

첫째, 힌두교와 기독교 사이의 대조점을 부각시키는 호그의 방법과 유사점을 강조하는 자신의 방법은 양자택일의 측면에서 볼 것이 아니라 상호보완의 입장에서 보아야 할 것이라고 했다. 기독교와 자신의 종교 사이에 아무런 본질적 차이를 보지 못하겠다고 말하는 힌두에게는 대조법이 적절할 것이다. 그러나 자신의 전통신앙에 대해서 뭔가 부족함을 느끼지만 기독교 신앙이 갖고 있는 이질감에 대해서는 반감을 갖고 있는 사람들이 여전히 있는데 이런 이들에게는 자신의 방법이 적합하다고 보았다.

둘째, 슬레이터는 양 종교 가운데 강조의 차이는 있지만 힌두교에 있는 많은 갈망을 그리스도가 성취하고 있기 때문에 견강부회라고 할 정도는 아니라고 말한다. 호그는 힌두와 기독교인의 필요가 다르기 때문에 갈망이 다르다고 말했지만, 강조의 차이나 용어의 차이는 있을지라도 갈망의 차이가 완전히 다른 것이 아니라 부분적으로 다른 것일 뿐이며, 또 다른 면으로 볼 때 부분적으로 공통된 점도 있다고 한다.

예를 들어, 호그가 인도인은 서구인과 달리 죄에 대한 두렵고 떨리는 의식이 없다고 말했는데, 서구인이라고 다 이런 죄의식이 있는 것도 아니고 인도인이라고 해서 이런 죄의식이 전혀 없다고 말해서도 안 된다. 죄의식은 힌두에게나 서구인에게나 공히 존재하지만 반드시 모든 사람에게 다 존재한다고 하는 것은 옳지 않을 것이라고 봤다.

또한 호그는 선교 결과의 부진을 근거로 힌두들의 그리스도에 대한 갈망을 부정했는데, 그리스도에 대한 갈망이 있다고 할지라도 반드시 그리스도에게 와서 필요를 채우지는 않을 수 있다는 사실을 호그는 놓친 것으로 보았다. 즉 인도인들이 그리스도에 대한 배고픔을 가지고 있지만, 그리스도가 그것을 채울 수 있는 것을 모르기에 여러 다른 방법으로 채울 수가 있는 것이다. 그래서 선교사의 필요성이 여기에 있는 것이라고 슬레이터는 말한다.

셋째, 호그는 힌두교를 진리를 '발견한' 종교라고 말했는데, 슬레이터는 종교마다 진정한 종교 체험에서 발견하는 것이 각기 다를 수 있기 때문에, 종교마다 다양한 수준의 '발견'을 가져오게 되는데, 이는 힌두교가 '부분적인 발견'이라는 슬레이터의 입장을 지지해 준다고 본다. 마지막으로 도덕적으로 교만하다는 공격은 기독교 복음을 전하는 선교사로서 어느 정도는 피할 수 없는 것으로 받아들인다.

3) 헨드릭 크래머(H. Kraemer)의 비판

화란 신학자 크래머는 1938년 탐바람 선교사 대회를 앞두고 쓴 책, 『기독교 선교와 타종교』(*The Christian Message in a Non-Christian World*, CLC刊)에서 다음과 같은 점에서 성취신학을 비판했다.[16]

---

16 H. Kraemer, *The Christian Message in a Non-Christian World* (London: The Edinburgh

① 그리스도 안에 있는 계시 밖에는 하나님의 계시가 없기 때문에 이런 계시의 관점에서 볼 때 성취신학은 실패요 오류이다.
② 성취신학은 세상이 죄로 인해 하나님의 진노 아래 있다는 성경적 사실주의(biblical realism)를 보지 못하고 있다.
③ 기독교와 타 종교 사이에 유사성을 기초로 어떤 접촉점을 찾으려는 시도는 불가능한 시도, 잘못된 시도이다.

이러한 크래머의 주장에 대해 인도의 당대 대표적인 학자인 첸치야(P. Chenchiah, 1886-1959), 차카라이(V. Chakkarai, 1880-1958) 등이 『인도 기독교 재고』(Rethinking Christianity in India)에서 비판을 가했다. 특별히 첸치야는 예수가 세계 종교에 위기를 가져오는 절대자라는 크래머의 가정을 거부하면서, 그보다는 인류 가운데 친밀하게 서 계셔서 사랑과 구원의 손길을 내미는 분으로 봐야 한다고 주장했다.

첸치야의 말과 같이 친밀한 예수님 역시 성경이 말하는 바이지만 이와 함께 크래머의 입장에서 보는 사람은 심판자요 절대자로서 예수님이 타 종교의 위치에 위기를 불러일으키는 것도 사실이라고 해야 할 것이다.

사실 많은 선교사가 이와 같은 확신 때문에 멀리 타국에 선교하러 가는 것이 아닌가?

만일 기독교를 믿든 믿지 않든 하나님이 다 친밀하게 구원의 손길을 내 민다고 한다면 전도와 선교는 다 무가치한 것이다.

이런 점에서 성경의 계시가 타 종교 속에 있는 자연계시에 대해 어떤 입장을 취하는지 하는 것은 매우 중요한 문제라고 볼 수 있다. 이런 점에서 저명한 복음주의자요 성경신학자들인 하몬드(T. C. Hammond), 제임스 바(James Barr), 버틸 게트너(Bertil Gaertner) 등의 입장을 살펴볼 필

House Press, 1938), 69, 115, 123.

요가 있다. 무어신학대학 학장인 하몬드는 인생의 어느 시기에 때때로 거스르고 믿음이 없고 오류가 있었던 모세, 다윗, 베드로, 바울과 같은 성경기자들에게도 하나님의 메시지가 전해졌다면, 똑같이 거스르고 믿음이 없고 오류가 있던 힌두의 현자들에게, 당연히 전부는 아닐지라도 부분적으로 하나님의 계시가 이뤄졌을 수 있다고 가정하는 것이 전혀 불가능한 것은 아니라고 말했다.[17]

제임스 바는 칼빈이 내재적 종교적 본능에 근거하여 무신론의 불가능성을 증명할 때 자연신학을 사용한 예를 들면서 보수적이고 복음주의적 프로테스탄트의 역사적 전통은 자연신학을 강력히 지지한다고 말했다. 또한 바는 칼 바르트가 자연신학을 부정한 것은 결코 성경적 주석을 근거로 한 것이 아니었다고 말했다.[18]

자연신학과 관련해 매우 중요한 사도행전 17장에 대한 제대로 된 바르트의 주석은 찾아볼 수 없는 반면, 그가 선호하는 선택에 관한 교리를 다룬 주석은 지나칠 정도로 상세하고 많다. 이는 그가 자신의 신학을 성경에 근거하여 세운 것이 아니라 현대 신학과 그 시대의 성경 신학 연구 결과에 기초했다고 보았다. 그는 바울의 아레오바고 설교에 대한 주석을 하면서 바울의 설교는 의심할 여지 없이 일종의 자연신학에 의지해 있고 그것을 지지하고 포함한다고 말했다.[19]

존 지슬러(John Ziesler) 역시 그의 『바울 기독교』에서 바울의 아레아

---

17 T. C. Hammond, *Reasoning Faith: An Introduction to Christian Apologetics* (London: Inter-Varsity Fellowship, 1943), 88.
18 James Barr, *Biblical Faith and Natural Theology* (Oxford: Clarendon Press, 1993), 110.
19 바울이 너희 시인이 말한대로 우리는 그의 소생이라(행 17:28)했을 때, 그는 자신과 아테네 시민을 헬라인들의 신-거의 틀림없이 제우스 신의 소생이라고 말했다. 바울은 헬라의 신과 그 사상을 공격하지 않았으며 그것에 대해 긍정적인 태도를 취했다.

바고 설교는 2세기의 순교자 저스틴(Justin Martyr)이 이방 철학과 종교에서 그리스도를 위한 복음의 준비를 발견하기 위해 사용했던 것과 유사하다고 말했다. 자연신학이 성경에 충분히 많이 나타나지 않는 것은 사실이지만 그럼에도 불구하고 성경에서 완전히 빼뜨릴 수 없는 한 요소로서 기능이 있는 것도 사실이다. 그러므로 만일 자연신학이 성경의 어느 중요한 부분에서 인정되고 사용되어 졌다면 크래머가 성취신학을 포함한 자연신학을 부정한 것은 오류였다고 말할 수 있다.

7. 결론

슬레이터의 성취신학에 기초한 선교사 메시지는 유사점에 기초한 접근법과 타 종교 속에 있는 계시의 가치의 문제 등 여러 가지 논쟁점이 있는 것이 사실이다. 그럼에도 불구하고 폴 헤지스가 말한 대로 기독교의 독특성과 탁월성을 지키면서도 비기독교 종교 가운데 부분적이지만 긍정적인 요소를 인정하기를 원하는 사람들에게는 매우 매력적인 메시지가 될 수 있다. 그래서 성취신학은 19세기 후반부터 인도 신학의 아버지인 브라마반답 우빠디아이, 그리고 가장 인도적인 메시지를 전한 것으로 평가받는 선다싱(Sundar Singh), 아빠사미(A. J. Appasamy), 다스(R. C. Das,1887-1976), 폴 수다커(Paul Sudhakar) 등 인도의 대표적인 많은 기독교학자들과 힌두 전도자들에게 지금도 여전히 유효한 방법론과 메시지로 활용이 되고 있는 것이다.

이런 점에서 슬레이터가 남긴 유산을 정리해보자.

첫째, 그는 힌두교를 정죄하지 않고 그것의 긍정적인 가치를 인식함으로써 힌두들에게 기독교 복음을 전하기 위하여 준비와 성취 모델로 선교사 메시지를 만든 최초의 선교사였다. 기독교의 유일 가치와 힌두교의 준비적 가치를 인정하기에 슬레이터가 보수적인 기독교인과 진보적인 기독교인 모두에게 비난을 받을 수 있다. 그럼에도 불구하고 이 모델은 기독교 선교사가 개종 사역을 그만두지 않으면서도, 힌두들이 큰 거부감 없이 이해하고 받아들일 수 있도록 기독교 복음을 재진술을 하려는 시도를 중단하지 않는 한 단정적으로 틀리다고 말하기는 어려운 모델이다.

둘째, 슬레이터는 기독교인들이 복음을 해석하고 전달하는 데 있어서 베단타 사상의 중요성과 가능성을 인식한 첫 번째 선교사였다. 죄에 대한 강조가 결여되어 있고, 하나님에 대한 비인격성, 그리고 개인성의 상실 등으로 인하여 아드바이따 베단타 사상은 기독교 복음을 전달하는 수단으로서 선교사들에 의하여 전통적으로 거부되어 왔었다. 그러나 슬레이터는 미래 인도의 기독교는 궁극적으로 가장 인도적인 사상인 베단타의 색깔로 표현되어져야 함을 예측하고 그 중요성을 역설하였다. 그리하여 우빠디아이를 비롯하여 드 스멧(De Smet), 사마르타(S. J. Samartha), 에일리어즈(K. P. Aleaz), 파니카(R. Panikkar), 아비쉬까난다(S. Abhishirktananda) 등 많은 학자들이 슬레이터의 제안을 따라 베단타 사상을 근거로 기독교 사상을 표현함으로써 기독교 복음을 인도화하는데 공헌하였다.

셋째, 슬레이터는 오늘날의 용어를 사용하면 그의 삶과 사역을 통해 종교간 대화의 개척자요 모델이 되는 삶을 살았다.

넷째, 슬레이터는 로고스신학을 사용함으로써 후대에 다양한 인도식 기독교신학을 만드는 작업에 신학적 정당성을 부여하였다.

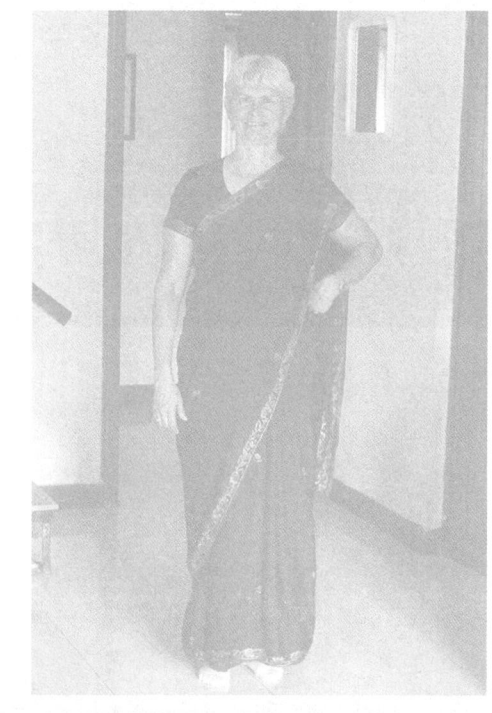

전통적 선교에서 문화에
적합한 선교로 전환하라

인도 선교의 이해 II
Understanding of India Missions II

제2부

전통적 선교에 대한 반성

1장 한국 교회 인도 선교 33년과 다음 세대의 과제
2장 한국 교회의 인도 선교 패러다임 전환
3장 총체적 관점에서 보는 윌리엄 캐리의 인도 선교 재평가
4장 힌두 민족주의: 박해와 기독교 선교:

전통적 선교에서 문화에
적합한 선교로 전환하라

인도 선교의 이해 II

Understanding of India Missions II

1장

한국 교회의 인도 선교 33년과 다음 세대의 과제[1]

한국 교회의 인도 선교는 1982년 통합 측 파송 김영자 선교사가 인도에 첫발을 내디딘 지 올해로 33년이 됨으로 1세대의 역사를 지나 2세대 사역으로 옮아가는 전환기를 맞이하고 있다. 이 시점에서 1세대를 인도 선교의 개척자 세대라고 한다면, 1세대의 업적과 함께 시행착오의 유산을 이어 받고 있는 지금의 2세대는 선배들의 아름다운 선교의 유산을 이어받으면서도 어떻게 하면 더욱 발전적이고 성숙한 선교의 결실을 맺을 수 있을 것인가 질문을 던지게 된다.

인도 선교 30년을 기념하여 발간한 전선협의 『한국 교회 인도 선교 백서』와 장로교 통합 측의 『1982-2012 PCK 인도 선교 30년 회고와 전망』을 보면 개척자 선교사들은 스스로 자신들의 사역을 돌아보면서 아쉬웠던 점, 부족했던 점, 시행착오를 고백하면서 앞으로의 바람직한 선교의 방향에 대해 저마다의 입장에서 제시하는 것을 볼 수 있다. 그런데 흥미로운 것은 앞으로 인도의 문화를 심층적으로 고려하여 사역을 해야겠다

---

[1] 2015년 인도 선교 네트워크 창립을 앞두고 열린 인도 선교전략포럼에서 기조 발표한 내용이다.

는 목소리가 있는 반면, 인도의 문화를 모두 사탄의 문화로 규정하고 사탄적인 카스트 문화 소멸을 궁극적 선교의 목표로 제시하는 상충된 목소리를 발견할 수 있다.[2] 그동안 거의 무시되어 온 무슬림, 도시 중산층, 상층부 힌두 사역에 힘을 쏟아야 한다는 목소리들이 나오는 반면, 그런 계층은 복음의 수용성이 낮기 때문에 인도 선교의 우선 지역은 계속해서 빈민, 농촌, 부족민 지역이 되어야 한다는 상반된 주장이 나온다.[3] 바람직한 인도 선교를 위해서는 인도 사람이 잘 할 수 없는 것, 인도 사람이 필요로 하고 요청하는 사역을 해야 한다는 이야기는 나오나 그것이 무엇인지, 또 왜 그렇게 해야 하는지에 대해 말해 주는 바는 없었다.

이렇게 선교사마다 다음 세대의 과제에 대한 이해가 다른 것은 인도 선교 역사 전체적인 흐름을 보는 역사적인 관점의 부재 때문이다. 또한 인도인의 문화와 커뮤니케이션의 관점에서 우리의 사역을 평가하는 것이 아니라 자문화 중심적 관점에서 평가하기 때문이며, 타 지역에서는 효과가 있었을지 몰라도 인도에서는 적절하지 않은 선교 전략과 정책에 기초하여 전략을 세우기 때문이다.

이런 점에서 이번 인도 선교 전략 포럼의 기조 발제는 먼저 기존의 개척자 세대가 인도 선교에 기여한 바가 무엇인지 그 공적을 살펴본 후, 역사적 관점, 커뮤니케이션의 관점, 선교 전략적 관점에서 인도 선교가 나아가야 할 바람직한 방향에 대해 인도 내부의 목소리를 들어 보고자 한다. 그리하여 인도 선교에 대한 역사적 이해를 바탕으로 하여 인도인에게 맞는 문화와 커뮤니케이션 방식과 선교 전략을 찾아낸다면, 한인 선교사들의 다음 세대 인도 선교의 과제를 바르게 설정할 수 있고, 앞으로

---

[2] PCK, 『PCK 인도 선교 30주년 회고와 전망』 (PCK 인도 선교사회, 2012), 97, 159.
[3] 전인도 선교사회연구위원회, 『한국 교회 인도 선교 백서』 (전 인도 선교사회, 2012), 241, 254.

오는 세대는 전 세대 선교사 보다 더욱 더 성숙하게 더욱 더 효과적으로 인도 땅에 하나님 나라를 세우는 일에 기여할 수 있으리라고 본다.

1. 한인 선교가 인도에서 하나님 나라 세우기에 끼친 영향

길게는 2천 년, 짧게는 300년 가량의 근대 개신교회의 인도 선교 역사와 비교하면 33년 한인 선교의 역사는 미미하기 그지 없다. 이 짧은 기간 동안 인도 땅에서 이뤄진 한인 선교에 대해 본격적으로 평가하는 어떤 글도 아직은 나온 것이 없지만, 한인 선교를 접촉하고 경험한 인도 기독교인들의 여러 가지 긍정적 또는 부정적 평가가 산발적, 부분적으로 나오고 있는 중이다.

미래의 발전적 방향을 잡으려면 현재까지 해 온 사역에 대한 진단과 평가가 선행되어야 한다. 이를 위해서 한국 교회의 선교가 인도에서 진행 중인 하나님 나라 세우는 일에 어떤 영향을 주었는지 먼저 긍정적인 측면을 살펴보고자 한다. 30여 년에 걸쳐 1,000명이 넘는 다양한 사람들이 인도 각지에서 펼친 수많은 일들과 그 영향을 짧은 지면에 다 담을 수는 없기에, 인도 선교 30주년을 기념하여 출간한 『한국 교회 인도 선교 백서』와 『PCK 인도 선교 30주년 회고와 전망』에 나오는 기록을 중심으로 하여 5가지로 말해 보고자 한다.

첫째, 한인 선교사들은 목회자 훈련을 통해 수천의 교회를 개척함으로 수많은 인도 영혼을 그리스도께로 인도했다. 기독교 한인 세계 선교 협의회 통계에 따르면 한인 선교사의 34%는 교회 개척 선교에 집중되어 있다. 선교사 본인이 직접 매주 설교와 목양을 하지는 않을지라도 현지인 사역자를 양육하고 훈련함으로 간접적으로 교회 개척에 참여한다. 인도에는 중소 도시나 시골 지역의 경우 정규 신학 과정을 이수하지 못한 저학력자 목회자가 많은데, 적지 않은 선교사들이 이들 목회자의 재훈련을 위해 정기적인 세미나와 교육 프로그램을 제공함으로 목회자 훈련 사역을 진행한다. 또 각종 신학교 교육이 궁극적으로 인도 교회를 개척하는 목회자를 양성하는 것이기 때문에 이 역시 교회 개척 및 영혼 구원 사역과 관계가 된다. 이렇게 훈련된 목회자들을 통해 지난 30여 년간 수천의 교회가 개척되고 수많은 영혼을 추수하는 일들이 일어났다. UBS에 브라민 출신 여학생이 있는데 그는 실리구리의 조동욱 선교사님과 그 사모님을 통해 예수님을 영접했기에 그분들을 영적 부모로 여기며 고마워한다. 여전히 믿지 않는 12억 영혼을 생각하면 한국 선교사들을 통해 구원받은 수많은 영혼들이 한인 선교사의 자랑스러운 열매이자 최대의 공헌이다.

둘째, 한인 선교사들은 그들이 가는 곳마다 문맹 퇴치, 긍휼, 학교, 사회개발 사역 등으로 가난하고 학대 당하고 소외된 자들과 함께 하고 그들의 경제적 자립 및 사회적 지위를 향상시키는데 큰 기여를 해 왔다. 교회 개척과 영혼 구원이 첫번째 관심이지만 한인 선교사 대부분의 선교 대상이 인도 사회에서 경제, 사회, 교육면에서 가장 낙후되고 신분 계급 사회에서 학대받는 사람들이기 때문에, 자연스럽게 그들의 아픔을 치료하고 문맹을 퇴치하며 무상 급식과 교육을 제공해 주고 우물파기, 직업교육 등 갖가지 사회봉사 및 개발 사역을 진행해 왔다. 이는 단지 복음전도의 수단으로서가 아니라 배고프고 병들며 평생 가난의 악순환 속에 고통스러운 삶을 살아가는 현지인들에 대한 전인적 관심과 사랑을 표현하는 통전적 선교의 모습이라고 할 수 있다.

그리하여 이제 30년이 지난 지금 우리 선교사님들이 뿌린 사랑의 씨앗들이 잘 자라나 정상적인 교육을 받고 교회와 사회의 지도자로 활동하는 모습은 보기만 해도 흐뭇하다. 현재 UBS에는 김영자 선교사님의 고아원에서 어릴 때부터 자라나 김 선교사님을 어머니로 부르는 두 학생이 미래 인도 교회의 지도자로 자라나고 있는데 인도 전역에서 이런 일들이 일어나고 있다고 보인다.

셋째, 성경 공부, 제자 훈련, 기도운동 등 한국적 영성으로 인도 교회의 건강한 발전과 성숙에 기여했다. 일반적으로 인도 목사들과 인도의 교회와 기관에서는 기도 모임이라면 모를까 주일 외에 정기적으로 성경 공부를 가르치는 일은 찾아보기 어렵다. 더군다나 제자훈련이라는 말은 말 자체가 생소하다. 그러나 많은 한인 선교사들은 교회 개척 선교를 하는 분은 말할 것도 없지만, 고아원을 하든지, 일반 학교 사역을 하든지, 개발 사역을 하든지 고아들과 학생들과 비기독교인 직원들을 데리고 성경 공부, 제자 훈련을 하는 일에 열심이다. 그뿐만 아니라 신학교와 기관과 사역의 현장에서 새벽기도를 성도들의 영성생활에 필수적인 부분으로 도입하는 선교사들이 적지 않고, 인도에서 하나님 나라 확장을 위해 중보기도 사역의 중요성을 가르치고 시행한다. 성경 공부와 기도와 제자 훈련 사역은 한국 교회의 독특한 영성과 사역적 특징으로써 인도인의 영성 생활을 풍성하게 하고 사역의 견실하고 건강한 발전에 긍정적인 측면으로 작용하고 있는 것으로 보여 진다.

넷째, 친절, 섬김, 희생과 나누는 삶의 증거를 통해 인도 땅에 기독교인의 향기를 퍼뜨렸다. 19세기 서양의 백인 선교사들이 가마 타고 지나가면 지나가던 현지인들은 가던 길을 멈추고 예를 표해야 했다. 대부분의 서양 선교사들은 안락한 선교기지에서 현지인들을 종으로 부리며 살았고 현지인들의 가정집에 방문하거나 그들을 자신들의 집에 초청하는 일은 드문 일이었다. 서양의 백인 선교사가 대부분이었던 이곳 인도 땅에 지난 33년 동안 우리 한국 선교사들이 사역하면서 간디와 선다싱이 말한 대로 입술로만 그리스도를 증거한 것이 아니라 현지인들과 함께 동거동락하면서 친절과 섬김과 희생적인 삶으로, 행동으로 그리스도를 증거하는 일을 해 왔다.

서양 선교사들은 피부색만 이질적일 뿐만 아니라 삶과 행동이 이질적이고 지배층의 우월감을 숨기지 않고 드러내었다. 그러나 한국 사람은 피부색이 그들 중 하나였을 뿐만 아니라 그들과 함께 어울리고 생활 속에서 현지인들에게 너그럽게 베푸는 섬김의 삶으로 그리스도를 증거했다.

UBS의 종교학교 교수인 동료 인도 교수가 어느 날 식당에서 같이 차를 마시면서, 꼴까타에서 사역하다가 지금은 귀국한 1세대 선교사인 김봉태 선교사님이 뿌네에 있을 때, 자신의 신학 학사 과정 공부하는 장학금을 지원해 줘서 자기가 학교를 잘 마칠 수 있었다고 말하며 한국 선교사에 대한 고마운 마음을 전했다. 한 번은 뜨리뿌라 출신 학생들이 예배드리는 교회에 설교하러 간 일이 있었는데, 그 교회 담임 목사가 말하기를 이 교회 건물은 한국의 어느 집사님의 헌신으로 세워진 교회라고 말하며 역시 한국 기독교회와 선교사에 대한 고마움을 전하는 말을 들었다. 인도의 한 쪽 구석 뿌네에서 그럴진대 전국적으로 이런 일들이 얼마나 많을까 미루어 짐작해 본다.

다섯째, 전선협을 중심으로 한인 선교사간에 아름다운 사랑과 동역의 그릇을 이루고, 이를 바탕으로 인도 교회 및 선교 단체와의 협력 선교를 진행함으로써 인도의 필요를 알고 현지인과 협력하여 선교하는 파트너쉽 선교의 단초를 열었다. 미국선교사들은 소속 단체와 기관별로 사역을 하다가 필요에 따라 포럼이나 세미나로 같이 모이는 일은 있지만 인도 땅에 사역하는 전체 미국인끼리 정기적으로 같이 모이고 협력하는 모임은 없다. 그러나 한인들은 1995년부터 백종태 선교사의 주도로 한인 선교사 연합회가 구성되어 격년으로 전체 회원이 한자리에 모여 친교와 영성 고양을 하고, 선교 정보를 나눌 뿐 아니라 해를 더해 가면서 대내외적 협력 사역, 선교 전략 포럼 등으로 그 중요성이 커지고 있다.

선교사를 파송한 한국 입장에서는 선교사들이 다 인도 선교의 전문가인 것 같지만 모든 선교사들은 여러 가지 분야에서 재교육과 선교 컨설

팅과 인도 언어와 문화와 선교에 대한 지속적 공부를 필요로 한다. 한 사람이 모든 것을 다 잘 할 수는 없지만 각 사람이 가장 잘 하는 은사로 네트워크를 가지면 서로를 도와 큰 시너지 효과를 가져 올 수 있다. 뿐만 아니라 한국의 세계선교협의회(KWMA)에 상응하는 인도의 IMA, 그리고 현지 교단 및 여러 현지 기관과의 협력 선교는 현지인과의 커뮤니케이션 증대, 현지의 필요와 요청에 부응하는 이상적인 선교에 한층 가까이 가는 등 큰 진전이 일어나고 있다. 이러한 부분은 1세대 선교사의 개척자적인 공헌이라고 말해야 한다.

2. 인도 선교가 나아가야 할 길

어느 누구도 한인 교회의 인도 선교가 완벽하다고 말하지 않는다. 도리어 여러 가지 시행착오와 문제를 스스로 인정하면서 다음 세대의 바람직한 선교의 방향을 모색하고 있다. 그런데 무엇이 이른바 '바람직한 선교'인가에 대해서는 보편적인 평가 기준과 함께, 인도의 역사와 문화적 상황에 기초한 내부자적 기준을 필히 고려해야 할 것이다. 왜냐하면 인도의 복잡 다양성과 지역적 상황을 고려하지 않는, 서구나 한국의 아무리 객관적이고 적절하게 보이는 방향도, 인도와는 관계가 없거나 효과가 없기 때문이다. 그래서 이 장에서는 인도 선교의 큰 틀과 방향을 선교 역사, 커뮤니케이션, 선교 전략적 관점에서 제시해 보고자 한다.

1) 인도 선교의 역사적 관점

인도 선교 2천 년의 역사는 년대기적으로 볼 때 1498년 바스코 다 가마가 인도 카빠드에 도착한 후 포르투갈 선교가 시작된 1500년을 기점으로 하여 그 전의 시리아 기독교인의 선교와 그 이후 유럽 선교사에 의한 근대 선교의 두 시기로 크게 나누어 볼 수 있다. 인도 선교 역사 전체를 다루는 것은 여기서의 초점이 아니므로 21세기 현대 인도 선교에 지대한 영향을 미치고 있는 근대 선교의 역사 가운데 우리가 버려야 할 유산과 계승해야 할 유산을 중심으로 해서 포르투갈 모델, 독일 모델, 그리고 영국식 모델을 살펴보고자 한다.

(1) 포르투갈, 독일, 영국 모델

포르투갈은 1510년 무렵에 군사적으로 고아 지역을 복속시켰으며 이후 다만, 디우, 뭄바이, 코친 등으로 그 지배권을 확대했을 뿐만 아니라, 식민지에 가톨릭 신앙을 보급하고 포르투갈 교구를 세울 수 있는 특허권을 획득하여 식민정부 차원에서 포교 활동을 적극 지원하였다. 그리하여 1584년경에는 포르투갈 관할 지역에 이미 349명의 예수회 선교사들이 선교 활동에 활발하게 종사하고 있었다. 가톨릭 선교의 긍정적인 결과는 포르투갈 출신이 아니라 이태리 출신 예수회 선교사로부터 나왔으며 전형적으로 로버트 드 노빌리의 선교에서 잘 나타난다. 1606년 따밀 나두의 마두래, 살렘 지역 등에서 사역한 드 노빌리는 선교 사역을 시작한 지 6년 만에 26명의 브라만 카스트를 포함하여 600명의 상층 카스트 회중을 얻었으며, 낮은 카스트 힌두를 위해서는 그가 전문 사역자로 세운 B. 다 코스타를 통해서 1,643명의 세례 신자를 얻을 수 있었다.[4]

드 노빌리를 비롯한 로마 출신 예수회 선교사들의 선교적 유산은 다음과 같다.

① 그들은 인도에서 성육신적 선교를 어떻게 해야 하는지 모델을 보여

---

4 Stephen Neill, *A History of Christian Mission* (London: Penguin Books, 1991), 159.

주었다. 그들은 현지인들과 똑같이 고기 대신 채소만을 먹으며 인도의 종교 교사들이 입는 옷을 입고 그들이 하듯 구걸 생활을 할 뿐만 아니라 인도의 사회 관습과 정결케 하는 의식을 철저하게 지켰다.[5]

② 그들은 상층 카스트에게 복음을 전하기 위해 고전어인 산스크리트어와 지역어를 배워 이를 능통하게 구사하였으며 현지의 신앙과 문화를 지속적으로 연구했다.

③ 개종자들이 기독교인이 된다고 해서 외국인 사회에 편입되어 인도인으로서의 정체성을 버리거나 인도 사회를 떠나는 일이 없도록 도왔다.

④ 우상 숭배를 제외한 현지의 습관과 문화를 존중함으로써 신앙의 탐구자들과 개종자들이 문화의 장벽에 걸려 넘어져 기독교 신앙을 저버리는 일이 없도록 주의를 기울였다.

그러나 드 노빌리와 이태리 출신 선교사들과는 달리 포르투갈의 선교는 인도 선교에 세대를 거듭하여도 지워지지 않는 악영향을 남겼다. 포르투갈 모델이다.

첫째, 제국주의 선교의 원형으로서 영국의 선교와 함께 두고두고 인도 주류 사회에 의해 비판받는 강압에 의한 개종의 모델을 남겼다. 이로 인하여 인도에서 기독교는 '침략자의 종교'이며, 인도 기독교인은 침략자에게 협력하는 '반민족주의자, 매국노'라는 이미지를 얻게 되었다.

둘째, 포르투갈 정부는 개종을 장려하기 위해 개종자에게 쌀과 일자리를 제공해 주었는데 이로 인해 인도 기독교인은 '쌀 신자'라는 명칭을 얻

---

5 Stephen B. Bevans, Roger P. Schroeder, *Constants in Context A Theology of Mission for Today* (Bengalore: Claretian Publications, 2005), 189.

게 되었으며, 이렇게 쌀로 개종을 유도하는 관행은 지금도 신구교를 막론하고 되풀이되고 있는데, 이는 법에 의해 금지된 방식의 선교이다. 셋째, 결정적으로 포르투갈 모델은 인도에서 금기시하는 술과 고기를 장려할 뿐 아니라 이름을 포르투갈 식으로 바꾸는 것을 포함하여 현지인으로 하여금 포르투갈 사람의 삶의 방식을 채택하도록 강요함으로써 소위 '파랑기' 문화를 인도에 보급하였는데, 이로써 인도에서 기독교는 '부정한 종교', '전통문화를 파괴시키는 종교'라는 오명을 갖게 되었다.

독일인 가운데는 1706년 덴마크 영토인 남인도 트랑크바에서 사역을 시작한 인도 최초의 개신교 선교사인 바르돌로마우스 지겐발크와 하인리히 플륏샤우, 그리고 그들의 뒤를 이어 1840년까지 크리스첸 슈바르쯔, 벤자민 슐쯔 등 79명의 트랑크바 선교사들이 지속적으로 헌신함으로써 포르투갈과는 대조적으로 인도 선교의 바람직한 모델을 유산으로 남겨주었다. 트랑크바 선교가 18, 19세기뿐 아니라 20세기와 21세기, 그리고 향후 인도 선교에서도 특별한 위치를 차지하는 이유는 다음과 같다.

첫째, 독일 선교사들은 프랑케의 할레대학을 모델로 해서 학교와 함께 고아원, 과부 집, 병원 사역 등 구제 사역을 했음에도 불구하고 사역의 중심에는 언제나 성경 말씀을 가르치는 데 있었다.[6] 지겐발크는 유럽 선교사 가운데 최초로 1714년 따밀어로 된 신약성경을 번역했고 슐쯔는 1737년 최초로 뗄루구어 복음서를 번역했는데, 이는 현지어로 성경을 가르치기 위해서였다. 쌀을 퍼주지도 않고 일자리를 주지 않았는데도 하이 카스트 힌두학자들이든 천민들이든 변화되어 견고한 기독교 신앙을 가질 수 있었던 것은 그들이 말씀 가르치는 데 집중했기 때문이었다.

둘째, 독일 선교사들은 특징적으로 건물과 기관을 세우기보다 사람을

---

6 Andreas Grss, ed., *Halle and the Beginning of Protestant Christianity in India* Vol. II (Halle: Frankesche Stiftungen Halle, 2006), 632.

기르는 일에 집중했다. 오늘날 용어로 하면 제자 양성을 했는데 당시 유럽 선교사들은 일반적으로 유색 인종인 현지인들과 거리를 두었지만 그들은 도리어 공동생활을 하면서 사람을 세우는 데 힘썼다. 특히 슈바르쯔는 탁월한 제자 양성가로서 48년 사역 내내 제자들의 자질을 높이기 위해 생활 속의 교육, 매월 정기 교육 등에 힘썼는데 그 결과, 그의 제자 가운데는 탄조레 왕국의 왕도 있었고 왕세자도 그의 제자였으며, 특별히 싸띠아나단 뻴라이와 베다나야깜 싸스뜨리는 18세기 말과 19세기 전반기에 남인도 지방 복음화에 지대한 영향을 끼친 전도자와 기독교 지도자와 작가로 이름을 떨쳤다.

셋째, 독일 모델은 19세기 후반, 심지어는 20세기를 넘어서야 겨우 현지인 목사, 비숍, 선교사를 세우는 가톨릭이나 다른 개신교 교단과 달리 처음부터 '동역자,' '순례자'라는 이름으로 훈련과정을 거친 후 현지인을 정식 안수받은 목사와 선교사로 세워 현지인 중심의 사역을 했다.[7] 언어와 문화적 한계를 가진 외국 선교사에 비해 현지 문화에 익숙한 현지인 리더십을 세웠을 때, 1733년 한 해만 해도 슈바르쯔는 인도인 제자들의 사역으로 3,766명에게 세례를 줄 수 있었다. 이런 사역의 열매가 지속적인 전쟁과 기근과 핍박 속에서 이뤄졌다는 것은 경이로운 일이다.

넷째, 독일 모델은 현지 언어 숙달과 문화 연구에 처음부터 적극적이었으며 타 문화를 부정일변도로만 보는 앞 시대와는 달리 타 문화 속에 있는 진리를 부분적으로 긍정하고 현지 문화를 고려하는 사역을 하였다. 지겐발크는 인도에 도착한 지 1년 만에 따밀어로 설교하고 전도 책자를 만들었고, 2년 만에 2만 단어짜리 사전과 문법책을 만들었으며, 5년째에

---

7 Robert E. Frykenberg, ed., *Christians and Missionaries in India: Cross-Cultural Communication since 1500 with Special Reference to caste, conversion, and Colonialism* (London: Wm. B. Eerdmans Publishing Co.), 2003, 50.

는 인도 사회 연구서, 7년째에는 인도 신들의 족보 연구서, 8년째에는 신약성경 번역을 마쳤다. 그리고 그는 모든 출판물을 본국 할레대학에 보내어 후임 선교사가 올 때는 이 책들로 현지어를 습득하고 오도록 독려했다. 그리하여 벤자민, 슈바르쯔 등 트랑크바 선교사들은 선교지에 오기도 전에 언어를 숙달하고 왔으며 오자마자 현지어로 사역을 시작할 수 있었다. 선교사로 오기 전 충분히 준비를 하고 왔을 뿐만 아니라 와서도 집중적으로 타 언어 습득에 힘썼기 때문에 시행착오를 줄이고 현지인들이 이해할 수 있는 효과적인 방식으로 사역함으로 질적, 양적으로 풍성한 열매를 맺을 수 있었다.

독일의 트랑크바 선교와 공통점이 있으면서도 대조적인 영국식 모델은 윌리엄 캐리와 인도에서 캐리 다음으로 유명한 알렉산더 더프의 모델이다. 이 모델에는 적지 않은 장점이 있다. 예를 들어 캐리의 성경번역의 열정과 그 결과 번역된 수많은 지역어로 된 번역본은 인도 땅에 하나님의 말씀을 편만하게 전파하는데 큰 공헌을 하였다. 그 밖에도 인도의 전통적인 사회악을 제거하는 사회 개혁, 각종 초중고 및 세람포르대학을 통한 교육 사역, 의료사역, 사회 개발 사역, 전문화된 팀 사역, 자립 선교 등의 장점은 높이 평가 받아 마땅하다. 그뿐만 아니라 더프 선교사는 영어를 사용한 영국식 고등교육 모델의 창시자로서 19세기 인도 기독교의 지도자로 활동하게 될 많은 상층 카스트 제자들을 양성해 내는 등, 인도 안과 밖으로 교육 선교에 끼친 공헌이 지대하다.

그럼에도 불구하고 캐리와 더프 모델은 동시에 현대 인도 선교에 몇 가지 점에서 지금도 떨쳐 내기 어려운 부정적인 유산을 남겨 놓았다.

첫째, 캐리의 선교는 전형적인 프로젝트 선교의 모델로서 프로젝트 수행, 건물과 기관 운영에 매여 말씀 가르치기와 사람을 세우는 일에 소홀히 했다. 캐리와 세람포르 선교회는 인쇄 공장, 종이 공장, 126개의 초등학교와 세람포르대학, 그리고 셀 수 없는 성경 번역과 그것에 대해 끊임

없는 수정 번역 프로젝트를 수행하느라 대부분의 시간과 재정과 에너지를 사용해야 했다. 1800-1834년까지 세람포르의 재정 조사를 해보면 성경 만드는 것과 대학 설립에 있어서 상당수의 재정을 북대서양 나라들과 영국의 지원을 받고 있었는데, 지나치게 확대된 부동산으로 인해 캐리와 동료들에게 가해진 재정 압력을 감당키 어려운 지경이었으며, 1820년대에는 예상된 펀드가 들어오지 않아 10년 내내 빚으로 비틀거렸다.[8] 그래서 1800년 이후 캐리는 30여 년 동안 거의 설교를 한 적이 없으며, 사람을 기르기 위해 시간을 낼 수가 없었다. 말씀 가르치기와 사람 세우기는 없고 문어발식으로 사업만 수행한 결과 캐리 사후에 세람포르선교회는 후임자를 찾지 못하여 결국 문을 닫지 않을 수 없었다.

둘째, 캐리의 모델은 오늘날 다수의 선교사들과 인도 교회가 되풀이 하고 있는 '카바디 모델', 또는 '분리식' 선교의 모델로서, 이는 200여 년 동안 인도 선교에 결정적인 장애물이 되어 왔으며 앞으로도 모든 인도 선교사가 극복해야 할 과제의 선례가 되었다. 카바디란 공격하는 사람들이 상대편 선수 몸을 타치한 후 잡히지 않고 속히 자기 진영으로 돌아오는 인도의 게임인데, 숨 한 번 쉴 동안 바깥에 갔다가 바로 자기 진영으로 돌아와야 하는 데에서, 선교 기지를 만들어 놓고 현지인들 가운데 볼 일만 보고 빨리 집으로 돌아오는 비성육신적 선교 방법을 말한다. 분리식 모델이란 선교사가 한 사람의 개종자를 얻으면 그가 속한 사회에서 그를 빼어내어 선교사가 만든 선교 기지에 살게 하거나 기독교인들끼리만 사는 기독교 마을을 만들어 살게 하는 선교 방식을 말한다.

이렇게 기존 공동체에서 빼어내기식 선교를 하게 되면 인도같이 공동체 성향이 강한 나라에서는 그 공동체에 대한 선교의 문이 막히게 되며,

---

8 A. Christopher Smith, *The Serampore Mission Enterprise* (Bangalore: Centre for Contemporary Christianity, 2006), 327.

그리스도인은 빛과 소금으로서 영향력을 끼칠 공간을 상실하고 만다. 뿐만 아니라 이렇게 빼어내기식 선교의 결과 기독교로의 개종은 천민 공동체 또는 게토화된 공동체로의 '정체성의 이동,' '사회적 신분의 이동'을 의미하는 것으로 인식을 굳힘으로써 진리를 찾는 비기독교인의 개종을 더욱 더 어렵게 만드는 데 일조하고 있다.

셋째, 캐리와 더프의 모델은 인도 전통문화에 적대적이고 그것의 파괴를 목표하는 모델로서 인도 선교에 부적절한 모델이다. 캐리는 카스트 제도의 파괴를 목적으로 의도적으로 브라만 카스트 형제와 최하층 카스트 자매의 결혼을 주선하였으며, 그들이 결혼하는 날 '영광스러운 승리의 날'이라고 일기에 기록하였는데,[9] 이런 행위는 결혼을 통해 카스트의 순수성과 가문의 명예를 지켜가는 인도 사회에서 용납 못할 '범죄적인' 행위이다. 더프는 힌두교를 거짓 종교로 보았을 뿐만 아니라 그에 기초한 힌두의 모든 문화를 파괴시키는 것에 그의 교육 선교의 목표로 두었다. 이러한 태도는 로마의 노예제도에 맞서 혁명을 일으키라고 권면한 적이 없으며 주인에게 순복하라고 한 사도 바울의 가르침과도 맞지 않는다. 그리고 이른 바 기독교 나라였던 영국조차도 스스로 노예제를 폐지하는 데 2천 년 가까운 세월이 걸렸다.

하물며 힌두교인이 83%인 나라에 가서 카스트 및 전통문화 파괴를 공공연히 부르짖는다면 어떤 힌두가 이를 기쁘게 받아들이겠는가?

---

9 Eustace Carey, *Memoir of William Carey* (Boston: Gould, Kendall and Lincoln, 1836), 258.

2) 위에서부터 아래로/아래로부터 위로 방식

인도 선교는 역사적으로 위에서부터 아래로 곧, 상층 카스트로부터 시작해서 하층 카스트로 내려왔다. 포르투갈의 선교가 있기 전까지 1,500년의 세월 동안 신앙을 지켜 온 시리아 기독교인은 두 번째 계급인 크샤뜨리아 카스트였다. 복음이 먼저 상층 카스트에게로 들어온 것이다. 상층이 아니라 하층에게 들어왔다면 국내외적으로 아무런 보호자가 없는 하층민이 복음을 지켜내기는 어려웠을 것으로 보인다. 16세기 이후 가톨릭이 선교를 할 때는 프란시스 사비에르 같이 어부들을 비롯한 하층계급 선교도 했지만 로버트 드 노빌리 같이 상층 카스트에 초점을 맞춘 선교가 조직적으로 이루어지고 상당한 열매를 얻기도 하였다.

18, 19세기 개신교 선교도 처음에는 상층 카스트, 교육 받은 엘리트 선교에 힘을 썼다. 최초의 영어 교육 선교사 알렉산더 더프와, 런던선교회 최초의 지성인 전문 선교를 했던 토마스 슬레이터 선교사, 그리고 그의 뒤를 이어 수많은 선교 단체 출신 선교사들이 대학가의 지성인들을 공략했다. 이는 전통적으로 왕으로부터 믿기 시작해서 일반 백성까지 한꺼번에 개종하는 방식에 익숙한 서구 선교사들에게 있어서 자연적인 접근이라고 생각된다. 윗사람이 믿으면 아래 사람은 믿기가 수월할 것으로 보고 전략적으로 하이 카스트, 대도시와 교육 받은 사람들에게 집중한 것이다.

그런데 개신교 선교사 가운데 하이 카스트 선교에 성공한 최초이자 마지막 사람은 19세기 초중반의 더프 선교사였다. 당시 동인도 회사 및 영국의 인도 정부에 취직하기를 원하는 자들이 영어를 매개로 영국식 교육이 이뤄지는 더프의 학교에 대거 몰림으로써 더프의 학교는 인기가 높았고 그들을 대상으로 전기 작가 G. 스미스에 의하면 최소 36명의 상층 카스트 개종자를 얻었고, 더프의 제자인 랄 데이의 전기에 의하면 최대

200명의 개종자를 얻었다.[10] 이후로 영어로 고등교육을 시키는 대학이 인도 사람의 손에 의해서도 우후죽순과 같이 생겨나면서 개종자의 숫자는 급감하기 시작했다. 그뿐만 아니라 영국식 교육을 받고 민족주의, 인권, 평등 사상 등에 눈이 뜬 지식인들 가운데 인도의 자치와 독립을 요구하는 운동이 시작되었으며, 그 동안 기독교의 위세에 눌려있던 힌두교 자체적으로 르네상스 운동이 일어나면서 힌두교에 대한 자긍심을 회복하고 전통 종교의 재발견이 이루어지게 되었다. 이러한 움직임은 특별히 지배자의 종교인 기독교에 대한 거부감과 반감으로 발전하였기에 19세기 후반에 들어가서는 힌두교에 대한 어떤 공격적인 설교라도 듣게 되면 적대감에 불타는 힌두들이 돌을 던지거나 성경을 불태우는 일이 빈번하게 일어나게 되었다.

이런 배경으로 상층 카스트에 투자하는 만큼 열매가 거의 맺혀지지 않고, 반면에 하층 카스트 가운데는 전도도 안 했는데 자발적으로 찾아와 세례를 요청하는 일이 벌어지고, 얼마 후 현지 전도자들을 통해 하층민 가운데 대량개종운동이 빈번하게 일어나게 되었다. 당시 유럽 선교사 가운데 대학교육을 받은 상층 배경의 선교사가 많지 않던 시대였기 때문에 대다수 선교사들은 카스트 사회에서 차별당하고 학대받는 하층민 돕는 일에 마음이 끌렸을 뿐만 아니라, 사역하기 쉽고 많은 열매를 맺을 수 있었기 때문에 19세기 말과 20세기 초부터는 대부분의 선교 자원이 하층민에게 집중되기 시작하였다.

20세기 중반에 들어와 스탠리 존스, D. 타이터스 등의 아쉬람 운동, 그리고 하이더라바드에서 K. 수바라오가 상층 힌두를 대상으로 1만 명

---

10 Mark Laing, "Mission by Education: An Examination of Alexander Duff's Missiology and Its Outcome," *Bangalore Theological Form*, Vol. XXXIV, No. 2 (Bangalore: United Theological College, 2002), 214.

이 넘는 제자를 양성하는 일이 있었던 것을 제외하고는 상층 힌두를 향한 집중적인 선교적 노력은 거의 사라지고 말았다.[11]

이런 이유로 오늘날은 19세기와는 정반대로 인도 기독교인의 95%는 하층민이며, 한인 선교사들이 사역하는 대상의 대부분이 사회적 경제적으로 낙후된 계층이다. 그런데 과거에 위에서 개종이 일어나면 밑에서의 개종은 저절로 일어나리라고 착각한 것처럼, 지금은 하층민 전도부터 하다가 보면 언젠가 상층부도 믿게 될 것이라는 안이한 기대를 하고 있다. 그러나 하층민에게 접근하는 퍼주기 식 사회개발 사역 방법으로는 힌두교의 뿌리가 깊고 경제적으로 안정된 중상층에게 먹히지 않는다. 상층민 선교는 나라얀 띨락과 라젠드라 다스가 제시한 대로 상층민의 문화와 신앙을 고려한 성취신학적 접근 방법이 효과적이다.

2. 커뮤니케이션 관점

황새와 여우가 서로 식사 초대를 했는데 음식 담는 그릇이 맞지 않아서 어려움을 겪다가 각기 입의 형태에 맞는 그릇으로 바꾸었을 때 같이 즐겁게 식사를 할 수 있었다는 이솝 이야기가 있다. 입장을 조금만 바꾸어 보면 납작한 그릇에 묽은 수프를 담아 주면 긴 부리를 가진 황새가 음식을 먹을 수 없는 것은 당연하다. 그런데 그릇과 음식의 종류를 바꿀 생각은 안하고 황새는 이 맛있는 것을 왜 못 먹는가, 나와 다른 것을 '나쁜' 것으로 보고 황새의 '나쁜' 긴 부리와 '나쁜' 식성을 비난한다면 얼마

---

11 H. L. Richard, "A Survey of Protestant Evangelistic Efforts among High Caste Hindus in the Twentieth Century," *Missiology: An international Review*, Vol. XXV, No. 4, October 1997, 429.

나 황당한 일인가?

그러나 이 황당한 일이 선교지에서는 계속 되풀이 되고 있다.

그래서 S. 수난드에 의하면 가장 인도적인 삶을 살고 인도적인 메시지를 전하고 그리하여 많은 열매를 맺은 전도자로 평가받는 사두 선다 싱은 "인도의 그릇에 예수님의 생명수를 담자"는 말을 하고 있는 것이다.[12] 여기서 인도의 그릇이란 인도의 문화, 관습, 인도의 사상과 신앙을 말한다. 기독교 복음을 반드시 인도의 그릇에 담아서 표현해야 하는 이유는 그렇지 않으면 이해가 되지 않고, 이해가 안 되면 전달이 안 되며, 전달이 안 되면 아무런 구원의 열매도 맺히지 않기 때문이다.

그런데 많은 선교사들은 아직도 기독교 복음을 인도의 그릇에 담는 것에 대한 거부감을 갖고 있다. 인도의 그릇은 이른바 '이교도의 문화'이고 직접적으로는 '힌두교'에 영향받은 것인데 어떻게 그 '나쁜' 그릇에 거룩한 음식을 담을 수 있는가, 그러면 혼합주의, 다원주의에 빠지는 것이 아닌가 우려하는 것이다. 당연히 우려해야 하지만 그렇다고 구더기 무서워 장을 안 담글 수는 없는 것이다. 사도 요한은 이방 철학 용어이자 신명인 헬라의 '로고스'라는 용어를 사용하여 성육신 하신 그리스도를 증거했으며, 사도 바울 역시 아레오바고 설교에서 헬라 시인의 글(이방 문헌, 이방의 경전)을 인용하여 증거 했다.

한국 사람이 기독교의 신명으로 사용하는 하나님 역시 최고신, 유일신 개념을 내포한 한국의 전통 종교 샤머니즘의 신명을 받아들인 것이 아닌가?

많은 사람들이 사역부터 먼저 하고 언어니 문화니 하는 것은 나중에 차차 해도 된다고 생각한다. 그러나 많은 경우 문화를 고려하지 않은 한

---

12 T. Dayanandan Francis ed., *The Christian Witness of Sadhu Sundar Singh: A Collection of His Writings* (Madras: The Christian Literature Society, 1989), 15.

번의 행동이 한 지역의 복음의 문을 항구적으로 닫아 버리게 되며, 후에 잘못된 것을 시정하는 데 평생의 세월을 보내야 할 수 있다. 예를 들어 복음의 열정에 가득했던 UBS 졸업생 두 사람이 안드라 쁘라데쉬의 어느 지역에 가서 선교를 할 때 여인들이 팔찌를 차고 다니는 것을 금했는데 그 후로 이 지역의 복음의 문이 굳게 닫히게 되었다고 한다.[13] 또 한 가지 대표적인 예는 인도 기독교인의 술과 고기 먹는 문화이다. 음주가 허용되는 가톨릭교인 뿐 아니라 개신교인도 성찬식 때 포도주(또는 주스)를 마시는 이유로 기독교인은 전반적으로 술을 마시는 부정한 공동체로 취급받는다.

그뿐만 아니라 많은 서구 선교사들이 자신의 나라의 식습관을 따라 각종 고기 특별히 소고기를 먹었을 뿐 아니라 신앙 검증 시험으로 인도의 개종자들에게도 소고기를 먹도록 강요했다. 이렇게 고기를 먹는 사람은 인도에서 천민이며 부정한 사람 취급을 받을 뿐 아니라 최근 마하쉬뜨라 주에서는 소고기를 판매하거나 소지하는 것도 3년 감옥형 이거나 벌금을 물어야 하는 범죄 행위가 된다. 이미 술과 고기 먹는 것이 습관화가 되었는데 이것을 바꾸기란 참으로 어려운 일이다. 선교사들이 한 번 잘못 시작한 문화가 복음 전도에 큰 장애가 되고 있는 것이다. 인도 선교를 하려면 외국인이든 현지인이든 적어도 공적인 장소에서는 고기 먹기를 금해야 하지만 좋아하는 고기를 그만 두면서까지 선교하려는 사람은 찾아보기 어렵다. 그보다 고기를 먹으면서도 선교하고 있는 실제적인 이유는 똑같이 고기를 먹으며 고기 먹는 문화에 개의치 않는 비주류 하층민 대상으로 선교 사역이 진행되고 있기 때문이다.

---

13 Dayanand Bharati, *Living Water and Indian Bowl: An Analysis of Christian Failings in Communicating Christ to Hindus, with Suggestions towards Improvement* (Delhi: ISPCK, 1997), 23.

선다싱과 같이 기독교 사두로 살면서 힌두교 연구와 전도에 평생을 바친 다야난드 바라띠라는 유명한 전도자가 있다. 그는 『생수와 인도의 그릇』이라는 책에서 힌두 선교가 어렵거나 안되는 것이 아니라 힌두들과의 커뮤니케이션에 있어서 쌍방통행이 아니라 일방통행을 하는 데서 오는 커뮤니케이션 실패라는 것을 지적하고 있다. 그가 많은 예를 들고 있지만 한인 선교와 관련하여 교회 건축에 대한 예 한 가지만 들어 보겠다. 바라띠에 따르면 인도에서 교회 성장을 이루려면 교회 건축하는 일을 당장 멈추어야 한다.[14] 그 이유는 그것이 인도 문화와 맞지 않기 때문이라는 것이다. 인도인들이 일반적으로 예배드리고 종교 교육을 받는 곳은 가정이다. 집 안에 있는 성소에서 매일 아침, 저녁으로 뿌자(예배)를 드리고 부모와 집안 어른으로부터 삶을 통해 종교 교육을 받는 문화의 입장으로 보면 특정 건물, 특정 날짜에 가서 월급 받는 전문 종교인에 의해 종교적인 가르침을 받는다는 것은 매우 이질적인 문화이다.

그뿐만 아니라 인도의 가톨릭과 개신교 주류 교회는 집사와 목사와 주교, 대주교, 교황과 같은 조직과 체계가 있어서 일반 목사는 상위 권위에 순복해야 하는데 이런 부분은 조직의 권위에서 자유로운 인도의 종교 문화에서는 이해되지 않는 것이다. 그뿐만 아니라 대부분 서구식 건물로 지어지는 교회 건물은 아직도 재정 지원을 통로로 서구의 지배권이 미치는 영역으로 이해하고 있기 때문에 교회에 들어가기를 꺼린다. 그래서 바라띠는 가정 교회를 인도 문화에 적합한 교회 모델로 제시하고 있는 것이다.

많은 사람들이 교육 받은 사람, 인도의 중산층 선교는 어렵다고 생각하고 문화나 언어를 잘 몰라도 돈만 있으면 손쉽게 일할 수 있는 하층민 선교에 주력한다. 그러나 인도의 주류층 선교가 안 되는 것이 아니라 그

---

14 Dayanand Bharati, *Living Water and Indian Bowl*, 48.

들의 문화에 대한 이해가 없고 그들의 필요를 몰라서 커뮤니케이션이 안 되는 것이지 그들의 문화를 고려하여 그들이 이해할 수 있는 방법으로 사역하는 사람들 가운데 많은 열매를 맺는 여러 가지 사례가 보고되고 있다.

인도에서 1980년 초부터 30년 넘게 선교 사역을 섬기고 있는 미국인 H. L. 리처드가 2001년 무렵부터 시작하고 있는 "Rethinking Forum"은 다야난드 바라띠와 연계하여 문화를 고려한 사역의 커뮤니케이션 방법론을 인도에서 사역하는 미국 선교사들에게 널리 소개하고 있는데, 200여 명에 달하는 그의 제자 선교사들이 대부분 교육 받은 계층에서 일함으로 앞으로 인도 선교의 지형을 바꾸기를 기대하고 있다. 한인 중에는 바라나시 와이엠 라지뿌트 지부를 중심으로 동일한 방식으로 문화를 존중하는 사역을 하고 있는데 개종자 가운데 40%의 멤버가 상층 카스트에서 나오고 있는 것으로 보고되고 있으며, 한국 선교사 가운데 이러한 인도 문화 커뮤니케이션 방법의 확산을 위해 인도의 그릇 포럼"을 2015년 9월 바라나시에서 시작할 계획이다.

3. 선교 전략적 관점

1) 4자 원리의 관점

19세기 중후반 영국과 미국의 선교를 이끌었던 대표적인 선교 지도자들인 헨리 벤과 루푸스 앤더슨이 거의 동시에 제창한 자치, 자립, 자전의 3자 원리, 그리고 폴 히버트가 추가한 자신학의 4자 원리는 오늘날 여러 가지 점에서 비판을 받기도 하지만 150년 전이나 지금이나 여전히 유효한 선교의 원리이다.[15] 이 4자 원리에 기반하여 선교를 진행하는 것이 중요한 이유는 이것의 궁극적 목표가 현지 교회로 하여금 선교사에 대한 의존도를 없애고 자립 능력을 갖춘 성숙한 교회로 세우기 위한 것이기 때문이다.

인도는 세계 어느 나라보다도 선교의 역사가 오래 되었고, 세계 어느 곳보다도 많은 인적, 재정적 선교 자원이 투자된 곳이다. 그럼에도 불구하고 숫자상으로 인도 기독교는 전 인구의 2.3%밖에 되지 않으며, 외국인에 대한 재정 요청은 끊어지지 않는다. 필자가 소속된 UBS는 인도의 대표적인 복음주의 신학교이며 60여 년의 세월 동안 수많은 주교와 목사를 배출했음에도 불구하고 지금도 학교를 운영하는 전체 재정의 절반 이상이 미국에서 오고 있으며 매년 이뤄지는 선교학회의 재정은 영국에서 오고 있는 실정이다. 과연 인도 교회는 언제쯤 의존성에서 벗어나 성숙한 수준에 도달할 수 있을까 의문이 든다.

인도는 4가지 원리 중에서 자치와 자신학은 매우 높은 수준에 있는데 특히 자신학 분야에 있어서는 한국이 도리어 배워야 한다. 그러나 자립과 자전에 있어서는 몇 가지 문제가 있다. 어떤 사람은 부자 나라와 가난한 나라의 갭이 너무 커서 인도 상황에서 자립의 원리는 폐기처분이 필요하고 도리어 더 많은 지원이 필요하다고 주장한다. 그러나 필자는 몇 년 전 인도 학자들끼리 모인 세미나에 참석했다가 경악할 만한 이야기를 들은 바가 있다. 그것은 전 인도에서 부동산이 가장 많은 단체가 철도청인데 그 보다 더 많은 땅을 가진 단체가 기독교 단체라는 것이다. 그리고 해외에서 들어오는 지원금이 교회와 가난한 교인들을 위해 쓰여지는 것이 아니라 대부분은 주교의 호주머니에 들어가며 그들은 '날으는 주교'라

---

15 Robert Reese, "The Surprising Relevance of Three-Self Formula," *Mission Frontiers*, July-August 2007, 27.

는 별명이 있을 만큼 늘 비행기 타고 5성 호텔에만 묶으며 자녀는 모두 외국 유학을 보내고 있다는 것이다.

실제로 여러 해 전 남인도에 쓰나미가 터졌을 때 해외에서 많은 구호금이 들어 왔는데 상당 부분을 후려먹은 주교들이 지금도 여러 명 감옥살이를 하고 있는 형편이고 선교사들이 남겨 놓고 간 교회, 학교, 병원 등의 부지를 자기 것으로 삼기 위한 법정 싸움으로 해가 뜨고 해가 지는 것이 인도 교회 형편이라는 것이다. 인도에서도 가장 크고 부자 교단인 남인도 교회 총회장이 한국 장로교 총회에 참석하여 재정 지원을 호소하는 것은 거의 코미디 수준이지만 인도 실정을 모르는 한국 사람은 지금도 여전히 돈을 실어 나르고 있다. 그러기에 바라나시에서 외국 선교사들과 협력하여 힌두 선교를 오랫동안 섬겼던 전인도 선교사협회 회장 출신 선교사인 라젠드라 다스는 이렇게 말하고 있다.

선교사들은 적어도 100년 전에는 인도 땅은 아닐지라도 인도 교회를 떠났어야 했는데 지금까지 남아서 식민주의적 자본주의 체제를 세우며 이곳에 남아 있다. 개인으로든 단체로든 모든 부분에서 외국의 도움을 받다 보면 인도인들은 자신들이 어떤 재능과 재원을 가지고 있는 지를 잊어버리고 만다. 그들은 도덕성을 잃고 정신적으로 마비가 되어버리며 삶의 모든 부분에 무력하게 된다. 늘 누군가에게 기대었었기 때문에 언제나 남의 도움을 바라며 주위를 쳐다본다. 그런 공동체는 자존감과 자긍심을 잃어버리게 되는데 이것이 정확히 오늘날 인도의 모습이다. 그들은 지금도 여전히 더 많은 선교사와 더 많은 돈이 해외에 들어오기를 요청한다. 이것이 선교사들이 인도 교회를 위한 그들의 봉사와 재정적 도움을 당장 중단해야 할 매우 심각한 이유이다.[16]

16　H. L. Richard, ed., *R. C. Das: Evangelical Prophet for Contextual Christianity* (Delhi: ISPCK, 1999), 172.

서구식 방식, 한국식 방식으로 일하려고 하면 인도 교회는 여전히 재정이 부족할지 모른다. 그러나 있으면 있는 만큼, 없으면 없는 만큼, 인도 상황에 맞게 대나무 교회와 가정 교회를 세워 나간다면 돈이 들지 않을 뿐더러 더욱 더 빠르고 강력하게 인도 교회를 세워 나갈 것으로 기대한다.

2) 추수 선교, 탐색 선교

도날드 맥가브란의 『교회 성장 이해』에 널리 알려진 추수신학에 의하면, 이미 곡식은 익었고 추수 시기가 되었기 때문에 우리는 어디에서 하나님이 일하시는가를 살펴보아, 얻을 수 있을 만한 때에 얻을 수 있는 사람을 얻어야 한다고 한다. 이러한 추수 선교신학은 지난 세기 동안 특히 20세기 후반 인도에서 하층민 선교가 선교의 우선 대상이라는 논리를 정당화하는 선교신학적 근거요 선교 전략으로 사용되었다. 그러나 이 신학에서는 얻을 수 없는 사람은 왜 얻지 못하는지에 대해서는 질문하지 않는다. 만일 얻지 못하는 원인이 선교사가 그들을 배제한 상태로 전도하였기 때문이며, 현지 문화와 필요에 대한 무관심 때문에, 또는 자문화중심적 일방적 커뮤니케이션 방식 때문에 얻지 못하고 있는 것이라면, 얻지 못하는 계층은 영원히 얻지 못할 것이다.

추수신학에 따라 인도 선교를 하게 되면 인도 선교는 지난 100년 동안의 역사가 보여주듯이 전 인구의 20% 미만에 불과한 가난한 달릿과 부족민만을 대상으로 하게 되고, 인구의 절대 다수인 주류 인도인을 배제하는 선교를 하게 될 것이며, 인도에서 기독교는 영원히 천민의 종교로 남고, 그리스도는 우리의 고백과 달리 만민의 주가 아니라 실제로 달릿과 부족민의 주로만 남게 될 것이다. 그러므로 우리는 이 시점에서 추수신학의 중요성을 무시하지 않으면서도, 탐색 신학을 다음 세기 인도 선교신학, 또는 선교 전략으로 채택하는 것에 대해 심각하게 고려할 필요가 있다고 본다. 왜냐하면 첫째로, 탐색 신학은 그리스도의 이름이 불리지 않는 곳에서 그리스도를 전파하기를 갈망한다는 바울의 입장과 일치하고 둘째로, 이것이 세계의 미전도 종족을 찾아 복음을 전파해야 한다는 우리 시대의 선교적 과제와도 일치하기 때문이다.

3) 인도 미전도 종족의 특성과 신 선교 전략

인도 선교 전략을 짤 때 인도의 미전도 종족은 다른 나라의 미전도 종족과 다른 특징을 가지고 있는 점을 심각하게 고려할 필요가 있다. 그것은 이른 바 성경조차 번역되지 않았고 자체적으로 그리스도를 증거할 그리스도인 공동체가 없으며 깊은 오지에 위치해 있다는 통념과 일치하는 미전도 종족도 일부 있지만, 이런 통념에 전혀 맞지 않는 독특한 미전도 종족을 가지고 있는 것이 인도이기 때문이다.

인도는 근대 선교의 여명기부터 윌리엄 캐리, 헨리 마틴을 비롯한 서양의 우수한 선교 자원이 집중된 탓에 대부분의 지역 언어로 성경 번역이 오래 전부터 되어져 있었다. 그런데 2억의 인구를 가진 우따르 쁘라데쉬나, 1억 1천의 인구를 가진 마하라쉬뜨라 주 같은 경우 힌디어와 마라띠 성경은 있지만 기독교인이 1%도 되지 않으며, 이것은 따밀 나두와 께랄라, 고아와 동북부 주를 제외하고 전국적인 현상이다. 이는 5% 미만의 기독교 인구, 2% 미만의 복음주의 신자들이라는 미전도 종족의 일반적인 기준의 절반에도 미치지 못하는 것이다.

그러므로 인도에서 미전도 종족 선교를 할 때, 미전도 종족이 인도의 비주류 소수 부족민만이 아니라 주류층 다수 종족이며, 깊은 산과 정글의 오지에 거주하고 있기에 지역 구분 없이 전국적으로 모든 시골, 모든 도시민이 다 미전도 종족 선교의 대상이 된다는 것을 고려해야 한다.

또 한 가지 인도는 전통적인 미전도 종족 개념에서 빠진 공동체가 있는 데 그것은 카스트 그룹이다. 만일 카스트를 기준으로 어디가 미전도 종족인가 분류를 하게 되면 놀라운 결과가 나온다. 그것은 심지어 다수의 기독교인이 있는 따밀 나두 주나 다수의 교회가 존재하는 대도시라고 해도 그 교회는 대부분 특정 카스트 그룹을 위한 교회일 뿐 그 지역에 아무리 많은 교회와 복음주의 신자들이 존재해도 그들은 자신의 종족에게만 증거하고 상층 카스트들은 거의 완전히 배제시킨다. 그리하여 인도 대도시와 시골을 막론하고 전 인구의 40%에 해당되는 상층 카스트는 지난 2천 년의 세월 동안 완전히 버려지고 잊혀진 족속이 되었다.

예를 들어 마하라쉬뜨라 주의 브라민은 3%, 크샤뜨리아에 해당되는 마라타, 그리고 바이샤에 해당되는 레바 빠띨 상층 카스트는 40%가 되는데 그 동안 복음이 전해진 카스트는 대부분 불가촉 천민인 마하와 망 카스트였기 때문에 마하라쉬뜨라 전 인구의 절반에 해당되는 주류 카스트는 복음을 증거하는 그리스도 공동체가 전혀 없는 미전도 종족으로 남아 있다.[17]

대부분의 인도 시골과 부족민이 사는 오지는 그래도 선교사들과 인도 전도자들의 방문과 전도와 관심의 대상이 되지만, 상층 카스트, 그 중에서도 도심지에 사는 상층 카스트는 전혀 그러지 못하기 때문에 사실상 오지 중의 오지이며 인도에서 가장 복음 증거가 필요한 대상이다. 그래서 하이데라바드에서 상층 선교를 하는 수다커 몬디토카 목사는 도시의 미전도 상층 카스트를 시골 오지의 미전도 종족인 부족민과 연계하여 '도시 부족민'이라는 용어로 부른다. 우리가 인도에서 미전도 종족 선교를 할 때에는 반드시 이러한 버려진 카스트 그룹을 고려한 종족 선교 전략

---

17 Atul Y. Aghamkar, *Christian Missions in Maharashtra: Retrospect and Prospect* (Bangalore: TETRAWPOI, 2010), 22.

을 짜지 않으면 안 된다.

3. 한인 선교 다음 세대의 과제

필자는 지난 3세기 동안 서구 선교가 인도 선교에 적지 않은 공헌을 한 것을 부정하지는 않지만 전반적으로 그들의 인도 선교는 실패한 것으로 본다. 그들이 실패한 것은 다음의 세 가지 부분인데, 이는 한인 선교의 실패와도 관계가 있기 때문에 다음 세대 선교의 과제를 설정할 때 필히 고려할 필요가 있다.

1) 서구 선교는 식민 제국주의의 일부분이었기 때문에 필연적으로 실패할 수밖에 없었다

윌리엄 캐리가 대표적인데 그는 식민 통치를 담당할 관리를 양성하는 포트윌리엄대학에서 벵골어를 가르쳤으며, 식민지 백성에게 저임금으로 노예노동을 강요하는 인디고 공장을 자신이 할 뿐 아니라 세람포르 소속 후임 선교사들에게 적극 권장한 사람이었다.[18] 그러나 남의 나라에 침략하여 사람을 죽이고 재화를 강탈하며 폭압으로 통치한 사람들이 전한 신앙의 진정성을 누가 받아들이겠는가?

캐리는 100명의 직공을 부리며 일을 시켰지만 그 중에 단 한 명도 기독교 신앙을 받아들이지 않았다. 한국인이 우리 땅을 강탈한 일본의 종교인 신도를 받아들일 수 없듯이 인도 주류 사회는 침략자 영국의 종교

---

18 A. Christopher Smith, *The Serampore Mission Enterprise* (Bangalore: Centre for Contemporary Christianity, 2006), 253.

를 받아들이기 어려웠던 것이다. 이것은 결코 서양 선교사만의 과제가 아니고 그 유산을 이어받고 있는 같은 기독교 선교사로서 우리가 공통으로 극복해야 할 역사적인 과제이다. 그러므로 우리가 앞선 서구 선교사들의 실패를 반복하지 않으려면 우리는 반드시 서구식 제국주의 선교, 식민주의 선교에서 탈피해야 한다.

그런데 안타깝게도 한국 교회의 선교를 비판하는 목소리 중에 첫 번째로 나오는 비난 역시 제국주의 선교이다. 10년 전 안식년으로 영국 에딘버러대학교에서 1년간 거했던 벵갈루르 UTC의 한 교회사 교수가 영국 교수들과 학생들 앞에서 한국의 황색 제국주의를 비난하던 일이 잊혀지지 않는다. 그는 과거에 인도는 백인 제국주의로 고생했는데 최근에는 한국인이 돈 좀 있다고 인도에서 황색 제국주의 선교를 하고 있다고 공개적으로 말하여 얼마나 얼굴이 뜨거웠는지 모른다. 재정과 인사권을 쥐고 있는 한국인 밑에 사역하는 많은 인도인 목회자들과 전도자들이 있는데, 우리가 파트너로서 겸손과 사랑으로 지금 그들을 섬기지 않는다면 후일 그들이 한 목소리로 우리 한인의 선교를 황색 제국주의라는 말로 폄하하는 날이 올지도 모른다.

우리의 자세를 겸손히 바꿔야 함은 마땅한 일이지만 우리가 가진 것 때문에 우쭐할 수가 있고 선교의 갑질하기 쉬운 것이 사람이기에 좀 더 근본적으로 시스템을 바꿀 필요를 제안해 본다. 그것은 한인 선교사의 사역의 주 대상을 사회적으로는 하층 카스트에서 상층 카스트로, 경제적으로는 극빈자에서 중산층으로 전환하는 것이다.

인도 교회 교인들은 사회적으로 사람 취급 받지 못하는 천민들일 뿐만 아니라 경제적으로도 낙후되어 한 달 월급으로 벌기도 어려운 2, 3만 루피를 월세로 내는 집에 살고 있는 사람과 어울릴 수가 없으며 저학력자가 대부분인 그들이 고등교육을 받은 사람들을 설득하여 복음을 전하기 어려워한다. 그러기에 생각하는 인도의 지도자들은 한국과 같은 외국 선교사들은 자신들이 할 수 없는 중산층 선교, 하이 카스트 선교를 해 주기를 요청하고 있는 형편이다.

인도의 하층민 선교는 인도 기독교인들이 한국 사람보다 더 잘 한다. 말이 되고 문화를 알기 때문에 그럴 뿐 아니라, 더 중요한 것은 인도인 전도자들과 선교사들은 나눠 줄 은과 금이 없기 때문에 복음과 예수님만을 전하지만, 한국 선교사들은 현지인들과 생활 격차가 크기 때문에 자연히 물량주의 선교에 빠질 우려가 높기 때문이다. 그러나 도시 중산층 선교, 하이 카스트 선교를 하게 되면 현지인이 우리와 비슷하거나 우리보다 더 높은 생활수준이기 때문에 물량주의나 황색 제국주의에 빠질 위험 없이 진리의 말씀과 기독교 영성으로 승부를 겨루게 된다.

한국 사람 중에 적기는 하지만 이미 도시 중산층, 하이 카스트, 대학 지성인 선교를 하며 많은 열매를 맺고 있는 좋은 사례들이 있다. 그러므로 이 선교가 어려운 것이 아니라 이 사역의 중요성에 대한 인식과 방향, 그리고 사역을 할 수 있는 노하우에 대한 교육이 없는 것이 문제이다. 방향을 갖고 필요한 훈련과 준비를 시키면 누구든지 열매를 맺을 수가 있으며, 이 분야가 인도 선교의 블루 오션이고, 한국인이 인도 선교 백년 대계를 위해 기여할 수 있는 부분이다.

인도에서 정말 불쌍한 사람은 사회 경제적으로 학대 받는 달릿보다도 인도의 기독교인들과 외국 선교사들에게 버림받고 잊혀져 2천 년의 세월 동안 결코 복음을 들어본 적이 없는 40%의 주류 카스트 힌두들이다. 현재 한국 선교사가 1,000명, 1,300명이라고 하는데 설사 십만 명, 백만 명이 있다 해도 광활한 인도 12억 8천만 인구 속으로 흩으면 보이지도 않는다. 그러니 우리가 잘 할 수 있고 인도 사람이 우리에게 절실히 요청하는 분야에 사역을 집중하고 전문화하는 것은 어떨까 제안해 본다.

2) 서양 선교사가 실패한 부분은 인도식 복음이 아니라 서구식 복음을 전했기 때문이었다

그들은 복음과 문화를 구분하지 못하고 서양 문명과 문화를 복음 또는 기독교와 동일시했다. 그랬기 때문에 그들은 서구의 틀을 떼버리고 인도의 그릇에 복음을 담으려고 하기보다는 인도의 모든 것을 무시하고 인도인을 포르투갈 사람과 영국 사람으로 만들려고 했다. 인도 기독교인 중에 이름만 보면 완벽히 서양 사람으로 오해할 이름들이 얼마나 많은가?

필자는 인도에서 쁘라까쉬라는 인도 이름을 쓰지만 인도 기독교인은 다니엘과 폴과 링컨과 나폴레옹과 드수자라는 서양 이름을 사용하며, 서양 양복을 입고 흰 웨딩 드레스를 입고 결혼식을 한다. 하늘을 찌르는 고딕식 첨탑에서 교회에 가죽 신발을 신고 들어와 의자에 앉아서 예배를 드린다. 영국 성공회에서 하듯이 수많은 예배 의식서를 읽으며 지루한 예배를 드리는 교회가 적지 않다. 거기에는 전통 신앙 표현 방법인 춤도 없고 연극도 없고 전통 악기도 없으며, 대신에 서양의 드럼과 기타와 심지어 백파이프 오르간도 있다. 교회에서 전하는 메시지는 인도인들이 중요하게 여기지 않는 문제를 서양인의 신학적 틀에 맞춰 제시함으로 인도 사람들의 피부에 와 닿지 않는다.

바라띠가 지적했듯이 서양인의 실패는 커뮤니케이션의 실패였다. 이 실패를 반복하지 않기 위해서 우리는 인도의 커뮤니케이션 방법과 그들의 문화의 그릇에 담아 기독교 신앙을 표현하는 법을 연구하고 교육하고 실천해야 한다. 이것이 세계 선교의 후발 주자인 대한민국이 인도와 세계 복음화에 기여하는 일이다. 미국 선교사들은 이미 변하고 있다. 과거를 반성하며 전통적 방식을 다시 생각하여 문화를 고려한 선교가 리처드를 중심으로 인도에서 강력히 진행 중이다. 서구의 선교사조차 반성하고 버리고 있는 비상황화된 선교를 한인 선교사들이 무비판적으로 따라가는 것은 지난 세대로 족하다.

이제 다음 세대 한인 선교가 인도 선교의 긍정적 발전에 기여하려면 인도의 커뮤니케이션 방식을 배워 문화를 고려한 선교를 해야 하는 과제를 안고 있다. 다행히 이 분야에는 미국 선교사와 인도의 전도자들, 그리고 일부 한인이 그 동안 시도하고 제안한 여러 가지 연구 결과와 사례들이 있다. 특별히 근본주의 사상을 가진 모디 수상이 집권한 이후 가왑시(역개종운동)가 증가하고 있는데, 기독교의 선교는 시골에 서구식 교회와 기독교 학교를 지음으로써 인도 주류 사회를 위협하는 전통적인 방식을 지양하고 비위협적이고 은밀하지만 매우 효과적인 선교를 할 필요가 있는데 예를 들면 인도의 영성과 문화에 맞는 가정 교회 방식의 선교이다.

3) 서양의 선교가 실패한 이유는 누구를 위한 선교를 하고 있는가? 이러한 질문을 진지하게 던지지 못했기 때문이다

서양 선교사들이 안락한 본국을 뒤로 하고 6개월씩 걸리는 항해를 거쳐 물 설고 낯 설은 인도 땅에 와서 때로는 열병에 죽고, 풍토병에 사랑하는 가족과 본인의 목숨을 잃으며 수고한 것은 분명 그리스도께 대한 사랑, 죽어가는 영혼을 살리고자 하는 구령의 열정에서 나온 것임은 분명하다. 그러나 실제로 선교가 진행되다 보면 선교사가 보기에 필요한 것, 본국이 보기에 필요한 것을 주문하고 실행하는 경우가 다반사였다.

예를 들면, 인도 기독교인의 삶이 열악하기 때문에 그들의 삶을 개선할 목적으로 지금도 막대한 후원금이 미국과 유럽 등지에서 들어오고 있다. 그런데 본국의 후원자들은 이 돈의 상당수가 가난한 사람이 아니라 부패한 지도자의 호주머니에 들어간다는 것, 그리고 이러한 외국의 원조 때문에 정작 인도인들은 자기 형제들을 위해 헌금하지 않으며, 이로 인해 인도인은 고질적인 의존심으로 병들고 있다.

　인도 기독교인은 가난한 자들을 돈으로 유혹해서 개종 시도를 하고 있다는 상습적인 공격의 빌미가 된다는 것을 안다면 어떤 마음이 들까?

　얼마 전 께랄라 트리반드룸의 한 대형 교회는 미국의 자매 교회로부터 많은 원조를 받지만 그 교회는 한국처럼 더 호화스러운 건물을 짓기 위해 있는 건물을 부수고 재건축을 했다. 도와주는 사람은 만족감을 얻는 것으로 그칠 수 있으나 돕는다고 한 것이 도리어 해가 되는 일이 선교지에서는 왕왕 일어난다. 돕는 것도 알아야 제대로 돕는다. 도움 받는 사람의 문화를 연구해야 제대로 도울 수 있는 것이다.

　한국도 예외가 아니다. 적지 않은 선교사가 한국 교회의 요청에 따라 인도에 교회 건축을 해 주고 있다. 심지어 현지에 한인 선교사도 없는데 멀리서 돈만 보내 준다. 한국에 있는 선교 위원장과 후원자들은 교회가 건축되면 복음이 전파되고 교회가 채워질 것을 기대한다. 그러나 그런 교회 건축이 긍정적인 요인만 있는 것이 아니라 힌두뜨와 사상을 가진 VHP와 바즈랑 달의 공격 목표가 되어 오릿사에서 볼 수 있듯이 종파폭력의 희생물이 될 수 있는 것을 결코 알지 못한다.

　선교사들이나 본국의 후원자들은 사역하는 오지에 살지 않으니까 희생될 일은 없지만 현지인의 삶의 터전과 목숨은 무참히 파괴되고 만다. 순교는 교회의 씨가 된다는 말은 맞지만 로마의 경우와 달리 인도에서는 권력과 돈을 차지하기 위해 힌두와 기독교인이 벌이는 첨예한 이권 싸움이기 때문에 현지인에게 덕이 되기보다는 해만 될 뿐이다. 시골은 시골의 형편에 맞게, 현지인들의 경제적인 형편에 따라, 인도식의 교회가 세워지면 좋으련만 빠른 시일 내에 가시적인 결과를 보고 싶어하는 마음 때문에 인도 실정에 도움이 안 되는 선교 활동이 일상화되고 있다.

　그러기에 돕는 사람은 잘 돕기 위해서 치열한 연구를 할 필요가 있다. 이런 점에서 후원하는 한국 교회는 선교지와 긴밀한 소통 가운데 선교지의 필요와 문제를 잘 알고 적절한 지침과 정책을 가지고 지원하는 것이 바람직하다. 많은 선교사들이 선교지로 와서 적어도 2년은 언어와 문화 공부에 집중했어야 했는데 하지 못한 것을 후회하지만 그것이 본인만의 잘못이 아닌 것은 이것이 후원하는 한국 교회의 배려와 정책에 의해서 시스템적으로 받쳐주지 않으면 당장 어떤 결과물을 보여줘야 한다는 부담감을 가지는 선교사가 당장 일부터 시작하는 시행착오가 지금도 계속 되풀이 되고 있는 것이다.

따라서 우리는 끊임없이 내가 하고 있고 후원하는 이 모든 일들이 과연 현지인들이 필요로 하는 도움인지 연구하고 확인할 필요가 있다. 후원하는 한국 교회가 바뀌어지지 않으면 선교지도 바뀌어지기 어렵다. 이를 위해 선교 현지와 후원하는 본국과 긴밀한 소통과 교육이 주기적으로 필요하고 이러한 시스템을 만드는 것이 장기적인 인도 선교 발전을 위한 중요한 과제이다.

2장

한국 교회의 인도 선교 패러다임 전환[1]

1. 들어가는 말

한국 교회의 인도 선교는 1980년 11월 통합측 김영자 선교사가 안드라쁘라데쉬 주 하이더라바드(Hyderabad)에 첫발을 디딘 이후 30년 가까운 역사를 가지고 있으며,[2] 현재 약 300여 가정의 선교사가 수도 델리와 남인도의 실리콘 밸리인 방갈로를 중심으로 인도 각처에 산개하여 활발하게 사역하고 있다. 올해 8월 14일 한국과 인도가 그동안 오랫동안 준비해오던 자유무역협정(CEPA)을 체결함으로써 한국 인도 간 사업과 사람 왕래가 급증하고 인도 선교사 파송도 증가하고 있는 추세이다. 첫 인도 선교사였던 김영자 선교사가 최근에 은퇴를 하는 시점에서[3] 한 세대에 이르는 한국의 인도 선교를 회고해 보며 그 사역의 공과를 평가해 보

---

1 「선교신학」 제23집 1권 (2010)에 실린 글이다.
2 합동측 GMS 소속 정윤진 선교사가 최초의 인도 선교사라고 주장하나 선교사 사회에서는 거의 이견 없이 김영자 선교사를 최초의 선교사로 인정한다.
3 영락교회에서는 공식적으로 은퇴를 했으나 후임자 문제가 있어 현지에서는 연장 사역 중에 있다.

고 향후 인도 선교의 과제를 모색해 보는 것은 의미 있는 작업이라고 하겠다.

1970년대 중반 인도 정부가 선교사 비자 발급을 중단하면서 서구 선교사 숫자가 급격히 줄게 되었는데 1980년대부터 비서구권 선교사로서 그 빈자리를 꾸준하게 채운 것이 바로 한국 선교사들이었다. 한국 선교사들은 특히 서구권 선교사들이 가장 어렵게 여기는 교회 개척 사역에 탁월한 역량을 발휘함으로써 인도 복음화에 그동안 적지 않은 공헌을 한 것이 사실이다. 그 외에도 현지인 목회자 양성을 위한 신학교 사역, 초중고 대학 등 학교 사역, 고아원 사역, 농촌 개발 사역 등 다양한 분야에서 인도 복음화를 위해 헌신해 왔다. 어느 나라에서 일하든 선교사로 사는 것이 쉬운 일이 아니지만 인도와 같이 무덥고, 공해가 심하며, 한국 음식 구하기 어렵고, 선교에 대해서도 부정적이며, 추방과 테러와 죽음의 위험이 상존하는 오지 인도에서 선교사로 살아가는 것, 이 한 가지만 해도 그들은 존경 받기에 마땅하다.

그럼에도 불구하고 현재 한국 선교사들이 사역하고 있는 현장은 과거 인도에서 활동했던 서구 선교사들의 실패의 전철을 그대로 답습하고 있을 가능성이 있다. 그 이유는 다음과 같다.

첫째, 한국 선교사들은 200년 이상 인도 선교의 경험을 갖고 있는 영국 및 제 서구 선교사들로부터 무엇은 배우고 무엇은 버려야 할 것인지에 관해 어떤 연구도 해본 바가 없기 때문이다. 영국인들이 반복해서 실패했던 문제가 있다면 우리라고 예외가 아닐텐데 우리는 그것이 무엇인지도 모르기 때문에 그 실패를 막기 위한 어떤 노력도 체계적으로 하지 못하고 있는 것이다.

둘째, 타국 선교사의 선교에 대한 인도인의 평가, 인도 교회의 반응에 대해서는 고려함이 없이 일방적으로 선교사역을 진행하고 있기 때문이다. 현지의 내부자적 관점에 대해서는 알지 못하고 외부자인 선교사 중심으로 결정되는 선교 정책과 이뤄지는 사역은 우리가 열심을 내어 선교하는 만큼 현지 교회를 파괴하거나 현지 복음화에 해를 끼치는 방향으로 전개되고 있을 가능성이 있는 것이다.

셋째, 현지 문화에 비추어 선교 사역을 평가하고 재조정함이 없거나 빈약하기 때문이다. 많은 선교사들이 사역에 바쁘고 언어의 제약과 문화에 대한 부정적인 생각 등으로 인하여 현지 문화에 대한 심도 깊은 이해가 부족하다. 그리하여 문화에 맞는 선교사 메시지와 사역 형태, 선교 정책을 적절하게 제시하지 못함으로써 선교사의 메시지 전달이 성공적이지 못하고, 사역은 현지 문화로부터 유리되고 소외되며, 부정적인 인상을 축적하고 있을 가능성이 적지 않은 것이다.

이 글은 그동안 한국 선교사들이 30년간 해 온 선교 사역에 대하여 주로 현지인과 현지 문화의 관점에서 평가해 보고자 하는 시도이다. 서구의 200년에 이르는 인도 선교 역사와는 달리 30년간의 일천한 역사에 불과함으로 현지인이 직접적으로 한국 선교에 대해 비평한 문헌은 아직 찾아보기 어려운 것이 사실이다. 그럼에도 불구하고 현재 한국 선교사들이 사역하고 있는 것과 같은 형태의 서구 선교사들의 사역에 대하여 언급한 인도 교회 지도자들의 글은 얼마든지 발견할 수 있다. 이 글을 통해 인도 교회로부터 비판받는 패러다임의 선교 사역이 어떤 것인지, 또한 인도 복음화에 긍정적으로 기여할 수 있는 새로운 패러다임의 선교 사역이 무엇인지 제시함으로써 다음 세대 인도 선교 사역의 방향을 잡는 데 도움이 되기를 바란다.

2. 한국 선교사의 인도 사역 현황 및 문제점

선교사들이 본국의 후원 교회 및 파송 단체에 보내는 보고서를 보면 현재 진행 중이고 계획 중인 사역의 내용이 열거되어 나온다. 그러나 본국에서 보고서를 읽어 보는 어느 누구도 자신이 파송하고 후원하는 선교사가 하는 일이 인도에서 무슨 의미를 갖고 있는지 알 길이 없다. 확실한 것은 그들이 인도에서 열심히 많은 활동을 벌이고 있으며 가난한 인도에 교회를 세우기 위해 지속적으로 많은 후원금이 필요하다는 사실이다.

이것은 인도에서 사역하고 있는 선교사의 경우도 많이 다르지는 않다. 선교사들이 인도에 와서 살 곳을 정하고 어학을 배우며 사역의 방향을 잡고자 할 때 넘치는 의욕과 달리 언어와 문화의 장벽은 높기만 하고 본인의 능력에는 제한이 있음을 발견한다.

결국에 사역해야 할 언어를 선택하고 사역의 방향을 결정하는 것은 선배 선교사들이 보여 주는 모델 중에서 자신의 능력과 여건이 허락하는 범위 내에서 선택하게 된다. 그들은 아직 인도의 문화를 알기도 전에, 인도 사람과 인도 교회가 필요로 하는 것이 무엇인지 배우기도 전에—사실 가르쳐 줄 사람도 없지만—언어 공부를 시작하고 사역할 지역과 대상과 방식을 선택한다. 이렇게 일단 시작하게 되면 계속 그 길로 가게 된다. 그리하여 몇 년의 세월이 지나 후원하는 교회에 가시적인 선교의 성과를 보고해야 할 시기가 오게 되면 자신의 하는 일이 인도에서 얼마나 꼭 필요한 일이며 현지 복음화를 위하여 전략적으로 중요한 일을 하고 있음을 상기시키게 된다.

선교사는 이미 선교지에서 여러 해를 사역하고 있기 때문에 본국에 있는 후원자들 심지어 훈련하여 보낸 파송자들의 눈으로 보기에 그들은 이미 현지의 전문가이기 때문에 그들의 사역에 대해 적절히 조언할 수 없다.

본국의 후원 교회와 현지의 선교사들이 선교사들의 사역을 평가하기 어려운 이유는 인도라는 사회가 한국과 달리 대단히 복잡한 사회이기 때문이다. 한국 사람이 볼 때 인도는 하나의 인도이지만 현지에서 인도는 카스트별로 나누어져 있고, 인종이 다르고, 언어가 다르며, 종교 별로 나누어져 있다. 그래서 한국에서 볼 때 그 선교사가 '인도' 선교를 하는 것으로 보이지만 현장에서 그는 어느 특정 '카스트'와 특정 '지역'의 특정한 '종교'를 가진 사람에게 선교를 하고 있는 것이다. 이것이 무슨 의미를 가지는 지는 밑에서 상술하겠지만 여기서 중요한 것은 이처럼 복잡한 인도 사회에서 선교사들의 사역이 인도 선교 전체에서 차지하는 위치를 파악하려면 먼저 구체적인 항목으로 세분하여 이해할 필요가 있다는 것이다.

첫째, 한국 선교사들의 사역을 사역의 대상이 되는 카스트별로 분류한다면 지정 카스트(Scheduled Caste), 지정 부족(Scheduled Tribe), 그리고 여타 후진 카스트(Other Backward Caste)를 대상으로 사역하는 선교사가 절대 다수를 차지하고 있다. '지정 카스트'는 헌법적 명칭이지만 인도인의 사회계층을 피부 색깔별로 구분한 바르나(Varna) 체계로 볼 때는 불가촉 천민, 또는 달릿(Dalit, '억압받는 사람들'이란 뜻)에 속한다. '지정 부족'은 힌두도 무슬림도 아니며 산지, 또는 밀림과 같은 지역에 사는 경제적으로 낙후된 토착 공동체로서 지정 카스트와 같이 바르나 체계 밖에 있는 사람들이다.

여타 후진 카스트는 수드라(Shudras)로서 상위 카스트인 브라만(Brahmanas), 크샤트리아(Kshatriyas), 바이샤(Vaishyas)에게 봉사하는 서비스 계급이다. 인도 기독교인의 70-80%가 달릿과 지정부족민이고 나머지 15-25%도 여타 후진 카스트에 속하고 상위 카스트는 5% 내외에 머물고 있는 인도 교회의 현실을 고려해 보면[4] 선교사들 역시 하층민, 또는 최하

---

4 James Massey, "Oppressed Communities and the Role of the Church," *Gurukul*

층민을 대상으로 사역하고 있는 것이 이상한 일만은 아니다. 그러나 그럼에도 불구하고 선교사의 절대 다수가 사회의 하층민과 최하층민만을 대상으로 사역하는 것은 인도 선교 전체를 놓고 볼 때는 전혀 균형이 맞지 않는 일이다. 전 인도 인구 가운데 달릿과 부족민이 합하여 24%, 여타 후진 카스트가 36%이므로 한국 선교사는 전 인구의 40-76%에 해당하는 인도 사회의 주류층을 선교의 대상에서 제외시키고 있는 형편이다.[5]

둘째, 사역의 주 대상이 되는 달릿과 부족민들의 종교는 주로 불교와 시크교, 그리고 애니미즘, 토테미즘과 같은 것이다. 인도의 산스크리스트화 정책과 자국민에 대한 힌두들의 힌두교 선교의 영향으로 20% 내외의 힌두가 있지만 대부분은 신분 차별에서 벗어나고자 불교나 기독교, 이슬람교로 개종한 상태다. 그래서 한국에서 선교지로 갈 때는 힌두 복음화를 목표로 하고 힌두 선교 전략에 대한 글을 읽고 가지만 현지에서 실제로 힌두 신앙에 투철한 사람을 대상으로 사역하는 일은 드물다.

한국 사람이 사역하는 대상은 힌두 사회에서 버림받은 사람이거나 주변부에 있는 사람들이기 때문에 힌두교에 대한 충성심이 거의 없거나 힌두교에 대해 분노하는 사람들이다. 달릿과 부족민, 그리고 후진 카스트에 대한 선교가 상대적으로 쉽고 선교사들이 거의 이들을 대상으로 사역하는 이유가 여기에 있는 것이다. 한국에서 미전도 종족으로 알려진 사람들은 대부분 지정 부족민에 속하는 사람들이다.

셋째, 한국 선교사들이 사역하는 언어는 힌디, 따밀어, 까나다어, 뗄루구어 등과 같이 대부분 현지 지역어이며 신학교 사역, 학교 사역, 캠퍼스 사역을 하는 경우 영어도 일부 사용한다. 지금도 델리와 방갈로 등 많

Journal of Theological Studies, Vol. XVI, No. 1 & 2 January & July 2005, 76.
5 Surjit S. Bhalla & Sunil Jain, "36 Population Is OBC, Not 52%," *Business Standard*, May 8, 2006.

은 지역의 선교사들이 현지어 학원에 등록하여 현지어를 배우고 있다. 인도 선교를 하려면 현지어를 배우는 것이 당연하다는 생각이 들지만 인도의 상황은 반드시 그렇지 않다. 인도의 대학이나 신학교는 현지어로 교수하지 않고 영어로 가르친다. 그뿐만 아니라 현지어로 가르치는 학교는 흥미를 못 느끼지만 영어로 가르치는 학교에는 줄을 서서 입학하기를 원한다. 그래서 달릿과 부족민을 위해 선교하는 선교사들조차도 그 마을에 초등학교를 세울 때 영어학교로 세우는 경향이 있다.

그러므로 영어는 어떤 면에서 보면 인도 사회 중상류층을 위한 사역의 언어일 뿐 아니라 하층민을 위한 사역의 언어로서도 매우 효과적일 수 있다. 인도는 영어를 해야 좋은 직장을 구할 수 있고 사회 계층 향상도 가능하기 때문에 영어에 대한 필요성과 목마름이 한국보다 더욱 심하다고 말할 수 있다. 더군다나 한국 선교사들 가운데 실제로 현지어로 교회 개척 사역을 하는 선교사는 매우 드물다. 현지어를 잘 하는 현지인 동역자를 구해서 그를 통해 설교하고 그를 통해 교회개척을 하기 때문이다. 그 현지인 동역자와 의사소통하는 도구는 대부분 영어이다.

넷째, 지역적으로 한국 선교사들은 대부분 델리, 방갈로, 꼴까따, 뿌네, 하이데라바드 등 대도시에 거주하며 도심지의 빈민층이나 교외 시골 마을의 하층민들을 대상으로 사역하고 있다. 크게 보아 인도의 바이블 벨트라 불리우는 인도의 남부와 동북부 주에 절반 가량이 있고, 기독교 인구가 1%에 미치지 못하는 북부 지역에 절반 가량이 있으니 선교사의 배치는 나쁘지 않은 것으로 보인다.

문제는 도심지에 주로 있지만 도심지에 사는 일반 서민들과 중류층 사람들을 사역의 대상으로 삼는 것이 아니라 대부분 도심의 슬럼가에 사는 최하층민과 시골의 하층만을 찾아다니는 것이다. 그렇다고 해서 선교사들이 슬럼가나 시골마을, 산골의 부족마을에 살면서 사역하지는 못한다. 그런 곳들은 수도, 전기, 화장실 등 기본적인 주거 환경이 매우 열악할 뿐만 아니라 자녀 교육을 시킬 적절한 학교도 없는 곳이 대부분이기 때문이다. 인도에서 미전도 종족 선교하기를 원하는 선교사는 많으나 실제로 그곳에서 사역하는 것은 한국 선교사가 아니라 그로부터 재정 지원을 받는 현지인 선교사이다.

다섯째, 한국 선교사들의 선교사역의 형태는 크게 교회 개척 사역과 학교 사역, 사회개발 사역에 집중되어 있다. 교회 개척 사역은 교회가 없는 지역에 들어가 교회를 설립하는 사역인데 한국인이 교회를 건축하고 주일 설교를 하며 사역하는 경우와 현지인 동역자를 얻어서 교회를 설립하는 경우로 나누어진다. 한국인이 직접 교회를 개척하는 일은 기독교인이 상대적으로 많은 남부 인도의 경우는 가능하지만 그렇지 않은 북부 인도에서는 매우 어려울 뿐더러 위험하기까지 하다.

한국 선교사들이 대부분 학생 비자, NGO 및 사업 비자, 또는 관광 비자를 받고 사역하고 있는데 비자 목적에 맞지 않게 전임 교회 사역을 했다가는 비자 재발급이 어려워진다. 그러므로 인도에서 교회 개척 사역을 한다고 하는 것은 대부분 현지인 사역자를 통한 사역을 의미한다. 선교사는 현지인을 재정적으로 지원하며 적절한 목회 교육을 시키거나 제자 양육을 해줌으로써 교회 개척을 지원하는 것이다. 한국도 그렇지만 인도에서도 신학교를 마치고서도 교회에서 일자리를 얻지 못하여 떠도는 사람이 부지기수이다. 이들을 적절하게 재교육하고 적은 비용으로도 교회 개척하는 일에 헌신할 수 있도록 돕는 일은 인도 교회를 위해 의미있는 일이 될 것이다. 신학교 사역도 이런 점에서 인도 목회자 양성 및 교회 개척과 연관이 된다.

교회 개척 사역에서 한 가지 특기할 점은 한국 선교사의 교회 건축에 대한 열심이다. 예를 들어 성결교단의 경우 현지인들에게 교회를 건축해 주는 것이 교단의 선교 정책인데 1978-93년 동안 199개의 건축을 지원하였다고 한다. 어떤 선교사는 1,000개의 교회 설립, 또 다른 선교사는

10년 내에 2만 개의 교회 설립이 목표라고 기도 제목을 제시한다. 교회 개척을 하는 선교사들 중에 하나의 교회만을 개척하려는 사람은 없고 능력이 닿는 한 많은 교회를 세우기를 원하기 때문에 이는 필연적으로 지속적인 건축 사역을 낳게 된다. 종종 교회 건축은 선교사가 아니라 후원하는 한국 교회가 적극적으로 원해서 추진되기도 한다. 선교사든 후원하는 한국 교회든 인도에서 교회 건축이 매력적인 것은 교회가 없는 곳에 교회를 세운다는 보람을 가져다 주며 한국에 비해 매우 저렴한 비용으로 건물을 세울 수 있다는 점이다. 또한 교회 건축만큼 확실하게 보여주는 선교 업적이 없다고 보는 경향이 있다. 그러나 도심지의 땅값은 인도도 한국만큼 비싸지고 있기 때문에 도심지 건축은 어렵고 대부분 시골과 산골 오지에 세워지고 있다.

사회개발 사역은 많은 경우 NGO를 설립하여 비자 문제도 해결할 뿐만 아니라 UN이나 정부 기관에서도 공식적인 지원금을 받아가며 현지의 필요를 섬기는 사역을 할 수 있기 때문에 선교사들에 의해 많이 선호되는 사역이다. 고아원, 양로원, 병원, 학교, 식수 개발, 방과 후 교실, 어린이, 여성, 빈민, HIV, 난민촌, 교도소, 약물중독 재활치료 등 다양한 봉사활동을 통해 삶으로 그리스도를 증거하고 복음을 전할 기회도 얻을 수 있다는 것이 장점이다.

이상에서 한국 교회의 인도 선교 사역의 여러 가지 특징적인 모습들을 살펴보았다.

이러한 사역의 문제점에 대해 한국 선교사 스스로는 어떻게 말하고 있을까?

첫째, 어떤 선교사들은 인도 현지인들에게 개인적이고 인격적으로 복음을 전하는 부분이 소홀히 될 수 있는 점을 지적한다. 인도의 최고참 선교사인 김영자 선교사는 2005년 11월 1일 스리랑카 콜롬보에서 열렸던 제2회 서남아시아 한인선교사대회로 가는 차 안에서 필자와 인터

뷰하는 도중 본인의 지난 사역을 회고하며 그동안 여러 가지 사업을 벌리다가 정작 사람들에게 복음을 심고 말씀을 가르치는 부분을 많이 소홀히 한 감이 있다고 말한 바 있다. 이 점이 아쉬워서 기회가 닿는 대로 후배 선교사에게 자신의 전철을 밟지 말라고 강조했으며 많은 사람이 이에 공감했다고 하였다.

김영자 선교사는 교회 개척도 하고 성경 공부반도 만들어 현지인들에게 여러 가지로 말씀을 전하기에 힘쓴 것으로 알고 있다. 그러나 그럼에도 불구하고 학교와 고아원과 기술학원과 여러 가지 사회개발 사역 등의 사업을 하고 건축역사 등을 하면서 동시에 인격적이고 개인적으로 한 사람 한 사람을 알고 생활 속에 말씀을 심는 것은 누구에게든 어려운 일이 아닐 수 없다.

둘째, 일부 선교사들은 현지인들과의 관계에서 선교 자원이 심각하게 유용되고 있음을 발견했다. 2007년 4월 30일에서 5월 3일까지 남인도 따밀나두 우띠에서 통합측 인도 선교회 전략회의가 열렸는데 여기에서 한 한국 사람과 남인도 교단의 라오(Prasad Rao) 목사가 사적인 목적으로 선교비를 모금하여 그 피해가 큼으로 교단에 공지하는 결의를 한 바 있다. 이는 문제가 두드러지게 노출되어 피해를 막기 위해 공표한 경우지만 인도에는 모르고서 당하는 경우가 헤아릴 수 없다.

심지어 인도 목사가 한글로 인터넷 홈페이지에 "개척 교회 목회자 청빙, 낡은 학교 버스 교체, 날로 성장하는 사역 위한 재정, 전도자 위한 10개의 자전거, 새신자를 위한 300권 성경 수급"과 같은 기도제목을 올리면서 재정을 모금하는 일도 일어난다.

물론 모금한 목적대로 잘 사용하면 일단 문제는 없겠으나 날로 성장하는 사역을 위한 재정을 왜 인도인이 감당하지 않고 한국 사람에게 요청하는지 의문이 든다. 무엇보다 한국이 인도 사람을 재정적으로 돕는 것이 인도인의 자립심을 해치는 결과를 낳을 가능성을 보게 된다. 이는 또한 물량주의 선교와도 관계가 되는데 한국 사람은 아니지만 랄프 윈터의 글에 인도에서 돈으로 교인을 사는 한국 선교사의 문제가 제기되기도 하였다.[6]

3. 인도 교회의 반응 및 요청

한국 교회의 인도 선교는 여러 가지 면에서 영국과 미국을 비롯한 서구 선교사들과 비슷한 양태를 띠고 나타난다. 그러므로 서구 선교사의 선교에 대한 인도 사람들의 비판을 통해 한국의 인도 선교의 문제를 파악할 수 있다. 그뿐만 아니라 인도 기독교인들은 인도 복음화에 있어서 노정하고 있는 스스로의 문제점을 진단하면서 새로운 변화를 촉구하고 있다. 이러한 글들을 통해 우리는 다음과 같이 한국 선교의 문제점을 제기할 수 있다.

첫째, 한국의 인도 선교에는 전 인구의 80%가 넘는 힌두들을 위한 선교가 빠져있다. 인도 목사로 힌두 선교에 헌신하고 있는 마틴 알폰스(Martin Alphonse)는 그의 풀러신학교 박사 논문에서 이러한 불균형을 지적한다.

> 오늘날 인도에서 거의 90%에 이르는 기독교인이 주류 힌두 신앙을 갖고 있지 않는 지정 카스트와 지정부족에 속한다. 그리고 오늘날 복음적 선교 사역의 90%가 수용성이 높다는 이유로 인도 인구의 26%에 불과한 지정 카스트와 부족민에게

---

6 김은수, "한국 교회 해외선교정책," 「한국 기독교와 역사」, 제28호 (한국 기독교 역사 연구소, 2008) 31.

집중되고 있다. 그 결과 힌두 인구의 75%에 달하는 주류 힌
두들 또는 카스트 힌두들 가운데는 거의 아무런 체계적 전도
사역이 이뤄지고 있지 않는 형편이다.⁷

인도 선교협회(India Missions Association) 회장인 조수아(M. Patrick Joshua) 목사는 기독교인 자신들만을 위해 쓰여지고 있는 선교의 자원을 올바르게 써야 할 방향을 제시하고 있다.

> 현재 우리의 전도 자원의 90%가 4%밖에 안 되는 기독교인
> 들만을 위해 사용되어지고 있으며, 수입의 98%가 기독교인들
> 자신들을 위해서 쓰여지고 있다. 우리는 이러한 전도 자원이
> 그리스도의 복음이 전해지지 않은 그룹의 사람들에게로 옮겨
> 야 할 필요가 있다.⁸

둘째, 서양 선교사들이 처음부터 하층민 전도를 한 것은 아니었다. 오히려 1835년 영어 교육 정책이 동인도회사의 공식 정책이 되면서 알렉산더 더프(Alexander Duff), 토마스 슬레이터(Thomas E. Slater) 선교사를 비롯한 많은 선교단체들이 교육 받은 상층 힌두 카스트 선교에 주력한 바 있다. 그리하여 바너지(K. M. Banerjea)와 같이 19세기 인도 교회를 이끌어가는 지도적인 인물이 상당수 상층카스트에서 배출되었던 것이다. 그러나 초창기 더프를 제외하고 카스트 힌두 선교는 큰 성공을 거두지 못하였다. 민족주의와 네오 힌두이즘(Neo-Hinduism) 사상으로 무장하여

---

7 Martin Alphonse, *The Gospel for the Hindus: A Study in Contextual Communication* (Chennai/Patna: Mission Educational Books, 2001), 14.

8 F. Hrangkhuma & Sebastian Kim, *The Church in India: Its Mission Tomorrow* (Delhi: ISPCK, 1996), 41.

기독교에 적대적인 그들보다는 힌두들에게 사람 취급을 받지 못하고 힌두 사회에 뿌리가 없는 하층민들 가운데 대량 개종 역사가 일어났다.

그리하여 리처드(H. L. Richard)가 상층 카스트에 대한 20세기 선교의 역사에 관한 그의 연구 논문에서 지적한 대로 20세기 후반기에 들어서는 '충격적일 정도로' 상층 카스트를 향한 집중된 전도의 노력이 사라져 버리고 말았다.[9] 그 이유는 다음과 같다.

첫째, 앞에서 알폰스가 언급한 대로 지정 카스트와 부족민들은 복음의 수용성이 높고 카스트 힌두는 많이 떨어진다고 보았기 때문이었다.

둘째, 20세기 후반부에 들어옴에 따라 인도 사회, 특히 도시 사회가 카스트 지향(caste-oriented) 사회에서 클래스 지향(class-oriented) 사회로 옮아감에 따라[10] 사회 신분은 말할 것도 없고 경제 수준이 현격하게 떨어지는 하층민이 상층 클래스의 힌두들을 전도하기는 사실상 불가능하게 되었기 때문이다.

복음의 수용성이 높다고 하여 하층민 선교만 한 결과 오늘날 인도에서 기독교는 '하층민의 종교'로 낙인이 찍혔고, '가진 것 없고 무지한 자들을 사회 봉사와 경제적 이득으로 유혹하여 인도를 자신들의 지배하에 두기 위한 외국인의 종교'로 각인시키고 말았다.[11] 여기에는 인도 기독교인들의 책임도 큰데 이는 그들이 인도식 이름과 의복과 습관을 버리고 서구식 이름과 의복과 습관을 채택함으로 스스로 인도인의 정체성을 버렸기 때문이다. 또한 인도의 기독교인들이 상층 카스트 힌두들에게 복음

---

9 H. L. Richard, "A Survey of Protestant Evangelistic Efforts among High Caste Hindus in the Twentieth Century," *Missiology: An International Review*, Vol. XXV, No. 4, (October, 1977), 429.

10 Atul Y. Aghamkar, *Insights Into Openness Encouraging Urban Mission* (Bangalore: SAIACS, 2000), 27.

11 Ebe Sunder Raj, *The Confusion Called Conversion* (Chennai: TRACI, 1998), 3-4.

을 전하지 않았기 때문이다. 오늘날 인도에서 기독교에 대한 근본주의 힌두들의 종파 폭력이 일어나면 2008년 오릿사 사태에서 볼 수 있듯이 시골 마을과 산골의 부족민들은 대책 없이 큰 피해를 볼 수밖에 없다. 그 이유는 상층 카스트 중에 기독교인을 보호해 줄 사람이 아무도 없기 때문이다.

그러나 상위 카스트 힌두가 과거에 복음의 수용성이 없다고 해서 언제나 그런 것은 아니다. 인도에 도시화, 세속화가 급속히 진행되고 경제의 발전과 함께 서구 문화가 대중매체를 통해 대거 유입됨으로써 지적 종교적 환경이 많이 바뀌게 되었다.

첫째, 많은 사람들이 기존 종교에서 만족을 얻지 못하고 새로운 종교에 대해서는 열린 태도를 갖는 사람들이 늘어가고 있다. 그래서 카스트 힌두 사역을 하는 적지 않은 사람들, 예를 들어, 아감까르(Atul Aghamkar) 같은 사람들은 "기독교에 부정적으로 알려진 중류층 카스트 힌두들이 교회가 일반적으로 생각하는 것보다 훨씬 더 복음에 수용적이라"고 자신의 체험을 증거하고 있다.[12]

둘째, 한국의 물량주의 선교는 인도 교회의 자립정신을 심각할 정도로 해치고 있다. 한국 교회는 해외에서 물량주의 선교로 많은 비판을 받고 있는데 인도가 그 대표적인 예라 할 수 있을 것이다. 로저 후커(Roger H. Hooker)가 말한대로 20세기 인도의 대표적인 힌두 전도자로 유명한 다스(R. C. Das)는 외국 선교사들이 인도 교회에 재정 지원을 중단해야 할 이유에 대해 이렇게 핵심적으로 지적한다.

> 개인이든 단체든 일단 외부로부터 도움을 받게 되면 사람들은 자신이 스스로 어떤 재능과 자원이 있는지를 금방 잊어버리

12　Ebe Sunder Raj, *The Confusion Called Conversion*, 9.

고 만다. 삶에 있어서 도덕성을 잃고 마비되어 버리며 무슨 일에든 효과적으로 일할 수 있는 능력을 상실하게 된다. 그 자신이 주도권을 갖고 무엇을 할 힘을 상실해 버리기 때문에 언제나 다른 사람을 바라보며 무엇인가 의지할 것을 찾는다. 이것이 정확히 오늘날 인도 교회의 모습이다. 인도 교회는 지금도 여전히 더 많은 선교사와 더 많은 재정이 외국으로부터 지원되기를 요구하고 있다. 이것이 선교사들이 당장 그들의 사역을 멈추고 인도 교회에 재정 지원을 중단해야 할 심각한 이유이다.[13]

한국 선교사들은 인도 사람과 인도 교회가 가난하고 선교 자원이 없기 때문에 어느 정도 재정 지원을 해 주는 것은 피치 못하며 그것이 오히려 현지인들의 사기 진작에 도움이 된다고까지 생각하는 사람들이 있다. 인도 전도자들의 생활비가 얼마 되지도 않는데 그것을 지원해 줌으로써 교회를 설립하고 전도를 많이 하는 게 중요하지 않는가 생각한다. 이는 인도 교회의 역사적 경험과 인도 문화를 모르는데서 나오는 단견의 소치이다.

다스가 언급한 이유 말고 인도 사람들에게 어떤 형태로든 재정 지원을 해서는 안 되는 또 다른 중요한 이유는 목회자가 자립을 못하면 교인들에게 자립을 가르칠 수 없기 때문이다. 한국 선교사가 사역하는 대상은 이미 주지하다시피 재산도 변변한 직장도 없는 사회의 최하층 계급이다. 그러므로 월급을 받으며 사역하는 목사는 부자 계층이며 자신들과 다른 특별한 사람으로 여기게 된다. 목사가 잘 사는 이유가 외국 선교사 때문

13　H. L. Richard, ed., *R. C. Das Evangelical Prophet for Contextual Christianity* (Delhi: ISPCK, 1999), 172.

인 것을 알게 되면 자신들도 외국 사람의 도움을 받기를 바라며 이는 그들의 자립 의지를 해치는 결과를 낳는다. 그러면 아무리 많은 신자를 모아도 그 교회 목사는 결코 자립을 할 수 없으며 언제나 선교사를 의지하게 된다. 그러다가 선교사가 지원을 끊으면 그 교회는 문을 닫게 되는 것이다.

그래서 인도에서는 천 명이 넘는 신자가 있어도 여전히 선교사의 재정으로 유지되는 기현상이 일어나는 것이다. 인도에서 하층민 중에서 사역하는 목사는 자립하는 평신도 전도자라야 한다. 아니면 하층민과 똑같은 수준에서 살든가 해야 한다. 힌두들은 월급 받는 기독교 목회자를 존경하지 않는다. 왜냐하면 그들의 전통문화에는 월급 받는 종교 교사가 없기 때문이다. 인도 교회가 자립이 잘 안되고 있다면 그 이유는 인간적으로 자립이 안 되는 사람들만을 모아서 교회를 하기 때문이다.

재산도 직업도 없이 기아선상에 살고 있는 사람들에게 무엇을 기대할 수 있을까?

그들에게는 '과부의 두 렙돈'도 없을 수 있는 사람들이다. 반면에 도시의 중산층을 개척하는 인도 교회를 보면 수천 명에서 만 명도 넘는 교회가 많으며 많은 재정으로 다양한 교회 사역을 하고 있다. 께랄라에 크고 좋은 교회가 있었는데 더 큰 교회를 짓기 위해 교회를 부수고 다시 짓는 모습도 보았다.

또 한 가지 중요한 사실은 인도인 중에 가난한 사람은 많지만 교회는 결코 가난하지 않다는 것이다. 인도 교회는 선교사가 남기고 간 부동산과 학교와 대학과 병원 같은 재산이 많다. 그래서 열심히 전도하지 않아도, 교인들이 헌금을 많이 하지 않아도 목사들이 먹고 사는 데 어려움이 없는 것이다. 도시마다 마을마다 교회의 재산이 많이 있고 이로 인해 목사들과 교인들끼리 재산 다툼을 하고 법정에까지 이 문제를 끌고 가는 경우가 빈번하게 이뤄진다.¹⁴ 인도에는 가톨릭과 남인도, 북인도 교단, 감리교단, 루터교 교단 등 주요 교단들에는 주교가 있는데 이 주교들은 보통 목회자의 열 배도 더 되는 돈을 받는다. 그들에게는 '날아 다니는 주교'(flying bishop)라는 별명이 있을 정도로 늘 비행기를 타고 여행을 잘 다니며 오성호텔에서만 묵고 자녀들은 다 해외유학을 보낼 정도로 풍요로운 생활을 보내고 있다.

한국 선교사들이 간과하는 것은 인도인들의 자립과 자전의 의지이다. 임마누엘 제임스(Emmanuel James)는 인도 교회는 외국으로부터 재정지원을 기대하기보다 자립정신과 자존감을 갖고 십일조와 선교 헌금을 희생적으로 감당함으로 인도 복음화를 위해 전진할 수 있다고 주장했다.¹⁵ 로저 가이콰드(Roger Gaikwad)는 인도 산골의 미조(Mizo) 부족민 그리스도인들이 1996년과 1997년 사이에 선교에 대한 열정으로 매일 밥 먹을 때마다 한 줌씩의 쌀을 모아 5,200만 루피를 마련하였으며 이로써 1997년까지 2,158명의 선교사를 파송한 예를 들어 인도 기독교인이 충분히 자립하고 자전할 수 있음을 보여 주었다.¹⁶ 또한 인도의 선교 단체인 IEM, FMPB 등의 경우는 선교 시작부터 외국의 지원을 거부하고 인도 내의 자금으로 운영을 했고, 현재도 성공적으로 인도 선교를 이끌고 있다.

셋째, 교회 건축을 질타하는 비판도 귀 기울일 필요가 있다. 힌두 전도자인 바라띠(Dayanand Bharati)는 교회건축이 인도 문화에 맞지 않는 점을 이렇게 지적한다.

---

14 F. Hrangkhuma & Sebastian Kim, *The Church in India*, 41.
15 Emmanuel E. James, "Rethiking Christianity in India Today - An Evangelical Perspective," *Religion & Society*, Vo. 44, No. 4, December, 1997, 82.
16 Roger Gaikwad, "Rethinking Indian Christianity from a Tribal Perspective," *Religion & Society*, December 1997, 119-120.

인도에서 특별히 비 부족민(카스트 힌두) 가운데 교회 성장을 가로막는 것은 교회 건축 때문이다. 교회를 건축함으로써 영적 성장은 구조화된 종교의 범위 내로 갇혀 버리게 된다. 힌두 가정에서 종교적 가르침은 기독교인들과 같이 목사와 주일학교 교사와 청년 사역자에 의해서가 아니라 부모와 장로들에 의해 이루어진다. 조직화되고 임명된 종교 교사의 지도에 의해서가 아니라 사회적 문화적 시스템에 의해 영성이 길러지는 것이다. 그래서 교회가 건축되는 곳마다 종교는 조직화되고 교회 성장이 멈추게 되는 것이다.[17]

그래서 데인 폴크스(Dane Fowlkes)는 그의 박사 논문에서 교회 건축보다는 초대교회와 같이 조직화되지 않은 가정 교회가 인도 교회 성장, 특히 카스트 힌두교 성장에 적합한 모델이라고 제시한다.[18] 교회 건축보다 가정 교회 모델이 더 적절한 또 다른 이유는 문화적으로 이질적일 뿐 아니라 전통적 서구식 교회 건물은 외국인의 지배나 침략으로 힌두들이 이해하기 때문이다. 교회 건물에 들어가는 자체가 힌두들의 마음을 불편하게 하기 때문에 그들은 거기에 들어가려 하지 않는 것이다. 그보다는 집이나 학교와 같은 중립적이고 비공식적 장소가 더 편안할 뿐 아니라 대화하기에도 좋은 것이다.

이 점은 더 많은 논의가 필요한 것은 사실이나 중요한 것은 인도 사람들이 교회 건축을 어떤 눈으로 보느냐를 이해하는 것이다. 이는 사실 탈식민주의와 관련이 있는 것이다. 인도 사람은 정치적으로나 경제적으로

17　Dayanand Bharati, *Living Water and Indian Bowl* (Delhi: ISPCK, 2004), 48.

18　Dane W. Fowlekes, *Developing A Church Planting Movement in India* (Ph.D Thesis, University of the Free State, 2004), 148.

영국으로부터 독립하였지만 교회는 여전히 외국인의 지배를 받는 곳, 그리하여 해방이 필요한 공간으로 이해한다.

한 가지 더 부연하면 시골과 산골의 미전도 부족민들은 누가 보든지 스스로 교회 건축을 하거나 학교와 병원을 세울 수 없는 가난한 사람들이다. 그런 곳에 학교와 교회를 건축하면 곧장 그 지역의 바즈랑 달(Bajrang Dal)과 같은 힌두교 근본주의자들의 주목을 받으며 핍박의 원인을 제공한다. 선교사들은 그 지역에 거주하지 않기 때문에 괜찮지만 현지인들은 한 번 종파폭력이 발생하면 오릿사 박해 때에 그러한 것처럼 그들의 삶의 터전과 가족과 교회와 모든 것이 파괴되어 버리고 마는 것을 깊이 고려해야 할 것이다.

4. 결론: 한국 교회의 새로운 인도 선교 패러다임

이상에서 한국 선교사들이 인도에서 어떻게 사역을 하고 있고 그것이 인도 사람들의 눈에는 어떻게 비치는지 살펴보았다. 여기에서 우리는 한국 교회가 지난 30년간 인도에서 해왔던 전통적 사역의 방식과 원리에서 벗어나 새로운 패러다임의 선교를 해야 할 필요성을 느끼게 된다.

첫째, 한국 교회는 지정 카스트와 지정 부족민과 같은 인도 사회의 최하층민만을 대상으로 사역할 것이 아니라 그동안 완전히 버려져왔던 상위 세 계층을 포함한 카스트 힌두를 대상으로 하는 선교에도 선교 자원을 투자하는 쪽으로 선회해야 할 것이다. 카스트 힌두 선교를 하면 하층민 선교에 비해 결실이 좀 적을 수는 있을 것이다. 그러나 그들은 인도 사회의 여론 주도층으로서 인도 선교 운동을 일으킬 수 있는 재원이 된다. 선교사 주도적으로 전도를 하는 것은 문화적 언어적으로 많은 장벽에 부딪혀 진행이 더디다. 그러나 현지인 주도적으로 복음 운동이 일어나면 그 파급효과는 지대할 것이다. 카스트 힌두들은 그 일을 자립적으로 감당할 수 있는 충분한 지적 재정적 능력을 가진 사람들이다.

19세기 말 런던선교회 출신 선교사로서 교육 받은 상층 힌두들에게 전도 활동을 했던 슬레이터 선교사는 상층민 선교의 중요성에 대해 이렇게 말했다.

> 가난하고 억압받은 계층에 대해 선교했던 것보다 더욱 더 끈질기게 교육 받은 힌두들에게 복음을 전하라. 수천 수만, 아니 수십만의 하층민을 개종시킨다고 해도 힌두교다운 힌두교 신앙은 한 번도 부딪치지 못할 것임을 기억하라. 우리가 만일 카스트 힌두교의 성채인 그들을 움직여 인도의 정신을 정복하기를 원한다면, 그리하여 인도 교회가 힘과 문화와 자립정신을 가지고 성장하게 된다면, 그리고 이 땅에 기독교인이 더욱 큰 영향력을 미치기를 원한다면, 불신이 아니고서는 상층 클래스의 힌두를 결코 무시할 수는 없을 것이다.[19]

카스트 힌두 또는 중산층 클래스를 사역의 대상으로 하는 것은 한국인 선교사에게 적합한 선교 패러다임이다. 왜냐하면 한국 사람은 인도에서 그들과 사회 경제적 클래스가 같기 때문이다. 하층민이 대다수인 인도 교회가 잘 할 수 있는 선교는 미전도 종족 선교요 시골과 산골의 열악한 환경에서 전도하는 것이다. 그러나 인도 교회가 하고 싶어도 하기 어렵고 그래서 한국 선교사들에게 도움을 청하는 것은 도시 중산층과 상층 카스트 선교인 것이다. 이것이 선교 역사 한 세대를 넘기고 있는 한

---

19 Thomas E. Slater, "How to Reach the Educated Hindus Apart from the Higher Education in College," *The Harvest Field*, XIV (1903), 218.

국 교회가 인도 교회를 위해 공헌할 수 있는 바이며, 이 점에서 우리는 영국과 미국 선교사와 달리 인도 선교의 새 역사를 쓸 수 있는 것이다.

이것은 결코 불가능한 꿈이 아니며 그 증거로 보안상 이름을 밝힐 수는 없지만 북인도의 캠퍼스에서 성공적으로 카스트 힌두와 대학생 개종 및 제자 양성 사역을 하고 있는 선교사들이 있는 것이다. 그리고 한국에서 한 것처럼 인도에서 캠퍼스 전도 사역을 하는 YM과 IVF 선교사들이 그 희망의 싹들이다. 그리고 적지 않은 힌두 전도자들이 현지 문화에 맞는 방법으로 카스트 힌두 선교, 도시 선교를 하면서 적지 않은 성과를 내고 있다.

둘째, 한국 교회는 인도 교회와 사역자들에게 재정 지원을 함으로써 자립정신을 해친 서구 선교사들의 전철을 밟지 말고 자립정신을 가르쳐야 한다. 이것은 앞의 것보다 훨씬 어려운 문제이다. 만일 선교사들이 현지 사역자들의 재정 지원을 끊는다든가, 교회 건축을 지원하지 않는다든지 하게 되면 당장 사역은 정체될지 모른다. 전통적인 방식으로 하면 정체될 것이다.

그러나 돈으로 사역자를 일하게 하는 것이 아니라 복음신앙과 자립정신을 심어 일하게 하면 사역은 새로운 도약을 하게 될 것이다. 비기독교인인 현지인에게 복음을 증거해 제자요 동역자로 삼는 일, 그리고 선교사가 후원을 받아 사역하는 것이 아니라 스스로 자립하는 것, 이같은 패러다임의 선교는 어렵고 말도 안되는 소리 같이 들릴지 모른다. 그러나 델리에서는 목사 선교사이면서도 음악학원을 열어 자립을 하면서 교회를 개척하는 선교사가 있다. 목자가 자립하면 양들에게 자립을 가르칠 수가 있으며 양들은 선교사를 바라보지 않고 스스로 자립하게 된다. 선교사로부터 재정을 지원 받아 일하는 현지인 동역자가 아니라 스스로 자립하여 교회를 개척하는 현지인 동역자를 얻으려면 돈에 의해 고용하는 것이 아니라 반드시 복음으로 그 사람을 변화시켜 제자를 삼아야 한다. 이것은 새로운 도전인 것 같으나 사실 목사와 선교사가 해야 할 일이 정확히 이 일이 아닌가 생각한다. 김영자 선교사가 일이 아니라 사람을 돕는 선교사가 되어야겠다는 반성이 바로 이 점이라고 본다.

영국의 물량주의 선교는 외국 의존적인 기형의 인도 교회를 낳았다. 자립과 자전으로 이끌지 못하는 선교는 실패한 선교인 것이다. 물질로, 취직으로, 선물로, 의료 혜택으로, 교육적 혜택으로 사람을 돕는 것은 근본적으로 한계가 있다. 인도에서 사회개발 봉사 사역이 하층민 전도에는 효과가 있을지 모르지만 카스트 힌두들은 이것을 '윤리적으로 부당한 방법'으로 생각한다. 이런 점에서 인도 선교는 우로 돌아가는 방법이 아니라 진리로 정면 승부를 걸어야 한다.

물질이 아니라 복음과 선교사의 영성으로 이루어져야 한다. 이 일을 하려면 선교사의 결단도 있어야 하지만 후원하는 한국 교회의 이해가 선행되어야 한다. 조급하게 가시적인 선교의 열매를 원하는 한국의 후원 교회 때문에 선교사들도 원치 않게 올바른 길이 아닌 줄 알면서도 잘못된 관행을 답습하고 새로운 시도를 해보지 못하게 되기 때문이다.

3장

총체적 선교의 관점에서 보는 윌리엄 캐리의 인도 선교 재평가[1]

1. 들어가는 말

총체적 선교란 "사람의 영혼뿐 아니라 병들고 배고픈 몸을 전인적으로 돌보신 예수님과 같이, 그리스도의 증인으로서 전도와 함께 사회적 책임을 총체적으로 수행함으로써 모든 삶의 영역이 하나님의 주권 하에 놓이도록 인간의 삶을 변화시켜 나가는 선교"라고 정의할 수 있다.[2] 이러한

---

1 2014년 벵갈루르에서의 전선협 포럼에서 발표한 후, 임희모 교수 정년퇴임 준비위원회 편, 『생명봉사적 통전 선교 이해와 전망』 (서울: 도서출판 케노시스, 2015), 93-111에 실린 글이다.

2 브라이언트 메이어즈는 총체적 선교란 "물질적인 것과 영적인 것, 전도와 사회적 행동, 하나님 사랑과 이웃 사랑 사이의 이분법을 거부하는 선교의 틀이다"고 정의했고(Bryant Myers, "Another Look at Holistic Mission: A Response," *Evangelical Missions Quarterly*, July 1999. 2), 남미의 신학자르네 빠딜라는 "수직적 차원과 수평적 차원의 선교의 실제적 통합이 총체적 선교의 요체"라고 말했다(Rene Padilla, "Holistic Mission," *Holistic Mission Occasional Paper* No.33, Pattaya: Lausanne Committee for World Evangelization, 2004, 11). 본문에서 내린 정의는 필자의 이해에 기초하여 내린 총체적 선교의 정의이다.

총체적 선교가 진보적 기독교인 뿐 아니라 복음주의 기독교인도 동의하게 된 것은, 1974년의 로잔 선언과 1983년 일리노이스 휘튼의 "변혁: 인간의 필요에 대한 교회의 응답"에 관한 선언문 이후의 일로서, 20세기 말의 현상이라고 할 수 있다.

이처럼 총체적 선교가 최신의 선교 이슈이긴 하지만 시대를 앞서서 '총체적 선교'를 한 사람들이 없는 것은 아니었다. 로잔대회의 주강사로서 총체적 선교를 주창했던 르네 빠딜라가 옳게 지적한 대로, 18세기 모라비안 선교사들과 할레대학 출신 최초의 개신교 인도 선교사 지겐발크가 그 탁월한 예라고 할 수 있다.

그렇다면 '세람포르 선교의 아버지'요, 인도에서 가장 잘 알려진 윌리엄 캐리(William Carey, 1761-1834)의 사역은 총체적 선교의 관점에서 어떻게 평가할 수 있을까?

후대 개신교 선교의 원형적 모델이라고 알려져 있는 캐리의 사역은, 총체적 선교의 관점에서 볼 때 긍정적인 면과 부정적인 면을 같이 가지고 있어서 논쟁의 여지가 많다. 이 글은 캐리의 선교적 유산을 총체적 선교의 관점에서 평가하면서 그가 남긴 긍정적 유산은 이어받되 부정적인 유산은 무엇인지 밝혀서 향후 한국 선교의 길잡이로 삼고자 한다.

2. 시대를 앞선 총체적 선교의 모델

1) 말씀 선포를 통한 영혼 구원 사역

윌리엄 캐리의 조카 유스터스 캐리(Eustace Carey)의 비망록에 나온 기록을 보면, 캐리는 복음주의적 칼빈주의자로서 죄에 빠져 멸망에 처한 인간의 영혼을 구원하는데 첫 번째 관심을 가지고 있었다.[3] 그러기에 세람포르 선교사들이 합의하고 매년 3차례 정기 모임 때마다 낭독했던 약속문서에 따르면 모든 선교사는 노방전도를 하는 것이 필수적인 의무였다. 그리하여 1805년 이전까지 캐리와 조수아 마쉬만, 윌리엄 워드 트리오를 중심으로 하여 일주일에 3번씩 시골 마을, 시장과 가정집, 선술집, 창녀촌 등을 두루 다니며 전도를 했고, 힌두들과 진지한 토론을 하기도 했다. 심지어 마쉬만은 정기적인 전도 중에 원주민이 던진 돌에 맞아 피투성이가 되어 돌아온 적도 있었다. 그 결과 1800년 12월에 목수였던 크리슈나 팔이 처음으로 세례를 받았고, 뒤이어 9명의 브라민을 포함하여 그의 생애 동안 세람포르선교회는 1,000명 가량의 인도인에게 세례를 줄 수 있었다.[4]

1806년 동인도 회사가 선교사들의 개종금지령을 내림으로 직접선교가 어려운 상황에 처하자 눈을 아시아의 다른 지역 곧 버마, 서중국, 히말라야 왕국들, 인도네시아 등지로 돌리게 되었다. 그리하여 젊은 유럽인 선교사 1인 포함 한두 명의 인도인 전도자를 팀으로 하여 전도와 학교사역, 성경과 소책자 배포 등의 사역을 하는 선교 기지를 인도와 여타 아시아 지역에 세웠는데, 1837년 캐리가 죽을 때까지 총 19개의 선교 기지를 세울 수 있었다.[5]

물론 1805년 이후 세람포르 트리오의 직접 전도는 거의 사라졌고, 이

---

3 Eustace Carey, *Memoir of William Carey*, 255-258; M.K. Kuriakose, *History of Christianity in India: Source Materials* (Delhi:ISPCK, 1999), 71에서 재인용함.
4 캐리의 세람포르 사역을 통해 세례받은 숫자는 년도에 따라 다르지만 캐리의 선교를 역사적으로 연구한 A. Christopher Smith에 의하면 1821년까지 1407명이 세례받았는데 이중 400명이 유럽인, 순수 인도인은 700명이며, 300명 정도는 유럽인의 피를 받은 앵글로 인디언이었다고 한다.
5 E. Daniel Potts, *British Baptist Missionaries in India, 1793-1837: The History of Serampore and Its Missions*, (Cambridge: Cambridge University Press, 1967), 28.

후 캐리의 열정과 시간의 대부분은 오직 성경번역과 그것을 개정하는데 바쳐진 것이 사실이다. 후임 선교사인 존 맥(John Mack, 1797-1845)이 캐리의 장례식 설교 때 말한 대로 캐리의 전도에 의해 직접적으로 개종한 사람은 단 한 사람도 없었으며, 그가 죽기 전 12년간 이교도에게 전도한 경우가 단 한 번인 것이 사실일지라도, 그것은 반드시 캐리가 전도에 대한 책무를 저버린 것을 의미하는 것으로 보이지는 않는다. 왜냐하면 캐리는 말씀의 선포가 없이는 영혼을 구원할 수 없는데, "인쇄된 벵골어 성경 한 장 한 장이 선교사"라는 확신이 있었기 때문이었다.[6] 그러므로 캐리가 필생의 사명이라고 여겼던 성경 번역 사역은 영혼 구원 사역과 밀접한 관련이 있다고 말해야 옳을 것이다.

2) 병든 자를 치료하는 의료 사역

캐리의 세람포르 사역은 영혼 구원을 위한 전도와 성경 번역뿐 아니라 병든 몸을 치유하는 의료 사역이 언제나 함께 있었다. 1800년 세람포르 사역이 시작되는 그 해까지 윌리엄 캐리의 전반기 사역의 동역자였던 존 토마스는, 의료 선교의 역사를 연구한 플레처 무어쉐드에 따르면 인도에 온 첫 의료 선교사였다. 그는 내과 및 외과 의사로 훈련받고 해군과 동인도 회사 소속 배에서 일한 경험이 있었다. 토마스는 "사람들의 몸과 영혼에 좋은 일을 하는 것을 즐거워하였기에 그의 의료 기술은 이 나라에 축복이었다. 사람들은 30-40마일 밖에서도 그를 찾아 왔다. 거의 언제나 환자들이 문간에 서 있었으며 그의 놀라운 치료를 보았다."[7] 세람포르 사역

---

6 Ed. J.T.K. Daniel, R.E. Hedlund, *Carey's Obligation and India's Renaissance* (Serampore: Council of Serampore College, 1993), 106.

7 E. Daniel Potts, *British Baptist Missionaries in India, 1793-1837*, 63.

의 첫 열매인 크리슈나 팔도 그의 탈구된 어깨뼈를 토마스가 고쳐준 것이 계기가 되어 복음의 말씀을 듣고 변화된 경우였다.

1810년에는 의료 선교사로 윌리엄 존스(William Johns)와 간호사 선교사로 새핀(Chaffin)이 왔었으나 거주 허가 문제로 영국으로 추방되었다. 아쉽게 생각한 세람포르 트리오는 다시 의료 선교사를 요청하여 1821년 윌리엄 뱀프턴(William Bampton)이 도착하여 잠시 사역했다. 유럽에서 온 의료 선교사가 없을 때에도 1825년 세람포르 지역에 전염병이 창궐했을 때의 경우를 보면 인도인 의사를 불러 병든 자를 돌보게 하고 콜레라 약을 무상으로 나눠 주었다.

윌리엄 캐리의 큰 아들 펠릭스 캐리는 캘커타의 종합병원에서 공부해서 의사 자격을 갖춘 후 선교회에서 의료 활동을 하다가 버마 선교사로 갔으며, 거기에서 천연두 백신을 도입하여 환자들을 치료하였다.[8] 그는 후에 벵골어로 된 해부학과 생리학 교과서를 만들어 인도인 의사 양성에 기여했다. 1822년 트리오는 서구의 의학과 수술 기법으로 인도인을 훈련시키면 많은 인도인의 생명을 살릴 수 있다고 총독 헤이스팅즈에게 역설하기도 하였다. 이를 볼 때 캐리의 세람포르 선교는 질병으로 고통하는 자를 치료하는 의료 사역에 지속적 관심을 가지고 있었던 것을 알 수 있다.

3) 사회악을 제거하는 사회 개혁

전도와 교회 개척, 성경 번역과 함께 세람포르 트리오가 힘쓴 것은 인도의 사회악을 제거하는 일이었다. 1799년 캘커타로 가던 도중 과부를 산채로 불태우는 충격적인 사띠(Sati) 현장을 처음으로 목격한 후 캐리는

---

8 E. Daniel Potts, *British Baptist Missionaries in India 1793-1837*, 65.

벵골어 월간 잡지 「딕 달샨」, 주간 신문 「사마차 달빤」, 영어 월간지 「인도의 친구」를 통해 지속적으로 사회악에 대한 토론을 열어 사회 개혁에 대한 여론을 조성했다.

1802년 초에 캐리는 매년 100명씩 갠지스 강에 제물로 바쳐지는 유아 살해의 빈도, 성격, 이유를 연구 조사하여 총독 웰레슬리 경에게 바쳤고, 그 결과 그 해 안으로 어린이 살해를 금지하는 법이 통과되었다. 1803년에는 병든 자와 죽어가는 자를 강둑으로 데려가 죽게 하는 이른바 '가뜨'(ghat) 살인의 야만성과 잔인성에 대한 영국 정부의 수동적 태도를 지적하고 지속적인 출판 활동을 통해 이러한 관례가 중단되도록 하였다.

1804년에는 매년 만 명의 과부를 죽이는 사띠제도에 대해 연구하여 정부에 올렸고, 본국에도 이 사실을 알려 친구들의 도움을 구한 결과 마침내 1829년 사띠제도를 금지하는 법이 포고될 수 있었다. 1812년에는 다음 생에서 정화된 삶을 위해 나병 환자를 산채로 불에 태우거나 익사시키는 관행 개선에 노력을 기울였으며, 캐리의 노력의 산물로 인도에서 가장 오래된 문둥병자 병원이 생기게 되었다.[9]

캐리가 이처럼 사회 개혁을 위해 노력한 것은 죄 없이 죽어가고 고통받는 사람들을 불쌍히 여겼기 때문이며, 개인의 영혼 구원뿐 아니라 사회제도 속에 공적인 진리를 세우는 것이 기독교인의 마땅한 삶이라고 보았기 때문이었다. 그는 대학에서의 강의와 번역 일에 바빴지만 긍휼 사역, 사회 개혁 사역에 언제나 앞장섰다.

---

9 J.T.K. Daniel, R.E. Hedlund, ed., *Carey's Obligation and India's Renaissance*, 303.

4) 사람들을 계몽시키는 교육 사역

캐리는 캘커타에 도착한지 2년 후부터 마다나바티에 현지어 학교를 세웠으며, 세람포르에 기지를 옮긴 후 1818년까지 126개의 다양한 학교를 세워 8,500명의 학생들에게 초등교육을 시켰다. 개중에는 유럽인과 앵글로 인디안으로부터 값비싼 수업료를 받는 기숙학교도 있었지만, 대부분 선교기지 중심으로 현지인들에게 현지어로 강의하는 학교였으며, 가난한 벵골리 사람들을 위한 무료 학교도 있었고, 12개의 여자학교에서 300명의 학생들에게 근대 여성 교육을 시키기도 했다. 이들 학교에서 가르친 교육 내용은 학생들이 글을 읽을 수 있게 하고 서구 지식의 기본과 기독교의 도덕 교육을 가르치는 것이었다.

1818년 7월에는 세람포르대학을 설립했는데, 이 대학의 설립 목적은 인도 사회에 필요한 계몽된 리더십과 토착 교회를 세워 나갈 교회 리더십을 기르는 데 있었다. 그래서 이 대학의 교육과정은 서양의 학문과 인도의 고전, 인문·자연과학과 신학을 포함하는 것이었으며, 첫 입학생 37명 중 기독교인 19명, 비기독교인이 18명이었다.

캐리가 교육 사역을 하게 된 목적은 다음과 같다.

첫째, 학교 교육이 기독교 복음을 영접할 준비를 시킨다고 보았기 때문이었다.

둘째, 서구의 학문과 도덕과 성경으로 학생을 계몽시킴으로 인도 사회를 변혁시키고자 했기 때문이었다.

실제로 세람포르가 설립한 학교를 통해 개종된 사례는 찾아볼 수가 없다. 세람포르대학 출신으로서 1937년 세람포르 선교가 종료될 때까지 토착 교회의 리더십을 발휘한 예도 기록된 바가 없다. 그러나 현지어와 문학에 대한 강조, 그리고 서양의 사상과 자연과학을 벵골어로 번역 소개한 일 등은 라빈드라낫 타고르(Rabindranath Tagore)가 인정한 대로

인도 지역어와 르네상스 운동에 중요한 초석을 놓게 해 준 것은 틀림이 없다고 여겨진다.[10]

5) 지역사회 개발 사역

캐리는 선교사로서 전도와 성경 번역과 사회 개혁과 교육 사역뿐 아니라, 식물학자와 농업학자로서 지역사회의 생태계와 농경을 개선함으로써 먹을 것이 부족한 인도인들에게 먹거리를 만들어 주는 개발 사역을 병행하였다. 1820년 그는 인도 최초의 농업-원예협회를 만들었는데 이 협회 취지문에서 이렇게 말했다.

> 세계에서 가장 훌륭한 나라 중 하나인 이곳에 농업과 원예는 참담한 상태이어서 사람들의 먹을 것이 너무 형편없다. … 정글 지역을 정리하고, 황야를 개간하며, 습지대를 배수하고, 강둑과 넓은 평야의 관개를 하며, 비료를 만들고, 작물을 윤작하며, 농기구와 운반 장비를 개발하며, 품종 개발을 하고, 작물 이식과 과일나무의 전정, 목재 나무를 위한 삼림 등 거의 모든 것을 배워야 할 것 같다.[11]

그는 세람포르에 5에이커의 농장을 확보하여 식물 교배 방법을 통해 굶주리는 수백만 인구를 먹일 수 있는 생산성 높은 실험 농작물을 연구하였다. 이를 위해 자신의 정원에서 427종의 식물을 길렀을 뿐 아니라,

---

10　타고르가 윌리엄 캐리의 증손자 S. Pearce Carey에게 한 말. Mary Drewery, *William Carey A Biography*, (Grand Rapids: Zondervan Publishing House, 1981), 151.

11　J.T.K. Daniel, R.E. Hedlund, ed., *Carey's Obligation and India's Renaissance*, 301.

『포투스 벵갈레니스와 인도의 식물군』이라는 인도 최초의 식물 연구서를 3권으로 출판했다. 그는 1808년 황야를 그냥 놀려둘 것이 아니라 목재나무를 심어 나라의 필요를 채워야 한다고 아시아 연구지 저널에 논문을 기고하기도 했다. 녹화 및 목재 삼림에 대한 지속적 요청에 정부는 플랜테이션위원회를 만들어 캐리를 그 위원장으로 삼았다. 이 분야에 대한 그의 전문성과 공헌으로 인하여 캐리는 1823년 런던 린네협회 회원이 되고, 런던 지질학협회와 런던 원예학회의 회원이 되는 영예를 얻었다.

영국 침례교 선교 역사를 쓴 다니엘 포츠(Daniel Potts)는 이뿐 아니라 1819년 세람포르선교회가 시작한 저축은행에 대해 기록하고 있다.[12] 일반 사람들도 해당이 되지만 주로 앵글로 인디안들의 복지를 위해 그 자녀들의 교육과 실직, 그리고 노년에 대비하여 은행을 설립하였고, 4년간 진행이 잘 되었으나 이 일을 맡았던 윌리엄 워드가 1823년 죽음과 함께 은행 문을 닫게 되었다. 그러나 이러한 실험은 윌리엄 벤팅크 경에게 영향을 미쳐 10년 뒤 같은 원리로 정부 저축은행을 설립하게 되었다.

3. 시대에 갇힌 캐리의 모델

앞에서 보았듯이 캐리는 시대를 앞서서 영혼과 육체, 개인과 사회, 인간과 자연을 아우르는 총체적 선교의 좋은 모델을 보여주었다. 그러나 각도를 달리하여 보면 캐리의 선교는 여러 가지 면에서 총체적 선교의 모델로 보기 어려운 요소들을 함께 가지고 있었다.

---

[12] E. Daniel Potts, *British Baptist Missionaries in India 1793-1837*, 70.

1) 개종자를 사회로부터 분리시키는 모델

캐리를 비롯한 세람포르 트리오는 카스트제도를 파괴시켜야 할 '종교적' 악으로 규정하고, 개종자를 우상 숭배 문화에 물들어 있는 힌두 사회에서 빼내어 오는 '적출식' 또는 '분리식' 선교 모델을 사용하였다. 그들은 한 사람의 개종자를 얻게 되면 그와 함께 식사를 해서 카스트를 잃게 했으며 인도인이 극도로 꺼리고 받아들일 수 없는 카스트간 결혼을 장려함으로 개종자를 그 소속 사회로부터 완전 분리시켰다. 힌두 사회에서 떨어져 나온 개종자들은 1차적으로 선교회 소속 기지에 거주시키고 기관 내에 일자리를 주었다. 그러다가 숫자가 늘어나면 따로 개종자들끼리의 기독교 마을을 세우도록 하였다.

그런데 1818년 윌리엄 워드에게 보낸 앵글로 인디언 전도자 오웬 레오너드(Owen Leonard)의 편지를 보면 그는 다카의 인도인에게 다음과 같은 말을 했다는 기록이 나온다.

> 그리스도께 대한 신앙고백이 여러분들을 여러분들의 사회로부터 분리시키는 것을 원치 않는다. 여러분들이 힌두로 남기를 바란다. 기독교 힌두가 되기를 원하며 모든 우상 숭배와 죄로부터 떠나 거룩한 사람이 되기를 원한다.[13]

오웬은 인도인 피를 이어받고 인도 문화를 아는 사람으로서, 우상 숭배와 죄는 떠나야 하지만 힌두 사회를 떠나고서는 그리스도인으로서 인도 사회에 영향력을 끼칠 수도 없고, 그리스도의 증인으로서 살 수도

---

13 A. Christopher Smith, *The Serampore Mission Enterprise* (Bangalore: Centre for Contemporary Christianity, 2006), 198.

없다는 것을 잘 알고 있었다. 그래서 '기독교 힌두'로 힌두 사회에 남아 있어야 되는 필요성을 워드에게 권면한 것이었다. 그러나 세람포르 트리오는 이 말을 흘려듣고 개종자들로 하여금 카스트를 잃고 힌두 관습을 버리도록 지속적으로 설득했다.

브라민 출신 첫 개종자인 끄리슈나 프로사드의 경우에는 선교사들이 의식적으로 첫 성찬식 때 오염된 계급인 끄리슈나 팔의 손과 입에 댄 잔을 마시도록 했으며, 1803년 브라민 개종자인 끄리슈나 프로사드와 수드라 출신 끄리슈나 팔의 둘째 딸 오눈다의 결혼식을 하던 날 캐리는 이것을 '카스트에 대한 영광스러운 승리'의 날로 기뻐했다.[14]

카스트 사회 밖에 살고 있는 외국인인 캐리는 그것을 '승리'로 여길 수도 있지만, 카스트 사회 속에 살던 인도인 개종자에게 그것은 H. L. 리처드가 말한대로 인도 선교 역사에서 비극적으로 되풀이되는 '공동체 정체성'의 상실 또는 이동이었다.[15] 인도인의 입장에서 볼 때 그것은 명예로운 정체성을 버리고, 외국 식민 지배자의 앞잡이와 민족 배반자요 고기와 술을 먹고 마시는 타락한 '파랑기' 공동체의 일원이 되는 것이었다.

만일 개종한 기독교인이 자신이 태어나고 자란 곳이며 지금도 가족과 친척과 친구들이 살고 있는 사회를 떠나야 한다면, 그것은 인간에게서 사회라고 하는 영역을 잘라내 버리는 것이며, 기존 사회에 대한 하나님의 주권과 영역을 포기하는 행위이다.

지금 우리 안에 있는 99마리의 양만 신경써도 되고, 잃어버린 한 마리의 양은 포기하고자 한다면 상관없다. 그러나 우리에 들어오지 않은 다른 양, 다른 공동체도 '그리스도의 양'이며 그리스도는 그들도 우리 안에

---

14 Eustace Carey, *Memoir of William Carey*, 77.
15 H.L. Richard, "Evangelical Approaches to Hindus," *Missiology* Vol. XXIX, No. 3, July, 2001, 312.

들어와 '그들의' 목자가 되기를 원하신다. 무엇보다 인도에서 우리 안에 있는 양은 3마리에 불과하고, '우리 밖의' 양이 97마리인 상황에서는 말할 것도 없는 것이다.

그러므로 캐리의 빼내오기식 선교는 오늘날 총체적 선교의 모델이 될 수가 없다. 기독교인은 어렵고 힘들어도 자신이 속한 사회를 떠나는 것이 아니라 그 자리에서 빛과 소금으로서의 삶을 살아야 한다. 인도 사회가 아무리 어둡다고 해도 그리스도께서 어두운 세상 속으로 들어가 세상의 빛이 된 것처럼, 사회 내에 머물면서 사회를 변혁시키는 삶을 사는 것이 인도에서 세워 나가야 할 새로운 선교 모델이다.

2) 경제 정의를 외면한 자립 모델

캐리는 인도인들이 동료 인도인들에 가하는 불의와 사회악에 대해서는 개혁의 목소리를 높였지만, 인도에 사는 유럽인들이 인도인에게 가하는 경제적인 폭압에 대해서는 눈을 감았다. 그뿐만 아니라 자신이 직접 가난한 인도인의 피를 빨아먹는 인디고 공장을 경영할 뿐 아니라 오랫동안 세람포르선교회의 수입원으로 이를 활용하는 죄악을 저질렀다.

캐리는 인도에 도착한 직후 1794년 5월부터 1800년 세람포르 사역을 시작하기까지 5년 동안 직접 인디고 공장의 감독자 생활을 했다. 캘커타에 도착한 이래 버려진 땅에 대나무 집을 짓고 나무를 잘라 팔고 사냥과 물고기를 잡아 생계를 잇던 캐리가 죠지 우드니의 제안을 받아 월 200루피의 감독직을 맡고 2층의 벽돌집에서 살게 된 것은, 자립을 위해 피치 못한 일로 보이고, 더구나 영국령 식민지인 캘커타에 거주할 권한이 없던 선교사인 그에게는 합법적 체류의 기회가 된 것이 사실이다.

그런데 면직물 염색에 사용되는 인디고 공장은 이를 독점한 유럽인들에게는 400%의 고수익을 창출시키는 비즈니스였지만, 이 공장에서 일하는 인도인 노동자에게는 잔혹한 노예 노동의 현장이었다. R. C. 마줌다르는 "노동자들은 언제나 공장에 빚을 지고 있었기 때문에 자식들에게 빚을 유산으로 물려줘야 하며, 그래서 거의 언제나 자유를 박탈당하고 산다. 또한 그들은 공장의 매니저에게 억압받고, 납치, 감금, 폭력을 당한다."고 말했다.[16] 그래서 심지어 총독의 법률자문회의 위원이었던 토마스 맥콜리조차도 "그 큰 악, 그 큰 불의가 (인디고 공장에서) 자주 저질러진다. 그래서 많은 노동자들이 노예상태에서 그리 많이 멀지 않은 상태에 놓여 있다고 나는 확신한다"고 했다. 빠리드푸르 행정관이었던 E. 델라투르의 증언에 따르면 "사람의 피가 묻혀지지 않고서는 한 상자의 인디고도 영국에 도착하지 않았다"고 했다.

캐리가 후임 선교사에게 보낸 편지를 보면 당시 인도에서 유럽 선교사들의 한 달 기본 생활비가 60루피라고 했는데, 인디고 농장에 고용된 인도인 노동자들에게는 그것의 절반의 절반의 절반의 절반도 안되는 겨우 2.5-4루피의 저임금만을 주었다. 캐리는 일꾼의 50배도 넘는 봉급을 받았을 뿐 아니라 인디고를 파는 만큼 추가 수수료도 받았다. 물론 캐리가 버는 돈은 대부분 선교를 위해 사용되어졌고, 그는 90명에 달하는 일꾼들의 봉급도 인상해 주었으며, 그들의 전도를 위해서도 내심 애를 쓰기도 했다.

그러나 5년 동안 한 명도 신앙을 가진 사람이 나오지 않았으며, 반면에 캐리는 많은 돈을 저축하여 1799년 자신이 독자적으로 인디고 공장을 경영하고자 키더푸르에 땅을 사기도 했다. 그뿐만 아니라 세람포르선교회는 내륙 지방에 세워지는 선교 기지의 자립을 위해 인디고 제조를 하도록 권면했으며, 1812년 선교사 코니쉬가 다카 선교를 하고자 할 때

---

16 Jacob S. Dharmaraj, *Colonialism and Christian Mission: Postcolonial Reflection*, (Delhi: ISPCK, 1993), 50.

인디고 공장 감독을 하도록 조언을 하기도 했다. 세람포르선교회 선교사 가운데 이그나티우스 페르난데즈(Ignatius Fernandez)는 사다마할에서 1833년에 죽기까지 무려 30년이 넘는 동안 인디고 공장을 운영한 바 있다.[17]

노예제도의 철폐를 위해 설탕도 먹지 않고 기도하던 캐리, 인도의 사회악을 제거하고자 동분서주했던 캐리가, 형편없는 봉급에 장시간 노동으로 착취당하는 자신의 노예는 해방시키지 않고 도리어 그들의 피와 땀으로 호의호식하며 선교 활동을 한 것은 말과 행동이 일치하지 않으며, 경제 정의를 외면하는 파렴치한 행동이었다. 1년이나 2년에 한 번 겨우 본국과 연락이 닿는 당시 현실에서 자립하기가 쉬운 일은 아니었겠으나 현지인의 피와 땀을 희생하여 얻어진 자립과 선교는 그 이름을 무색하게 만든다. 결국 1858-1860년 사이 노동자들의 시위와 제임스 롱 선교사의 노동자 변호로 말미암아 인디고 공장은 인도에서 철폐되고 만다.

이와 같이 가난한 자의 얼굴에 맷돌질하며 경제 정의를 외면한 선교는 긍휼과 정의를 강조하는 총체적 선교와는 상관없는 선교이며 선교지에서 지양해야 할 모델이다. 캐리가 만일 인디고 공장의 매니저 일을 안했더라면, 그리하여 부유한 도시 생활이 아니라 시골에서 가난한 인도인들과 어울리며, 농산물 생산성 향상을 통해 인도인을 살리는 선교를 했더라면 자립뿐 아니라 인도인의 심금을 울리는 선교를 할 수 있었을 텐데 하는 아쉬움이 든다.

---

17 A Christoper Smith, *The Serampore Mission Enterprise*, 253.

3) 정치 정의를 외면한 선교회-국가의 유착 모델

윌리엄 캐리는 남의 나라를 무력으로 정복한 식민지 정부를 환영하고, 식민지배를 공고하게 하기 위한 관리들을 양성하는 대학에서 30년 동안 봉사한 사람이었다. 그는 1801년 동인도 회사에서 세운 포트 윌리엄 대학에 벵골어 강사로, 1807년부터는 산스크리트어와 마라티어 교수로 임용되어 매달 1,000루피의 많은 봉급을 받았는데, 이것은 식민지 정부가 인도 사람들에게서 거두어 들인 세금에서 나온 것이었다. 캐리는 자신이 번 돈의 90%가 세람포르 선교를 위해 사용했다고 말했는데, 이는 선교회의 재정의 주요한 부분이 식민지 정부에서 나온 것을 보여 준다.

세람포르 선교는 식민지 관료 양성에만 정부와 협력한 것이 아니었다. 1813년 총독부는 영국 제국이 정복한 땅을 문명화하는데 세람포르 사람이 좀 도와달라는 요청을 했다. 이에 캐리는 자신의 아들 야베즈 캐리(Jabez Carey)를 지금의 인도네시아 스파이스 섬에 파견했고, 1818년에는 그 즈음에 합병된 라즈뿌타나의 마라타 사람들을 위한 교육 지원을 요청했다. 인도네시아 자바 섬 정복 후에는 라플즈(Raffles)가 트리오에게 미신으로부터 이방인을 구원하기 위해 선교사를 보내달라고 요청했다. 물론 이러한 교육 프로젝트를 운영하는데 필요한 상당한 재정이 영국 총독부로부터 1813년 이후 직접 들어오기 시작했다.

그리하여 이러한 협력 관계를 바탕으로 윌리엄 워드는 1821년 영국에서 "인도 정부는 전적으로 우리와 함께 행동하며 가장 강력한 방법으로 다양하게 우리를 돕고 있다"[18]고 공개적으로 선언했다.

이 면에서 같은 입장을 갖고 있었던 본국의 침례교 협회도 이렇게 말했다.

---

18 A. Christopher Smith, *The Serampore Mission Enterprise*, 172.

> 힌두들이 카스트를 잃고 기독교를 영접하게 되면 마법이 끊어지고 정부에 가까이 갈 수 있게 된다. 우리 선교사들이 100명 이상의 사람들에게 세례를 주었는데, 이로써 우리 영국 정부는 힌두스탄 원주민 가운데 100명의 더 나은 신민이자 더욱 충성스러운 친구를 갖게 되었다."

정치 정의의 입장에서 총체적으로 캐리의 사역을 보기보다는 캐리 업적의 긍정적인 측면만을 부각시키는 J. T. K. 다니엘과 R. E. 헤들룬트의 경우는, 캐리가 식민주의자와 연계되었는지 의문을 품는 자들에 대해서 "실제로 캐리가 번 돈은 가난한 자와 필요한 자들을 위해 다 썼다"고 변호한다. 그러나 가난한 자와 하나님의 선교를 위해 썼다고 해도 그 돈에 피가 묻고, 그 돈이 인도를 침략하여 착취하는 식민 정부와 협력하여 번 돈이라는 사실은 달라지지 않는다.

또한 요한네스 벌카우어는 캐리가 사회 문제에 개입을 한 것 자체가 인도의 식민 백성을 잘 돌보지 않는 식민 정부에 대한 반대요 반식민주의운동이라고 말한다. 그러나 인도 내부의 사회악을 작은 악이라고 한다면, 남의 나라를 침략하고 착취하는 행위는 근원적인 악이며 비교도 할 수 없는 큰 악이다. 더군다나 인도땅에 정의로운 하나님 나라를 세우고자 하는 선교사가 정치 분야의 정의를 외면하고 식민 정부에 협력한다면 외국 침략자의 편에서 기쁘게 복음을 받을 사람이 누가 있겠는가?

오늘날 인도사람이 기독교에 마음문을 굳게 닫는 중요한 이유 중의 하나가 바로 이 때문인 것이다. 캐리가 40년간의 사역으로 1,000명의 개종자를 얻고 수많은 성경 번역을 해서 인도 땅에 하나님 나라의 문을 연 공로는 자못 크지만, 정복자 식민 정부와 협력함으로 세대를 거듭하여 인도 사람이 예수님을 영접하여 하나님 나라 들어가는 문을 굳게 잠그는 데에도 역시 큰 기여를 했다고 보아야 할 것이다.

4. 나가는 말: 캐리의 유산에 대한 평가

총체적 선교의 관점에서 볼 때 윌리엄 캐리는 시대를 앞서는 선각자로서 분명히 우리가 물려받아야 할 유산이 있다. 그것은 한마디로 인간의 영혼뿐 아니라 몸, 개인뿐 아니라 사회, 신앙뿐 아니라 물질과 자연환경에 이르기까지 인간 삶의 전 영역에 대한 총체적 관심과 책임감이라고 할 수 있다.

인간은 누구든 전인적 필요가 있고, 가정과 직장과 사회생활에서 기독교인으로서 사랑의 의무, 정의의 의무를 수행하여 나타내어야 한다. 그런데 인도의 기독교인들은 영혼 구원과 전도에만 치우쳐 문화와 사회를 도외시하거나, 반대로 사회개발에만 얽매여 전도하지 않는 양극단의 경향이 지배적이다. 이러한 상황에서 선교사들이 총체적 인간 이해, 총체적 선교 이해를 바탕으로 설교하고 교육할 때, 우리가 기르는 인도인 제자들은 전도와 교회 개척에만 열심을 내는 것이 아니라, 인도의 고질적인 병폐인 부패 문제, 환경 문제, 가난 문제, 교육 문제 등에 큰 기여를 하는 선도적인 지도자들로 자라날 수 있을 것이다.

또한 오늘날 인도 기독교인 중에 기업인과 언론인과 정치가가 특히 부족한데 이는 선교사와 인도 교회 목사들 가운데 삶의 모든 영역을 그리스도의 주권 아래 가져오고자 하는 총체주의적 관심과 책임감의 결여에서 나온 것으로 보여진다. 캐리의 선교는 이점에서 그가 인도 땅에 온지 220년의 세월이 흐른 지금도 여전히 우리의 생각을 도발하고 도전을 주고 있으며 우리가 본받을 좋은 모델이 된다.

그러나 이와 함께 캐리에게는 우리가 결코 본받지 말아야 할 유산들도 있다. 그 중에서도 개종자들을 기존 공동체에서 **빼내오기식**, 분리주의의 모델은 오랜 세월 동안 인도에서 하나님 나라의 확장을 가로막는 주요한 이유였다.¹⁹ 분리주의 모델이 나쁜 이유는 오직 우리 안에 있는 3마리의 양만 신경 쓰는 것이다. 3마리로 만족하고 3마리로도 잘 먹고 잘 살고 있으니까 오직 3마리의 이익, 3마리가 편안한 문화에 빠져 사는 것이다. 설사 딴 우리에 있는 97마리의 양들에 관심이 있다 해도 어떻게 해서든지 그 우리에 있는 양을 끌어다가 기독교 우리에 들일 생각만 하므로 97마리 양들은 그리스도는 좋아도 기독교 우리에 자신의 양들을 절대 빼앗기지 않고자 눈에 불을 켜다가 요사이는 힌두뜨와라는 무기를 들고 자신들의 우리를 지키고 있는 실정이다. 97마리 양들도 한 목자 예수 그리스도께로 인도하려면 개종자들은 우리를 바꾸지 말고 거기에 남아 빛과 소금의 역할을 하도록 격려해야 한다.

그뿐만 아니라 윌리엄 캐리는 세람포르 역사가 커지고 전문화되면서 건물 짓는 일, 학교 운영하는 일, 활동 기금을 모금하는 일에 너무나 많은 에너지를 빼앗겼다. 또한 영국식 도시 문화로 편안한 선교 기지 안에서만 갇혀 일반 사람들의 삶 속으로 성육신하여 들어가지 않음으로, 건물이 아니라 사람을 세우고 자립적인 제자를 기르는 일을 소홀히 하였다. 1807년 초 영국 총독 중 하나인 민토(Minto) 경이 런던에 있는 동인도 회사의 복음주의적 이사장 에드워드 패리(Edward Parry)에게 보낸 편지가 세람포르 선교사들의 사역에 대해 시사하는 바가 크다.

> 내 생각에는 [세람포르] 선교사들은 사람들과 어울리고 개인적으로 그들과 함께 삶으로써 더 큰 진보를 가져올 수 있다고 본다. 좀 더 호감을 주는 교리에 초점을 두고 도움이 되는 영향으로 그들의 마음을 이끌 수 있다. … 인쇄일과 설교가 별

19　H.L. Richard, "Evangelical Approaches to Hindus," 311-314, "Lessons from India," *International Journal of Frontier Missions* 18:4, (Winter: 2001), 192-193 참조.

효과가 없다는 몇 가지 이유가 있다.[20]

그 결과 세람포르 트리오가 죽자마자 선교회는 급속히 붕괴되고 그들의 사역은 다음 세대를 통해 계승이 되지 못했다. 통전적 선교는 결국 예수님이 하신 사역을 본받는 것이며 성령께서 그 권능으로 역사하시는 선교이다. 캐리가 아무리 최신의 인쇄 기술을 개발하고 매력적인 다양한 사회봉사 프로젝트를 수행하고 멋있는 건물과 교육 프로그램을 가졌어도, 예수님의 성육신의 삶이 결여되고, 인도인을 겸손히 섬기는 가난한 사두(sadhu)가 아니라 인도인을 지배하는 주인, 사힙(sahib)으로 전락했을 때,[21] 그의 필생의 작품이었던 성경 번역은 의미가 통하지 않아 거의 폐기 처분되었고, 그것조차도 당시 글을 읽지 못하는 대부분의 인도인들에게 그림의 떡이 될 뿐이었다.

---

20 A. Christopher Smith, *The Serampore Mission Enterprise*, 195.
21 A. Christopher Smith, *The Serampore Mission Enterprise*, 210.

4장

힌두 민족주의: 박해와 기독교 선교[1]

1. 들어가는 말

인도에서 종파 간의 충돌로 인한 폭력 사태는 새삼스러운 일이 아니다. 그러나 인도 독립 전후 종파간의 갈등이 주로 힌두와 무슬림 공동체 사이의 문제였다면, 최근 10년 동안은 힌두와 기독교 공동체 사이의 갈등이 두드러지게 증가하는 경향을 보이고 있다. 이처럼 악화되는 힌두-기독교인 관계의 배후에는 개종 문제가 언제나 문제의 핵심 중 하나로 대두된다. 2008년 8월 23일 오릿사(Orissa) 주에 살고 있던 힌두 승려 스와미 락쉬마나난다 사라스와띠(Swami Lakshmanananda Saraswati)의 살해로 촉발된 힌두 근본주의자들의 기독교인 박해 사건은 이러한 경향을 단적으로 보여 주는 사건이었다.

사건은 2007년 12월로 거슬러 올라간다. 당시 오릿사 주 브라마니고아(Brahmanigoa) 마을의 기독교인들이 크리스마스 행사에 쓸 설치물을

---

[1] "인도 오릿사 기독교인 박해와 향후 선교적 과제 2008년 사건을 중심으로"라는 제목으로 「선교신학」 제20집 1권 (2009)에 실린 글이다.

힌두들이 축제 장소로 잘 쓰이는 곳에 세우려고 했다가 힌두들과 마찰이 일어나게 되었다. 그런데 이 사건을 조사하려고 현장 방문을 했던 힌두 우익 단체, 세계힌두협회(Vishva Hindu Parishad)의 지도자 중 하나였던 스와미가 총에 맞아 부상을 당하게 된다. 그러자 스와미는 소고기 불법 판매 문제와 더불어 자신의 공격에 대한 철저한 조사를 요구하며 항의 시위를 벌였는데 이로 인하여 4명의 기독교인이 죽고, 730채의 집과 가게, 95개의 교회가 불타고, 1,200명이 난민 수용소로 대피하는 사태가 일어나게 되었다.

2008년 8월에 일어난 폭력 사태도 스와미가 그 발단이었다. 오릿사 주 깐다말(Kandhamal)에 위치한 한 아쉬람(힌두의 수행 암자)에서 스와미가 4명의 동료들과 함께 30명의 인도 공산주의자들의 총에 맞아 숨졌다. 인도 공산당 인민 해방 게릴라군(Maoist People's Liberation Guerrilla Army)의[2] 지도자인 아자드(Azad)가 자신들이 스와미를 죽였다고 주장했지만, 힌두당인 인도 국민당(Bhartiya Janata Party)과 세계힌두협회는 기독교인에게 그 책임을 물었다. 이는 스와미의 생전 주장, 곧 그동안 개종 반대운동을 주도해 왔기 때문에 기독교인들이 자신을 제거하려고 이미 8번이나 시도한 바 있고, 살해당하기 전 날에도 살해 위협을 받았다는 주장을 근거로 했기 때문이었다. 어쨌든 스와미의 죽음을 계기로 하여 깐다말 지역으로부터 하여 오릿사 도처에 기독교인에 대한 폭력 사태가 발생하게 되었다.

---

2 2004년에 설립된 인도 공산당 지하 조직 중 하나로서 힌두에 의해 정치, 경제, 사회적으로 속박되어 있는 인민을 해방한다는 목표로 차띠스가르(Chattisgarh), 마하라쉬뜨라(Maharashtra), 웨스트 벵갈(West Bengal)과 오릿사 주의 부족민 지역 중심으로 이른바 '인민 전쟁'을 하고 있다. 인도 사회 근간을 무너뜨리고자 하는 목표를 갖고 무장투쟁을 불사하기 때문에 주정부에서도 불법단체로 금하고 있으며, 힌두 근본주의자도 무슬림, 기독교인과 함께 타도해야 할 적으로 간주하고 있다.

전인도기독교협의회(All India Christian Council)의 발표에 따르면 59명이 사망하고 18,000명이 부상을 입었으며 2명이 강간을 당했다. 151개의 교회와 13개 기독교 대학이 파괴되었고, 4,400채의 집이 전소됨으로 5만 명이 집을 잃었으며, 10월에도 여전히 11,000명이 난민 수용소 생활하고 있다. 심각한 것은 이 난민들은 돌아갈 집도 없지만, 집으로 돌아갔다가 살해를 당하기도 하고, 힌두교로 재개종을 하라는 압력을 받고 있다는 것이다.

오릿사 주에서 일어난 폭력 사태는 까르나따까(Karnataka) 주를 비롯한 네 개 주로 확산되어갔는데 특히 방갈로(Bangalore), 망갈로(Mangalore)를 중심한 남인도 주에서는 복음주의적 오순절 계열의 새생명선교회(New Life Fellowship)의[3] 공격적 개종운동이 그 빌미가 되어 20개의 교회가 파괴되었다. 흥미로운 것은 세계힌두협회도 동 선교회를 비난했지만, 가톨릭 신부가 나서서 새생명선교회가 가난한 사람들에게 돈과 부동산을 미끼로 개종을 시도한 것이 모든 문제의 시발점이 되었다고 강력하게 비난했다는 것이다.[4] 이는 새생명선교회가 수십 년 간 출판하고 있는 책자에서 힌두의 신들, 이슬람, 가톨릭에 대해 부정적으로 언급해 왔으며, 개종을 목적으로 한 전도 사역을 지속해 왔기 때문이었다.

2008년 한 해 동안 여러 가지 경로들을 통해 오릿사 주와 까르나따까 주의 기독교인 박해 소식이 들려오고 이들을 위한 기도와 특별 구제 헌금 요청이 쇄도하였다. 한국 선교사들 중에 직접적인 피해 사례는 알려

---

3 새생명선교회는 1960년대 중반 뉴질랜드 새생명교회(New Life Churches of New Zealand) 파송 선교사가 뭄바이(Bombay)에서 시작한 선교단체로서, 선교사들이 떠나간 후 현지인 조셉(S. Joshep) 목사의 리더십 하에 델리(Delhi), 방갈로 등에 전국적으로 지부를 개척하여 활발하게 선교 활동을 해왔다.

4 Balbir K. Punj, "Evangelists Are Playing Long-term Chess Game," (*Deccan Herald*, November 7 2008).

진 바 없다. 그러나 한국인이 직접 사역하기 보다는 인도인 현지 사역자들을 후원함으로써 간접적으로 오릿사 여러 부족 교회에서 개척 사역을 하고 있는 현실을 고려해 볼 때 인도인 동역자들과 그들이 섬기는 교회와 성도들 가운데 적지 않은 인적, 물적 피해가 있었던 것으로 추정된다.

한국 선교사들이 델리, 방갈로 등 대도시에 주로 거주할지라도, 사역은 시골 지역의 하층민(지정 카스트, 지정 부족민, 여타 후진 카스트)들을 대상으로 교회 개척을 하는 경우가 많기 때문에 앞으로도 종파 폭력에 직접 연루되어 피해를 입을 가능성이 매우 높아지고 있다. 본인과 가족은 다치지 않을지라도 적어도 사역에는 큰 타격을 입을 수가 있다.

이런 점에서 2008년에 오릿사 주와 까르나따까 주에 있었던 폭력 사태는 향후 인도 선교 방향을 모색하는 데 있어서 중요한 선교적 과제들을 던져 주고 있다. 본 논문은 이런 문제의식 하에 오릿사 폭력 사태의 원인을 다각적으로 분석하되, 특별히 인도 선교에 큰 장애가 되고 있는 힌두민족주의자들의 이데올로기와 활동을 소개함으로써, 오릿사 사태 이후 인도 선교에 참여하는 모든 사역자들이 반드시 고려해야 할 선교적 과제가 무엇인지 밝히고자 한다.

2. 오릿사 폭력 사태와 바즈랑 달

오릿사 폭력 사태의 원인은 여러 가지로 설명될 수 있다.

첫째, 표면적으로 대두되는 원인은 기독교 선교사들의 개종운동에 대한 힌두들의 분노가 폭발했다는 것이다. 살해당한 힌두 지도자 스와미는 깐다말 지역에서 개종반대운동의 선봉에 서 있었고, 최근에 기독교로 개종한 사람들을 힌두교로 역 개종시키는 운동을 주도한 사람이었다. 그는 생전에 자신이 기독교인의 지속적 테러 대상이 된 것은 개종반대운동 때문이라고 말했기 때문에 사실 여부와 관계없이 그는 개종 때문에 '기독교인의 손에 순교 당한' 힌두가 되어버렸다. 세계힌두협회 까르나따까 주와 안드라 쁘라데쉬 주 지역 대표인 무르티(B. N. Murthy) 역시 이런 맥락에서 기독교 개종운동에 열 받은 일부 힌두 젊은이가 교회를 공격했음에 틀림 없다고 말하며, 개종 문제는 정부와 사회가 바로 잡아야 할 문제라고 강조한 바 있다. 힌두 근본주의자들의 입장을 대변하는 것으로 볼 수 없는 「인도 타임즈」(The Times of India) 역시 여러 차례 개종 문제가 오릿사 폭력의 주요 이슈라고 보도했다.[5]

그렇다면 왜 개종 문제가 힌두들의 마음을 그렇게 불편하게 하고 분노하게 만든 것일까?

먼저 근본주의 이데올로기와 관계없이 소박하게 기독교의 개종운동을 반대한 사람으로 간디를 들 수 있다. 그는 그리스도에 대해 매우 긍정적인 견해를 가졌음에도 불구하고 개종에 대해서는 난색을 표하며 그 이유에 대해 이렇게 말했다.

> 어떤 사람이 기독교인이 되는 순간 그는 갑자기 영국인처럼 천천히 걸어 다닌다. 거의 자기의 국적을 바꾸어 버린다. 그는 … 외국의 옷과 생활방식을 그대로 받아들인다.[6]

그는 기독교의 진리에 대해서는 거부하지 않았지만 인도인으로서 정체성을 상실하는 결과로 나타나는 개종에 대해서는 단호한 태도로 거부

---

5 Rajaram Satapathy, "No Let-up in Orissa, Karnataka Violence," *The Times of India*, September 17 2008. "As Churches Burn Across the State, Charges Fly," *The Times of India*, September 22, 2008.

6 M. D. David, Missions: *Cross-Cultural Encounter and Change in Western India* (Delhi: ISPCK, 2001), 375.

했다. 이브 순더 라즈(Ebe Sunder Raj)는 개종에 대한 일반 힌두들의 정서를 다음과 같이 잘 표현했다.

> 선교사들은 인도 헌법 25조를 불법적으로 악용하여 무지하고 연약한 계층을 유혹하여 돈의 힘으로 힌두들을 개종시키고 있다. 그럼으로써 그들은 외래 신앙으로 인도의 전통문화를 파괴하고 사회의 안정과 국가적 연대의식에 큰 위협이 되고 있다.[7]

헌법 25조가 신앙 전파의 권리를 인정하고 있지만 그것은 어디까지나 강압에 의한 개종을 배제하고, 공공의 질서와 도덕에 어긋나지 않는다는 것을 전제로 한다고 헌법에 명시되어 있다. 이러한 관점에서 볼 때 선교사들이 불가촉천민들에게 가르치는 유일한 구주 예수그리스도, 인간의 존엄성, 평등주의에 관한 메시지는 힌두의 신을 부정하거나 모욕하는 행위가 될 수 있고, 수직적인 인도의 전통 사회를 파괴하거나 전복을 부추기는 선전 선동으로 해석될 소지가 있는 것이다. 또한 힌두들은 모든 기독교 행위가 외국에서 들어오는 돈과 관련이 있다고 보는데, 이러한 돈의 힘으로 가난한 자들을 미혹하는 것은 인도의 기독교인이 '쌀 신자'라는 것을 보여 주며 기독교가 '비(非)영적인' 종교임을 보여 준다고 본다.

앞의 온건한 입장과는 달리 오릿사 핍박의 주동 세력인 세계힌두협회 등 힌두 근본주의자들은 개종에 대해 매우 적대적이며 신랄한 발언을 한다. 예를 들어 프란 초쁘란은 이슬람이나 기독교로의 개종은 대부분 인도의 정복자 무슬림과 기독교인의 막후에서 그들의 후원으로 이루어진

---

7 Ebe Sunder Raj, *The Confusion Called Conversion* (New Delhi: TRACI Publications, 1988), 1.

것으로 본다. 그러므로 그의 관점에서 볼 때 개종은 '국가 배신행위'이며, '외국 정복자에 의한 문화-종교 침탈'에 다름 아닌 것이다.[8] 가톨릭에서 힌두교 신앙으로 개종한 데이빗 프롤리(David Frawley)는 기독교 선교사들의 개종은 다른 신앙을 가진 사람들에게 가하는 '심리학적 폭력,' '종교적 폭력'이며, '다른 종교를 박멸시키려는 시도'라고 말하며 이렇게 강조했다.

> 개종은 인간 내부의 신성에 대한 범죄 행위이다. 그것은 다른 종교도 가치가 있다는 것을 부정하며, 무엇보다도 조직화된 개종 사업은 전쟁과 똑같이 가장 비열하고 음흉한 행위이다. 개종은 사람들의 전통 신앙을 비방하며 무너뜨리려고 시도한다.[9]

둘째, 개종이 오릿사 폭동을 일으킨 외부적 요인이라면 힌두 공동체와 기독교 공동체 사이의 경제적 격차로 인한 갈등과 시기심은 내적인 요인이라고 말할 수 있겠다. 오릿사 폭동의 진원지인 깐다말 지역에는 65만 명의 지정 카스트(Scheduled Caste: 불가촉천민에 대한 인도 헌법상의 칭호)가 살고 있는데, 이중 깐드(Kandhs)족이 80%, 빠나(Panas)족이 16%를 차지한다. 두 부족 다 전통적으로 문맹률이 전 인도에서 가장 높고 가장 어렵게 사는 족속들이었다. 그런데 힌두 신앙을 가진 깐드족과는 달리 빠나족은 다수가 기독교를 받아들임과 함께 문맹을 벗고 경제적으로 잘 살게 되었다.

선교사들과 교회가 이 지역에서 열심히 선교 활동을 펼치면서 빠나 사람들에게 무상 교육과 의료 서비스를 제공함으로써 사람들의 호감을

8　Sebastian C. H. Kim, *In Search of Identity: Debates on Religious Conversion in India* (Oxford: Oxford University Press, 2003), 164,165.

9　Sebastian C. H. Kim, *In Search of Identity*, 166.

샀기 때문이었다. 그뿐만 아니라 선교사들로부터 영어 교육을 받은 그들은 아무래도 더 나은 직업 선택의 기회가 주어졌고 그래서 경제 사정이 깐드족과는 많은 격차를 갖게 되었다. 빠나족이 선교사들을 통해 교육, 경제, 의료적 혜택을 받은 것은 사실이지만 그것만이 그들의 개종 이유는 물론 아니었다. 힌두로부터 사랑하는 가족을 잃고 지금도 언제 목숨을 잃을지 불안하기만 하지만 그럼에도 불구하고 기독교가 준 인간으로서 존엄한 가치에 눈을 뜨고 인간으로서 취급하지 않는 종교에는 절대 돌아가지 않겠다고 말하는 신자들이 그 증거이다.

그러나 깐드족의 눈으로 볼 때는 어떤가?

예전에는 더 못살던 빠나족 사람들이 선교사를 만나고 교회를 나가더니 옷도 더 좋은 옷을 입고, 영어도 잘 말하고, 큰 교회 건물도 짓고, 학교와 병원을 짓고, 높은 카스트 사람들처럼 사는 것이었다. 이것은 그들 입장에서 보면 불공정 경쟁이다. 빠나족에게 물어보면 개종을 했다고 해서 돈 받은 일은 없다고 대부분 말하지만 그들도 자신들이 개종한 이후로 경제적 신분이 향상된 것을 인정한다. 이렇게 잘 살게 되었으면서도 빠나의 기독교인들은 기독교인에게는 법적으로 금지되어 있음에도 불구하고 정부가 지정 카스트에게 제공하는 공무원 일자리나 장학금 혜택가지도 다 가져가고 있었다. 그것은 명백한 공문서 위조 행위이다.

게다가 힌두들이 우상시하는 소고기까지 냄새를 피우며 먹고 있으면 배고픈 깐드족의 심경이 어떠했을까?

경쟁 관계에 있는 이웃 족속이 잘난 것 없이 단지 개종 때문에 얻는 사회경제적 이득이 깐드족의 시기와 분노를 일으킨 것이다.[10] 만일 이와 같은 분석이 가능하다면 힌두 신앙을 가진 다수 부족과 기독교 신앙을

---

10 Sandeep Mishra, "Jealously Has Prompted Attacks: Christian Priest" *The Times of India*, September 30 2008.

가진 소수 부족 사이에 경쟁 관계에 있는 오릿사의 다른 지역에서도 제2, 제3의 깐다말 사태가 발생할 소지가 다분히 있는 것이다.

셋째, 오릿사의 종파 폭력은 기독교인을 압박하고 힌두의 표를 결집함으로 2009년 오릿사 주 선거에서 다시 정권을 획득하려는 힌두 근본주의 계열 단체들의 정치적 동기가 근본적인 동인으로 지목될 수 있다. 외부 요인으로서 개종과 내부 요인으로서 경제적 격차가 있다고 할지라도 이 모든 것이 기독교인 때문이라고 종파 폭력을 선동하고 주도하는 단체가 없었다면 이렇게 대규모의 폭력 사태를 낳기는 어려웠을 것으로 보인다. 이번 오릿사 주에서 기독교인에게 폭력을 가하고 교회와 학교를 파괴한 주범으로 중앙 정부 조사단은 바즈랑 달(Bajrang Dal: 원숭이 신 하누만 당)을 지목했으며, 남인도 교회 회장인 데바사하얌(V. Devasahayam)도 바즈랑 달과 힌두세계협회의 금지령을 내릴 것을 요청했다.

바즈랑 달은 1984년 우따르 쁘라데쉬에서 설립된 힌두세계협회의 청년 행동대로서 130만의 회원과 2,500개의 지부를 가지고 있다고 주장한다. 이 단체의 목표는 무슬림 정복자들과 영국 제국주의자에 의해 파괴된 힌두 사원을 재건하는 것이다. 또한 암소 도살을 예방하고, 공산주의와 무슬림 인구 증가, 그리고 기독교 개종으로부터 힌두의 정체성을 보호하는 것이다.

바즈랑 소속 청년 대원들은 2002년에는 구자라뜨(Gujarat) 무슬림 폭력사건, 2003년에는 빠바니(Parbhani) 모스크 폭파 사건에 개입했다. 구자라뜨에서는 무슬림은 땅을 소유할 권리가 없다고 선언한 후, 무슬림에게 땅을 파는 상인을 공격하고, 무슬림 부동산 소유자들에게는 강제로 집을 팔도록 협박했다. 2006년에는 난데드(Nanded)와 깐푸르(Kanpur)에서 폭탄 제조 사건에 관여했으며, 2008년에는 새생명선교회 계열 기독교 교회 공격을 주도했다. 그러기 때문에 바즈랑 달은 온건한 힌두 민족주의자 단체로부터도 비난받는 극단주의 단체이며 힌두당인 인도 국민당으로부터도 계속 폭력 중지를 권유받고 있다.

오릿사 주 폭력 사태를 선동하는 과정에서 바즈랑 달은 힌두가 경제적으로 어렵게 살고 있는 것은 모두 정부 일자리를 부당하게 뺏어가고 있는 기독교도 때문이라고 증오심을 심는 방식으로 폭도를 선동했다. 또한 그들은 기독교인들에게 협박과 폭력을 가하여 힌두교로의 재개종운동을 적극적으로 유도했다. 오릿사 지역의 사회 경제적 후진성을 극복할 체계적인 정책을 세우고 집행하기보다 다른 공동체에게 모든 책임을 떠넘기는 식으로 문제 해결에 이를 수 없다는 것은 명확하다. 그럼에도 불구하고 대결국면이 쉽게 멈출 것으로 보이지 않는 것은 이를 이성적으로 파악할 능력이 없는 대중들과 이들을 선동해서 손쉽게 정치적 이득을 얻고자 하는 바즈랑 달과 같은 힌두 근본주의 단체가 지속적으로 활약하고 있기 때문이다.[11]

문제는 이런 폭력 단체와 같은 이념을 가지고 있는 사람들이 오릿사 주와 까르나따까 주의 주정부와 의회 권력의 핵심부에 있으며 공무원과 경찰로 자리잡고 있다는 것이다. 그러기에 바즈랑 달이 주도면밀하게 계획하여 장기간에 걸쳐 기독교인들과 교회를 공격할지라도 즉각적이고 강력한 조처를 취하지 않았던 것이다.

사회의 절대 다수가 힌두인 사회에서 다수에 의한 종파 폭력이 일어나면 피해는 고스란히 소수 공동체의 것이 된다. 주정부도, 중앙정부도 기독교인의 안전을 보호해 주지 못한다. 폭력이 발생했을 때 즉각적이고도 효과적인 응징 조치가 취해진다면 앞으로 그런 일이 생기는 것을 예방할 수 있을텐데, 이것은 현실적으로 기대난망이다.

---

11 Ruchi Tyagi, *Indian Politics: In Comparative Perspective* (New Delhi: Mayur Paperbacks, 2008), 19,7.

많은 피해가 나고, 국내외 기독교인들이 중앙정부의 개입을 촉구해야 겨우 어떤 가시적 조치가 나온다. 그러므로 평상시 지속적으로 이뤄지는 소규모 폭력 사태와 힌두로 개종하지 않으면 가족을 몰살시키겠다는 협박과 같은 것에서 자신을 지킬 방법을 찾기란 매우 어려운 형편이다. 이번 사태를 겪은 깐다말 생존자들 중 상당수가 다른 지역과 도시로 이주한 것은 이와 같은 현실 때문이다.

3. 힌두 민족주의와 기독교 선교의 충돌

오릿사와 까르나따까 폭력의 주범인 바즈랑 달과 힌두세계협회는 인도 국민당이 지배하는 주에서뿐만 아니라 인도 전역에서 활동하고 있는 힌두 민족주의 단체이다. 이 단체 이데올로기의 근간을 이루고 있는 것은 '힌두뜨와'(Hindutva)이다. 힌두뜨와란 '힌두적인 것'(Hinduness) 또는 '힌두 민족주의'(Hindu nationalism)를 의미한다. 힌두 극단주의 단체인 마하사바(Mahasabah)의 지도자였던 사바까르(V. D. Savarkar, 1883-1966)는 '힌두 부흥운동의 대제사장'이라고 불렸는데, 그에 의하면 힌두뜨와는 힌두 민족이 갖는 모든 사상과 삶의 총체라고 본다.[12]

힌두뜨와에 있어서 핵심적인 내용은 '같은 땅, 같은 피, 같은 문명을 가진 공통의 국가, 공통의 민족, 공통의 문화'이다. 그러므로 힌두뜨와의 관점에서 볼 때 인도는 "필연적으로 힌두 국가이며, 힌두만이 그 땅의 진정한 아들이 된다."[13]

---

12 C. V. Mathew, *The Saffron Mission: A Historical Analysis of Modern Hindu Missionary Ideologies and Practices* (Delhi: ISPCK, 1999), 168.

13 C. V. Mathew, *The Saffron Mission*, 169.

그러면 힌두가 아니면서 그 땅에 살고 있는 사람들은 누구인가?

그들은 힌두 국가의 순수함을 더럽히는 '오염물'로서 국가에 '위협적 존재'가 된다. 이러한 사바까르의 힌두뜨와 이데올로기에 영향을 받아 이를 문화적 민족주의(Cultural nationalism)로 발전시킨 사람이 오늘날 인도에서 가장 큰 국민자원봉사대(Rashtriya Swayamsevak Sangh)를 설립한 께샤브 헤지워(Keshav Baliram Hedgewar, 1889-1940)였다. 그는 힌두의 국가, 힌두스탄(Hindusthan)이 힌두의 것이라는 사바까르의 생각에 동의하면서 힌두 국가를 구성하는 5가지 요소로 땅과 민족, 종교와 문화, 그리고 언어를 제시했다. 그가 이해하는 국가의 개념은 단지 정치, 경제적 권리와 같은 것이 아니라 본질적으로 '문화적'인 것이었다. 헤지워를 뒤이어 국민 자원 봉사대의 대장이 된 마다브 골왈까르(Madhav Sadashiv Golwalkar, 1906-1973)는 헤지워의 힌두국가 사상의 핵심을 이렇게 말했다.

> 힌두스탄은 힌두의 국가가 되어야 한다. 누구든지 이 힌두 국가를 위해 봉사하면 그 사람은 애국자이지만 그러지 않는 사람은 배반자요, 원수, 아니면 무지한 바보이다. 힌두가 아닌 이들은 힌두에 속한 모든 것을 존중하고 존경해야만 한다. 만일 그들이 힌두민족에게 스스로 동화하지 않는다면 모든 권리, 심지어는 시민권까지도 빼앗고 힌두 국가에게 복종시켜야 한다. 힌두는 유서 깊은 나라로서 외래 족속들을 지혜롭게 다루어야 한다. 이런 점에서 힌두는 아리안의 인종적 자부심을 최고도로 표출했던 나찌 독일로부터 배워야만 한다. 독일은 유대인을 다룸에 있어서, 외래 민족은 뿌리까지 달라서 통합된 전체에 맞추도록 동화시키는 것이 사실상 불가능함을 명확히 보여 주었다. 나찌 독일은 힌두스탄에 사는 우리 힌두들이

배우고 유익을 얻을 수 있는 좋은 교훈을 제공해 주었다.[14]

만일 골왈까르의 말을 액면 그대로 받아들인다면 오로지 힌두만이 어머니 인도의 진정한 자식이고, 다른 신앙을 가진 사람들은 모두 '손님,' '침략자,' '위협,' '원수,' 그리고 '매국노'가 되어 버리게 된다. 힌두스탄에 살고 있는 비(非)힌두에게 남은 선택은 자기 정체성을 잃어버리고 힌두에 동화되어 살든지, 그렇지 않으면 완전 박멸, 또는 대학살을 각오해야 한다. 그는 인종주의를 바탕으로 죄 없는 수백만 유대인을 학살한 나찌 독일을 지지하는 것을 부끄럽게 여겨 감추기보다는 오히려 그것을 본받아야 한다고 목소리를 높였다. 이러한 사상에 기초한 국민 지원 봉사대의 사명은 그러므로 인도에서 모든 반국가적인 세력들과 싸워서 영광스런 힌두 나라를 재건하는 것이다.

이처럼 문화와 종교란 관점에서 민족주의를 묘사함으로써 헤지워와 골왈까르의 국가 자원 봉사대는 인도와 힌두교를 동일시했다. 어머니 나라는 어머니 여신이며, 이 어머니 여신을 섬기는 신앙이 곧 애국의 길인 것이다. 오로지 힌두만이 국민이며, 힌두 문화만이 인도(Bharat) 국민성의 상징이다. 이런 관점에서 힌두가 비(非)힌두 신앙으로 개종하는 것은 '반국가 행위'이다.

골왈까르는 "힌두가 다른 종교로 개종하는 것은 국가에 대한 절대적 충성심을 버리고 다른 것에 충성하는 것으로서 국가의 안전을 위태롭게 하는 행위이므로," 개종은 모든 가능한 수단을 다 동원하여 "반드시 중지시켜야 한다"고 주장했다.[15]

---

14 M. S. Golwalkar, *We or Our Nationhood Defined* (Nagpur: Bharat Prakashan, 1947), 48-49.

15 M.S. Golwalkar, *Bunch of Thoughts* (Bangalore: Jagarana Prakashana, 1980), 225.

여기에서 등장하는 것이 다르마유드(dharmayuddh), 곧 성전(Holy War) 사상이다. 산스크리트어로 '다르마'는 정의(또는 힌두교)를 의미하고 '유드'는 전쟁을 뜻한다. 그래서 다르마유드는 정의를 위한 전쟁, 또는 힌두들의 신앙을 위한 전쟁을 일컫는다. 힌두들에게 있어서 다르마를 위한 전쟁은 죄가 아니라 도리어 적극적으로 행해야 할 의무이다. 힌두의 경전 바가와드기따(Bhagavad Gita)에서 끄리슈나(Krishna) 신은 형제와 싸우기를 원치 않는 어주나(Arjuna)에게 다르마를 위해 싸우는 것이 거룩한 의무임을 다음과 같이 일깨웠다.

> 네 자신의 의무(다르마)를 생각하라, 그러면 주저하지 아니하리라. 전사계급이 그 의무에 따라 싸우는 것보다 더 고귀한 것은 없기 때문이다. 의무에 충실하다가 전쟁터에서 죽는 전사들은 복이 있나니, 낙원의 문이 그들 앞에 열릴 것이니라. 그러나 명예와 카스트 의무를 버리고 전쟁에 참여하지 않는 전사가 있다면 그것은 악이요 수치니라. … 싸우다가 만일 죽으면 낙원을 얻을 것이요, 승리하면 땅이 즐거워하리라. 그러므로 쿤티의 아들이여 싸울 결심을 하여라(Bhagavad Gita I. 31-33, 37).[16]

전사가 적군의 몸을 죽여도 영혼은 죽이는 것이 아니므로 문제가 되지 않을 뿐더러, 카스트 의무대로 행할 때에만 명예와 낙원이 있고, 그렇지 않으면 도리어 악과 범죄가 된다면 폭력은 죄가 아니라 도리어 미덕이 될 것이다. 힌두 민족주의자들이 자주 폭력적이 되고, 또한 자신들이 가한 폭력에 대해 전혀 양심의 가책이 없을 수 있는 이유는 이러한 다르마

---

[16] R. C. Zaehner, ed., *Hindu Scriptures* (Calcutta: J. M. Dent & Sons Ltd, 1966), 257.

유드 사상이 있기 때문이다. 힌두 민족주의자들이 비힌두의 개종을 막고 또 힌두로의 재개종을 위해 폭력행사도 기꺼이 할 수 있는 것은 이것을 자신들의 고귀한 의무로 알기 때문이다.

힌두 민족주의자들도 협박과 폭력으로만 개종을 막을 수 없는 것을 알고 여러 가지로 적극적인 노력을 기울이고 있다. 예를 들어 국민 자원 봉사대는 바즈랑 달, 힌두세계협회 등 여러 연관 단체들과 함께 사회적으로 억압받고 경제적으로 후진 지정 카스트와 지정 부족민들의 사회경제적 지위 향상을 위해 교육, 건강, 문맹 퇴치 프로그램, 구제 및 재활사업, 문서 출판 사역 등에 힘쓰고 있다. 심지어는 불가촉천민인 지정 카스트에 속한 사람도 사제로 만들어 성전을 위해 봉사하게 하는 등 카스트 차별 철폐를 위해 노력을 기울이기도 한다.

그리하여 긍정적이든 부정적이든 국민자원봉사대는 오늘날 인도에서 가장 강력한 종교-정치적 동인으로서의 역할을 하고 있다. 동 봉사대는 25,000개의 지부에 1,800만 명의 회원이 활동하고 있으며, 이와는 별도로 바즈랑 달, 힌두세계협회 등 38개 전위 조직에서 활동하는 사람들은 5천만 명이 넘는다.

국민자원봉사대와 힌두세계협회, 바즈랑 달 등 힌두 민족주의 단체가 기독교 선교에 위협적인 이유는 다음과 같다.

첫째, 그들의 개종반대와 재개종운동 슈디(Shuddhi, purification)가 기독교 선교에 직접적으로 영향을 끼치기 때문이다. 힌두세계협회의 보고에 의하면 1982년에 재개종한 사람들은 기독교인이 59,000명, 무슬림이 4,000명이었다고 한다. 1989년의 보고에는 지난 25년간 125,000명의 힌두가 본래의 신앙을 되찾게 되었다고 한다.[17]

---

17 C. V. Mathew, *The Saffron Mission*, 208.

슈디는 힌두의 의무로서 기독교인이 선교하는 것과 똑같은 열정을 갖고 더 많은 재개종자를 만들고자 끊임없이 노력하고 있다.

둘째, 몇 만 명의 기독교인이 힌두로 재개종했다는 숫자보다 중요한 것은 힌두 민족주의 단체들이 일반 사람들에게 주입시키고 있는 힌두뜨와 이념이 점점 많은 사람들에게 공감을 얻어가고 있다는 것이다. 이 공감의 범위와 강도는 기독교 선교사들과 현지인 사역자들이 힌두 신에 대해 비난하며 공격적인 설교를 하는 강도와 비례한다. 또한 기독교인들이 인도 땅에서 쇠고기를 자유롭게 먹고 판매할 권리를 주장하고, 우리도 지정 카스트와 지정 부족민이므로 힌두들과 동등하게 정부 일자리를 얻을 권리를 달라고 단합하여 주장하면 할수록 온건한 힌두들도 힌두뜨와 이념으로 마음이 기울게 된다.

4. 인도 선교를 위한 선교적 과제

1) 힌두교 및 힌두 민족주의 이해의 폭을 넓혀야 한다

인도에서 사역하는 많은 선교사들은 공통적으로 기독교 메시지의 독특성에 대해서는 강한 확신을 갖고 있지만 자신이 전하는 복음을 받을 현지인들의 신앙과 문화의 독특함에 대한 이해와 관심은 매우 부족하다. 선교 역사가 앤드류 월즈(Andrew F. Walls)의 용어로 말하면 하늘의 시민으로서 보편적인 '순례자의 원리'(the pilgrim principle)에는 투철한데 반해, 현지인들이 선교사들의 메시지와 교회를 집처럼 편안하게 느낄 수 있게 해주는 '현지화의 원리'(the indigenizing principle)에는 무

관심한 것이다.[18]

힌두교는 선교사들에 의해 흔히 우상을 숭배하는 종교와 동일시되고, 우상에게 비는 것은 어리석고 가증스런 죄라고 여러 가지 경멸적인 말로 표현된다. 19세기 말 영국 선교사 존 스커더는 그의 "영적 가르침"이라는 글에서 거짓말과 간음을 하는 힌두 신을 '비난하며' 힌두교는 그 기원이 '마귀적'이므로 '없애버려야 한다'고 주장했다.[19] 이러한 생각들은 세월이 많이 흘렀음에도 불구하고 21세기 선교 현장에서도 그대로 나타나고 있다. 설사 힌두 신에 대한 경멸과 비난의 말을 겉으로는 발설하지 않을 수도 있지만 속으로 그렇게 생각하고 있다면 그것이 말과 행동을 통해 결국에는 현지인들에게 전달이 되기 마련이다.

선교사는 현지인의 신앙과 문화에 대해 무엇이 잘못되었다고 성급하게 가르치고 비난하기에 앞서 현지인들이 어떤 신앙과 문화를 가지고 있는지 스스로 연구해 볼 필요가 있다. 힌두교를 막연히 나쁘게만 보던 사람이라도 만일 바가와드기따를 자세히 읽어보면 무너진 정의를 회복하고 악을 파하기 위하여 하나님이 인간이 되었다는 성육신의 교리를 발견하게 된다.

또한 오로지 하나님을 향한 사랑과 믿음으로만 '목사'(moksa, 구원)에 이르게 된다는 구원의 도리를 발견할 수 있다. 비록 힌두가 기독교인과 다른 하나님을 믿고 있을지는 모르나 그들에게도 진리와 구원에 대한 갈망과 탐구, 그리고 그들 나름대로의 구원의 체험과 하나님에 대한 체험을 가지고 있는 것이다. 그뿐만 아니라 그들 역시 그들의 경전에 대해 기독

---

18 Andrew F. Walls, *The Missionary Movement in Christian History: Studies in the Transmission of Faith* (New York: Orbis Books, 1996), 7–9.

19 Robert E. Frykenberg, *Christians and Missionaries in India: Cross-Cultural Communication since 1500: with Special Reference to Caste, Conversion, and Colonialism* (London: RoutledgeCurzon, 2003), 166.

교인과 똑같이 계시된 말씀의 권위로 받아들인다.

그렇다면 우리는 최소한 그들을 진리를 찾는 구도자, 그 과정에서 '어떤' 진리를 찾은 사람들로 존중할 필요가 있다. 만일 힌두의 것을 다 부정해버린다면 기독교의 성육신 메시지, 삼위일체의 메시지, 구원과 신앙의 도리에 관한 많은 부분을 부정하는 결과를 낳게 될 것이다. 그러므로 비난하기보다 존중하며, 쉽게 판단내리기 전에 많이 배우는 태도가 필수적이다.

힌두 민족주의자들의 이념과 행동은 온건한 일반 대중과 달리 배타적이고 공격적이며 폭력적이다. 그들은 오릿사와 같이 경제적 사회적으로 낙후된 지역에서 개종자 숫자를 놓고 기독교와 개종 경쟁을 벌이고 있는 중이다. 그동안에는 무슬림이 힌두 민족주의자들의 주 타도 대상이었지만, 개종자가 늘고 있는 시골 지역에서는 무슬림보다 기독교인의 숫자가 느는 것이 그들에게 더 위협적이다.

그래서 앞으로 오릿사 폭력 사태와 같은 일들이 더욱 빈번하게 일어날 전망이다. 일단 폭력 사태가 일어나면 경찰이 보호해주기를 기대하기는 어렵다. 그러므로 즉각 도망가거나 자경대를 만들어 스스로 안위를 지켜야 한다. 그리고 기독교인 변호사와 기독교 연합 단체와 네트워크를 가져 중앙 정부군과 경찰을 즉각 파견하도록 촉구해야 한다.

여러 가지 복합적인 요인들로 인해 종파 폭력이 일어날 가능성은 지역마다 상황이 다 다르다. 선교사는 자신의 안전뿐 아니라 자신과 함께 동역하여 사역하는 사역자들의 생명과 사역을 보호하기 위해 주도면밀하게 정치, 경제, 사회적 상황들을 살피고 연구해야 한다.

2) 교회 건축이나 전시적 선교를 지양하고 개인 전도와 가정 교회 개척을 해야 한다

일단 바즈랑 달 같은 전위 단체에 의한 폭력이 시작되면 결과를 예측할 수 없는 상황이 벌어지고 선교사와 현지 교회 신자들의 생명과 재산과 사역, 모든 것이 일순간에 사라질 수 있다. 그러므로 갈등의 소지를 만들지 않으면서 선교하는 것이 최상의 방책이다. 이를 위해 바람직한 방향은 가시적이고 전시적이며 프로젝트 위주의 선교 활동을 지양하고 개인전도와 가정 교회 개척을 힘쓰는 것이 바람직하다.[20]

힌두가 주류인 시골 마을에 교회가 서 있다는 것 자체가 힌두들의 눈으로 볼 때는 외국인의 침입이나 사회 전복 세력의 아지트와 같이 인식되는 경우가 많다. 더군다나 큰 건물, 좋은 건물이 들어서고 여러 가지 기독교 기관이 들어서면 힌두들을 개종시키려고 외국인이 돈을 물 쓰듯 하고 있다는 인식을 주어 반감과 분노, 시기심 등 갈등의 요인이 계속 쌓이게 되는 것이다. 지금 당장 마을이 평온하다고 평온한 것이 결코 아닌 것이다.

그러므로 인도의 교회는 지하로 숨을 필요가 있다. 보이는 유형의 교회 건축을 하기보다 티나지 않는 가정 교회를 세우고 가정 교회 단위로 확산시키는 것이 지혜롭다. 개인으로 만나서 인간관계를 맺고 그 관계성 속에서 삶으로 전도하는 것은 매우 안전할 뿐더러 기독교에 대한 거부감 없이 복음을 영접하게 할 수 있는 좋은 방법이다.

힌두들이 겉으로 보면 큰 사원을 많이 세우고 그 사원에서 예배드리

---

20 Christopher S. Raj, "Communalism : Options and Responses," F. Hrangkhuma & Sebastian C. H. Kim, *The Church in India: Its Mission Tomorrow* (Delhi: ISPCK, 1996), 33.

는 것 같지만 사실 그 사원에 정기적으로 가서 예배드리는 사람은 매우 적다. 그보다는 각 가정마다 자기 신을 모시고 매일 가정 뿌자(puja, 예배)를 드리는 것이다. 그러므로 교회를 건축해서 교회 건물 중심으로 활동하기보다 가정과 삶의 현장에서 예배드리고 증거하고 생활함으로써 가장 효과적인 복음의 증거가 이루어질 수 있는 것이다.

그러나 선교사가 인도 상황에 효과적이고 안전한 개인 전도와 가정 교회 개척 사역을 하고 싶어도 후원하는 한국 교회의 몰이해 때문에 어쩔 수 없이 교회 건물 세우는 일과 전시적 선교 프로젝트에 매달리는 경우가 많다. 왜냐하면 한국에서는 교회 건축을 해야 하나님의 일을 하는 것 같이 인식되어 있기 때문이다. 또한 한국 교회의 후원을 지속적으로 받으려면 눈에 보이는 어떤 결과물을 내놓아야 하는 부담감을 많이 갖고 있는 것이 사실이다. 그래서 선교지가 변하려면 먼저 한국 교회의 선교에 대한 인식, 선교사들이 사역하고 있는 선교지의 특성과 문화에 대한 인식이 제고되어야 한다.

3) 현지 교회가 재정을 자립하도록 도와야 한다

재정 자립의 문제는 인도 선교에 가장 어려운 부분이면서도 가장 중요한 부분이다. 이런 점에서 다음의 경고를 주의 깊게 들을 필요가 있다.

> 인도에서 모든 기독교 활동은 달러(dollar) 지향적이다. 기독교 신앙을 받아들이는 모든 사람들은 돈에 의해 올가미에 걸린다. 외국 자본으로 운영되는 기독교 기관들은 위장된 개종 가게(conversion shops in camouflage)이다. 그러나 외국의 자금

을 의지하는 그것 때문에 인도의 기독교는 결국 무너지게 될 것이다.[21]

이 말은 힌두가 한 비판적인 말이지만 어떤 점에서 인도 기독교가 나아가야 할 방향을 제시했다고 볼 수가 있다. 왜냐하면 이 말대로 인도에서는 선교사든 현지인이든 돈의 올가미에 걸려 실패하는 일을 허다하게 볼 수 있기 때문이다. 선교사는 인도 현지인들의 열악한 삶의 형편을 보면 헌금하라는 말을 하지 못한다. 그래서 헌금은 커녕 오히려 선교 차원에서 모든 것을 거저 주는 경우가 많다. 그렇게 해서 많은 사람을 모으고 큰 건물도 세울 수가 있다. 그러나 이렇게 할 때 현지인들에게 거지 근성을 기르고 자립 신앙을 세우지 못하는 문제가 생긴다. 그들은 선교사에게 얻어 먹을 것이 있을 때까지만 교회에 나오고 결국에는 떨어져 나가게 된다.

사실 선교사들이 잘 모르는 것이 있는데 그것은 인도 사람은 가난하지만 인도 교회는 부자라는 것이다. 인도 교회는 선교사들이 남기고 간 수많은 땅과 교회 건물, 학교, 병원 등으로 부동산 부자라고 할 수 있다. 그래서 '날아 다니는 비숍'(flying bishop)이라는 말이 있을 정도로 교회 지도자는 늘 비행기 타고 다니고 최고급 호텔에서 자며 자녀들을 해외 유학 보내는 경우가 많다. 한국 선교사들이 현재 열심히 땅 사고 건물 짓는 것이 50년, 100년, 200년 뒤에는 영국 사람들이 그랬던 것처럼 인도인들에게 일자리 늘려주고 재산 증식에 기여하는 것이 될 수 있다. 문제는 이렇게 재산이 많기 때문에 인도 교회 지도자들이 전도할 필요를 느끼지 못하고 있다고 의식있는 인도 목회자들이 말하고 있다. 또한 기독교는 돈으로 선교하는 차원 낮은 종교라는 인도에서의 이미지를 벗어날 길이 없다.

---

21 Ebe S. Raj, *The Confusion Called Conversion*, 19.

인도 사역에서의 성공은 재정에서 자립하도록 돕는 데 있다. 인도 사람이 돈이 없으면 교회를 짓지 말아야 한다. 인도 사람이 사무실 한 칸 정도 월세 낼 만큼의 돈만 있으면 사무실 한 칸만 빌리는 것이다. 어떤 사람은 인도에서 자립이라는 것은 말이 안 된다고 한다. 그러나 자립이 안 되는 근본 이유는 자립이 불가능한 불가촉천민들만을 데리고 사역하기 때문일 것이다. 사역의 대상을 산골짝과 시골의 천민으로만 할 것이 아니라 도시의 아파트촌으로 들어가서 직장 다니는 일반인을 대상으로 바꾸면 얼마든지 자립할 수 있다.

4) 시골, 천민 중심의 선교적 불균형을 시정하여 도시, 상층민 힌두 선교로 전환해야 한다

앞에서 재정적 자립이라는 측면에서 사역의 대상을 바꾸는 것에 잠시 언급했지만 사역의 대상을 도시, 상층민 선교로 전환해야 할 더 중요한 이유가 있다.

첫째, 지정 카스트와 지정 부족민 그리고 여타 후진 카스트에 거의 모든 선교사와 재정이 배치되어 있다 보니 정작 인도 사회의 주류인 힌두들에 대한 선교, 또 상층 카스트에 대한 선교가 거의 전무하다시피 하기 때문이다. 그 결과 오늘날 인도 신자들의 90-95%가 수드라 이하 최하층 계급 출신이다. 기독교 복음이 억눌린 자, 가난한 자에게 전파되는 것은 자연스러운 일이고 당연히 그렇게 해야 하겠지만 문제는 그곳에 너무 많은 인적, 물적 자원이 배치되어 있으므로 이러한 선교적 불균형을 시정하는 일이 시급하다는 것이다.

힌두는 전통 신앙에 뿌리가 깊고, 상층 카스트는 기독교 신앙을 가지면 잃어버릴 것이 많기 때문에 그들에게 전도하는 것은 영국과 미국의 선교사들도 쉽지 않았고 우리 한국 선교사도 마찬가지로 어려운 것이 사실이다. 그러나 비록 어렵고 열매가 빨리 맺히지 않아도 복음을 기다리는 곳에 선교사가 찾아가는 것이 마땅할 것이다.

둘째, 도시의 상층민 선교는 인도 현지인들이 할 수 없는 것이므로 외국인 선교사가 반드시 필요한 사역이다. 인도가 시골은 여전히 철저한 계급사회이지만 대도시는 경제적 능력에 따른 사회적 클래스(class)가 중요한 것으로 바뀌었다. 그래서 사회적 신분이 낮을 뿐더러 경제적으로 하층에 있는 사람이 도시의 중산층 선교를 하는 것은 꿈도 꾸지 못한다. 그래서 최근 인도의 기독교 지도자들과 학자들은 한국 선교사들에게 현지인이 할 수 있는 영역 말고 그들이 할 수 없는 상층 힌두들 선교를 부탁하고 있다고 한다.

한국 선교사들은 대개 현지에서 사역을 위하여 승용차를 가지고 있는 경우가 대부분이다. 인도에서 승용차를 사용할 수 있는 사람은 사회의 중상층에 속한다. 그러므로 선교사의 사회적 클래스는 도시의 상층민 선교를 하기에 가장 적합한 것이다. 도시는 세속화가 많이 진행되어 있고 진보적이어서 보수적인 시골지역보다 오히려 복음에 대해 수용적인 경우가 많다. 이곳은 돈보다는 말씀의 능력, 복음의 능력, 영성과 삶으로 승부를 겨뤄야 한다. 대도시에는 타 지역에서 이주해 온 이주자들이 많이 살고 있는데 이들을 파고 들어간다면 의외로 좋은 열매를 거둘 가능성이 많다.

5) 기독교인으로서의 정체성과 함께 인도인으로서 정체성도 갖도록 도와야 한다

인도에서 기독교인은 철저하게 사회로부터 격리되어 있는 경우가 많다. 축제도 크리스마스만 지키지 다른 축제와 공휴일은 쉬지도 않는 경우가 많다. 보수적인 오순절 계통의 교회는 힌두의 축제에는 아예 참여하지 않는 방침을 가지고 있다. 그렇게 해서 거센 힌두 문화로부터 자신을 지키고 기독교인의 정체성을 지킬 수는 있을 것이다.

그런데 문제는 기독교 공동체가 철저히 게토화된다는 것이다. 사회와 격리되어서 그곳에 가면 신나고 재미나는 일도 있고, 얻어 먹는 것도 있고, 직장과 친구도 있지만, 문제는 기독교인들의 모임을 넘어서서 타 종교인들과의 만남과 교제가 없다는 것이다. 만남이 없으면 영향력도 없고 복음 전도도 할 수 없게 된다. 만남이 없으면 오해와 의심과 불신의 골만 깊어지게 된다. 그 결과 종파 폭력 사태와 같은 극단적인 사태를 스스로 불러올 수가 있게 되는 것이다.

그러므로 선교사는 현지인들에게 인도에 대한 애국심을 고취하고 인도인으로서 정체성을 갖도록 도와야 한다. 기독교 가르침과 충돌하지 않고 힌두교 신앙과 직접 관계가 없는 중립적인 문화는 적극 수용해서 인도 사람들과 동질감과 연대감을 나눌 필요가 있다. 사도 바울은 그리스도를 전하기 위해 유대인에게는 유대인 같이, 이방인에게는 이방인 같이 되었다. 선교사들은 힌두를 얻기 위해서 힌두같이 될 필요에 대해 고민해야 할 것이다.

5. 나오는 말

오릿사 깐다말에서의 폭력 사태는 어쩌다가 우발적으로 발생한 사건이 아니다. 개종을 둘러싼 선교사와 힌두 민족주의자 사이의 오랜 갈등, 힌두와 기독교 공동체 사이에 경제적 격차로 인한 경쟁과 시기심, 그리고 이를 기화로 정치권력을 획득하려는 힌두 민족주의들의 충동과 같은 복합적 요인으로 일어난 것이다.

무엇보다 심각한 것은 바즈랑 달, 힌두세계 협회, 국민자원봉사대와 같은 힌두 민족주의자들이 갖고 있으며 점차 온건한 힌두들에게까지 파고 들고 있는 힌두뜨와 이데올로기이다. 이는 힌두들만을 인도 사회의 정당한 주체로 인정하고 비힌두들을 동화, 복종, 박멸시키고자 하는 배타적 민족주의로서 '다원주의 속에 일치,' '세속화,' '민주주의' 원리를 토대로 하는 인도의 헌정 체계를 깨뜨리고, 인도의 통합과 조화로운 공존과 사회의 건강한 발전을 저해하는 전체주의적 이념인 것이다. 이렇게 공격적 민족주의가 급격히 부상하는 가운데 기독교 선교와 지속적인 충돌의 우려가 높아지고 있다.

인도에는 수많은 깐다말이 있으며 그곳에는 지금도 기독교 선교사와 힌두뜨와 이데올로기로 무장한 힌두 민족주의자들 사이에 치열한 개종-재개종 전쟁이 벌어지고 있기 때문이다. 그렇다면 앞으로 제2, 제3의 오릿사 폭력 사태는 계속되어 질 것으로 전망된다. 고홍근 교수는 종파 간의 폭력이 얼마나 고질적인가를 논한 후 이렇게 결론을 짓는다.

> 영국 통치 하에서의 대립과 분리 독립 그리고 현재의 종파갈등 역시 종교 철학적 측면보다는 권력과 자원의 재분배 과정에서 벌어졌던, 또는 벌어지고 있는, 분쟁이라고 보는 것이 타당하다. 즉, '세속적 목적을 위한 종교의 이용'이 인도 종파주의의 가장 큰 배경이 되고 있는 것이다. 따라서 인도 종파주의의 성격은 고질적이고 폐쇄적이며 폭력적이 될 수밖에 없다.[22]

이처럼 힌두 민족주의가 고질적이고 폭력적이 될 수밖에 없는 상황에서 인도 선교는 가능하면 종파 폭력을 자극하지 않는 방향에서 진행되어지는 것이 마땅할 것이다. 기독교 선교사가 개종 사역을 포기할 수는 없

---

22 고홍근, "인도 종파주의의 성격(1)," 「남아시아 연구」, 제8권 2호, 2003, 31.

을지라도 힌두의 신에 대한 공격적, 경멸적 태도는 버릴 수 있을 것이다.

　가시적이고 전시적인 교회 건축, 프로젝트 역사보다는 개인 전도와 가정 교회 개척의 방향을 잡는 것이 인도 문화에 맞고 전도 효과도 크다. 돈 선교라는 이미지를 벗어버리기 위해 처음부터 건물 짓는 사역을 하기보다 처음에는 신앙을 세우는 일, 특별히 자립 신앙을 세우는 일에 힘써야 할 것이다.

　무엇보다 하층민으로 치우친 선교의 인적, 재정적 자원이 도시 상층민과 힌두들에게로도 가야 할 것이다. 현지 인도 기독교인이 할 수 없기 때문에 요청하고 있는 도시 중산층 선교야말로 한국 선교사에게 가장 적합하고 열매 맺는 선교가 될 수 있다. 이와 함께 선교사는 자신의 사역을 게토화를 시키지 않고 현지인들이 현지 문화에 어우러져 성육신적 삶과 사역을 할 수 있도록 권면하며 인도에 대한 애국심을 고취시킴으로써 크리스천일 뿐만 아니라 인도인 크리스천의 정체성을 갖도록 도와야 할 것이다.

전통적 선교에서 문화에
적합한 선교로 전환하라

인도 선교의 이해 II
Understanding of India Missions II

제3부
인도인의 필요를 채우며 인도 문화에 적합한 선교 방식

1장 라젠드라 다스의 힌두 선교와 한국인 선교사의 과제
2장 인도의 블루 오션, 도시 중산층 선교 방법론
3장 구루 쉬쉬야 관점에서 본 인도인 제자 양성 방법
4장 힌두 선교와 예수 박타 모델

전통적 선교에서 문화에
적합한 선교로 전환하라

인도 선교의 이해 II
Understanding of India Missions II

1장

라젠드라 찬드라 다스의 힌두 선교와 한국 선교사의 과제[1]

다스(R. C. Das)는 후커(R. H. Hooker)가 말한 대로 20세기 인도의 힌두 선교 분야에서 논쟁의 여지가 없는 핵심 인물이었다. 전도와 상관없는 종교와의 대화가 만연한 시대에, 그는 살아 계신 구주 예수 그리스도에 대한 믿음과 회개의 메시지를 전파하는 데 주력했다. 힌두교로부터 오는 혼합주의와 절충주의를 경계하고, 물세례가 개종자에게 주는 어려움에도 불구하고 세례의 중요성을 역설한 대표적인 복음주의자였다.

다스가 힌두 선교에서 중요한 위치를 차지하는 이유는 단지 그가 복음 메시지에 철저한 사람이었기 때문만이 아니라, 힌두의 철학과 신앙과 언어와 문화에 정통한 사람으로서 힌두들에게 어떻게 해야 복음을 이해시킬 수 있는지를 잘 알고 인도 교회가 나아가야 할 방향을 제시한 선지자적 역할을 했기 때문이었다. 그래서 헨리 프레슬러(Henry H. Presler) 박사는 그를 가르켜 바라나스의 힌두 지성인들에게 기독교를 이해시킨 사람이며, 어떻게 힌두를 친구로 삼을 수 있는지 아는 사람이라고 말했다.

인도 선교의 경험과 역사가 짧은 한국 선교사들에게 다스는 힌두에

---

1 2005년 스리랑카에서 열렸던 제2회 서남아시아 선교사 수양회에서 발표한 글이다.

대한 깊은 이해와 함께 우리가 본받을 수 있는 힌두 선교의 성공적 모델이 무엇인지 제시해 준다. 그뿐만 아니라 다스는 서양 선교사와 수십년 일한 경험이 있으므로 외국 선교와 선교사의 문제점에 대해서도 정통한 사람이었다. 그가 서양 선교사와 그들의 사역에 대해 언급한 많은 부분이 한국 선교사와 사역에도 해당될 수 있다.

다스는 힌두교 배경을 가진 인도 기독교인으로서 기독교가 극소수인 힌두교의 심장부에서 교육 받은 힌두들을 대상으로 사역했기 때문에, 컨텍스트가 다른 한국 선교사들의 입장에서 이해하거나 받아들이기 어려운 부분도 있을 줄 안다. 그럼에도 불구하고 다스는 힌두를 대상으로 개종과 교회 개척 사역을 희망하며, 한 걸음 더 나아가 인도 교회와 선교의 역사에 항구적인 영향을 끼치기를 희망하는 모든 현지, 외지 사역자들을 위해 길과 등대의 역할을 할 것으로 전망된다.

다스의 생애와 사역에 대해 먼저 언급한 후, 다스의 힌두 사역의 원리와 방법론이 무엇이었는지 말하고, 다음에 다스의 선교가 한국 선교사에게 주는 과제가 무엇인지 필자의 의견을 개진하고자 한다.

1. 다스의 선교

라젠드라 찬드라 다스(Rajendra Chandra Das)는 1887년 이스트 벵골의 한 마을에서 유복한 힌두 가정의 아들로 태어났다. 어머니는 그의 나이 세 살 때 일찍 돌아가셨으므로, 어린 다스는 독실한 힌두 아버지의 영향을 크게 받아 힌두 교육을 받으며 성장했다. 힌두 전도를 한 다수의 사역자가 브라민 출신인 반면에 흥미롭게도 그는 나마수드라 카스트로서 불가촉천민 출신이었다.

다스는 고등교육을 받기 위해 다카에 왔다가 거기에서 개종을 하고

1908년 그가 21세 되던 해에 세례를 받았다. 그가 어떤 이유에서 회심하게 되었는가는 잘 알려져 있지 않다. 그러나 후에 그는 힌두교가 약하고 문제가 있고 거짓 종교라서 기독교 신앙을 가진 것이 아니라 힌두교로 채울 수 없는 종교적 갈망이 있었는데 그리스도 안에서 그것을 해결할 수 있었기 때문이었다고 말했다. 다시 말하면 다스는 참과 거짓, 좋은 것과 나쁜 것 사이에서 기독교를 선택한 것이 아니라 부분적인 참과 완성된 참, 좋은 것과 최상의 것 사이에서 기독교로 개종한 것이었다. 참 아니면 거짓이고, 좋은 것 아니면 나쁜 것으로 생각하는 한국인의 흑백 논리 구조에서는 이해하기 어렵고 받아들이고 싶지 않을 수 있으나 다스와 인도 기독교를 이해하고 힌두 선교를 하기 위해서는 진지하게 성찰해 봐야 할 부분이다.

세례 받는 날부터 다스는 전도 사역을 시작했고 타고난 재능으로 인하여 그는 바로 기독 학생 운동의 리더가 되었다. 캘커타대학에서 영어, 산스크리트어, 철학을 전공하여 최우등으로 졸업한 후 1915년 세람포르 신학대학에 입학했다. 그러나 서양 선교사가 짜 놓은 프로그램이 마음에 들지 않아 1년만에 자퇴를 했다. 그의 재능을 안타까이 여긴 친구 선교사의 조언으로 그는 3년간 힌두 철학 전공으로 M. A.를 했으며, 동시에 세인트폴대학에서 철학 과목 강의를 맡게 되었다. 다스는 철학 교수인 동시에 열정적인 전도자였으며 이를 인정받아 1916년 앵글리칸교회로부터 평신도 선교사로 임명을 받았다. 학위를 마친 후 아그라의 세인트존스칼리지에서 3년간 철학을 가르쳤다. 그 후 영국교회선교회의 일원으로 이스트 벵골 쿠쉬티아에서 전도 사역에 종사했다.

그러다가 1930년 힌두교의 성지 바라나시에서 선교사가 설립한 바라나시연합도시선교회로부터 거역할 수 없는 부름을 받고 전적으로 힌두교인을 대상으로 하는 사역에 전임 사역자로 뛰어들게 되었다. 여기에서 선교회가 1946년에 문을 닫기까지 7명의 서양 선교사와 함께 협력 사역을 하였다. 선교사들이 철수한 후 1946년부터 그가 1976년 죽기까지 30년 동안은 바라나시 중심가에 크리스티판티라는 아쉬람을 설립하여 이곳을 중심으로 힌두들에게 복음 메시지를 전하고 제자 삼는 사역을 지속하였다. 그는 38년간 주류 교회와 선교 단체에서 일했고 나머지 30년은 독립적으로 아쉬람선교센터를 운영했다.

다스는 학생 시절에는 학생기독운동(Student Christian Movement)중앙위원으로 활동했고, 그 후에는 NMS 전인도이사회의 대표로 1920년부터 1960년까지 봉사했으며, UP 벵골 힌두전도회와 National Christian Councils의 장기 대표를 맡았다. 1940년에는 힌두교 연구를 위한 기독인회를 설립한 바 있다. 다스는 1930년에서 1965년까지 인도 교회와 선교 모임에서 중요한 인물이었으며, 그를 빼뜨리고서는 20세기 인도 교회의 선교를 논하기 어려운 인물이다.

1) 힌두교에 대한 공감적 접근

다스가 볼 때 힌두교는 파괴하고 대적해야 할 거짓 종교, 사탄의 종교가 아니라 부서진 빛, 파편화된 진리이며, 그리스도 안에서 완성된 진리에 대한 갈망이다. 힌두교 속에도 기독교와 유사한 유일신, 삼위일체, 성육신, 죄, 지옥, 하나님의 어린 양, 오직 믿음으로 말미암는 구원과 같은 진리가 있다. 이것은 시대와 지역을 초월해 인류 구원을 위해 일하시는 성령님께서 인도의 현자들 속에 복음의 준비로 허락하신 불완전한 계시이다.

하나님은 유대인을 사랑하시는 만큼 고대로부터 인도 백성들을 사랑하셨다. 사도행전 14:17에 증인이 없이는 버려두지 않으신다고 말씀하신 대로 하나님은 인도를 버리지 않으사 작은 빛들을 주셨다. 이 빛들을 통해 인도는 영원하고 참되신 하나님께 대한 갈망과 탐구를 멈추지 않아

왔으며, 마침내 우리는 그리스도 예수 안에서 그 완전한 빛을 찾게 된다고 한다.

예를 들어 힌두교의 경전 중 최고의 권위를 갖는 베다경의 핵심 내용은 바너지(K. M. Banerjea)가 말한 대로 '제사'라고 말할 수 있다. 그런데 만일 힌두에게 그가 갖고 있는 제사의 개념이 전적으로 틀린 것이라고 한다면, 그는 기독교에서 말하는 속죄의 진리를 이해하지 못하게 될 뿐만 아니라 그리스도의 죽으심 역시 거치는 돌, 어리석은 가르침으로 귀결시키게 된다.

다스의 이러한 공감적 접근은 한국 선교사의 입장에서는 받아들이기 어려울 수 있지만, 흥미롭게도 이러한 입장은 20세기 전반기에 인도 선교를 했던 대다수의 서양 선교사들과, 오늘날까지도 인도 기독교인과 기독 사상가 중에 보수 진보를 막론하고 대체적으로 갖고 있는 입장이다. 예를 들어 우리가 잘 알고 있는 복음전도자 선다싱은 이렇게 말했다.

"기독교는 힌두교의 성취이다. 힌두교가 그동안 수로를 파왔고, 그리스도는 그 수로 위를 흐르는 물이 되신다."

또 다른 대표적인 브라민 복음 전도자였던 나라얀 띨락(Narayan v. Tilak)도 이렇게 말한 바 있다.

"그리스도는 파괴시키러 오신 분이 아니시다. 나는 투카람의 다리를 건너 그리스도에게로 왔다."

틸락이 말한 것은 그의 투카람에 대한 선이해가 그로 하여금 기독교 복음을 영접하고 체험할 수 있는 준비가 되었다는 것이다.

2) 힌두교의 지속적 가치에 대한 긍정

다스가 볼 때 힌두교는 부정되고 무시되어야 할 과거가 아니라 기독교인의 영성과 윤리적 삶에 지속적인 가치를 갖는 것이다. 만일 힌두교를 부정하게 되면 기독교는 이국적이 되고 활기를 잃고 색깔이 없는 기독교가 되고 말 것이다. 이것은 기독교 자체의 역동성을 부정하는 것이 아니라 인도 기독교의 풍취와 색깔에 관해 말하는 것이다. 왜냐하면 서양 사람들에게 역동적으로 느껴지는 예배와 전도 방식이 인도 사람에게는 낯설고 값싸고 알맹이 없는 수준 이하의 것으로 느껴지기 십상이기 때문이다.

무엇보다 인도에서의 기독교는 외래종교요 열등한 종교이다. 그뿐만 아니라 크리스천들은 애국의 열정이 없이 외국 세력과 결탁하여 자기 밥벌이나 하는 에이전트로써 국가를 파괴시키는 세력으로 언제나 의심의 대상이 되어 왔다. 만일 힌두교와의 관계를 전적으로 부정한다면 인도에서의 기독교는 영원히 천민의 종교에서 벗어나지 못하고 인구의 다수를 차지하는 힌두들이 복음을 가까이 할 기회를 갖지 못하게 될 것이다. 다스가 힌두교와의 연속성을 이야기하고 인도적인 기독교, 인도식의 기독교 교회 세우기를 강조하는 이유가 여기에 있다.

(1) 개인적인 접촉의 중요성

다스는 자연스럽고 친밀한 개인적 접촉의 중요성을 역설한다. 교회에서 대중 설교를 하건, 신학교에서 강의를 하건, 오픈 에어 전도 집회를 하건 반드시 개인적 접촉을 해야 한다고 한다. 공식적, 사업적, 직업적 만남은 그것이 아무리 감동적 설교, 깊은 사상과 고매한 삶을 보여 준다 할지라도 사람들의 집을 방문하여 그들의 기쁨과 슬픔과 희망을 함께 나누며 그들의 문제와 삶 속으로 들어가는 것 만큼 열매를 맺지 못할 것이다. 신학교 사역, 대규모 전도 부흥 집회, 교육 사업, 의료 사업, 시골 환경 개선 사업, 어린이 복지 사업, 농촌 사업, 모든 박애주의적인 사회 사업이 인도에서는 다 필요하고 소중한 일이다.

그러나 이러한 외부적인 일에 매달려 영적인 동기를 잃고 개인적이고 인격적인 접촉이 없는 선교를 한다면 그리스도를 위해 잃어버린 영혼을 얻는 일은 놓치게 될 것이다. 그리스도인이 인도와 세계를 위해 줘야 하는 가장 위대하고, 열매 맺는 복된 선물은 그리스도와 성경이다.

(2) 논쟁보다 간증

종교적인 대화를 나누되, 논쟁은 피하고 전투적인 정신은 버려야 한다. 논쟁은 방어적 자세를 불러일으키고 적대감을 낳게 된다. 힌두교의 문제점을 지적하고 깎아 내리는 접근보다는 같이 성경을 읽어 나가고, 그리스도를 통해 받은 은혜와 진리에 대한 자신의 영적 체험을 이야기하는 것이 힌두인의 마음을 움직이는 힘이 있다. 정치적, 문화적, 종교적 제국주의와 승리주의의 태도는 인도인의 자존심에 상처를 주고 반감을 사게 된다. 겸손과 사랑, 그리고 삶에서 실천하는 진리가 힌두의 마음에 역사하는 힘이 크다.

(3) 그리스도의 유일성

예수의 부활, 구속, 신성과 같은 교리 강연은 힌두의 마음을 흐트러뜨리고 반감만을 불러일으킨다. 그보다는 역사적인 예수님의 완벽한 삶과 인격으로부터 시작하는 것이 좋다. 영웅 숭배에 익숙한 그들은 완전한 인간 예수님으로부터 어렵지 않게 그들의 친구, 철학자, 진리의 안내자, 구루, 그리고 구주와 하나님을 발견해낸다. 이것이 일반적인 인도인의 종교적인 심리 구조이다.

죄에 대한 성경적 가르침은 많은 힌두들에게 반감을 줄 수 있다. 그러나 알고 보면 힌두의 경전 역시 죄에 대해 성경과 유사한 내용들을 많이 가지고 있다. 힌두의 경전을 다리로 놓아 성경과 그리스도를 연결하는 것이 부작용이 적고 효과가 크다.

(4) 문화적 배경 지식

성경에 대한 지식과 함께 산스크리트어와 인도 언어, 그리고 인도의 역사, 철학과 사회, 문학, 종교와 문화에 대한 깊은 지식이 있어야 한다. 힌두의 종교적인 용어 쓰기를 주저하지 말고 풍부하게 활용할 줄 알아야 한다.

(5) 잘못된 접근

전도자들이 그리스도의 유일성과 같은 교리를 설명할 때 그 내용에 문제가 있다기보다는 그것을 전하는 태도와 자세, 그리고 전달의 방법을 잘못하는 경우가 많다. 마음속에 힌두를 낮게 여기고 우월한 태도로 전하는 것이 실패의 원인이다. 인도인이건 선교사이건 간에 힌두의 삶과 신앙에 대해 범죄적이라고 말할 정도로 무지한 것과 무시하는 경향을 고쳐야 한다. 교리와 교회나 도덕적인 내용을 단순한 복음과 하나님의 왕국에 대한 메시지보다 더 강조하는 것은 지혜롭지 못하다. 복음의 주변을 말하기보다 복음의 핵심, 곧 십자가와 부활과 그리스도의 구원의 은혜를 직접적으로 증거해야 한다. 대부분의 개신교 예배와 가르침, 설교는 지적인 강조에 치우쳐 있는 경우가 많이 있는데, 지적인 깨우침보다 마음에 호소하는 것이 더 중요하다. 오픈 에어나 시장과 같은 길거리에서 설교하는 것은 시대착오일 뿐만 아니라 범죄이다.

(6) 복음 전도

복음을 갈망하는 힌두들을 위한 선교를 외면하지 말아야 한다. 오늘날 엄청난 재원과 유능한 선교사들이 대부분 불가촉천민과 부족민들을 위해 배치되어 있다. 반면에 하이 카스트 힌두들은 영적인 굶주림과 도덕적 힘에 대한 갈망으로 고통하고 있다. 마음과 머리를 가진 유능한 선교사들이 이들을 위해 사역하는 것이 절대적으로 필요하다.

(7) 힌두들이 매력 있게 느끼는 예배

언덕 위에 올라가거나 나무 밑에 앉아서 청중들을 위해 크리스천 바잔 노래를 부른다. 몇 곡 부른 후에 짧은 복음 메시지를 전하거나 성경을 읽으면서 강론을 한다. 그리고 나서 질문을 받고 응답하는 시간을 갖되 논쟁은 하지 않는다. 이런 방식이 힌두들이 라마야나와 기타, 바가바타 프라나를 듣는 방식이다. 인도식 예배는 예배 전에 목욕을 하고 깨끗한 옷으로 갈아 입는다. 가부좌 자세로 바닥에 앉거나 무릎을 꿇는다. 예배드리는 곳에서 신발은 반드시 벗어야 한다. 구루와 같이 설교자는 낮은 강단에서 앉아서 가르친다. 인도 현지어만을 사용해야 한다. 단조로움을 피하기 위해 다양한 찬송과 묵상, 성경 읽기, 강론을 병행한다.

이와 곁들여 자선과 병자에 대한 치유를 불신자들을 위해 하면 좋다. 교회 내에서는 음식을 들거나 위원회, 수양회 같은 세속적 모임을 하지 말아야 한다. 교회 내에서 개인적 대화는 금물이다. 십일조나 닥쉬나(감사함으로 드리는 헌물)와 같은 것들은 장려 되어야 한다. 헌금함을 예배 중이나 전후로 돌리는 일은 절대 하지 말아야 한다. 자발적으로 본인이 하나님께 드리는 것이 인도인들의 방식이다. 그리스도와 위대한 신앙의 위인들의 신앙을 기리는 축제 같은 것들은 교인들의 신앙생활에 필수적으로 중요한 요소이다.

(8) 힌두교에 대한 최상의 복음적 접근

힌두들이 기독교의 진리를 확신한 뒤 겪는 가장 큰 어려움은 같이 교제할 사람이 적고 교회에서 이런 이들을 수용할 문화적 분위기가 되어 있지 않다는 것이다. 초신자 교인들을 교회 내에 정착시키기 위해서는 그리스도의 풍성함과 함께 친밀한 인도적인 문화가 있어야 한다. 이런 점에서 힌두교에 대한 최상의 복음적 접근은 아쉬람이다.

아쉬람이 전략적으로 탁월한 이유는 그것이 끄는 호소력과 매력이 있기 때문이다. 단순하면서 인도의 경제적 현실에 맞는 저렴한 사역의 방식이기 때문이다. 아쉬람은 서양식의 문화와 리더십이 지배적인 교회와 연결시킬 필요 없이 개종자들에게 친숙한 교제와 양육의 환경을 제공해 준다. 말할 것도 없이 불신자 힌두들이 접근하기 용이한 만남의 장소를 제공한다.

(9) 가족 분리

가족이나 문화로부터 분리하는 것이 그리스도의 제자가 되는 데 필수적이라는 어떤 암시나 가르침도 있어서는 안 된다.

첫째, 서구 선교 단체가 재정적으로나 구조적으로 너무나 잘 조직화되어 있다 보니 인도인들의 눈에는 그러한 것들 뒤에 있는 선교사들의 희생과 신앙이 보이기 보다는 오직 돈의 힘과 인간적인 능력에 더 주목하게 된다. 그래서 선교사들이 좋은 뜻에서 교회에 주는 어떤 도움도 교회의 진정한 발전을 가로 막는 경우가 많이 생기게 되는데 이는 도움을 주는 태도와 그것에 같이 딸려 들어오는 어떤 조건들 때문이다.

둘째, 인도를 떠나라는 말은 하지 않겠지만 교회는 떠나야 한다. 그 이유는 교회 내에 식민주의적 자본주의 시스템이 고착화되기 때문이다. 개인이든 그룹이든 외부로부터 전적인 도움을 받게 되면 사람들은 자신이 어떤 재능과 은사를 가지고 있는지를 알지 못하고 잊어버리게 된다. 도덕적인 마인드를 잃고 자립정신이 마비되며 매사에 비효율적으로 된다. 의지할 대상이 있기 때문에 늘 누군가의 도움을 바라고 스스로의 힘으로 무엇을 해 볼 의지를 갖지 않는다. 그런 사람들과 모임은 자존감을 잃어 버리게 되는데 이것이 정확히 인도의 현실이다. 그래서 어떤 서양 선교사는 인도인에게 돈을 주는 것이 인도 복음 역사 실패의 원인이라고까지 말했다. 인도인들은 많은 도움을 받고 있으면서도 더욱 더 많은 도움과 선교사들을 외부에서 보내 주기를 요구한다.

이것이 선교사들이 재정적인 지원과 인도 교회 내에서 하는 사역을 중단해야 하는 이유이다. 종종 많은 선교사들이 실제적인 봉사와 희생의 삶은 실천하지 않으면서도 인도 현지인과 비교할 수 없이 안락하고 풍요로운 삶만을 누림으로써 인도인들로 하여금 그리스도와 기독교인에 대한 잘못된 인상만을 심어 주는 일들이 생기는 것이 현실이다. 그뿐만 아니라 선교사들은 책임 있는 자리와 권한을 차지하고 인도인들의 자율적인 지도력과 인도 상황에 맞는 정책 수립하는 것을 막는 일들이 왕왕 일어난다. 선교사들이 인도인을 훈련하되 자신들의 기준과 원칙으로 하기 때문에 그런 훈련을 받은 인도인 사역자들은 교회에 너무나 큰 경제적 부담을 안겨주고 단순함과 희생을 바탕으로 이뤄져야 할 현지 교회의 현실에 맞지 않는다.

선교사들이 인도를 위해 헌신하고 수고한 일은 너무나 고마운 일이지만 우리 인도인 역시 하나님의 자유로운 자녀들로서 사도적인 교회와 인도의 문화에 비추어 인도인의 교회를 만들어 나갈 천부적인 권리가 있다. 선교사가 철수하고 인도인을 책임자로 세운다고 하여도 결코 인도의 교회는 민족적인 교회, 인도식의 교회가 되기 어렵다. 왜냐하면 국내에서든 외국에서든 외국인에게 교육 받고 훈련받은 인도인들이 조국의 문화와 종교와 역사에 대한 무지 가운데 정확히 서양 교회의 복사판 교회를 만들어내기 때문이다.

인도인 기독교인들은 자신들이 태어난 조국을 위해 충성하거나 의지하지 않고 서구의 동정과 지원만을 의지한다. 그들은 이름도 서양 이름으로 짓고 아예 성도 갈아 버린다. 총칼로 위협한 사람도 없는데 스스로 그렇게 한다. 그들은 인도의 문화에 대해 전혀 알지를 못하며 흥미도 갖지 않는다. 사기군 인도인들, 유럽화된 인도인들이 잘 나가고 교회에서 요직을 맡는다. 이것이 인도의 기독교인들이 선교사와 긴밀하게 사회적, 종교적, 재정적 관계를 맺어 온 직접적 결과이다. 교회 연합을 통해 이러한 경향은 더욱 더 강화되었으며, 그 결과 인도에서의 기독교 교회는 지속적으로 이국적인 외래 종교로 유리 집 속에 있는 식물과 같이 되어 버렸다. 그뿐만 아니라 선교사들은 문화에 대한 몰이해와 반감 때문에 인도의 문화를 뿌리 뽑는데 자신도 모르게 앞장선다. 그러므로 인도의 교회는 혁명적인 방향의 전환이 필요하다.

이러한 다스의 지적은 그만의 지적이 아니라 라젠드란(K. Rajendran)의 최근 책, 『인도 선교 어느 길로 가야하는가?』라는 책에서도 동일하게 지적되고 있다. 그는 외국 선교사들의 한계라는 장에서 정보의 한계, 분열과 경쟁, 호스트 문화와의 투쟁, 하이 카스트 힌두에 대한 전도 문제, 에이전트로서의 인도 사역자, 선교사 컴파운드 내에서의 거룩한 사람들의 문제를 지적했다.

필자는 다스의 글들을 읽으면서 무엇이 진정으로 인도인과 인도 교회를 위한 길인지 성찰해 보게 되었다. 다수의 가난하고 복음의 수용성이 좋은 달리트와 부족민을 위한 선교에 충분한 정당성은 있으나 이미 20%, 40%, 90% 기독교화 된 사람들을 위해 대부분의 인적, 물적 자원이 집중되고, 반면에 0.2%, 0.1%밖에 기독교인이 없는 다수의 힌두 지역들을 위한 선교는 버려져 있는 현실이다.

그러면 앞으로 한국 선교사가 나아가야 길은 무엇인가?

이미 제국주의 선교, 돈 선교, 프로젝트 선교로 비난의 대상이 되고 있는 서양 선교사의 전철을 밟지 않고 인도 교회의 미래를 위해 바람직한 사역의 모델은 무엇인가?

전에 NCCI에서 활동했던 패키엄 사무엘(Packiam Samuel)은 "팔레스타인에서 운동으로 시작했던 기독교가 로마에 들어가서는 종교가 되고, 영국에 들어가서는 제도화가 되고, 미국에 들어가서 회사가 되더니, 인도에 와서는 프로젝트가 되었다"는 말을 했다. 그에 의하면 운동과 프로젝트의 차이점은 현지인의 필요를 섬기느냐 그렇지 않느냐에 달려 있다고 말한다. 현지인의 필요를 찾고 그 필요를 섬긴다면 그 선교 사역은 환영 받을 뿐만 아니라 현지인의 자발적인 참여를 일으킬 수 있게 되어 그 사역은 선교사 일인의 사역이 아니라 현지인의 운동으로 자리잡게 된다는 것이다.

현지 운동으로 가는 길은 어떠한가?

① 현지인의 필요를 아는 것이고,
② 그 필요에 나 자신과 사역을 맞춰 나가야 한다.

여기에는 다스가 말한 대로 혁명적인 방향의 전환이 필요하다. 패러다임의 전환, 아니면 적어도 패러다임의 다양화를 가져와야 한다.

그것이 무엇인가?

다스에 의하면 영적 기아로 고통하며 그리스도를 갈망하는 힌두들의 필요를 채우는 것이다. 다스에게 있어서 힌두 선교는 어려운 것이 아니다. 그는 아주 구체적이고 풍성한 열매를 반드시 기대해야 하고 기대해도 좋다고 말했다.

힌두 선교는, 주지주의적이었던 서구 선교사보다 마음이 뜨겁고 영성이 있는 한국 선교사에게 적절하다. 힌두 선교는, 카스트가 낮고 가난하여 수준 차이가 나는 달리트 출신 인도인보다, 인도의 중상류층과도 쉽게 어울릴 수 있는 경제 수준을 가진 한국 선교사에게 적절하다. 현재 인도 기독교인의 다수는 높은 카스트, 높은 생활 수준, 교육 수준을 가진 카스트 힌두에게 접근하기가 거의 불가능하다. 또한 힌두 선교는, 영어 하나 하기에도 벅차 현지어를 자유롭게 구사하기 어려운 한국 선교사님들이, 신분 상승과 세속적 성공을 위해 영어 배우기를 열망하는 힌두들과 교육 받은 힌두들을 대상으로 영어 사역하기에 좋다. 현재 델리에서 힌두 대학생들을 대상으로 교회 개척과 제자 양성 사역하고 있는 어느 선교사는 영어 하나로만 사역하는데 1,000명이 넘는 학생들이 매주 예배에 참석하며 인도인의 헌금으로 교회를 짓고, 인도인의 손으로 전도와 선교 사역을 감당하고 있다. 한국인에게 딱 맞는 선교는 힌두 선교일 수 있다.

그러나 이러한 패러다임의 전환을 하려면 마음과 머리가 필요하다. 지금 인도는 원하든 원치 않든 불가촉천민 출신 기독교인들이 힌두 선교를 하지 않음으로 인하여 그들의 원수 힌두들을 저주하고 심판하고 있다. 달리트들은 지금도 고통받고 억압받는 희생자들이기 때문에 그럴 수 있지만 선교사까지 그들의 저주와 심판에 참여해서는 안 된다고 생각한다.

우리 앞에는 인간적으로 버림받은 달리트와, 영적으로 버림받은 힌두들이 있다. 둘 다 도움이 필요한 사람들이지만 아무도 도와주는 이 없어 고통당하는 힌두를 불쌍히 여기는 마음이 있는 사람, 그 사람만이 패러다임 전환을 할 수 있다. 또한 패러다임 전환을 하려면 머리가 필요하다. 그 머리는 힌두를 이해하는 머리이다. 힌두의 문화와 철학과 그들의 자부심과 신앙을 잘 알고 그들이 이해할 수 있는 방식으로 복음을 전달할 줄 아는 머리를 가진 사람, 그 사람이 패러다임 전환을 할 수 있다.

2장

인도의 블루 오션,
도시 중산층 선교 방법론[1]

인도에서 저명한 선교학자 로저 헤드룬트(Roger E. Hedlund)가 인도 선교는 대부분 부족민에게 집중된 반면 인도의 주류층 선교는 거의 외면되어져 있다고 말했는데[2] 이는 비부족민(Non-tribal)과 비달릿(Non-dalit) 전반에 해당되지만 정확히 도시 중산층에 적용된다. 인도의 기독교가 부족민과 달릿의 종교, 또는 하층민의 종교라는 딱지를 떼고 사회 모든 계층의 국민 종교가 되기 위해서 도시 중산층 선교의 중요성은 아무리 강조해도 지나치지 않다. 이는 단지 인도 중산층이 인도 인구에서 결코 적지 않은 숫자(최근 통계로 2억 명)를 가지고 있다는 면에서 뿐만 아니라,[3] 그들이 인도 사회의 여론 형성층으로서 인도 사회, 정치, 경제, 종교, 문화 전반에 끼치는 영향력 때문에도 더욱 그러하다.

---

1 2015년 인넷에서 기획한 찾아가는 선교 세미나에서 발표한 글.
2 Roger E. Hedlund, *Evangelisation and Church Growth* (Madras: CGRC, 1992), 251.
3 지난 2007년 인도 영어 뉴스 방송사인 CNN-IBN이 제시한 통계에 의하면 인도 인구의 20%인 2억 명이 중산층이라고 말했고, 국가 실물경제 조사협회(National Council for Applied Economic Research)는 2015-2016년까지 인도의 중산층이 2억 6천 7백만 명에 달할 것으로 예측하고 있다.

인도의 주류층 특히 상층 카스트 선교를 외면하고 있는 주요한 이유 중의 하나는 달릿, 또는 부족민과 달리 복음의 수용성이 현저하게 떨어진다는 것인데 이는 도시 중산층 선교에도 해당이 된다. 대다수 전도자들은 도시 중산층이 교육, 직업, 수입면에서 높은 수준의 삶을 살 뿐 아니라 종교적으로도 만족스러운 생활을 하고 있기 때문에 복음을 잘 안 받아들일 것이라는 가정을 갖고 있었다.

그러나 최근 10년 이내로 일반 사회과학자나 인도 인터서브가 제시한 자료들은 도시 중산층의 개방성과 복음의 수용성이 크게 증가한 것을 보여 준다. 본 글은 이러한 달라진 상황에 근거하여 도시 중산층 선교에 효율적인 방법론을 모색하고자 한다. 먼저 전통적으로 사용되었던 접근법의 문제를 지적하고, 다음으로는 최근 부분적 성공을 거두고 있는 도시 중산층 선교의 여러 가지 실례들을 소개하고자 한다. 마지막으로 여러 가지 방법론을 취합하여 한인 선교사들이 열매 맺을 수 있는 도시 중산층 모델을 제시해 보고자 한다.

1. 인도 도시 중산층과 복음의 수용성

인도 교회성장협회장인 바산타라즈 알버트(Vasantharaj Albert)는 "인도에서 교회개척 선교의 거의 80%가 전 인도 인구 중 겨우 8%밖에 안 되는 부족민에게로만 향하여져 있다"[4]고 말했고, 인도 도시 선교 분야의 전문가인 아뚤 아감까르(Atul Y. Aghamkar)는 여기에 달릿을 추가하여 "인도 토착 선교 단체의 거의 90-95%가 달릿과 부족민만을 선교 대상으

---

4 Vasantharaj Albert, "Joshua Projet People List An Indian Analysis," *ICGQ* Vol. 3 No. 2, July-September, 1996, 3.

로 하고 있다"⁵고 말한 바 있다. 이처럼 숫자적으로도 소수일 뿐만 아니라 비주류 계층에 집중된 선교 자원을 다수 주류 계층으로 바꾸지는 못할망정 적어도 양쪽의 균형을 맞추어야 할 필요성은 공감하면서도 어떻게 그렇게 할 수 있는지에 대해서는 그동안 침묵해 왔다. 왜냐하면 현실적으로 주류 카스트 힌두들이나 사회의 엘리트인 도시 중산층은 여전히 복음에 반응이 없는 반면 기존의 부족민과 달릿들은 복음의 수용성이 높았기 때문이었다.⁶

반응이 없는 일에 당위성만 가지고 뛰어들 사람은 극소수이다. 게다가 도시 중산층 선교는 부족민 및 달릿 사역에 비해 생활비와 사역비가 많이 든다. 도시에서는 땅값이 비싸 교회 건축도 거의 하기 어렵다.

다수의 선교 후원자가 빈곤층 및 저소득층인데 성과도 나지 않는 일을 위해 일반 교인에 비해 월등히 많은 생활비를 지급해 가며 도시 중산층 선교를 해나갈 교단이나 선교 단체가 누가 있겠는가?

이 점에서 도시 중산층의 수용성, 복음에 대한 반응 여부는 중산층 선교에 매우 중요한 요소이다. 복음을 잘 받아들이기만 한다면 힘들고 어려워도 투자할 가치가 있기 때문이다.

그런데 2009년 인도 인터서브(Interserve India)에서 델리, 꼴까타, 뭄바이, 하이더라바드, 벵갈루루, 뿌네, 과하티 7개 도시의 비기독교인 의사, 기술자, 변호사, 교사, 교육가, 학자, 사업가 등 전문직 종사자들을 대상으로 이루어진 중산층의 사고 패턴에 관한 조사는 중산층에 대한 기존의 선입견과는 전혀 다른 자료를 제시했다. 이 조사에 의하면 52%의 응답

---

5   Atul Y. Aghamkar, "Paradigm Shift in Urban Mission in India," *UBS Journal* Vol. 2, No. 2, September, 2004, 46.
6   K. Rajendran, *A Critique of Twenty-five Years 1972-1997* (Bangalore: SAIACS Press, 1998), 72; F. Hrangkhuma & Sebastian C. H. Kim, *The Church in India: Its Mission Tomorrow* (Delhi: CMS/ISPCK), 147.

자들이 복음에 대해 수용적인 것이라는 것이다.[7]

또한 기독교인을 어떻게 알고 있는가 하는 질문에 서양문화를 따르는 사람들(20%), 가난한 사람들(8%)이라는 부정적인 이미지는 부분적으로 남아 있지만 급속히 줄어들고 있으며 이에 비해 교육 받은 사람들(27%), 윤리적인 사람들(29%), 행복한 사람들(26%)이라는 긍정적인 이미지가 훨씬 더 큰 것을 보여 준다. 기독교인과의 관계를 물은 질문에 대해 좋은 친구(60%), 좋은 이웃(13%)이라는 긍정적인 대답이 합계 73%, 기독교인과 친척이라는 사람이 8%로, 기독교인에 대한 긍정적인 인식이 지배적인 것으로 나타났다.

다음으로는 비기독교인의 개종 가능성과 관련된 질문인데, 개인의 종교를 어떻게 결정하는가라는 질문에 출생에 의해서가 48%, 가족의 결정이 17%였지만 개인이 결정한다고 답한 사람이 33%나 되었다. 이는 상당수의 사람이 개인의 종교를 독립적으로 결정한다는 것을 말해 주는 자료이다. 그뿐만 아니라 흥미롭게도 '종교를 바꾸어서는 안 된다'는 힌두 근본주의자의 주장에 대해 찬성하는 사람이 40%였지만, 반대하는 사람도 41%에 달하는 것으로 나온 것이다.

개인의 삶에서 가장 필요한 것이 무엇인가 하는 질문에는 부(richness, 11%), 건강(32%)과 같은 물질적, 신체적인 것도 있었지만 가장 큰 필요는 마음의 평화(47%)였으며 안전에 대한 필요도 9%나 되었다. 이는 중산층 같이 물질적으로 부유한 자들은 별로 필요한 것이 없고 신체적, 물질적으로 만족스러운 삶을 사는 것처럼 보이나 정신적, 영적인 필요는 똑같이 크다는 것을 보여 준다. 중산층이 겪고 있는 이러한 불안과 두려움과 같은 내적 필요를 전도자가 복음으로 채워 주기만 한다면 그들도 적극적

---

7 Ellen Alexander & Robin Thomson ed., *Walking the Way of the Cross with Our Hindu Friends* (Delhi: Grassroots Mission Publications, 2011), 169.

으로 복음을 영접할 수가 있다는 것이다.

기독교 단체인 인터서브의 이러한 조사 결과는 기독교와 관계가 없는 일반 사회과학 연구자의 조사를 통해서도 확인된다. 인도 도시 중산층의 위기를 연구 조사한 비니따 빤데이에 의하면 인도 도시 중산층은 세계화의 영향으로 다음과 같은 중요한 특징을 갖는다.[8]

① 교육을 중시 여기고, 자녀들에게 최상의 교육을 해주기 위해서라면 어떤 대가도 지불하려 한다.
② 중산층의 최고 관심사는 경제 문제이며 모든 것을 물질적 잣대로 평가하는 경향이 있다.
③ 중산층은 국제 시장 경제에 노출되어 있어 지역화보다는 세계화에 길들여져 있다.
④ 전통과 현대적 세계관의 긴장 관계에 부딪힐 때, 옛것을 타협하여 새것에 잘 적응하는 경향이 있다.
⑤ 개인주의가 늘며 핵가족 구조가 지배적이다. 여섯째로 그들은 개방적이며 새로운 생각을 잘 수용한다.
⑥ 서구 문화의 영향이 크게 늘었다는 것이다.

중산층은 더 나은 교육, 더 높은 봉급, 더 높은 지위를 향한 갈구가 있기 때문에 때로는 이를 위해서 종교 문제도 뒤로 놓을 수가 있다. 그러기에 그들은 좋은 대학, 좋은 과에 자녀를 입학시키기 위해 대학 입시에 좋은 결과를 내는 명문 기독교 학교에 기꺼이 자녀를 보낸다. 힌디어로 하는 기독교 예배에는 관심이 없어 안 올 수 있지만 영어로 하는 예배에는 뜻을 몰라도 초청하면 기꺼이 온다. 영어를 배워야 좋은 직장을 잡고 성

---

8 Vinita Pandey, *Crisis of Urban Middle Class* (Jaipur: Rawat Publications, 2009), 16-18.

공할 수 있음을 알기 때문이다.

도시 중산층의 경우 핵가족이라고 응답한 사람은 67%가 되는데 확대가족은 29%밖에 안 된다는 사실이 의미하는 바도 크다. 이는 과거에 신앙 문제에 있어서 독립적 결정을 하는 데 방해가 되었던 가족 또는 친족의 영향이 크게 줄고 개인의 선택의 여지가 커지게 되었다는 것이고, 이것은 복음 전도에 긍정적으로 작용될 여지가 크다.

도시 중산층들이 선진적이고 부유한 서구 사회의 행동 패턴과 동일시하기 위해 지속적인 노력을 기울이는 것도 역시 전도에 긍정적이다. 빤데이의 조사에 의하면 하이더라바드 중산층의 경우 서구 문화에 개방적인가 하는 질문에 그렇다고 대답한 사람이 66.4%이고 아니라는 대답이 30.4%인데, 서구 문화에 열린 태도를 가진 사람의 경우 자신에게 끼친 서구 문화의 영향이 부정적이라고 말한 사람은 20%인데 비해 긍정적이라고 말한 사람은 77.4%나 되었는데 이는 인터서브의 조사와 일치한다. 먹는 것, 입는 것, 보고 즐기는 삶의 대부분에서 서구 모델을 따라가다 보면 전통 종교에 불만을 느끼는 개방적 성향의 중산층의 경우 복음으로 자신들의 갈급한 문제를 채울 수만 있다면 기독교로 종교를 바꾸는 것도 어려운 일은 아닌 것이다.

또 도시 중산층이 시골 부족민과 달릿에 비해 복음에 대한 반응이 더 클 수 있는 것은 빤데이가 말한 대로 시골은 카스트 의식과 규율이 여전히 강하지만 도시는 상대적으로 느슨한 클래스 사회로 이미 전환이 되었기 때문이다.[9] 시골에서는 시골 공동체 내에 지켜야 할 카스트 의무와 기능이 있기 때문에 개종도 쉽지 않고 개종 후에도 경제적 혜택 때문에 개종했다는 의심을 받으며 상층 카스트로부터 지속적인 압력과 박해를

---

9 Vinita Pandey, *Crisis of Urban Middle Class*, 207; Atul Y. Aghamkar, *Insights into Openness; Encouraging Urban Mission* (Bangalore: SAIACS Press, 2000), 27.

피하기 어렵다. 반면에 도시에서는 이런 문제로 자유롭고 중산층의 경우는 경제문제로 개종한다는 의심에서도 자유롭다.

마지막으로 "중산층이 고립과 정체성 위기의 문제를 겪고 있는가?"라는 질문에 강력히 동의한다가 75.63%, 동의한다가 8.13%였다. 83.76%의 사람들이 자신들이 꿈꾸고 바라는 더 나은 삶을 성취하지 못함으로 정체성의 위기와 불안과 외로움을 겪는다는 것이다. 그러기에 인도 최고의 엘리트이자 성공의 대명사인 고위급 인도 행정부(IAS) 관리가 자살을 하기도 하며, 가정 폭력과 이혼, 알콜 중독, 마약 중독의 문제가 하층만이 아니라 중산층을 괴롭히는 문제로 부각되고 있는 것이다.[10]

이상에서 인도의 중산층은 최근 20-30년 사이에 이뤄진 급격한 경제 자유화, 세계화, 서구화의 영향으로 내적 고립과 정체성의 위기를 겪으면서 복음의 수용성이 크게 증가하게 되었다. 그들은 겉보기와 달리 결코 행복한 사람들이 아니며 산업화 사회의 여러 가지 위기 속에서 마음의 평화를 찾기를 갈망하는 사람들이다. 그러기에 전도자가 중산층의 필요를 채우는 적절한 접근을 하기만 한다면 얼마든지 풍성한 열매를 기대할 수 있는 것이다.

2. 도시 중산층에 대한 전통적 선교 모델

인도에서 도시 중산층 선교는 최근의 현상이 아니라 200여 년의 역사를 가지고 있다. 인도의 중산층은 영국이 인도의 식민 지배를 공고히 하기 위한 정치적 목적으로 지도층 가운데 하급 기술 전문 관료직을 채용

---

10 Vinita Pandey, *Crisis of Urban Middle Class,* 94-96; Siga Arles ed., *Emerging Challenges to Mission* (Delhi: ISPCK, 2012), 131-135.

하면서부터 등장하였다. 또한 경제적 수탈을 위해 철도 및 근대 산업을 도입하면서 교육 받은 전문직 종사자인 변호사, 기술자, 의사, 약사, 공무원, 은행원, 사업가들이 신흥 중산층으로 대두하게 되었다. 무엇보다 1835년 영어 교육령이 내려짐으로 영어는 정부의 공식 언어로 될 뿐 아니라 영어를 매개로 하는 영국식 교육이 인도 전역으로 확산되어졌고, 이와 함께 등장한 교육 받은 중산층을 대상으로 하는 선교에 관심이 높아지게 되었다.

교육 받은 도시 중산층을 대상으로 하는 선교는 스코틀랜드 선교사인 알렉산더 더프(Alexander Duff, 1806-1878)가 가장 먼저 시작했다. 그는 1830년 인도에 도착한 지 얼마 안 된 때부터 총회 교육기관으로서 영어를 매개로 한 서양식 교육을 시작했는데, 이것이 큰 성공을 거두어 200여 명 가까운 중산층 사람들이 개종을 하였다.[11] 그의 성공에 자극받아 많은 기독교 학교들이 세워졌으며 교육 받은 중산층 전문 선교사들이 일부 파송되기도 했다.

그런데 페르시아어, 산스크리트어, 벵골어 등 현지어 선교가 대세이던 때에 중산층의 필요를 파악하여 그들이 필요한 영어교육을 시키면서 복음을 전도한 더프선교사의 경우와는 달리, 대부분의 후발 주자들의 중산층 선교는 대체적으로 좋은 반응을 얻지 못했다. 19세기에 이어 최근에 이르기까지 중산층 선교에 사용되었던 실패한 방법론을 소개하면 다음과 같다.

---

11 Mark Laing, ed., "Top Down and Bottom Up: Two Examples of Protestant Mission in 19th Century India," *The Indian Church in Context: Her Emergence, Growth and Mission* (Delhi: ISPCK, 2003), 115.

1) 인도의 카스트 문화를 고려하지 않았다

대표적으로 스코틀랜드 선교사로서 더프의 영어학교를 봄베이에 가장 먼저 적용시킨 사람으로 존 윌슨(John Wilson, 1804-1875)이 있었다. 그는 1832년에 봄베이 첫 영어학교를 세웠으며, 1836년에는 지금 윌슨대학이라고 불리는 대학을 세워 교육 선교를 했다. 그런데 그는 더프의 방법을 따르지 않고 하층 카스트를 학교에 입학시켰다.[12]

당시 선교사들은 교회에 카스트 차별을 허용하지 않는 방침을 가지고 있었는데 그는 이것을 영어 학교에 적용시켰던 것이다. 선교사들이 기독교 평등사상을 가르치고 실천하려는 의욕은 좋았으나 문제는 이것이 서양 사상과 문화일 뿐 인도의 문화는 아니었던 것이다. 결국 낮은 카스트를 학교에 들인 결과 당시 중산층의 절대 다수였던 상층 카스트들은 다 학교를 나와 낮은 카스트만 남게 되었다. 상층 카스트들은 얼마 후에 독자적으로 영어학교와 대학을 세워 자신들의 고유한 문화를 지켜 나갔다. 학교에서만이 아니라 지역 교회에서도 카스트 문제를 고려하지 않음으로써 상층은 오고 싶어도 오지 못하고 다 교회를 빠져 나갔으며 오갈 데 없는 하층만 남는 현상이 일어나게 되었다.

이처럼 중산층 선교가 실패한 이유는 선교사들이 그들의 필요를 섬기기보다는 자신들의 신념과 문화를 주장하는 선교를 했기 때문이다. 이는 아직 복음도, 그리스도도, 회심의 경험도, 믿음도 없는 이방인들에게 먼저 변화되기를 요구하고 서구 문화를 받아들이도록 강요하는 것에 다름 아니었다. 그리하여 중산층이 자신들의 필요 때문에 스스로 찾아와서 성경도 듣고 예배도 참석하며 기독교 사상을 접할 수 있는 기회를 선교사

---

12 Atul Y. Aghamkar, Vishwas Padole, *Christian Missions in Maharashtra: Retrospect and Prospect* (Bangalore: Tetrawpoi, 2010), 173.

스스로가 쌓은 장벽으로 막아버리는 결과를 낳게 되었다.

카스트 차별은 기독교인에게 당연히 허용될 수 없지만 기독교인이 아닌 힌두에게는 강요할 수가 없고, 신자 중에도 어린 신자들에게는 단계라는 것이 있는 것이다. 그러므로 하나님께서 믿음의 조상 아브라함과 야곱에게 일부일처를 주장하거나 언급하신 일이 없으며, 사도 바울도 초대교회 성도들에게 노예제도 철폐를 말한 적이 없는 것이다. 은혜와 갱생이 먼저, 변화와 변혁은 나중에, 그리고 자발적으로 이루어져야 하는데, 선교사들은 반대로 변화와 변혁을 타율적으로 강요했기 때문에 중산층 선교의 길을 스스로 막아 버렸다.

2) 선교사들이 복음 전도에 일반적으로 사용한 방법으로 야외 전도 또는 길거리 전도 방식이 있었다

이는 선교사들과 현지인 신자들로 구성된 전도대가 길거리와 시장, 광장 등에서 공개적으로 복음을 전하다가 관심을 보이는 사람에게는 개인적으로 더 깊은 대화를 나누며 전도하는 방식이다. 이 전도 방식은 특별히 도시 중산층에게 혐오감을 일으키는 방식이었다. 왜냐하면 종교는 신성하고 엄숙해야 하는데 길거리에서 전도하는 것은 신성한 종교를 값싸게 만드는 행위로 보였기 때문이었다. 영국뿐 아니라 한국을 비롯한 여러 나라에서는 흔하게 사용되는 야외 거리 전도가 인도 문화권에서는 맞지 않는 것이지만 이런 문화에 무지하고 둔감한 전도자들, 또는 일부 단기 선교사에 의해 지금도 사용되고 있는 것은 안타까운 일이다.

3) 많은 선교사들은 힌두교의 신들과 종교를 정죄하고 공격하는 메시지를 전했다

이러한 메시지는 감화를 주기보다는 도시 중산층을 분노케 함으로 기독교에 등을 돌리게 만들었다.

힌두교에 뿌리가 없고 선교사들로부터 어떤 혜택이라도 받기를 원하는 천민이나 부족민은 힌두교를 어떻게 공격하든 개의치 않았지만 교육 받은 중산층들의 경우는 조금이라도 비난하는 내용, 권위적인 태도를 보이면 즉시 반발하고 그런 내용이 쓰인 전도문서들은 곧장 불 속에 던져 넣어졌다.[13] 나라에 관계없이 모든 사람들이 보편적으로 가지고 있는 내면의 죄악을 지적하는 것은 상관이 없으나 타 종교인이 사랑하고 경배하는 신과 종교를 비난하는 것은 최악의 전도 메시지이다. 안타깝게도 선교사들은 자신이 전한 메시지가 어떻게 사람들의 마음을 상하게 하는 지에 대해서는 돌아보지 않고 대신에 중산층의 완고함만을 비난하였다.

4) 가장 결정적인 방법론적 실패는 선교사들이 중산층 개종자로 하여금 자신의 가족과 카스트 공동체, 그리고 동족을 떠나도록 권면한 것이다

초기에 알렉산더 더프가 영어 교육 선교에서 성공을 거두는 듯 했으나 지속적인 열매를 맺지 못한 것은 개종자들이 속한 사회와 모든 문화와 삶을 다 미신과 사악한 우상 숭배 문화로 여겨 그런 삶과 문화에서

---

13 교육 받은 중산층 전문 선교사 슬레이터(Thomas E. Slater, 1840-1907)가 런던선교회 해외 총무였던 J. Mullens 목사에게 마드라스에서 1876년 12월 14일에 쓴 편지. 런던대학교 SOAS 도서관 아카이브.

떠나야 함을 역설했기 때문이었다. 그의 제자 중에 더프의 전기까지 쓴 목사이자 후글리 대학 영문과 교수였던 랄 비하리 데이(Lal Behari Day, 1824-1894)는 "부모에게 불효와 슬픔과 고통을 안겨 주며 공동체로부터 분리하는" 스승 더프의 방식을 반대하며 평생 "분란이 없는 인도화된(Indianized) 기독교 공동체" 세우기를 위해 헌신하였다.[14]

사회의 상층 카스트이자 엘리트인 중산층이 개종하는 것은 가족과 친족들에게 큰 상처와 고통, 그리고 불명예를 안겨 준다. 게다가 가족과 공동체를 떠나게 하는 것은 남은 가족과 공동체에 큰 파문을 일으켜 공동체 전도의 문을 완전히 막아 버리고 만다. 그런데 선교사들은 이런 문제에 대단히 둔감하였으며 개종자들에게 무한한 희생을 요구하였다. 그러나 이는 헌신의 문제가 아니라 개종자의 인도인으로서 정체성의 문제였고, 인도 사람의 삶의 방식 곧 문화의 문제였다. 그러나 문화와 신앙을 구별하지 않고 인도 문화 전체를 부정한 것으로 보는 선교사와 전도인들로 인해 인도 중산층 선교는 오랫동안 그 문이 닫히게 되었다.

3. 도시 중산층 선교의 혁신 모델

도시 중산층 선교의 문이 전반적으로 막힌 가운데서도 종종 개별적, 간헐적으로 좋은 열매를 맺은 성공적인 모델을 발견하게 된다. 먼저 이 분야에서 처음이자 성공적 모델 중 하나로써 후에 많은 선교 단체와 선교사들이 모방하게 되었던 알렉산더 더프의 혁신 모델을 살펴보자.

---

14 Richard Fox Young and Jonathan A. Seitz, ed., Sipra Mukherjee, "Conversion without Commotion: Rev. Lal Behari Day's Story of Candramukhi Upakhyan," *Asia in the Making of Christianity: Conversion, Agency, and Indigeneity, 1600 to the Present* (Leiden: Brill Books, 2013), 199-200.

1) 더프 모델

더프의 모델이 혁신적인 이유는 330년간 선교의 기본 패러다임이자 현재까지도 지배적인 패러다임인 '현지어' 선교 개념을 깨뜨리고 대신에 '영어'를 매개로 한 선교를 시도했다는 것이다.

지금도 인도 선교를 하려면 당연히 힌디와 따밀과 뗄루구어 등 현지어를 해야 한다고 생각하지만 1830년에는 더욱 더 그러했다. 그런데 더프는 당시 인도 엘리트들의 경제적 향상에 대한 욕구 및 영어에 대한 절실한 필요를 파악해 내고 영어교육 선교를 시작했다. 그리하여 과거에는 선교사들이 상층 카스트들을 쫓아다니며 초청을 해도 성경 강의에 오는 사람이 드물었지만 영어 학교를 시작한 이후에는 상층 카스트들이 스스로 찾아와 영어와 발달된 서양의 학문을 배웠으며, 이를 기회로 삼아 더프는 복음 전도와 제자 양육을 함으로써 19세기 인도를 이끌 많은 기독교 인재를 길러냈다. 벵골어나 힌디로 했다면 학생들이 매력을 못 느꼈을 것이다. 중산층이 필요로 하는 영어로 했기 때문에 더프의 학교 사역은 성공할 수 있었던 것이다.

또 한 가지 더프의 사역에서 많이 간과하지만 중요한 것은 그가 하층 카스트의 입학을 허용하지 않고 상층 위주로 학교를 경영했다는 것이다.[15] 지금은 정부의 레져베이션 제도로 인해 하층민도 고등교육을 받고 정부 일자리를 얻고 비즈니스의 성공으로 상당수가 중산층 대열에 참여하고 있지만 180년 전의 중산층은 상층 카스트 일색이었다. 도시에서조차 깨끗한 카스트와 부정한 카스트 사이의 정결 의식이 지배적인 당시 사회에서 하층 카스트와 같은 자리에 앉는다는 것은 상상도 할 수 없는 일이었다. 그런데 선교사들이 세운 기존의 학교에서는 억지로 하층과 상

---

15 Atul Y. Aghamkar, Vishwas Padole, *Christian Missions in Maharashtra*, 173.

층을 섞어서 같은 교실에 앉혔다. 카스트 제도 파괴가 교육 방침이었다. "이 방침을 따르지 않을 거면 들어오지 말라, 우리는 기독교 신앙을 따라 교육시키겠다"는 것이었다.

더프의 모델이 혁신적인 것은 그러한 전통적인 방식을 따르지 않고 정결의식을 생명처럼 귀히 여기는 인도 문화를 존중하며 그것을 수용하였다는 것이다. 사람을 차별하는 문화는 옳지 않지만 그것이 그 사람들의 삶의 방식인데 처음부터 바꾸려 들면 복음을 들을 사람이 아무도 없게 되는 것이다. 더프는 이 점에서 혁신가였다. 가치판단을 유보하고 먼저 사람을 얻은 뒤 차후 지속적인 성경 교육 및 제자 양육을 했던 것이 더프가 중산층 선교에 성공했던 비결이었다.

2) 슬레이터 모델

더프에 비해 많이 알려지지는 않았지만 런던선교회에서 교육 받은 사람들을 위한 전문 선교사로 파송 받아 도시 중산층에 초점을 맞춰 선교했던 토마스 슬레이터(Thomas E. Slater, 1840-1912)의 방법론도 주목할 만 하다. 그의 방법론은 무엇인가?

(1) 공감, 정의, 사랑의 방법

슬레이터는 심지어 미신이라고 할지라도 정죄와 조롱의 메시지는 전도에 백해무익하며 그보다는 가능하면 힌두 경전의 입장에서 진리의 요소를 찾아 그것을 접촉점으로 삼아 공감적인 메시지를 전해야 한다고 말했다. 전통적인 전도 방법은 기독교의 이상적인 가르침과 힌두교의 안 좋은 부분을 비교하는 것이었다.

슬레이터의 방법이 혁신적인 것은, 기존의 전도 방법이 중산층에게 반감을 사는 불공정한 방법임을 옳게 지적하고, 그보다는 도리어 기독교의 이상적인 부분과 힌두교의 이상적인 부분을 비교하는 방법을 사용한 것이었다.[16] 그는 기독교 진리가 탁월성이 있기 때문에 그렇게 해도 승산이 있다고 보았던 것이다. 슬레이터의 방법은 전통적인 방법과 달리 공정한 것이었기 때문에 많은 힌두들의 마음을 움직일 수 있었다.

(2) 종교 주제의 대중 강연

슬레이터는 매주 일요일 저녁마다 벵갈루르에서 종교를 주제로 한 대중 강연을 했다. 슬레이터는 인도인의 종교에 대한 정서와 신앙을 설파하는 방식을 알기 때문에 야외 전도나 거리 설교를 하지 않았다. 대신에 그는 때로는 힌두교, 때로는 기독교의 깊은 영성을 다루는 강연을 했는데, 반드시 지역의 비기독인 저명인사를 사회자로 세웠다. 그리고 일방적인 강의로 그치는 것이 아니라 반드시 질문과 응답의 시간을 갖되 가급적 논쟁은 피하였다.

그리고 중요한 것은 그들 중 긍정적 반응을 보이는 자들을 집으로 초대하여 계속 대화를 이어갔다. 그의 종교 강연은 대단한 인기를 끌었는데 매주 300-400명의 교육 받은 중산층이 그의 강연을 듣기 위해 몰려들었다.[17] 그는 심지어 힌두 개혁운동을 주도했던 브라마 사마즈(Brahma Samaj) 회원들로부터도 강의 초청을 받았으며 상당수 사마즈 회원들이 그의 성경 공부 반의 학생이 되었다. 부정일변도의 선교사 메시지에 식상해하고 혐오감을 갖던 많은 중산층 엘리트들은 슬레이터의 이러한 공감적 메시지에 마음 문을 열고 더 많이 알고자 끊임없이 찾아왔다.

---

16 Thomas E. Slater, *The Higher Hinduism in Relation to Christianity: Certain Aspects of Hindu Thought from the Christian Standpoint* (London: Eliot Stock, 1901), 2.

17 Thomas E. Slater, "How to Reach the Educated Hindus apart from the Higher Education in College," *Harvest Field* XIV, 1903, 222.

(3) 가정 방문 방법

슬레이터가 사용한 또 한가지 중요한 중산층 전도법은 가정 방문 방법이었다.[18] 그는 주말에는 강의 사역을 했지만 주중에는 개인적으로 벵갈루루 중산층 힌두의 집을 방문했다. 인도 문화에는 손님이 신이다. 신과 말다툼하기를 바라는 신자는 아무도 없다. 교육 받은 힌두들은 저명한 외국인의 방문에 기뻐하며 개인적이고 인격적인 교제를 깊이 가질 수가 있었다.

슬레이터가 얼마나 열심히 심방 사역을 했는지 벵갈루르에 가보지 않은 집이 없다고 말할 정도였다. 슬레이터는 자신이 인도인의 집을 방문할 뿐 아니라 그들을 꼭 자신의 집에 초대해서 식사와 사귐의 시간을 가졌다. 중산층은 다 채식주의자들이기 때문에 슬레이터도 채식으로 그들을 대접했다. 그들은 먹고 마시고 대화하는 가운데 슬레이터가 자신들의 문화를 얼마나 잘 알고 존중하는가를 경험하며 마음문을 열고 그의 이야기에 귀를 기울였다.

(4) 영어를 사용한 중산층 선교

앞에서 이미 더프가 문을 연 방법이기도 하지만 슬레이터 역시 영어를 사용한 중산층 선교를 했다. 슬레이터는 산스크리트어를 비롯한 지역어 까나다어에 능숙한 사람이었다. 그럼에도 불구하고 중산층 대상으로 사역할 때에는 영어를 사용하였다. 그는 중산층이 영어를 향상시키기를 원하고 영어로 말하기를 더 원하는 것을 알았기 때문이었다.

더프와 슬레이터가 사용한 혁신적인 방법들은 그 후 상층 카스트 선교 또는 도시 중산층 선교를 하는 자들에게서 공통적으로 발견되는 방

---

18 Thomas E. Slater, *Report of Work among the Educated Classes in Bangalore* (Bangalore: London Mission, 1883), 2, 3.

법론들이다. 예를 들어 19세기 후반 봄베이에서 중산층 대상으로 사역했던 레빙턴(Revington) 선교사 역시 슬레이터와 같이 종교 강좌를 주요 방법으로 사용했으며,[19] 감리교 선교사들 역시 더프를 본받아 하층 카스트를 섞지 않는 방식으로 교육 선교를 시도했다.[20]

가정집 방문 방법도 많이 사용되는 효과적인 방법으로 보고되고 있는데 특히 중상층 여성들 가운데 좋은 반응이 있었다. 상층이라도 교육 받을 기회가 많지 않던 때에는 여성 선교사와 전도 부인의 방문은 그들에게 교육의 기회를 제공해 주는 것이었기 때문에 크게 환영을 받았으며 세례로까지 열매를 맺는 경우도 적지 않았다.[21] 1990년대 이후 경제자유화와 함께 중산층이 급격하게 늘어나면서 도심지에 많지는 않지만 영어 예배를 드리는 중산층 교회가 늘어나게 되었다.

3) 중산층 선교 모델

중산층 교회 가운데 일부 중산층 선교에 열심을 내는 교회와 전도자들이 있는데 그들이 사용하는 방법 중에 효과적인 방법 몇 가지를 소개한다.

(1) 비위협적인 방법

중산층을 대상으로 열매 맺는 교회나 사역자는 공통적으로 '비위협적인 방법'을 사용하고 있는데 이런 방법이 좋은 반응을 보이고 있다.[22] '비

---

[19] Atul Y. Aghamkar, Vishwas Padole, *Christian Missions in Maharashtra*, 179.
[20] Atul Y. Aghamkar, Vishwas Padole, *Christian Missions in Maharashtra*, 183.
[21] Atul Y. Aghamkar, Vishwas Padole, *Christian Missions in Maharashtra*, 196-197.
[22] Atul Y. Aghamkar, *Insights into Openness: Encouraging Urban Mission* (Bangalore: SAIACS Press, 2000), 64.

위협적인 방법'이란 비기독교인 입장에서 개종의 압박과 위협을 느낄 수 있는 기독교 지역을 피하고 중립적이며 우호적인 방법을 사용한다는 것이다.

예를 들어 기존의 교회 건물로 구도자를 초청하는 것은 위협적이고 불편하게 느끼기 때문에 경계심 없이 편하게 만나 교제하면서 복음을 나눌 수 있는 장소로 가정 집, 커피 집, 또는 직장의 점심시간을 활용하는 방법이다. 교인이 사는 집 근방에 판달(pandal)이라고 불리는 천막을 치고 거기에서 집회를 갖는 것도 인도인이 편안하게 느끼는 방법이다. 그래서 중산층 선교에는 가정 교회 방식이 가장 이상적이다.

(2) 인도 전통적 또는 토착적 방법

중산층 선교에 효율적인 방법은 인도 전통적 또는 토착적 방법과 관련이 있다. 예를 들어 예배드릴 때 인도식 곧 스킷 드라마나 춤을 활용하면 좋은 반응을 이끌어낼 수 있다. 설교 위주로 가만히 앉아만 있다 끝나는 예배는 매우 따분하게 여기는 반면 예배 참여자들이 드라마와 춤에 대해서는 반응이 뜨겁다. 악기와 음악도 서구식보다는 인도 악기를 사용하고 전통 음악 형식인 바잔(Bhajan), 아방(Abhang), 끼르탄(Kirtan)을 사용하면 잘 받아들인다. 바잔 노래를 부를 때의 유익은 힌두신앙이 투철한 사람이라도 거리낌 없이 기독교 가정에서 드리는 예배에 참여한다는 것이다.[23] 그들에게는 형식이 중요하다. 전통 힌두 방식을 따르기만 하면 많은 경우에 내용이 무엇이든, 어떤 신을 믿든 크게 개의치 않는다.

---

23 Atul Y. Aghamkar, *Insights into Openness: Encouraging Urban Mission*, 67.

(3) 필요를 채우는 방법

대부분의 도시 중산층이 산업사회에서 심한 압박감, 스트레스, 불안, 염려, 외로움과 같은 문제를 안고 있기 때문에 중산층 사역자들은 그들의 이러한 필요를 채우는 방법을 모색하는 선교를 하고 있다. 예를 들어 집이나 학교나 직장에서 그들의 이러한 고민을 들어 주고 기도해주는 것이다. 병든 자들을 위한 치유의 기도도 좋은 반응과 열매를 맺는 경우도 많다. 자녀들의 명문 학교 입학에 관심이 큰 중산층을 위해 방과후 학교로 도와주며 학부모와 좋은 관계를 맺을 수도 있다. 틈나는 대로 SNS 메시지를 날려대는 그들에게 폰으로, 온라인으로 관심과 상담과 지원과 사랑의 메시지를 보내는 일도 중요하다.

4. 도시 중산층 선교와 한인 선교 모델

도시 중산층 선교는 일부 도시의 중산층 교회를 제외하고 일반 인도 토착 선교 기관에서는 하기 어려운 사역이다. 왜냐하면 도시 중산층 선교는 중산층의 삶을 사는 사람만이 할 수 있는데, 자국인 선교사에게 중산층 수준으로 생활비와 사역비를 지출할 선교 기관이 없기 때문이다. 그러기에 인도의 도시 중산층 선교는 일부 중산층 교회와 경제적으로 선진 국가에서 온 외국 선교사의 몫이라고 할 수 있다. 그런데 인도의 중산층 교회가 중산층을 전도하는 경우는 매우 드물다. 그러므로 만일 인도 교회가 자체적으로 할 수 없고 하기 어려운 부분을 외국 선교사가 해야 한다면 중산층 선교는 한인 선교사에게 축복으로 주어진 영역이라고 할 수 있다.

그동안 서양 선교사는 전반적으로 인도의 문화를 고려하지 않는 선교, 서구 문화를 강요하는 선교로 말미암아 실패를 반복해 왔다. 한인 선교사는 이러한 실패를 거울삼고 혁신적 방법으로 성공한 기존 케이스를 모델로 삼아 중산층 선교에 도전한다면 인도에서 기독교를 주류민의 종교, 국민 종교로 만드는 데 역사적인 공헌을 할 수 있다고 믿는다.

현재 일부 대학생 선교 단체에서 대학생들을 대상으로 하고 있는 제자 양육 사역을 중산층 선교에 포함시킬 수 있겠는데 이를 포함한다고 하여도 중산층 선교는 이제 시작 단계에 있다고 할 수 있겠다. 더구나 그동안 비중산층 사역에 초점을 두고 수년 동안 진행되어온 사역이 있는데 이제 와서 그것을 바꾸기는 쉽지 않을 듯하다. 그러나 선교사로 온 지 5년 내외로 아직도 사역을 정하지 못한 사람들과 앞으로 오게 될 신임 선교사들을 위해서 중산층 사역을 구체적으로 어떻게 할 것인지 지침과 방법론을 제시하는 것은 의미있는 일이라고 믿는다.

한인이 할 수 있는 인도의 도시 중산층 선교를 다음의 두 가지 그룹으로 나눠 제안하고자 한다.

첫 번째 그룹은 기존의 전통적 선교 사역을 하던 목사 선교사 중에 도시 중산층 사역으로 전환하기를 원하는 사람들을 위한 것이다.

첫째, 이 경우 가장 먼저 할 일은 비자 목적에 맞는 학생 또는 사업가로서의 일을 부업이 아니라 주업으로 하는 것이다. 이는 비기독교인 도시 중산층 사람은 외국인이 비자 신분과 달리 선교 활동에 대부분의 시간을 보내는 것을 불법으로 보기 때문이다. 그들이 뭐라 하기 전에 우리부터가 신분 노출을 꺼리기 때문에 깊은 교제와 나눔이 원천적으로 불가능하게 된다. 그뿐만 아니라 학생으로서 수업에 참여하고 사업가로서 활동하는 일은 사람을 만나고 제자를 얻는 기회를 제공하기 때문에 반드시 필요하다.

둘째, 할 일은 현지어든 영어든 자신이 가장 잘 할 수 있는 언어 공부에 매진할 필요가 있다. 중산층은 돈으로 일할 수 없고 복음으로 일해야 하기에 소통 수단이 되는 언어 및 문화에 대한 공부가 꼭 필요하다.

셋째, 그동안 관계성 맺은 인도인 중에 중산층 배경을 가진 한 사람을 제자요 동역자로 얻는 데 일차 목표를 둔다. 관계성 있는 사람 중에 기독교인 중산층이 있으면 그 사람을 동역자로 얻어 그들의 비기독교인 친구를 초청하도록 돕는다. 인도 중산층 개종자들이 어떻게 복음을 듣게 되었나 조사한 자료를 보면 가장 많은 것이 친구를 통한 전도이다. 하나님이 현재 주신 사람들의 친구와 친척을 연결하면 교회 개척의 길이 열린다.

넷째, 중산층을 위한 예배 처소는 기존 교회보다는 가정 교회가 전도에 유리하다. 교인 중에 인도 악기를 다루는 사람과 바잔 노래를 부를 사람을 길러서 예배를 인도케 한다. 가정 교회 리더를 양육해서 여러 가정 교회를 만들어 나가는 방식으로 교회를 개척한다.

두 번째 그룹은 인도 선교 후보와 초임 선교사를 위한 것인데 이 경우 사역 언어는 영어를 권장한다. 영어 능력은 중산층의 신뢰나 존경을 얻는 데 현지어보다 중요하기 때문이다. 비자는 처음에 학생 비자로 와서 언어와 문화를 익히고 후에는 비즈니스 비자로 바꾸는 방법을 권하겠다. 두 번째 그룹의 경우는 현지 한인 교회나 한국의 교회와 유기적 네트워크를 맺음으로써 중산층 선교의 플랫폼을 만들 수 있다. 왜냐하면 인도에는 다수의 한국 기업이 활동하고 있는데 그들 가운데 다수의 인도인을 직원으로 부리는 기독교인 법인장, 사장, 직원들이 있기 때문이다. 만일 제자 훈련이 되고 성경 공부를 통해 제자 양성을 할 줄 아는 사람이 파견된다면 풀타임 선교사보다 더 많은 타 종교인을 만나고 복음을 전할 기회를 갖게 될 것이다.

필자의 경우는 인도 정부의 공식 기술 훈련 파트너로 등록된 한국 회사의 컨설턴트로서 내년 1월 델리에서 오픈하는 표면실장 기술 훈련 학교에서 분기마다 수백 명씩의 인도 엔지니어를 훈련시키는 강사로 일하게 된다. 이때 스트레스가 많은 훈련생들에게 마음의 평화를 주기 위한 정기적인 '삿상'(Satsang, 진리를 탐구하는 모임)을 열 계획을 하고 있다. 사람들이 원하는 것을 인도식 방법으로 제시하되 기독교 진리를 전하는 것이다. 반응이 있는 자들은 델리에서 대학생 제자 양육 사역을 하고 있는 나의 인도인 제자들이 일대일 성경 공부로 양육할 것이다.

삿상은 언제 어디서든지 가정 단위의 소규모부터 광장을 빌려서 하는 대규모까지 인도사람들에게 비위협적이며 친근한 플랫폼으로서 기독교 복음을 전하고 제자 양육을 할 수 있는 최상의 방법이다.[24] 삿상은, 성경 말씀+드라마+간증+찬양+춤+기도+제자 양육을 인도의 문화의 그릇에 담아 실행하는 것으로 성경 공부와 제자 양육, 기도에 익숙한 한국 사람들이 쉽게 적용할 수 있다. 이 방법을 사용하여 한인 선교사들이 인도에서 중산층 선교의 새 장을 열기를 기도한다.

---

[24] Jonas Adelin Jorgensen, "Jesus Imandars and Christ Bhaktas," *International Bulletin of Missionary Research* Vol. 33, No.4 Oct. 참조. 삿상에 대해서는 이 책의 뒷부분에 소개하므로 여기서는 다루지 않는다.

3장

구루-쉬쉬야 관점에서 본 인도인 제자 양성 방법[1]

 인도에서 제자 삼는 사역을 하는 사람이라면 구루쿨(Gurukul)에서 이뤄졌던 인도의 전통적인 제자양육 시스템인 '구루-제자 계승'(Guru-Shishya Parampara)에 주목하지 않을 수 없다. 오늘날 음악이나 무용과 같은 분야 외에는 식민지 시대 영국식 교육의 영향으로 구루-제자의 전통이 거의 남아 있지는 않지만, 신앙의 영역에서는 여전히 구루가 힌두 영성의 중심을 차지하고 있기 때문이다.[2] 제자 양육 사역을 하는 선교사의 입장에서 더욱 흥미로운 것은 힌두 구루의 제자양육 시스템과 그 방법이 놀라울 정도로 성경적 방식과 유사하다는 것이다.

 한 걸음 더 나아가 힌두교의 제자 양육과 기독교의 제자양육 방식 사이에 있는 유사점과 차이점을 어떻게 다룰 것인가 하는 것은 어쩌면 선교사의 제자양육 사역의 성공과 실패에 영향을 줄 가능성이 적지 않아 보인다. 실제로 알고서 했든 모르고서 했든 선교사 중에 인도 전통적인

---

1 2016년 인넷 포럼에서 발표한 글이다.
2 Giri K., "A Critical Study of the Teachings of the Five Popular Gurus/Traditions in Contemporary Indian Society," *Sathri Journal* Vol. 2, Nob. 2, December, 2008, 24.

구루-제자 양육 방식을 채택했던 사람, 예컨대 이태리 선교사 로버트 드 노빌리(Robert de Nobili, 1577-1656)와 독일 선교사 크리스챤 슈바르쯔 (Christian F. Schwartz, 1726-1798)는 제자 삼는 사역에서 질적 양적으로 큰 성공을 거둔 반면에, 윌리엄 캐리(William Carey, 1761-1834)와 같이 이질적인 서구의 방식을 채택한 경우는 실패하는 것으로 보여진다.

왜 그럴까?

이질적인 서구의 방식, 또는 한국의 방식이 뭐가 문제인가를 알려면 먼저 인도의 구루-쉬쉬야 전통에 대한 이해가 있어야 한다. 그들은 어떤 원리와 방식으로 제자를 양육하여 자신들의 전통을 이어가는 것인지를 살펴본 후에는 그것과 성경적 방식을 비교할 필요가 있다. 어떤 공통점과 차이점이 있는지를 평가해야 어떤 부분은 취하고 어떤 부분은 버려야 하는가 알 수 있기 때문이다. 그리하여 만일 구루-쉬쉬야 방식을 활용한다면 인도에서의 제자 양육 사역은 어떻게 이뤄져 나아가야 좋을지를 제시해 보고자 한다. 또한 마지막 부분에서는 구루-쉬쉬야 전통이 단지 제자양육의 방법론만이 아니라 인도 문화의 관점에서 선교사의 성품과 사역을 어떻게 인도인이 받아들일 수 있는 방향으로 나타낼 수 있는지 제안해 보고자 한다.

1. 인도의 전통적 제자양육 시스템, 구루-쉬쉬야 빠람빠라

인도에는 여러 신앙의 전통(Sampradaya)들이 있는데 어느 특정 교파의 신앙의 전통이 끊어지지 않고 계승되는 것은 여러 구루들이 자신들의 제자들에게 그 신앙을 전수하기 때문이다. 이 구루는 인도의 신앙과 문화와 교육의 핵심적 내용일 뿐만 아니라 개개인의 신앙과 인생 문제 해결에 있어서 교사, 멘토, 안내자, 위로자, 부모, 친구, 상담자, 치료자, 해결사의 역할을 해왔다. 그러기에 인도의 문화에서 개인적으로 자신을 지도할 구루를 가지고 있지 않는 사람은 마치 부모 없는 고아와 같이 업신여김을 당하거나 불행한 처지에 놓인 사람으로 보여지는 경향이 있다.[3]

아드바야 따라까 우빠니샤드(Advaya Taraka Upanishad, 14-18))에 따르면, '구루(guru)란 말에서 음절 '구'(gu)는 '어두움, 그림자,' '루'(ru)는 '물리친다, 죽인다'는 말에서 나온 것이므로, 구루는 명사적으로 '어두움을 물리치는 자'라는 문자적 의미를 갖는다.[4] 이와 함께 형용사적으로는 '무게 있는, 중요한'이란 뜻이다. 그렇다면 구루는 '사람을 무지의 어두움에서 빛으로 이끌어 내어주는 매우 중요한 사람'이라고 말할 수 있다. 인도에는 방랑하는 사두(Sadhu), 세상과의 연을 끊은 사냐시(Sanyasi), 그리고 숲 속에서 진리에 대한 명상에 잠긴 리쉬(Rishi)와 같이 여러 가지 이름으로 불리우는 성자들이 있지만, 구루가 이들과 구별되는 것은 그(또는 그녀)가 개인적인 신앙의 영역에만 머무르지 않고 다른 사람들과 인격적 교류 가운데 자신이 발견한 진리를 나눈다는 점에 있다.[5] 구루에게 입문하여 그 가르침을 따르는 제자를 쉬쉬야(Shishya) 또는 첼라(Chela)라고 한다.

구루의 위치 또는 역할은 시대에 따라 달라져 왔다. 베다 시대에 구루는 브라만 카스트 출신이었다. 그는 정결한 계층인 브라만, 크샤뜨리야, 바이샤 가운데 8-12세에 달하는 학생(제자)을 받아 25세에 이르기까지 자신의 집에 같이 기거하면서 베다 경을 중심으로 하여 수학, 천문학, 의학, 경제학, 군사학 등을 교육시켰다. 이것을 확대 가족이란 뜻으로 '구

---

3 Wikipedia, guru, https://en.wikipedia.org/wiki/Guru
4 Giri K., "A Critical Study of the Teachings of the Five Popular Gurus/Traditions in Contemporary Indian Society," 26.
5 Joel D. Mlecko, "The Guru in Hindu Tradition," *Numen*, Vol. 29, Fasc. 1, Jul., 1982, 56.

루쿨'(Gurukul)이라 불렀다. 베다 경은 구루를, '자아와 참된 실재에 대한 지식을 가르치는 교사'(Rig Veda.VI.5,6), 또는 '구도자의 영적 삶을 향상시키며 복을 주는 사람'(Yajur Veda.VII,27)으로 이해했다.[6] 제사 중심의 시대와 연속성을 가지면서도 지식에 강조점이 있는 우파니샤드에 이르면 구루의 중요성이 더욱 커진다. 그래서 찬도기야 우빠니샤드는 말한다.

"우리 신들은 인간에게 지식, 심지어는 아뜨만의 지식도 줄 수 있지만, 그것에 이르는 '길'을 보여줄 수 있는 것은 오직 구루이다"(Chandogya Upanishad IV.14,1).

인도인의 삶의 방식을 규정한 다르마 샤스뜨라에 의하면 구루는 영적인 부모로 여겨졌다.

"사람마다 세 명의 구루를 가지고 있는 데 첫째는 자신의 어머니, 다음으로는 아버지, 그리고 영적 교사인 구루가 있다. 어머니를 존경함으로써 세상을 얻을 수 있고, 아버지를 공경함으로는 신들의 세상을 얻을 수 있는 반면, 영적 교사에게 절대 복종함으로써는 [최고신인] 브라만의 세상을 얻을 수 있는 것이다"(Vishnu Dharma Shastra.31,1-4,10).

서사 시대로 오게 되면 구루는 신과 동격으로 격상하게 된다. 경전 바가바드 기따를 보면 끄리슈나 신은 주님일 뿐만 아니라 동시에 구루로 칭함을 받는다. 신적 구루로서 그는 인간 구루에 대해서 이렇게 말했다.

"진리를 경험한 자는 지혜의 교사가 될 수 있으니 그들에게 물어보라, 그들에게 엎드려 절하며 종처럼 섬기라"(Gita.IV,34).

신의 인격성을 강조하는 뿌라나 시대로 오게 되면 구루는 최고 신과 동등한 대우를 받는다. 바가바따 뿌라나는 말한다.

"구루는 신으로 숭배를 받아야 한다. 왜냐하면 오로지 구루의 지도하에서만 목사[해방]에 이를 수 있기 때문이다"(Bhagavata Purana.XI,3/X,86).

---

6 Joel D. Mlecko, "The Guru in Hindu Tradition," 35.

신에 대한 사랑과 헌신을 강조하는 박띠 시대로 가게 되면 구루는 모든 신보다 높아지며, 구루들은 자신들이 인간의 모습을 한 신, 곧 성육신(Avatara)이라고 주장하기에 이른다. 13세기의 구루 님바르까(Nimbarka)는 기존의 것에 추가적으로 5번째 구원의 길을 제시하는데 그것은 '구루에 대한 헌신의 길'(gurupasatti)이었다. 15세기, 무슬림 배경의 힌두 구루인 까비르(Kabir)는 구루의 중요성을 이렇게 강조했다.

> 구루와 신이 둘 다 앞에 서 있을 때, 누구의 발을 먼저 만져야 하겠는가? 나는, 오 구루 당신의 발을 잡겠습니다. 왜냐하면 당신은 나에게 신을 보여주시는 분이기 때문입니다.[7]

20세기로 들어서면서 구루신앙은 폭발적으로 증가하게 된다. 수많은 구루들은 자신이 신과 친족관계에 있다든가 또는 성육신이라고 주장했다. 현대의 구루들은 힌두의 가치와 이데올로기들을 단지 인도에서만이 아니라 서구세계로까지 확장하였다. 그리하여 오늘날 구루는 한 교파(Sampradaya)의 창시자나 지도일 뿐만 아니라 영적 진리의 살아 있는 구현으로 여겨지고 있다. 서구 최초의 힌두 선교사였던 스와미 비베까난다는 구루 숭배를 이렇게 촉구했다.

"구루는 신으로 숭배되어져야 한다. 구루는 신이다. 구루는 신이 인간에게로 오기 위해 쓰는 빛나는 마스크이다."[8]

구루가 이렇게 신격화되고 있지만 어떤 사람이 스스로를 구루(성육신)로 주장한다고 하여 사람들이 모두 그를 구루로 받아들이는 것은 아

---

7 Giri K., "A Critical Study of the Teachings of the Five Popular Gurus/Traditions in Contemporary Indian Society," 24-25.
8 Swami Vivekananda, "Discipleship," *The Voice of India,* November, 1946, 170.

니다. 의도적이든 비의도적이든 오늘날 구루가 사람들의 매력을 끌고 많은 사람들이 구루를 따르는 신봉자요 제자가 되는 데에는 이유가 있다.

첫째, 구루는 영적으로 깨달은 자, 또는 진리를 체험한 자이기 때문이다. 구루가 구루로 될 수 있는 것은 많은 학문적 지식에 달린 것이 아니라 그 지식이 가르치는 진리를 깨닫고 체험한 자이기 때문이다. 기독교인의 입장에서는 힌두 구루가 어떤 진리를 깨닫고 체험한지는 알 수 없다. 그러나 사람들은 적어도 자신들의 구루가 이 진리를 체험한 자라고 믿는다.

둘째, 사람들이 구루를 따르는 것은 그들에게서 평화, 사랑, 자비, 세상 물욕과 정욕에서 초연한 모습, 자기 부인과 자기희생과 같은 고결한 인품과 삶을 볼 수 있기 때문이다. 구루와 같은 성자들의 성품에 대한 묘사를 보면 "순결은 그들의 능력이고, 진실함이 그들의 힘, 사랑의 에너지"를 가졌다고 한다.[9]

셋째, 구루가 사람들의 마음을 끄는 이유는 그들에게서 나타나는 능력 때문이다. 예를 들어 사이바바는 만인이 보는 가운데 허공중에서 잿가루로 시계, 다이아몬드 반지, 카메라를 만들어 낸다. 또한 불치병을 치료하는 치료의 능력을 나타내기도 한다. 구루 마따 암리따난다마이(Mata Amritanandamay)는 사람을 한 번 포옹해주기만 하면 그 사람의 어떤 슬픔과 고통이라도 순식간에 사라지게 하는 신기한 능력을 가진 여성 아바따라 구루이다.

힌두 구루가 제자를 삼는 방법에는 여러 가지가 있다.

첫째, 개종자를 얻기 위해 시장과 광장과 사무실로 찾아 다니기 보다는 기도와 명상, 고행 등으로 스스로의 영성을 향상시키기 위해 힘쓰는 데 있다. 이것은 얼핏 제자를 얻는 방법과는 거리가 먼 것 같지만 사실상

---

9 Srikant Prasoon, *Indian Saints & Sages from before Shankaracharay to Vivekanand* (Delhi: Hindoology Books, 2009), 20.

가장 중요한 부분이다. 사람들이 자신의 구루를 선택하는 결정적 요인이 구루의 영성, 영적 능력과 인품이기 때문이다.[10] 물론 구루 중에도 인상적인 것을 보여줌으로써 대중의 이목을 끌려는 사람들이 있지만 신자들은 그러한 행동에 대해 의심의 눈초리로 바라본다. 왜냐하면 '진정한 구루'는 사람들의 관심을 끌 필요가 없기 때문이다. 구루는 그저 자신의 성품대로 살고 행동하는데 그 은혜스러운 말과 인격과 행동 자체가 그 사람의 구루됨을 증거해 준다는 것이다.

둘째, 구루는 경전의 말씀을 가르치며 그 말씀대로 사는 모본을 보여준다. 구루로부터 병 고침을 받고 여러 가지 사업의 위기와 가정 문제들을 해결 받고자 하는 실제적 이유로 오는 자들이 많다. 그러나 세상에는 그런 자들만 있는 것이 아니라 진리와 영생, 참 평화의 길을 찾기를 원하고 영적으로 성숙해지기를 원하는 자들이 있다. 심지어 물질과 질병 문제 해결을 위해서 오는 자라 할지라도 문제가 해결되면 진리의 말씀을 듣기를 원한다. 구루는 사람을 진정으로 채우는 길은 물질이나 일시적인 고통의 경감이 아니라, 사람에게 참 만족을 주는 신의 말씀인 것을 알기에 경전과 진리의 말씀을 나누기에 힘쓴다. 구루가 삿상(Satsang)에 힘쓰는 이유가 여기에 있다. 삿상은 진리를 나누는 사람들의 모임(예배)이란 뜻이다. 구루는 삿상에서 경전을 기초로 말씀을 가르치고, 제자들은 최우선적으로 그 말씀을 지키도록 도전 받는다. 이것이 구루가 제자삼는 방법의 핵심이다.

셋째, 구루는 모든 제자들이 매일 세 가지 단계로 가르침을 자기 것으로 소화하도록 돕는다.[11]

---

10 Maya Warrier, "Guru Choice and Spiritual Seeking in Contemporary India," *International Journal of Hindu Studies* 7, 1–3 (2003), 40.

11 Joel D. Mlecko, "The Guru in Hindu Tradition," 38.

① 듣고 이해하는 쉬라와나(Shravana) 단계인데 이는 단순히 들려오는 소리를 듣는 것이 아니라 적극적으로 이 말 뜻이 무엇일까 스스로 물으면서 이해하기에 힘쓰는 단계이다.
② 들은 것을 숙고하는 마나나(Manana)단계인데 이때 구루는 제자들에게 질문하고 제자는 답변을 하는 가운데 논점에 대해 토론하는 시간을 갖는다.
③ 개인적 명상을 통해 완전히 이해하는 니디디야사나(Nididhyasana) 단계로써 이것이 되어질 때 들은 말씀을 온전히 실천할 수 있다고 본다.
④ 인격적인 교육. 앞에서도 언급했지만 구루의 교육은 일반적으로 구루쿨 또는 구루의 가족이 사는 집에서 이뤄진다.

이는 구루의 교육이 구루의 인격과 사상, 영성을 모방하는 데 촛점이 있으며 구술로 이루어지기 때문이다. 또한 살아 있는 신의 현현으로서 구루의 눈길, 구루의 손길, 구루가 주는 음식(쁘라사드), 구루의 축복이 구원(목샤)을 얻는 데 도움이 된다고 보기 때문이다. 오늘날 대부분의 제자들이 구루와 함께 살고 있지는 못하다. 그럼에도 불구하고 정기적인 순례, 삿상 강론, 기도회 참여, 쁘라사드 등을 통해 구루를 친견하고 인격적 만남을 갖기를 열망한다. 구루와 함께 있지 못할 때에는 구루의 사진과 말씀을 집안 예배처, 냉장고, 가방, 사무실, 지갑 등 눈에 보이는 거의 모든 곳에 붙여 놓고 구루의 말씀과 이미지와 행적을 묵상한다.

특히 구루쿨에서 제자들은 말씀만 배우는 것이 아니라 불을 피우기 위한 장작을 구해 오고 구루를 위한 음식을 빌어서 오며 구루의 소떼들을 돌보고 구루의 명에 언제든 순종할 준비를 했다. 이러한 구루쿨 생활을 통해 제자들은 구루의 인격을 체험하고 구루의 가르침을 생활 속에서 체화했던 것이다.

이상의 과정을 통해 단지 구도자에 불과했던 한 사람의 학생이 구루의 전통(Sampradaya)에 입문을 하고 나름의 진리 체험을 한 후 구루와 똑같은 사상과 인품을 가진 제자로 변화되거나 또 다른 구루가 태어나게 되는 것이다. 이렇게 해서 '구루-쉬쉬야 전통'(Guru-Shishya Parampara)이 대를 이어 끊임없이 지속되는 것이다.

2. 구루-쉬쉬야 방식과 성경적 방식의 비교

인도의 구루 신앙과 구루 교육은 기독교 제자 양육과 결정적인 차이점이 있다. 그것은 선교사, 또는 전도자가 참 빛, 참 구루이신 그리스도께 대한 증거자요 교사로 머무르는 기독교와 달리 인도의 구루 신앙에서는 인간 구루 자체를 참 구루요, 성육신이요, 구원의 길로 제시하고 있는 점이다. 기독교 사역자들도 힌두 구루와 같이 기적과 치유의 능력을 행할 수 있지만, 그들은 자신을 증거하는 것이 아니라 능력의 근원이신 그리스도를 가리키며 제자들을 자신이 아니라 그리스도께로 인도하는 것이다.

또 한 가지, 구루의 신적 위치와 관련이 있지만, 구루가 제자를 만지거나 말을 하거나 심지어 바라보기만 해도 거의 즉각적으로 구루의 살아있는 에너지(기)가 제자에게로 들어간다는 '샥띠 파뜨'(Shakti-pat) 방법[12] 역시 기독교의 제자 양육과는 거리가 먼 것이다. 제자에게 기가 들어옴으로써 제자들이 진리를 깨닫고 영적인 눈을 뜨게 하는 것이 힌두교에서는 구루의 역할이라면 기독교에서는 성령의 역할이다. 양육하는 선교사

---

12 Wener Hoerschelmann, *Christian Gurus: A Study on the Life and Work of Christian Charismatic Leaders in South India* (Chennai: Gurukul Lutheran Theological College and Research Institute, 1998), 61.

와 전도자가 아무리 말씀의 씨를 뿌리고 인격적으로 잘 양육하고 기도를 해 줄지라도 사람이 영적인 눈을 뜨고 그리스도를 발견하는 것은 전적으로 성령님의 역할인 것이다.

제자가 양육자를 존경하고 신뢰와 사랑과 겸손과 순종의 태도를 갖는 것은 아름다운 일이고 제자의 성장에 도움이 되는 일임에 틀림이 없을 것이다. 하나님을 알고 배우고자 하는 태도를 갖는다면, 하나님에 대해서뿐 아니라 그 진리를 가르치는 양육자에 대해서도 겸손히 묻고 배우는 착한 마음씨를 가져야 좋은 열매를 맺을 것이다. 그런데 힌두교에서 제자에게 요구되는 구루에 대한 태도는 도를 넘어서는 것으로 보인다.

제자는 구루를 만나게 되면 이마를 땅에 대고 온 몸을 바닥에 붙이며 손과 팔은 머리 위로 하여 부복하는 예를 올려야 한다. 한 번 부복하는 것은 예가 아니기 때문에 신앙심에 따라 2번, 3번, 7번까지도 해야 한다.[13] 그뿐만 아니라 구루를 위해 향을 피우고 꽃이나 과실을 바치고 심지어는 구루가 발 씻은 물을 먹기도 한다. 물론 이것이 의무라기보다는 사랑과 존경의 뜻이긴 하지만 인간 교사에게 바친다기보다는 신적 대상에게 바치는 공경의 태도라는 점에서 기독교의 선교사-제자의 관계와는 역시 거리가 먼 것으로 보인다.

이렇게 구루의 제자 양육과 기독교 제자 양육 사이에는 내용상 명확한 차이가 있음에도 불구하고 방법적인 면에서는 몇 가지 공통점이 있는 것을 발견한다.

---

13 Abhishiktananda, *Guru and Disciple: An Encounter with Sri Gnanananda, A Contemporary Spiritual Master* (Delhi: ISPCK, 1990), 17.

1) 제자의 선택은 신의 은총

복음에서 나오는 제자들은 스스로 예수님을 찾아왔다기보다는 주님이 부르셔서 나온 사람들이다. 누가복음 6:12-13에는 예수님이 밤이 새도록 기도하신 후 제자들을 부르시고 그 중에서 열 둘을 택하셨다고 했다. 요한복음 15:16에서는 너희가 나를 택한 것이 아니요 내가 너희를 택하여 세웠다고 분명히 말씀하셨다. 이는 제자로서의 택함만이 아니다. 시몬 베드로가 예수님을 그리스도요 살아계신 하나님의 아들로 고백했을 때, 예수님께서는 이를 네게 알게 한 이는 혈육이 아니요 하늘에 계신 내 아버지시니라(마 16:17)고 말씀하셨다. 이는 그리스도를 깨닫고 살아계신 하나님을 만나는 것은 사람의 지혜와 능력과 열심으로 되는 일이 아니라 하나님이 하시는 일임을 명백히 하신 것이다.

제자로서의 선택과 제자로 만드는 것이 근본적으로 하나님이 하시는 일이라는 것은 제자 양성에서 기본적이지만 가장 중요한 부분이라 할 수 있다. 제자가 되는 것이 하나님의 은혜이며, 제자 양육의 전 과정에서 양육자가 기도를 의지하고 성령의 도우심을 의지해야 할 이유가 여기에 있으며, 사람이 변화되는 것이 불가능하게 보일지라도 포기치 않는 이유가 바로 여기에 있기 때문이다.

힌두의 제자 양육에도 신의 은총이 강조된다. 얼핏 구도자(신자)가 구루를 찾아 다니는 것 같지만 힌두 전통에서는 "제자가 영적으로 잘 준비되기만 하면 구루 스스로 나타나 제자의 손을 이끌어 인도해 준다"[14]고 말한다. 영적으로 준비된 제자에게 구루가 곧장 나타날 수 있는 이유는 구루가 늘 지켜보면서 제자를 찾고 있기 때문이다. 제자는 선택권이 없고 구루에게 선택권이 있다. 이것을 잘 보여 주는 것이 구루 딕샤(Dik-

---

14 Maya Warrier, "Guru Choice and Spiritual Seeking in Contemporary India," 40.

sha, Upanayana)이다. 구루는 제자 지망생이 있다 할지라도 종종 여러 과정과 오랜 시일이 걸리는 테스트를 거친 후에야 그를 제자로 받아 입문식을 한다. 일단 이 입문식을 거치면 구루는 제자의 영적 문제에 책임을 진다. 제자가 영적인 깨달음을 얻고 구루의 전통을 이어갈 때까지 끝까지 교육을 한다는 것이다.

2) 일대일의 인격적 제자 양육

성경에서 하나님이 사람을 세우실 때 일대일의 인격적 관계성 속에서 사람을 기른 것을 본다. 자식에 대한 관심밖에 없던 아브라함을 불러 25년간 인격적 양육을 통해 성숙한 신앙의 조상, 열국의 아비로 세우셨고, 광야생활 부정적 생각이 강한 모세를 일대일로 연단하여 이스라엘 출애굽의 지도자로 세우셨다. 예수님은 모래와 같이 잘 부스러지는 베드로와 요한을 양육하여 초대교회의 지도자로 세우셨다. 사람의 변화와 성숙은 지식과 기술 교육으로 이뤄지는 것이 아니라 부단한 인격적 교제와 감화로 오랜 시간에 걸려 이뤄지는 것이다. 이 점에서 인격적 제자 양육은 기독교 제자 양육의 핵심적인 부분이라 할 수 있다.

인격적 제자 양육을 하려면 사람이 적어야 하고 양육자와 제자가 같이 사는 것이 이상적이다. 이 점에서 구루와 제자가 동거동락하며 교육시키는 인도의 구루쿨 제자 양육은 전형적인 인격적 제자 양육이라고 할 수 있다. 제자들은 집에서, 생활 속에서, 현장에서 구루의 지식만이 아니라 행동과 인격을 보고 역동적으로 교제하면서 구루의 고결한 정신과 인격과 행동을 지속적으로 학습한다. 그러기에 제자들 중에 깊은 깨달음과 인격적 감화를 받은 자들이 또 다른 구루가 되어 또 다른 제자들을, 앞선 구루가 가르치고 보여준 그대로 또 전수할 수 있게 되는 것이다.

3) 경전 교육

패트릭 죠수아(Patrick Joshua)의 "제자도"에 의하면 기독교 제자 삼는 5가지 기본 원리 중 첫번째가 하나님 말씀대로 살도록 돕는 것이다.[15] 성경 말씀은 한 구도자가 그리스도를 만나고 개종하기까지 만이 아니라 개종 이후에도 성숙한 제자로 자라나는 데 결정적인 역할을 한다. 그뿐만 아니라 후에 또 다른 제자를 낳는 제자 양육을 위해서도 성경을 가르치고 성경 말씀대로 살아가는 것은 모든 제자 양육 시스템의 필수적인 내용으로 볼 수 있다. 이 점에서 인도 구루의 기본 자격으로 경전을 익숙하게 다룰 줄 아는 것을 요구하는 것은 주목할 만하다.[16]

마누경에 의하면 구루는 경전의 본문을 해석해 줄 뿐만 아니라 그 말씀대로 사는 모습을 보여줄 것을 요청한다(Manu II, 159-161). 힌두교는 계시의 종교이다. 인간의 이성과 경험과 계시 중 계시를 최고의 권위로 인정한다. 베다 경을 비롯한 여타 종파의 경전들은 들은 바 신의 말씀을 기록한 것이다. 이 계시와 다른 것을 이야기하면 이단(Nastika)이고, 계시와 일치하는 내용이라야 정통(Astika)으로 여긴다. 그러기에 계시의 말씀인 경전을 가르치는 것은 구루의 가르침과 제자 생활의 핵심이 되지 않을 수 없는 것이다.

4) 희생

그리스도의 제자도에 대한 가르침 중 빼뜨릴 수 없는 것이 자기 부인

---

15 M. Patrick Joshua, "Discipleship," ed. by J. T. K. Daniel, P. Stephen Joyson, *Equipping Leaders for the Church-in-Mission* (Delhi: ISPCK, 2010), 266.

16 Giri K., "A Critical Study of the Teachings of the Five Popular Gurus/Traditions in Contemporary Indian Society," 30; Wener Hoerschelmann, *Christian Gurus*, 60.

과 자기 십자가일 것이다.[17] 그리스도의 대속의 죽음으로 구원받고 그를 구주요 주님으로 고백하고 따르는 자들은 마땅히 그리스도를 가장 사랑하고 그를 사랑하기에 기꺼이 자기를 부인하며 주와 복음을 위해 헌신적으로 희생하는 삶을 살 수 있는 것이다. 자기 부인과 자기희생이 참된 제자도의 중심에 있는 것이라면 구루 제자도의 핵심도 동일하다고 말할 수 있다.

기본적으로 구루는 세상에 대한 집착에서 벗어나 초연한 사람이므로 무엇이든 희생할 수 있고, 모든 것을 희생할 수 있다. 이러한 구루의 가르침을 받은 제자는 구루쿨 교육을 마친 후 감사함으로 닥쉬나(Dakshina)를 구루에게 바친다. 돈이나, 밭이나, 소나, 자신의 전 재산을 바칠 수도 있고, 어떤 경우에는 자신의 엄지 손가락을 바치기도 한다.[18] 이뿐 아니라 구루의 가르침대로 더 나은 세상을 만들기 위해 정기적으로 비정기적으로 헌금을 하는데 이 헌금의 액수가 가히 천문학적이다. 가난한 사람은 가난한 사람대로 꽃이나 과일이나 곡물, 적은 돈을 바치기도 하지만, 가난하다고 안 받치거나 적게 바치지는 않는다.

인도 사람이 가난한 것 같지만 두 가지 희생적으로 하는 것이 있는데 그 하나는 자녀 결혼이요 다른 하나는 구루 또는 템플에 바치는 헌금이다. 최근에 사이바바에게 익명의 한 신자가 다이아몬드 목걸이를 헌금한 것이 신문지상에 공개되었는데 1억 8천만 원이 넘게 감정평가 되었기 때문이었다.[19] 인도의 주요 구루와 템플들은 수천억 원이 넘는 현금을 소

---

17 패트릭은 제자도 정의의 핵심으로 그리스도를 가장 사랑함과 더불어 자기 부인과 자기 십자가를 핵심적인 요소로 제시했다. Patrick Joshua, *Ibid.*, 260.
18 Maya Warrier, "Guru Choice and Spiritual Seeking in Contemporary India," 38; Wikipedia, "Guru-Shishya Tradition"; https://Guru%E2%80%93shishya_tradition
19 Chitanya Deshpande, "Diamonds Worth Rs 92 Lakh Found in Shirdi Temple Donation Box," *The Times of India*, April 23, 2016.

유하고 있는 것으로 알려졌는데 이는 힌두 신자들의 헌신이 어떠한가를 잘 보여 준다.

3. 구루-쉬쉬야 방식을 활용한 인도 제자 양육

이상에서 보는 바와 같이 구루 숭배, 구루의 이데올로기와 가치는 기독교의 제자 양육과 관계가 없지만 방법적인 면에서는 그들에게 배울 점이 있고 활용가치가 큰 것으로 보여 진다. 기독교 제자 양육 방식과 공통점이 있는 부분은 성경적인 원리와도 부합되는 방법이거니와 인도인에게 익숙하고 잘 받아들일 수 있는 방식이기 때문에 그러하다.

먼저 구루쿨에서 행해졌던 인격적인 제자 교육을 인도 상황에 맞게 활용할 것에 대해 생각해 보자. 구루쿨 교육의 핵심은 같은 집에서 같이 먹고 같이 생활하면서 삶 속에서 이뤄지는 교육이며, 대중 교육이라기보다는 일대일의 인격적 관계가 지배적인 교육이다.

안타깝게도 현재 선교지에서 이뤄지는 선교사의 사역의 방식은 이와 거리가 멀다. 극히 일부를 제외하고 거의 대부분의 선교사는 선교 대상자인 제자들과 같이 살지 않는다. 사는 곳은 따로 있고 제자들은 사역터에서 교육이 있을 때에만 함께 하는 것이 일반적이다. 이것은 윌리엄 캐리 선교사 때부터 계속해 온 선교사들의 '선교기지' 방식 또는 '카바디(Kabaddi)식' 방식이다.[20] 이는 비성육신적인 방법으로 제자들과 하나 되지 못하고 공감대를 형성하지 못하게 한다. 교육의 질도 형편없이 떨어진다.

---

[20] 예로부터 내려오는 인도 스포츠로서 숨 한 번 쉴 동안에 '카바디'라고 외치며 상대편 선수를 손으로 타치하고 자기 진영으로 돌아오면 이기는 게임. 서구 선교가 선교 기지를 중심으로 하여 현지인과는 사역을 위해서만 만나고 일이 끝나면 속히 선교 기지로 돌아가는 선교 방식을 비유적으로 '카바디' 전도라고 말한다.

윌리엄 캐리는 1793년 말 인도에 와서 1799년 말 세람포르에서 선교를 시작하기 전 무드나배티에서 500명이 넘는 직원을 데리고 인디고 제조 공장의 매니저로서 일하는 기회를 얻을 수 있었다. 처음에 그는 이들 중에 많은 열매를 맺을 것으로 기대하였으나 그들에게 정기적으로 설교하는 기회를 가졌음에도 어떻게 된 건 지 6년 동안 한 명의 개종자도 얻지 못했다. 그는 어학의 천재인데다가 성실한 사람이라 열심히 복음적인 설교를 했음에도 불구하고 열매를 맺지 못했다. 그 이유는 2.5루피의 저임금으로 중노동을 하며 무너져가는 초막집, 흙집에서 사는 직원들과 달리 2층짜리 호화로운 벽돌집을 지어 일군들의 100배가 넘는 임금을 받으며 따로 살았기 때문이었다.[21]

캐리는 영국에서 하던 대로 언제나 대중설교만 할 뿐 개인적이고 인격적으로 사람을 돕는 일을 하지 않았다. 사람들이 어떤 문제로 고통하고 슬퍼하며 탄식하는지 해결하는 데에는 관심이 없고 반면에 사람들이 갖고 있는 카스트를 파괴하는 데에만 열심을 보였다. 그는 카스트를 없애야 사람들이 개종할 수 있다고 보았지만 사람들은 카스트를 잃으니 차라리 죽는 게 낫다고 생각했다.[22]

대부분의 구루 조직을 연구한 최근의 연구결과는 개개인이 구루에게 끌리는 주된 이유는 개인적인 인생 문제를 구루로부터 즉시 해결 받을

---

21 캐리의 1794년 6월 19일, 28일자 일기에 의하면 인디고 노동자 월급이 2.5루피인데 반해 캐리의 월급은 200 루피였다. 그러나 그는 한 상자의 인디고 당 커미션을 추가로 받았기 때문에 인도인 노동자의 100배가 넘는 돈을 받았다(Eustace Carey, Memoir of William Carey, D.D. *Late Missionary to Bengal: Pioneer or Oriental Languages in the College of Fort William Calcutta* [Boston: Gould, Kendall and Lincoln, 1836], 121).

22 1793년 12월 4일 자 캐리가 그의 여자 형제들에게 보낸 편지(Eustace Carey, Memoir of William Carey, D.D. *Late Missionary to Bengal: Pioneer or Oriental Languages in the College of Fort William Calcutta*, 83).

희망을 갖기 때문인 것을 보여 준다.[23] 사람들이 건강 문제, 가정불화, 재정 문제와 같은 위기 상황과 문제를 만났을 때 구루를 찾게 된다는 것이다. 처음에 이런 개인 문제로 왔다가 구루에게서 해결을 본 후 이후 지속적으로 구루의 가르침을 들으면서 결국 구루의 충성된 신봉자요 제자로 변화하게 된다는 것이다.

로버트 드 노빌리는 시장과 광장으로 찾아다니며 설교하되 집과 생활은 유럽인 거주지에서 사는 여타 포르투갈 선교사들과는 달리, 현지인 상층 카스트가 사는 지역에 들어가 현지인과 똑같은 움막집을 짓고 인도 옷을 입고 인도인이 중시하는 카스트 규율을 지키기에 힘썼다. 그뿐만 아니라 그는 인도 고전어인 산스크리트어를 공부하여 인도인도 놀랄 정도의 학자가 되었는데, 소문을 듣고 많은 인도인이 찾아오게 되었다. 그리하여 그는 집에서 찾아오는 구도자들에게 한 사람 한 사람씩 그들의 이야기를 들어 주고 산스크리트어 지식을 활용하여 성경 말씀으로 변증함으로 많은 제자를 얻을 수 있었다. 그의 사역이 주는 의미가 큰 것은 그의 제자가 또 다른 구도자를 데리고 오고 또 다른 제자를 설득하여 제자를 세우는 구루-쉬쉬야 빠람빠라를 이어갔다는 것이다.[24]

크리스챤 슈바르쯔 선교사의 경우는 영국과 인도인 사이의 전쟁터에서 죽은 인도인 병사들의 고아를 주어다가 영국군의 군목으로 봉사하여 받은 사례금을 털어 인격적으로 돌보아 주었다. 전쟁 통에 부패한 관리에 대한 불신으로 도시로 식량을 보내지 않는 농부들을 설득해서 도시인들의 식량문제를 해결해 주었다. 그러자 그의 주위에는 그의 도움을 바라는 많은 사람들이 몰려 들었는데 그는 평생 결혼하지 않았으므로 늘 현지인과 동거동락하며 그들의 문제를 해결해 주었다. 그리고 한 사람 한

---

23 Maya Warrier, "Guru Choice and Spiritual Seeking in Contemporary India," 38.
24 A Sauliere, *His Star in the East* (Madras: De Nobili Research Institute, 1995), 85.

사람에게 복음을 전하고 그들이 또 다른 사람을 가르칠 수 있도록 학교 교육 및 생활 교육을 통해 지속적인 교육에 힘썼다. 그 결과 그는 살아 있을 때 직접 세례 준 사람만 해도 만 명이 넘었을 뿐 아니라 사후에도 그의 제자들을 통해 더 큰 열매를 맺을 수 있었다.[25]

인도 구루의 제자 양육 프로그램 중 경전 교육이 중심에 있다는 것은 제자양육 사역을 하는 선교사에게 큰 도움이 된다. 우리 구주 그리스도는 인도에서 가장 영향력이 큰 구루 중의 하나인 라마크리슈나에 의해 이미 인도의 아바따라 중의 하나로 인식되었을 뿐만 아니라, 스스로 재림한 그리스도라고 주장하는 사이바바에 의해 그리스도는 더 이상 외국의 신이 아니라 인도의 구루 중 하나로 받아들여지게 되었다.[26]

그러므로 기독교의 경전인 성경을 삿상 모임에서 가르치는 것은 자연스러운 일일 뿐 만 아니라 계시된 말씀으로서 경전을 숭상하는 인도인들에게 어필할 수 있는 가장 효과적인 방법이 된다.[27]

인도는 충돌되는 수많은 진리 주장이 있는 곳이므로 온전한 하나님의 계시인 성경말씀을 접하여 그 말씀을 경험해 보는 사람이라면 성경 말씀만이 참되고 온전한 계시요, 그리스도만이 유일한 구주, 참된 구루로 인정하게 된다. 그런데 인도인 구루 가운데도 치료의 기적을 비롯한 온갖 기적을 행하는 사람들이 많은 관계로 이른 바 능력 대결, 기적 대결로는 승패를 가르기가 쉽지 않다. 그러나 경전을 가지고 진리 대결을 벌이게

---

25 Robert Eric Frykenberg, *Christianity in India from Beginnings to the Present* (Oxford: Oxford University Press, 2008), 154, 159.
26 Daniel E. Bassuk, "Six Modern Indian Avatars and the Ways They Understand Their Divinity," *Dialogue & Alliance*, Vol. 1, No. 2, (Summer: 1987), 79, 87.
27 힌두 제자의 가장 중요한 의무는 구루의 말씀(또는 구루가 가르치는 경전의 말씀)을 그대로 지키는 것이다(Vandana, *Gurus, Ashrams and Christians,* Delhi: ISPCK, 2004, 36). 그러기에 경전을 배우는 것은 힌두들에게 거부감이 없으면서 가장 자연스러운 접근 방법이 될 수 있다.

된다면 훨씬 더 승산이 높으며, 특별히 아프지 않은 건강한 사람들, 부자들과 권력자들, 교육 받은 사람들, 상층 카스트, 독실한 힌두들을 개종하고 제자 양육하는 유일한 무기는 성경 말씀이라고 할 수 있다.

그런데 안타깝게도 대부분의 선교사들의 사역 중에 직접 성경을 가지고 개종을 시도하고 제자 삼는 시도를 찾아보는 일은 매우 드물다. 먼저 물질적 도움, 의료 혜택, 초중고 대학교, 신학 교육, 각종 사회 사업을 한 연후에, 또 하면서 전도를 하고자 하지만 많은 경우 성경 가르치는 일은 우선순위에서 밀린다. 또 기독교인들에게 성경을 가르치는 일은 할지라도 비기독교인 구도자를 대상으로 기독교의 경전을 가르치며 제자 삼는 일은 거의 찾아보기가 어렵다. 이는 선교사들이 한국에서부터 비기독교인들을 대상으로 성경을 가르쳐 제자 삼아 본 경험이 드물기 때문이기도 하지만, 인도인들의 종교를 비난 공격하지 않고 성경만 단순히 가르쳐도 얼마나 큰 변화의 역사가 일어나는지 경험해 보지 못했기 때문이기도 하다. 한인들의 선교는 과거 한국에서 선교사들이 그러했던 것처럼 성경을 가르치는 일을 우선적으로 하는 방식으로 전환할 필요가 있다. 이것이 경전을 숭상하는 인도 사람에게 가장 효과적으로 복음을 전하는 방식이기 때문이다.

마지막으로 구루 제자 양육에서 강조하는 희생과 헌신을 기독교 제자 양육에 어떻게 활용할 수 있는지 생각해 보자. 기독교에서 강조하는 자기부인과 자기 희생의 가치는 따로 교육시킬 필요가 없을 정도로 인도인의 종교적 심성에 뿌리 깊이 박힌 것이다. 그러므로 선교사는 그리스도 복음의 가치를 가르친 후에는 두려움 없이 희생과 헌신을 강조할 필요가 있다. 특히 헌금생활에서 희생과 헌신의 가치를 교육하는 것은 매우 중요하다. 선교사들은 재정이 어려운 현지인들을 너무 많이 이해해 주다 보면 십일조, 헌금 교육을 밀어붙이지 못하고 도리어 돈으로 사람을 도와주는 일이 허다 하다. 선교사가 돈을 많이 내면 사람들이 모이고 사역이

순조롭게 진행되는 것처럼 보이나 사실은 현지인들의 정신과 신앙이 내면에서 병들게 된다. 현지인의 희생이 아니라 선교사의 물질에 의해 교회와 사역이 돌아가게 되면 그 사역은 선교사의 사역이 되고 현지인은 손님이 되고 만다. 그리하여 돈이 끊어지고 선교사가 떠나게 되면 교회도 문을 닫게 된다. 돈이 많든 적든 희생이 없는 신앙생활은 영성의 고갈로 이어지고 쌀 신자를 양산하는 결과를 낳게 된다.

한국 선교사들의 교회 개척 사역을 보면 한국에서 하듯이 대부분 현지인 목회자 또는 사역자를 월급 주고 고용하여 그들로 사역케 한다. 그러나 인도 문화의 관점에서 보면 돈을 받고 종교적인 가르침을 주는 자는 구루로 여기지 않는다. 돈을 받고 베다의 일부를 가르치는 종교인도 있는데 그들은 우파디아이(Upadyay)라고 불리우는 자들로서 브라만 중에서도 급이 낮은 자띠이며 구루로 존경받지 못한다.[28]

존경받기 위해 사역하는 것이 아니라 진리의 교사로서 존경과 신뢰가 없으면 그 사람이 전하는 가르침의 가치도 떨어지게 되는 것이다. 그러므로 시간이 좀 걸리더라도 비기독교인을 제자로 삼아 그 사람의 자발적인 헌신으로, 현지인 개종자가 헌금하고 사역비를 내어 교회를 개척하도록 해야 한다. 30년 선교 사역에 이런 사람을 한 사람이라도 낳으면 선교사가 떠나도 제자 삼는 사역은 현지인의 주인의식과 헌신과 희생으로 계속 지속될 수 있는 것이다.

4. 구루-쉬쉬야 문화로 본 한인 선교 발전 방향

예로부터 내려온 인도 구루-쉬쉬야 제자 양육을 문화의 관점에서 보면

---

28 Joel D. Mlecko, "The Guru in Hindu Tradition," 38-39.

서구인, 또는 한국인 선교사-제자 양육 문화에는 여러 가지 이질적인 또는 이상한 요소들이 눈에 뜨인다. 이 이질적인 요소는 인도인의 관점으로 볼 때 종교인답지 못하고 불경건하며 세상에 집착하는 모습으로 비칠 수 있다. 이 이질적인 요소는 결국 인도인 구도자들이 기독교 구루에게로 오는 것을 가로 막고 열매 맺는 것을 저해하는 요소로 작용하게 된다.

인도 선교에 있어서 기독교 구루인 선교사와 그 제자인 구도자(또는 개종자) 사이의 소통을 가로막는 최대 장애는 언어나 카스트 제도나 전통 힌두교 신앙이 아니라 선교사 자신, 곧 선교사의 성품과 선교사의 삶의 방식이다. 기독교 제자 양육의 핵심에는 우리의 신앙과 삶의 표본이신 그리스도를 본받는 데 있음은 주지의 사실이다. 그러나 제자는 그리스도만 배우는 것이 아니라 그리스도를 전하는 스승 곧 선교사와 목자를 배우기 마련이다.

사도 바울은 '나를 본 받으라'고 했다. 제자들은 의도적이든 비의도적이든 스승과 목자를 배우게 된다. 사실 스승을 잘 닮은 제자가 훌륭한 제자이며 나중에 스승과 같은 또 하나의 제자 양육자로 자라게 되는 것이다. 이는 기독교 제자 양육만이 아니라 힌두교의 구루-쉬쉬야 제자 양육의 핵심적인 내용이다.

그러기에 구루-쉬쉬야 전통에서는 성자로서 구루의 성품을 특별히 강조하고 있다. 무엇보다 구루의 자격 중에 경전에 관한 지식과 영적 능력이 있지만 이와 함께 필수적인 것이 구루의 순결한 라이프 스타일, 삶의 방식이다. 구루는 모든 점에서 삶과 신앙의 표준이자 모델이 되어야 한다. 그런데 구루의 성품 중 신앙, 헌신, 정의로운 행동, 도덕성과 같이 기독교와 겹치는 보편적인 것도 있지만 인도적인 가치도 있는데 이 부분에 특히 주목할 필요가 있다.

인도에서 구루의 지혜는 명상에서 나오는 것이므로 인도의 구루는 말을 적게 한다. 구루는 절제의 표본이기 때문에 지나친 슬픔이나 지나친 기쁨과 같은 극단적인 감정 표현을 나타내지 않도록 해야 한다. 구루는 물욕이나 정욕과 같은 세상 욕심으로부터 자유롭고 초탈한 사람이어야 한다.[29] 그는 세상적으로는 거의 가진 것이 없지만 모든 것을 가진 사람으로서 사람들에게 사랑을 나누어 주되 특별히 마음의 고요와 평화를 나누어 주는 것이 인도의 전통이다. 구루는 범인의 6가지 적 곧 섹스, 분노, 정욕, 자만심, 애정, 시기심을 극복한 사람이다.[30]

구루는 세상의 모든 것을 내려 놓은 사람이다. 그는 원수도 친구도 없고 존경과 무시도 없으며 분노와 게으름, 섹스, 욕망, 정욕으로부터 자유롭고 단순함, 진실함, 동정심, 친절, 자비, 자선, 돕는 마음, 자족, 평화, 용서로 가득한 사람이다. 구루는 생명 유지를 위해 조금 먹는 정도이지 결코 맛을 위해 많이 먹지 않는다. 그들은 영원히 가치 있는 것을 위해 세상의 사치스러운 라이프 스타일을 버린 사람들이다.

인도적인 가치라고 말했지만 사실 많은 부분이 성경의 가치와도 부합한다고 본다. 문제는 강조점, 또는 우선권, 문화의 문제이다. 예를 들어 섹스, 정욕과 같은 것은 서구인과 한국인 모두 중시하는 죄 문제이지만 인도인 구루의 경우는 절제하지 못하는 것, 분노, 세상 것을 내려놓지 못하고 집착하는 것을 큰 문제로 여겨 이런 사람은 구루의 자격을 상실한 사람으로 본다. 특별히 분노는 사람을 지옥으로 이끄는 3대 죄 가운데 하나로도 들어간다(바가바드 기타, XVI21,22). 그래서 만일 어떤 선교사가 일절 여자 문제에서 깨끗하고 기도도 많이 하고 열심히 성경을 가르치고 많은 일을 하지만 사소한 일로 쉽게 화를 내는 약점이 있다면 서양이나 한국 문화로 보면 사소한 약점으로 볼 수 있겠다. 그러나 인도인의 시각

---

29 구루는 재산이 없는 가난하고 외로운 삶을 살아야 한다(Srikant Prasoon, *Indian Saints & Sages*, 29).
30 Srikant Prasoon, *Indian Saints & Sages*, 24.

으로 보면 이는 그의 모든 장점을 상쇄시키는 결정적인 문제로서 더 이상 그의 가르침을 신뢰할 수가 없으며 그는 더 이상 인도인에게 구루로 보이지 않게 되는 것이다.

분노 문제와 함께 한가지 더 주목할 부분은 가난하고 검소한 구루의 라이프 스타일이다. 세상일에 초연하고 영원한 하늘의 보화를 위해 세상의 모든 것을 버리는 것이 참된 구루의 이상적인 모습이기 때문에 사치스러운 부자 구루, 맛집 찾아다니는 구루, 많이 먹어 배가 나온 구루는 이상하게 보인다. 물론 인도에 수많은 구루가 난무하기에 특별히 20세기 이후 롤스로이스를 수십 대 보유하며 대저택에 사는 구루, 여성 제자들과 성적으로 스캔들을 불러 일으키는 구루들도 있지만[31] 주류의 전형적이고 이상적인 구루의 모습과는 상관없는 지엽적인 현상이다.

다수의 인도인이 여전히 가난하고 어렵게 사는 현실과 가난하고 검소한 구루의 라이프 스타일은 특별히 선교사의 풍요로운 라이프 스타일과 대조되어 인도 선교, 특별히 삶의 가르침이 중요한 제자 양성 사역에 커다란 장애물이 되고 있다. 인도 선교사는 한국 기준으로 보면 분명히 중산층 이하 서민의 삶에 틀림이 없다. 그러나 인도를 기준으로 보면 전혀 다르다. 인도에서 오토바이가 아니라 승용차를 타고 다니는 사람은 분명히 중류층 이상의 사람이다. 대학을 나오고서도 한 달에 15,000-20,000루피도 벌기가 쉽지 않은 것이 인도의 현실임을 감안할 때 15,000-30,000루피의 월세를 내는 집에 살 수 있는 사람들은 분명 중층 이상의 수준이라 볼 수 있다.

그런데 문제는 이런 삶을 사는 선교사의 사역의 대상이 대부분 도시

---

31 Vishal Mangalwadi가 구루들의 세계의 이면을 비판적으로 잘 평가하였는데 예를 들면 라즈니쉬의 성문제, 부의 문제를 잘 다루었다 (Vishal Mangalwadi, *The World of Gurus* [Mumbai: GLS Press, 2009], 108–111).

슬럼가, 시골의 빈민, 전반적으로 낙후된 계층을 상대로 하기 때문에 선교사와 현지인, 선교사와 제자들 사이의 경제 수준 격차가 매우 크다는 것이다.

미국의 선교학자 조나단 봉크(Jonathan Bonk)가 최근에 『선교와 돈: 다시 대두되는 선교사의 풍요의 문제』라는 책에서 서구 선교가 아프리카, 중국, 인도와 같이 경제적으로 어려운 나라에서 복음 전도에 어려움을 겪는 이유의 핵심에 선교사의 부요한 삶이 있다고 간파한 바 있다. 그는 특별히 제자 양성의 관점에서 중요한 말을 했다.

> 선교사는 무엇보다도 개종자들이 본받아야만 하는 삶의 모델이자 길을 보여주는 사람이다. 그런데 부요한 선교사는 자신들이 말씀을 전해야 할 대상이 되는 사람들의 삶과 동일시하는 삶을 살 수가 없다.[32]

선교사가 입으로는 천국 복음을 전하지만 삶으로는 다른 복음, 곧 맘몬 신의 복음을 전하고 있다는 것이다. 가난한 현지인들은 선교사가 말로 전하는 복음의 아름다움에 감명을 받기보다는 선교사가 가진 차와 집과 스마트폰과 부요한 삶에 감명을 받는 것이다. 그러므로 전통적으로 우리는 인도에서 돈과 직업을 목적으로 교회에 오는 쌀 신자를 비난해 왔지만 사실 조지 포스터가 말한바 대로 쌀 신자를 생산해내는 것은 바로 '쌀 선교사'에게 책임이 있다고 할 수 있다.[33]

---

32 Jonathan Bonk, *Missions and Money: Affluence As A Missionary Problem... Revisited* (New York: Orbis Books, 2006), 67, 74.

33 Jonathan Bonk, *Missions and Money* 77, Refer to foot note 20; George M. Foster, *Traditional Societies and Technological Change,* 2nd ed. (New York: Harper & Row, 1973).

부자 선교사가 가난한 인도의 제자에게 세상 보화를 버리고 천국 보화를 사모하라고 가르칠 수 없다. 자기 부인과 자기 십자가와 희생을 가르치기가 너무 어렵다. 가르칠 수 있는데 현지인에게 전달이 안 된다. 인도인 제자 양육의 최대 고민은 바로 여기에 있다. 내가 가르친 대로 살 수가 없고, 내가 가르친 것이 제자에게 전달이 되지 않고, 내가 가르치지 않은 것을 제자들이 나의 삶에서 배우는 것이다.

이 문제를 정면으로 해결하는 길은 아이삭 테일러(Isaac Taylor)가 말한 대로 선교사는 현지인이 사는 것과 정확히 똑같이 살면서 행동으로 삶으로 모본을 보이는 것이다.[34] 도시 슬럼가의 빈민을 대상으로 사역하는 선교사가 제자 양성 사역을 하려면 슬럼가에 들어가 그들과 똑같이 사는 것이다. 시골과 정글의 미전도 종족 사역을 하려면 전기도 없고 인터넷도 안 되고 화장실도 수도도 없고 신문도 배달이 안 되기 때문에 20년 동안 바깥 세상 소식을 알 수 없는 그런 곳으로 가서 그들 중에 초가집 짓고 똑같이 살면서 전도하는 것이다.

그러나 이렇게 하는 선교사가 누가 있는가?

그것은 그들과 같은 배경을 가진 현지인이나 가능하지 유럽이나 한국과 같이 부요한 나라에서 온 선교사들에게는 해당되지 않는다. 심지어 내가 가르치는 신학교의 인도인 학생들 중 그런 슬럼가와 시골의 빈민 사역을 할 수 있고 하기를 원하는 사람은 거의 아무도 없다고 단언할 수 있다. 1년에 200만 원의 비싼 학비를 내고 신학교에 다닐 수 있는 중산층 현지 신학생과 목사와 인도 선교사들도 시골과 슬럼에서 살 수 없다.

어떤 외국 선교사가 그런 일을 할 수 있겠는가?

이 문제를 해결하는 한 가지 현실적인 방법이 있는데 그것은 선교사와 생활 수준 격차가 거의 나지 않는 사람들을 대상으로 사역의 대상을 옮

---

34 Jonathan Bonk, *Missions and Money*, 71.

기는 것이다. 즉 도시 중산층, 선교사들이 현재 살고 있는 아파트의 이웃들을 대상으로 제자 양육 사역을 하는 것이다. 인도에는 현재 1천 명의 한인 선교사와 300명의 미국인 선교사가 모두 달라붙어도 도저히 감당할 수 없는 2억 명 이상의 버림받은 미전도 중산층 타 종교인이 선교사들을 기다리고 있다.

또 한 가지 관심을 가져야 할 부분은 인도 구루 문화의 나쁜 전통이 한인 선교사의 제자 양육 사역에 들어오는 것이다. 인도 구루 문화의 좋은 점은 잘 못 배우는데 나쁜 점은 쉽게 배우는 경향이 있다. 인도 구루-쉬쉬야 문화에 있는 안 좋은 전통은 구루에 대한 비판을 삼가는 것이다. 마누 경전을 보면 제자들은 구루에 대한 비방의 말은 말 할 것도 없거니와 어떤 건설적이고 정당한 비판이라도 그런 말을 듣는 즉시 귀를 막고 다른 장소로 옮아가야 한다고 말한다(Manu II, 200). 바로 이어지는 구절에는 만일에 정당하든 부당하든 구루를 비판하는 어떤 말이라도 들은 사람은 다음 세상에 태어날 때 구더기와 버러지로 태어날 것이라고 경고를 주고 있다. 윤회의 짐을 버겁게 느끼는 인도인이라면 이러한 경고와 저주의 말을 결코 소홀히 할 수 없다. 그러므로 구루-제자 관계의 절대 금기는 스승에 대해 어떤 부정적인 말, 비판의 말을 하지 않는 것이다.

이는 구루의 신격화, 우상화 된 위치와 연관되어 인도 제자들의 창의성과 자율성을 가로막는 주요한 원인이 되고 있다. 제자들이 구루까지만 자라게 하는 것이 목표라면 위와 같은 문화가 문제가 없겠지만 성경적으로 보면 어떤 인간 스승이라도 그리스도만큼 완벽할 수는 없기 때문에 인간 구루가 만들어내는 사상과 문화에는 비판과 보완이라는 것이 없을 수가 없는 것이다.

비판 문제는 자율성과 창의성과도 관계되지만 구루의 지나친 권위주의는 종종 제자들에게 종교적 학대로 이어지기 때문에 힌두 구루들도 제자들에게 조심하도록 경고하고 있는 문제이다. 친절하고 자비로우며 평화와 사랑을 나누어 주는 구루가 다른 사람을 학대한다는 것은 있을 수 없는 일이다. 그런 일을 하는 사람이라면 참된 구루가 아니다. 그러기에 제자들은 구루가 아무리 하늘 같다고 해도 이 사람이 참된 구루인가, 거짓 구루인가 분별해야 한다는 것이다. 그런데 어떤 거짓 구루도 모든 부분이 다 나쁜 구루는 없다. 종종 거짓 구루 중에는 경전 지식과 능력이 탁월해서 많은 사람을 신봉자로 얻지만 그렇게 해서 얻어진 신뢰와 사랑과 신뢰를 바탕으로 해서 정신적으로 성적으로 재정적으로 신봉자를 착취하고 의존적으로 만들어 버리는 경우가 왕왕 일어난다.

그런데 안타깝게도 인도에서 기독교 제자양육 사역을 할 때에도 한국인마다 기본적으로 권위주의를 가지고 있는데 여기에다가 인도 구루의 권위주의를 추가하여 무소불위의 권세를 가지고 군림하는 한인 선교사를 종종 볼 수 있다. 그러면 제자들의 자율성과 창의성이 심각하게 떨어지고 선교사 의존적인 인간형을 만들 뿐 아니라, 종종 사역과 기관을 위해서 제자들의 시간과 인생과 장래와 물질과 심지어 성적인 부분까지 이용하고 착취하는 일이 벌어질 수 있다. 구루-쉬쉬야 문화가 그렇듯이 외부 사람은 그 안에서 어떤 일이 벌어지는 지 전혀 알 수 없다. 겉으로 보여지는 것은 다 아름다운 하나님 사역이고 다 좋은 말만 이야기하기 때문이다. 그러나 제자들 사이에 있는 선교사에 대한 공포와 두려움, 그리고 절대 권력을 가진 선교사가 훈련이라는 이름으로 제자들을 향해 주는 일상적인 무시와 모욕과 같은 것들은 더 이상 이곳이 은혜와 진리가 가득한 그리스도의 공동체가 아니라는 것을 말해 준다.

그러나 선교사 구루에 대해 절대 부정적인 말을 해서는 안 된다. 그것은 배은망덕한 행위요 다음 생은 상관이 없지만 이번 생에서 직장이 짤리고 생계를 잃을 우려가 있다. 그러므로 인도에서 제자 훈련 사역을 하는 선교사와 기관은 이런 부분에서 문제가 없는지, 자체적으로 점검하고, 외부에서도 점검하는 노력을 기울일 필요가 있다.

4장

힌두 선교와
예수 박타(Yeshu Bhakta) 모델[1]

1. 들어가는 말

힌두 선교의 역사는 1,500년간 시리아 교회의 선교를 제외하고도 포르투갈로부터 시작된 근대 선교만 해도 500년의 긴 역사를 가지고 있다. 그럼에도 불구하고 전체 인도 인구 중 기독교인이 차지하는 비율은 겨우 2.3%이다. 이를 지역적으로 본다면 기독교 인구의 대부분이 집중되어 있는 남인도와 동북 인도를 제외하면 대부분의 북부 주는 1%대 이하에 그친다. 이를 카스트별로 분석하면 기독교 인구의 90% 이상이 불가촉천민(달릿)과 부족민 중에서만 나옴으로써[2] 인도의 주류 계층인 중상층 카스트에는 복음이 거의 미치지 못하는 것을 보여 준다.

그리하여 사회적으로 말하면 기독교는 하층민의 종교이고 경제적으로 말하면 가난하고 낙후된 하층 클래스의 종교로서 중상층 클래스와 상층

---

[1] 「복음과 선교」 32권 (2015)에 실린 글이다.
[2] Atul Y. Aghamkar, "Paradigm Shift in Urban Mission in India," *UBS Journal* Vol. No. 2, July-September. 1996, 3.

카스트로의 진입이 거의 막혀 있는 형편이다.

현재의 이 구도를 깨뜨릴 수 있는 길은 없을까?

복음을 남부에만 아니라 북부에도 고르게 퍼뜨릴 수 있는 길은 없을까?

복음이 가난한 자와 하층민에게 전해져야 하지만 인도의 중산층과 상층 카스트에게도 전해질 수 있는 길은 없을까?

그리하여 기독교가 인도에서 천민의 종교일 뿐만 아니라 중상층을 포함한 다수의 국민 종교로 만들 수 있는 길은 없는 것인가?

지금 인도에서는 이러한 질문에 대해 "아니다, 있다"라고 대답하며, 복음이 모든 지역, 모든 계층에 들어갈 획기적 방법이 있음을 보여 주는 의미 있는 운동이 진행되고 있다. 그것은 최근 북인도를 중심으로 일어나고 있으며 하층에서도 활발하지만 특별히 상층 카스트를 파고드는데 효과적인 것으로 드러나고 있는 '예수 박타'(Yeshu Bhakta) 모델이다. 이 모델에서 개종자는 자신이 속한 공동체를 떠나지 않고 그 내부에 머무르면서 그리스도를 따르며 증거하는 증인의 삶을 산다. 이는 자신이 태어난 공동체를 떠나는 전통적인 분리주의 모델과 매우 대조적이다.

이 글은 역사적으로 그리고 현재 진행 중인 예수 박타 운동이 앞으로 힌두 선교의 패러다임을 어떻게 바꿀 수 있는지 소개하고자 한다. 무엇보다 현재 인도 교회와 외국 선교사들이 공통으로 직면하고 있는 한계를 극복하고 인도에 하나님 나라 확장을 하기 위한 효율적인 접근 방법을 제시하고자 한다. 이를 위해 먼저 전통적인 방법론의 문제가 무엇인지 살펴보고 이에 비해 예수 박타의 방법론이 어떻게 다른지 말하고자 한다. 이러한 예수 박타 방법론을 둘러싸고 여러 가지 찬반 논쟁이 있는데, 이를 다룬 후 예수 박타 모델이 한인들의 인도 선교에 어떻게 새로운 돌파구가 될 수 있는지 결론적으로 제안하고자 한다.

1. 전통적 힌두 선교 방법의 문제

인도에서 서양인들의 선교는 불행히도 기독교 신앙을 전파하는 방식이라기보다는 서양 문화를 전파하는 방식으로 이루어졌다. 오늘날 고아를 비롯한 남인도 해안가 도시에 지대한 영향을 끼친 포르투갈의 선교는 개종과 함께 포르투갈의 문화를 강요했다. 우상 숭배와 미신으로부터 벗어나 진정한 기독교 신앙을 가진 사람이라면 마땅히 소고기를 먹고 포도주도 마시며, 서양 의복과 서양 이름으로 바꾸고 서양 말을 사용해야 한다고 보았던 것이다.

영국인의 선교도 포르투갈의 선교와 크게 다르지 않았다. 19세기 영국의 인도 총독 추밀원의 한 사람으로서 인도의 영어 교육 정책에 지대한 영향을 끼친 토마스 맥콜리(Thomas B. Macaulay, 1800-1859)는 인도의 우상 숭배와 미신 그리고 도덕적 타락을 치료할 수 있는 길은 영어를 통한 서양 교육인데 그 목표를 "피부색깔과 피는 인도인이지만 취향과 의견, 도덕과 지성은 영국인"을 양성하는 데 두었다.[3]

영국 선교사들 역시 인도 사회와 문화의 모든 것은 힌두 신앙의 영향을 받은 사악하고 부패된 것이므로 깨끗이 지우고 (또는 파괴시키고) 새로운 기독교 신앙과 문화로 대체해야 한다고 보았는데 그들이 대체한 것은 바로 서구의 문화였다. 그 결과 기독교 복음은 폴 히버트가 말한대로, 현지인들의 눈에 이질적인 외국 복음으로 보이게 되었으며, "기독교인이 되려면 기독교 신앙 뿐 아니라 서양 문화도 받아들여야 했다."[4]

문제는 여기에 있다. 서양 선교사들은 자신들의 문화가 거룩한 문화,

---

[3] Eric Stokes, *The English Utilitarians and India* (Oxford: Clarendon Press, 1959), 45.

[4] Paul G. Hiebert, "Critical Contextualization," *International Bulletin of Missionary Research*, Vol. 11, No. 3, 1987, 104.

영적인 문화, 도덕적인 문화로 자부했을는지 몰라도 일반 인도인의 관점은 전혀 다르다. 무엇보다 인도 주류인의 관점으로 볼 때 서양 문화는 부정하고 불경건하고 타락한 문화이다. 인도의 상층 카스트는 정결한 카스트로서 그들은 정결한 의복인 도띠(Dhoti)나 사리(Saree)를 입고, 정결한 음식인 채소를 먹으며, 정결한 삶을 위해 부정한 사람이나 부정한 물건과의 접촉을 피한다. 그런데 종종 서양 선교사들과 북동부 인도 대부분의 기독교 여성들은 사리를 입기는커녕 종아리를 다 드러내 놓는 짧은 치마를 입고 다닌다.

바닷가에서도 사리를 입고 해수욕하는 사람들 입장에서 인도에서는 여성에게 가장 은밀한 부위 중에 하나인 종아리를 내놓고 활보하는 사람들을 보면 어떤 생각이 들겠는가?

또한 정결한 카스트는 일반적으로 살생을 피하며 죽은 동물의 고기는 부정하므로 먹지 않는다. 그런데 인도에서 기독교인은 고기를 먹는 사람들로 알려져 있다.

어떻게 정결한 사람들이 부정한 고기를 먹는 사람과 같이 식탁 교제를 할 수 있겠는가?

많은 상층 힌두들은 그들의 정결 의식에 기초하여 문자 그대로 불가촉천민들이 주류인 기독교인 근처에 가는 것도 꺼리는 것이 사실이다.

게다가 기독교인은 신성한 예배당에서 죽은 동물의 가죽으로 된 부정한 신발을 신을 뿐만 아니라, 바닥이 아니라 의자에 앉아서 예배를 드리며, 성찬식이라고 해서 부정한 음료인 포도주를 마시는 사람들이다.

어떻게 경건한 힌두들이 신을 경외할 줄도, 수치도 모르는 기독교인과 함께 할 수 있겠는가?

이러한 기독교인의 문화를 바꾸지 않는 한 인도 사회에서 사람 취급 받지 못하는 천민이라면 모를까 명예와 도덕과 자부심을 가진 주류 인도인이 기독교인이 될 가능성은 거의 있을 수 없다고 보아야 한다.

게다가 역사적으로 기독교 선교 운동은 인도에서 식민주의와 관련이 되어 있다. 기독교인은 포르투갈, 프랑스, 덴마크, 영국 등 외국 침략자 및 식민 지배자와 협력하는 자들이었고 인도의 독립과 건국에도 소극적이었다. 한마디로 기독교인이 된다는 것은 애국주의, 나라 사랑과 거리가 먼 것이다.

1,000년이 넘는 세월 동안 무슬림과 기독교도 나라의 침략을 받은 뼈저린 경험이 있는 힌두의 입장에서 어느 누가 비애국적, 매국적 집단에 가입하기를 원하겠는가?

이처럼 복음을 서양의 문화로 전파한 것이 대표적인 서양 선교의 오류이다. 서양 선교사들과 그들의 방식을 채택한 다수의 인도 기독교인들은 복음을 전하는 동시에 인도의 주류민이 복음으로 진입할 수 없게 만드는 거대한 문화적 장벽을 쌓아 올렸다. 복음이 예루살렘과 사마리아를 거쳐 헬라의 이방 세계로까지 전파하게 된 것이 사도행전 15장에서 유대 문화의 장벽을 제거했기 때문이라면, 그렇게 해서 인도에 들어 온 복음은 근대 선교 5백 년 동안 새로이 만들어진 서양 문화의 장벽에 막혀 전진을 하지 못하고 갇혀 있는 형국이다.

이러한 문화 복음 전도 방식과 함께 전통적인 힌두 선교 방법의 결정적인 패착은 분리주의적 선교, 또는 빼내오기식 선교에 있다. 윌리엄 캐리는 20여 개에 달하는 선교 기지를 만들어 선교했는데 이곳은 선교사의 숙소뿐 아니라 학교, 병원, 교회, 인쇄소 등이 있는 곳이며 또한 개종자들의 숙소와 일터가 있는 곳이었다. 개종자는 가족 및 사람들의 핍박 및 생계 문제 등으로 가족과 출신 공동체를 떠나 선교 기지에서 살았다. 후에 사람들이 많아지면 아예 기독교 마을을 만들어 기존 사회 공동체와는 철저하게 분리된 삶을 살았다. 남인도에 예루살렘, 베들레헴, 나사렛과 같이 성경적 이름을 가진 마을 이름을 종종 볼 수 있는 이유가 여기 있다.

설사 기독교 마을을 따로 짓지 않는다고 해도 그들은 이름과 의복, 먹고 마시며 사는 방식과 문화면에서 전혀 이질적인 삶을 살았다. 인도 기독교인들의 분리된 삶은 대를 이어 갈수록 더욱 굳어져서 자녀들의 이름은 대부분 다니엘, 다윗, 링컨, 죠지, 클린턴, 드수자 등 서양 이름 일색이어서 이름만 봐서는 서양 사람인지 인도 사람인지 구별되지 않는다. 그들은 대부분의 축제가 종교축제이기는 해도 만인이 즐기는 수많은 축제에는 전혀 참여하지 않으며 오직 크리스마스와 성금요일과 부활절만 지켰다.

필자가 가르치고 있는 인도 신학교는 축제일이 지정 공휴일임에도 불구하고 쉬지 않지만 대신에 크리스마스는 한 달 씩이나 방학을 준다. 왜냐하면 다른 축제는 "그들의" 축제이고, 크리스마스는 "우리의" 축제이기 때문이다. 이처럼 분리된 삶을 사는 이유는 우상 숭배와 이교도의 관습과 이교 축제로 가득찬 사회를 떠나는 것이 기독교의 순결성을 지키고 헌신된 기독교인이 될 수 있는 것으로 여겨졌기 때문이었다.

그들은 분명히 헌신된 기독교인들이다. 그러나 선교사들과 기존 기독교인들, 그리고 사회의 최하층 사람들만을 위해 헌신된 사람일 뿐 자신들의 가족과 친구, 친척, 그리고 같은 직업과 카스트를 가진 동족과 주류 사회를 위해서는 거의 헌신하지 않는 사람들이다. 그리스도는 그를 따르는 제자들에게 세상의 소금과 빛이 되라고 했지만, 인도의 소금은 세상 속으로 녹아 들어간 것이 아니라 혹시라도 이교 문화에 영향받아 혼합주의에 빠질까봐 주의 깊게 분리되어 따로 보관되었으며,[5] 인도의 등불들은 언덕 위에 두어 널리 만민에게 비추는 것이 아니라 등경 안에 두어 그 안에 들어오는 사람들에게만 빛을 비추게 하였다.

---

5 Dayanand Bharati, *Living Water and Indian Bowl: An Analysis of Christian Failings in Communicating Christ to Hindus* (Delhi: ISPCK, 1997), 55.

이러한 분리주의적 선교는 세월이 흐르면서 고착화되어 이제 인도에서 기독교인은 하나의 개별적인 하층 카스트 그룹으로 인식이 굳어지고 주류민인 힌두들과는 다른 민법의 적용을 받는 집단이 되었다.[6]

한국이나 미국, 혹은 서방 세계 어느 곳에 기독교인으로 개종함과 동시에 타 종교인과 다른 별개 법의 적용을 받는 이질적인 집단으로 분류되는 곳이 있는가?

인도가 그런 곳이다.

이상에서 보듯이 전통적인 분리주의적 선교 방법은 주류 인도인을 위한 복음 전도에 치명적인 악영향을 끼치게 되었는데 이는 그들이 복음을 받아들이려면 자신이 속한 공동체를 떠나야 하는 부담감을 던져 주었기 때문이었다.

기독교인이 기존 사회 속에 남아 증인의 삶을 살지 않으므로 비기독교인이 기독교 사회 속으로 들어가야만 복음을 듣고 기독교인으로 살 수 있다면 어느 누가 기독교인이 될 수 있겠는가?

이것은 상층 카스트에게만이 아니라 하층 카스트에게도 영향을 미친다. 왜냐하면 사회 경제적으로 낙후된 클래스의 경우 보장된 정부 일자리는 힌두를 위한 것이지 기독교인에게는 해당이 되지 않기 때문이다. 하층에게 보장된 정부 일자리를 얻기 위해 대표적인 상층 카스트인 빠틸(Patil) 카스트들이 최근 데모를 벌이는 것은 역으로 기독교로의 개종이 얼마나 큰 손실을 가져오는가 보여 준다. 상층의 경우도 기독교로 개종하는 순간 힌두법의 적용을 받지 못하여 부모의 재산을 상속받지 못할 뿐더러 더 이상 사회의 상층 카스트로 대접받지 못하고 최하층 기독교 카

---

6 1955년 "힌두 결혼법"은 '힌두'가 누구인지 정의하면서 세례받은 기독교인 개종자를 여기에서 제외시켰다(D. E. Mulla, *Principles of Hindu Law*, Vol. II [New Delhi: Butterworths, 2005], 140).

스트로 전락하게 된다.

이런 상황이라면 상층이건 하층이건 누가 기독교인이 되려고 하겠는가? 그러므로 전통적인 인도 선교 방법은 선교에 도움 되는 방법이라기보다는 선교를 막는 방법으로 작용되어 왔다고 말할 수 있다. 인도가 2천 년의 선교 역사가 있고, 근대 선교만 해도 500년의 역사가 있음에도 불구하고 현재와 같이 저조한 복음화율을 보이는 이유가 바로 여기에 있는 것이다. 이상의 두가지 전통적인 선교 방법을 바꾸지 않는 한 인도 선교의 미래는 없는 것으로 보인다.

2. '예수 박타' 방법

'예수 박타'(Bhakta)란 "문화적으로는 힌두 공동체의 삶의 방식을 따라 사는 사람이면서 신앙적으로는 예수 그리스도만을 사뜨 구루(Sat Guru, 참된 선생님)로 따르는 신자(박타)"을 말한다. 그들은 힌두의 삶의 방식을 따르기 때문에 전통적인 기독교인과 같이 외부인으로 여겨지지 않으며 기존의 사회적 관계와 존경받는 위치를 그대로 유지할 수 있다. 그러면서도 신앙적으로는 어느 종교, 어느 신이라도 자유롭게 선택할 수 있는 인도의 전통(Ishta Devata)[7]에 따라 예수님만을 길이요, 진리요, 생명이요 구루로 모시고 증거하는 삶을 살아간다. 힌두들이 이러한 예수 박타를 자신들 중의 하나로 받아들일 수 있는 이유는 힌두교가 하나의 신을 믿고 단일한 교리 체계를 가진 하나의 종교가 아니라 여러 개의 종교를 그

---

7 Gavin Flood, *An Introduction to Hinduism* (New Delhi: Cambridge University Press, 2009), 259; Klaus K. Klostermaier, *A Short Introduction: Hinduism* (Oxford: Oneworld Publications, 2006), 29.

우산 밑에 두고 있는 복합 종교로서 자기가 원하는 신을 스스로 선택해 믿을 수 있는 자유가 주어지기 때문이다.

그래서 인도 기독교신학의 아버지이자 '힌두 기독교인'의 삶을 산 브라마반다브 우빠디아이(Brahmabandhav Upadhyay)는 다음과 같이 힌두교를 '사마즈 다르마'(Samaj Dharam, 사회적 규율)와 '사다나 다르마'(Sadhana Dharma, 신앙의 길)로 구분한 바 있다.

> 관습과 삶을 사는 방법면에서, 먹고 마시고 살아감에 있어서 카스트와 사회적 의무를 지킨다는 점에서, 우리는 진정한 힌두이다. 그러나 신앙면에서 우리는 힌두도 아니고 유럽인도, 미국인도, 중국인도 아니다. 우리의 신앙은 특정 나라와 특정 민족으로 국한되지 않는 보편적인 것인데 그것은 바로 기독교 신앙이다.[8]

여기에서 볼 수 있듯이 사다나 다르마, 곧 믿는 내용이 다른 것은 문제가 되지 않는다. 그것은 개인적 선택의 문제이기 때문이다. 그러나 사마즈 다르마는 반드시 따라야 하는 사회적 규율이다. 이 규율대로 가족과 사회에 대한 의무만 잘 지키면 공동체를 바꾸지 않더라도 불교도도 힌두, 시크교도 힌두, 자이나교도 힌두, 심지어 무신론자나 공산주의자도 힌두로 인정받는 것처럼 예수를 따르는 제자들도 힌두로 인정받게 된다.

---

8 Brahmabandhab Upadhyay, "Are We Hindus?" Ed. by Julius Lipner & George Gispert-Sauch, *The Writings of Brahmabandhab Upadhyay* Vol.1 (Bangalore: UTC, 1991), 24; Brian K. Peterson, The Possibility of a "Hindu Christ-Follower," Hans Staffner's Proposal for the Dual Identity of Disciples of Christ within High Caste Hindu Communities, *International Journal of Frontier Missiology*, 24:2 Summer 2007, 90.

이 경우에 '힌두'라는 말은 '인도인,' '인도 주류 시민'이란 뜻에 다름 아닙니다. 그러므로 예수 박타 방법을 사용하게 되면 전통적인 선교의 약점이었던 외국 문화의 장벽을 제거해 주고 개종자가 출생 공동체를 이동해야 하는 무거운 짐을 덜어줄 수 있게 된다. 이로써 힌두 구도자들은 복음의 본질에 집중하게 되고 복음의 수용성이 크게 높아지게 된다.

이제 예수 박타가 전도와 교회 개척을 하는 데 널리 사용하고 있는 '삿상'(Satsang, 진리의 모임)에 대해 소개해 보고자 한다. 매주 일요일 정기적으로 공적인 예배를 드리는 기독교인과 달리 힌두는 매일 가정에서 뿌자(puja)라는 예배를 드리거나 비정기적으로 사원이나 축제 때 공적인 뿌자를 드리기도 한다. 이와 별도로 가정이나 공동체에서 종종 저명한 구루를 모시고 삿상이라는 모임을 가지기도 하는데 이때는 인도 전통 악기로 신에게 바치는 신앙의 노래 바잔(Bhajan)을 부르며 구루의 경전 낭독과 가르침을 듣고 배운다. 이러한 인도 전통적 방법을 사용하여 예수 박타는 친구, 친척들을 통해 사람들을 초청하여 매일 또는 매주 정기적으로 삿상 모임을 갖는다.

일반적으로는 15명 내외의 소규모로 모이지만 규모가 커지면 종종 비정기적으로 천막을 치고 몇천 명이 모이는 삿상이 이뤄지기도 한다. 가정 삿상이 기본 단위이고 제자 양성을 통해 지역 삿상 리더를 양육하여 계속 삿상의 숫자를 늘리는 방식을 사용하므로 일반적으로 교회 건물이 필요 없다. 서양식 교회 건물은 도리어 지역 힌두를 자극하고 경계심을 주지만 가정 삿상이나 천막 삿상은 전형적인 인도의 종교 행사 방식이므로 지역 주민에게 익숙하고 교회 건축과 유지에 대한 재정 부담이 없어 돈이 들지 않는 선교가 가능해진다.

삿상을 할 때에 모든 참석자는 전통 교회와 달리 신발을 벗고 의자 대신 바닥에 앉는다. 삿상을 이끄는 인도자 역시 성경책 정도 올려 놓을 수 있는 조그만한 탁자를 앞에 두고 앉는다. 삿상을 준비하는 인도자는 놋으로 된 램프에 불을 붙이고, 단지에 향을 피우며, 베텔 잎, 코코넛, 바나나, 꽃 등을 준비하여 이것이 갖는 기독교적 의미가 무엇인지 참석자에게 설명해 준다.[9] 본래 이 모든 것은 힌두 뿌자나 샷상에 사용되는 상징물이지만 이를 기독교적으로 재해석하여 불은 세상의 참 빛 예수님, 향은 성도의 기도, 코코넛은 우리를 위해 자기 몸을 깨뜨려 희생하신 예수님, 꽃과 잎, 우유, 바나나 등은 신에게 드리는 우리의 헌신임을 일깨운다.

다음으로는 인도의 전통 악기인 돌락, 따블라, 하모니움, 시따 등을 연주하며 전통 신앙 음악 형식인 바잔이나 끼르탄(Kirtan)을 사용하여 찬양과 경배를 한다. 이는 찬양 인도자가 한 소절씩 부르면 청중이 그것을 따라 부르는 형식으로 30-40분 진행한다. 때로는 찬양하는 사이 사이 노래의 의미를 함축적으로 설명할 수도 있다. 노래는 매우 반복적이고 혼에 호소하는 듯하고 노래가 끝나면 마음을 차분하게 진정시키는 효과가 있다. 도시의 교육 받은 힌두들도 서양 음악을 즐겨하고 서양의 영향을 받은 힌디 팝송을 좋아하지만 그런 것은 "몸을 움직이게는 해도 영혼을 움직이게는 하지 못한다"고 본다.[10] 그리하여 서양악기, 서양의 곡조는 박타의 샷상에 사용되지 않고 전통적인 바잔과 끼르탄을 필수적으로 사용한다.

다음 순서는 인도자가 말씀을 전하는데 성경의 내용을 단순한 이야기체 형식으로 실감나게 전한다. 서구식 메시지가 논리적, 개념적이라면 샷상의 메시지는 사람들의 정서와 직관에 호소하며 말씀에 반응하도록 도전을 주는 강력한 이야기 메시지이다. 청중들은 거의 모노 드라마를 하

9　Jonas Adelin Jorgensen, "Jesus Imandars and Christ Bhaktas: Report from Two Field Studies of Interreligious Hermeneutics and Identity in Globalized Christianity," *International Bulletin of Missionary Research* Vol. 33, No.4 Oct., 173.

10　Chris Hale, "Reclaiming the Bhajan," *Mission Frontiers,* June 2001, 46.

는 듯한 인도자의 드라마틱한 이야기에 매료되어 2천 년 전 예수님이 설교하셨던 현장으로 들어가 말씀을 받는다. 말씀을 전하는 자는 특별히 용어 사용에 매우 민감하다. 힌두 문화적으로 불편할 수 있고 오해의 소지가 있는 것은 조심스럽게 피한다. 예를 들어 요한복음 2장에서 포도주를 마시는 사건이라든지, 21장에서 예수님과 제자들이 생선을 먹는 부분에서는 포도주 대신 주스로, 생선 대신 음식 또는 식사로 대체한다. 왜냐하면 힌두들 입장에서 포도주와 생선은 부정한 음식이고 거룩한 선생님은 이런 음식을 먹어서는 안 되기 때문이다.

설교와 함께 중요한 것은 간증과 기도의 시간이다. 리더들이 먼저 그날의 본문에 기초하여 자신이 체험한 말씀과 기도의 응답, 자신의 변화된 모습에 대한 간증을 한다. 힌두들의 종교 생활에서 경전의 말씀(쉬루띠, Sruti)과 함께 체험(아누바와, Anubhava)이 매우 중요하기 때문이다. 사람들은 이러한 간증을 통해 성경 말씀이 살아 있는 신인 그리스도의 말씀임을 알게 되고 그 말씀을 자신의 삶에도 적용하고자 하는 소원을 갖게 된다. 아무리 작은 체험과 변화라도 참석자들은 뜨겁게 격려하고 감사하며 놀라워한다.

특별히 서로 서로를 위한 중보기도를 통해 기도의 세계로 들어가도록 도우며 서로에 대한 관심과 사랑을 나눈다. 기도하는 중에 종종 치유, 또는 축귀의 경험을 하기도 한다. 인도는 특히 귀신에 사로잡힌 사람이 많이 있어서 찬양과 기도 중에 발작하는 일을 자주 경험한다. 이때 붙잡아 주고 같이 기도해 줌으로써 하나님의 나라가 임하는 경험과 자유를 모든 참석자들이 같이 체험한다.

헌금함은 돌리지 않고 한쪽 입구에 두어 원하는 사람들이 자유롭게 헌금하도록 한다.

삿상이 또 한가지 강조하는 점은 '전도'이다. 매번 삿상 모임 때마다 자기가 받은 바 은혜, 자기가 체험한 바를 나누도록 함으로, 다음 삿상 시간이 올 때까지 어떻게든 말씀대로 살아보고, 기도해 보고, 전도해 보고자 애쓰게 된다. 그러면 샷상 모임에 참석한지 얼마 안 되는 힌두 구도자라도 다른 친구를 초청할 수가 있고, 얼마 지나지 않아 리더가 된다. 그리고 반복적인 샷상 참석을 통해 그들은 샷상 리더로서 훈련이 되어진다. 샷상 리더는 다른 어린 리더들을 일대일로 만나 개인적으로 말씀을 가르치기도 하고, 상담을 하기도 한다.

샷상 리더들이라고 해도 다 성숙한 신자들은 아니므로 샷상 리더들을 대상으로 집중 리더 훈련을 시키기도 한다. 거의 모든 샷상 리더들은 평신도들이고 같은 동네 이웃들이므로 샷상의 파급효과는 크다. 천민 카스트가 교회 가자고 하면 안 가지만 같은 카스트의 존경받는 인물이나 친구가 샷상에 가자고 할 때 거절하는 경우는 드물다.

이와 같은 예수 박타 방법으로 전도한 결과는 어떠한가?

980년 따밀나두 첸나이(마드라스)에서 전통 서구식 교회에는 참여하지 않지만 예수님을 주님으로 모시고 따르며 증거자의 삶을 사는 예수 박타들을 인터뷰했던 허버트 후퍼(Herbert E. Hoefer)는 놀라운 발견을 했다. 공식적으로 밝혀진 첸나이 전체 개신교 기독교인 인구와 동일한 숫자의 상층 카스트 배경의 알려지지 않은 예수 박타가 존재한다는 것이다.[11] 그들은 통계에 잡혀지지 않은 신자, 일반적으로 힌두로 알려져 있지만 사실 어느 누구보다도 헌신된 신자들이자 전도자들이다. 그들이 예수 박타의 삶을 사는 것은 이슬람권의 내부자들이 그러하듯이 핍박을 두려워해서가 아니다.[12]

주일 예배는 전통 교회에 참석하는 게 어떻겠느냐는 지인의 권유를 받

---

11 Herbert E. Hoefer, *Churchless Christianity* (Madras: APATS, 1991), 97.
12 죠셉 쿰밍(Joseph Cumming)의 말을 정흥호, 소윤정, "로잔 운동과 이슬람 상황화," 「복음과 선교」 제31집 (2015), 183에서 재인용.

은 한 예수 박타의 말을 들어 보자.

> 영적인 유익을 위해서라면 개인적으로 기쁘게 [전통] 교회에 갈 수 있어요. 그러나 그렇게 하면 나와 함께 예배드리는 많은 나의 이웃들은 예수 그리스도께 예배할 특권을 잃어버리게 되요.[13]

그녀는 성숙한 신자로서 전통 교회에 참석하는 것이 문제가 되지는 않지만 그녀의 마음의 간절한 소원은 복음을 들을 기회를 갖지 못하는 많은 자신의 친구들, 친척들에게 복음을 전하는 것이고, 이를 위해서 그녀는 자신의 집을 그들을 위한 교회로 내어 놓았다.

따밀나두와 함께 예수 박타 운동이 크게 일어난 곳은 같은 남인도인 안드라 뿌라데쉬이다. 이곳에서 수바 라오(Kalagara Subba Rao, 1912-1981)는 10,000명이 넘는 그리스도인 제자를 양성했는데 그들은 전부 오늘날 안드라 뿌라데쉬의 정치와 경제를 이끌고 있는 상층 캄마(Kamma) 카스트 출신이다.[14] 라오는 특이하게도 자신이 노래를 지어 제자들을 가르쳤는데 말씀 강론보다는 치유와 기적 체험을 통해 예수 그리스도의 이름을 전파했다.

치유 사역 외에 라오가 강조하는 단 한 가지 가르침이 있었는데 그것은 "그리스도를 본받는 삶"이다. 라오는 대표적인 예수 박타로서 자신을 "예수 그리스도를 따르는 힌두 제자"라고 칭했다. 라오의 사후 활력은 조

---

13 B. V. Subbamma, "Smoothing the Paths: A Caste Hindu Tells Her Story," *Mission Frontiers*, January 2001 Special Issue, 32.

14 H. L. Richard, *Exploring the Depths of the Mystery of Christ: K. Subba Rao's Eclectic Praxis of Hindu Discipleship to Jesu*s (Bengalore: Centre for Contemporary Christianity, 2005), 49.

금 떨어졌어도 지금도 여전히 그의 제자들은 20여 개의 그룹으로 예수 박타 전도 사역을 계속하고 있다. 라오의 사역은 인도 선교 2천 년 역사 중에서 한 사람을 통해서 가장 많은 열매를 맺은 상층 카스트 선교이다.

예수 박타 운동은 남인도 뿐 아니라 북인도에서도 그 움직임이 활발하다.[15] 수도 뉴델리 근교 파리다바드(Faridhabad), 마디야 쁘라데쉬의 자발뿌르(Jabalpur), 자칸드의 란치(Ranchi), 비하르의 빠트나(Patna), 그리고 우따르쁘라데쉬의 아잠가드(Azambad), 발리아(Ballia), 바오히(Bhaohi), 가지뿌르(Ghajipur), 미르자뿌르(Mirzapur) 등을 중심으로 해서 인근으로 번져가고 있다. 우따르쁘라데쉬의 바라나시(Varanasi)에서는 마뜨리담(Matridham) 아쉬람 중심으로 수천 명의 힌두 구도자들이 정기적인 삿상과 순례, 그리고 가정 교회에 참석하고 있다.

외국인 선교사 중에 예수 박타 운동에 영향을 크게 미치는 사람은 미국인 리처드 히브너(H. L. Richard)이다. 그는 2001년 '재고 포럼'(Rethinking Forum)을 시작한 이래 지속적으로 예수 박타 모델을 교육시킴으로 이제 그의 영향을 받은 선교사 수백 명이 예수 박타 사역에 직간접적으로 참여하고 있다. 예수전도단(YM)의 바라나시 라즈뿌르(Rajpur) 지부는 미국인 선교사 아미뜨의 영향 하에 전방선교훈련학교를 운영하면서 인도인 사역자뿐 아니라 전세계 각처에서 온 선교 관심자, 후보자들에게 "현지 문화를 존중하며 사역하는" 예수 박타 모델을 3개월 과정으로 훈련시키고 있다. 그와 네트워크를 맺은 다양한 인도 선교 사역자들은 예수 박타 모델을 적용함으로써 많은 열매를 맺고 있다.

예를 들어 동부 A팀은 27개의 힌두와 무슬림 가정 교회를 통해 약 400명(2013년), 중부 N팀은 약 1,000명(2014년), 동부 K팀은 약 200명

---

15 Jerome Sylvester, *Kristbhakta Movement: Hermeneutics of a Religio-Cultural Phenomenon* (Dehli: ISPCK, 2013), 12.

(2011년)의 열매를 맺고 있다.[16] 흥미로운 것은 전통적인 방식을 사용했다가 실패한 사역자들이 예수 박타 모델을 사용했을 때 성공한 많은 사례들인데 아미뜨에게서 영향받은 브라민 개종자 아까쉬의 경우가 전형적인 예이다.[17] 그가 전통적인 서구식 선교 방법을 사용했을 때는 몇 년간 헌신했어도 대여섯 명의 열매밖에 맺지 못했으나 지역 문화를 존중하는 예수 박타 모델을 사용했을 때 매년 100명씩 전도하여 4년 후에는 4백 명을 제자로 얻게 되었다는 것이다. 이는 예수 박타 모델이 힌두 전도에 매우 효율적인 접근법임을 말해 주는 좋은 예라고 할 것이다.

3. '예수 박타' 방법론에 대한 논쟁

예수 박타 방법이 흥미를 끌기는 하지만 대체로 다음의 두 가지 면에서 의심스러운 눈초리로 쳐다보면서 반대하는 사람이 있다.

첫째, 예수 박타 운동을 혼합주의 운동으로 보기 때문이요,

둘째, '힌두 기독교인'이라는 해괴하고 애매모호한 이중 정체성의 문제를 지적하면서 힌두면 힌두, 기독교인이면 기독교인이지 둘 중의 하나를 택해야 한다고 보는 입장이다.

1) 예수 박타 운동은 혼합주의 운동인가?

혼합주의란 기독교 전통이 아닌 다른 종교의 요소를 섞음으로써 기독

---

[16] 이 통계는 정기적으로 예배 참석하는 사람(세례 교인 포함)을 기준으로 했다(이계절, 『인도에서 자전거 함께 타기 2: 선교 방법과 열매 사례』 [서울: 도서출판 퍼플, 2013], 145).

[17] 이계절, 『인도에서 자전거 함께타기 2』, 138.

교의 순수성에서 벗어나는 것을 말한다. 다른 종교의 요소를 섞는다는 관점에서 보면 예수 박타 모델은 혼합주의에 빠질 우려가 있는 것이 사실이다. 예수님을 참된 구루란 뜻에서 사뜨 구루로 여기는 것까지는 괜찮아 보이나 그 분을 힌두의 용어인 삿싯아난다(Satcitananda, 삼위일체의 신), 빠완아뜨마(Pavanatma, 성령), 바그완(Bhagavan, 유일 최고의 신), 이쉬와라(Ishvara, 인격적인 신), 비쉬와 비다따(Vishva Vidhata, 세계의 창조주), 빠라메쉬와라(Parameshvara, 최고 신), 안타리야민(Antaryamin, 내재하시는 하나님) 등으로 부른다.

예수 박타는 기독교의 신을 믿는 것인가, 힌두의 신을 믿는 것인가?

이런 힌두의 신명이 기독교와 유사해 보이기는 해도 그들만의 독특한 신 개념이 기독교 안으로 들어올 수가 있는데 그런 것은 어떻게 방지할 것인가?

게다가 향을 피우고, 램프를 키고, 코코넛을 갖다 놓고 예배를 드리면 이것은 기독교의 예배인가, 힌두의 예배인가?

힌두의 예배로 보이지 않는가?

이와 같은 비판에 대해 예수 박타는 성경의 예를 들어 설명한다.

요한복음 1장에서 사도 요한이 그리스인들에게 복음을 전할 때 그들의 신명과 철학 용어인 로고스를 사용하여 그리스도를 소개했다. 또한 사도행전 11:20을 보면 스테반의 일로 흩어진 성도 가운데 일부 사이프러스, 쿠레네 출신 기독교인이 안디옥에 가서 그리스인들에게 복음을 전할 때 예수님을 그들의 신명으로 '퀴리오스'라고 불렀다. 심지어 사도행전 17:28을 보면 아테네 사람들에게 복음을 전할 때 사도 바울은 그리스 시인의 글(곧 그리스 경전)을 인용하기까지 했다. 이들 세 그룹의 사람들이 복음을 전할 때 한 행위 역시 타 종교의 전통을 기독교의 전통에 섞는 행위였다.

그러나 우리는 그들의 행위를 혼합주의로 비난하지 않는다. 왜냐하면 시대와 지역을 넘어서서 어디에서나 똑같이 복음을 순수하게 유지하는 것도 성경적인 것이지만, 동시에 선교 역사가 앤드류 월즈(Andrew Walls)가 옳게 지적한 대로 복음을 현지 문화에 편안하게 그들이 이해할 수 있는 언어와 지역 문화의 형태로 번역하는 것 역시 매우 성경적인 성육신의 원리이기 때문이다.[18]

하나님의 말씀인 로고스를 그리스도께서 구체적으로 유대 민족 다윗의 자손 중 하나로 성육신 하셔서 유대인이 쓰던 말인 아람어로 말씀하지 않으셨더라면 우리가 어떻게 하나님의 로고스, 그분의 뜻을 제대로 알 수 있었겠는가?

그리스도께서는 자신의 성육신을 통해 하나님의 말씀을 지역의 문화로 번역하는 모본을 보여 주셨다.

인간의 언어와 문화는 아무리 유대인의 문화라도 얼마나 타락하고 제한적인가?

유대인의 문화에는 아브라함과 야곱이 보여 주듯이 일부다처제가 있었고 노예제도가 있었다. 그러나 그러한 타락한 문화를 통해서도 하나님이 구원의 계시를 보여 주시고 나타내어 주신 것은 타락한 인간에게 임한 말할 수 없는 은총이다. 그런 동일한 은총이 영국인에게 임했고, 한국인에게 임했고, 이제 인도인에게도 임하는 것이다. 한국 사람이 쓰는 하나님이란 용어도 원래 샤머니즘에서 사용했던 용어를 채택한 것이다.

그러므로 현지인의 신명을 채택하고 문화의 옷을 입는다는 것 자체가 혼합주의는 아니다. 타락한 언어와 문화를 통해서도 자신의 은총을 나타내는 하나님의 은혜와 사랑에 감사하면서 최대한 복음의 의미를 훼손하지 않고 전달하기 위해 힘쓰는 것이 그리스도께서 하신 일이고 사도 요

---

18 Andrew F. Walls, *The Missionary Movement in Christian History: Studies in the Transmission of Faith* (New York: Orbis Books, 1996), 7.

한과 바울과 이전 세대 복음의 증거자들이 한 일이었다.

현지 언어와 문화를 채택하는 것이 혼합주의를 낳을까봐 구더기 무서워 장 못담근 것이 그동안 인도 선교 실패의 요인이었다. 구더기는 무섭다. 그래도 장은 담가야 한다. 우리 한국 사람의 입장에서는 산스크리트어와 힌디어, 인도의 신앙과 문화는 구더기 같이 보일 수 있다. 그러나 인도 사람의 입장에서는 서양 문화와 한국 문화가 구더기로 보인다. 그러므로 인도에서 복음은 반드시 인도의 언어와 문화로 표현되어야 한다. 이 과정에서 혼합주의의 위험은 피할 수 없다. 그것을 막기 위해 현지 문화와 신앙을 연구하고 무엇이 성경이 말하는 바인지 개종자들에게 지속적인 교육을 시키는 것, 그것이 바로 선교사와 현지인 목회자들이 해야 할 몫이다.

2) 예수 박타의 정체성 문제는 전자보다 더 심각한가?

개종자가 자신의 공동체를 떠나지 않고 남아서 증인의 삶을 사는 것은 좋으나 기독교인이라 칭하는 것을 꺼리고 예수 박타, 크리스타 박타라고 부르는 것은 문제가 적지 않아 보인다.

'기독교인'이라는 것은 내가 누구인가 하는 정체성과 관련이 있는데, 기독교인임을 부정하는 예수 박타라는 사람들은 대체 어떤 종교인인가?

결국 힌두교를 믿는 힌두 아닌가?

그들 가운데 아무리 믿는 자들이 많이 늘어난다 한들 그들은 기독교인이라는 범주에 들어가지 않는다.

우리는 그들을 기독교로 개종한 자들로 보아야 하는가, 아니면 힌두로 보아야 하는가?

아마 한국에 지금도 양반과 상놈 제도가 남아 있어서 기독교인으로 개종하면 양반조차도 상놈으로 분류되고, 일반 시민법의 적용 대상에서 제외되어 기독교법의 적용을 받게 되며, 그리하여 다수의 일반 시민에게는 권리로 주어진 정부 일자리와 대학 입학 자리와 장학금과 부모로부터 물려받을 수 있는 재산 상속을 받을 수 없는 상황이라면, 예수 박타가 왜 그리스도인이라는 정체성이 아니라 힌두 기독교인의 정체성을 유지하려는지 이해하기가 쉬울 것이다. 만일에 36년의 세월 동안 일본이 한국을 지배한 것이 아니라 영국이 지배했고, 그리하여 처칠 시대 때 독일과 전쟁하느라 인도의 자원을 수탈해 쓴 바람에 1943년 기근으로 공식적인 숫자만 150만 명의 벵골인이 아사한 경험을 가졌더라면,[19] 왜 인도인이 서양 기독교인의 정체성이 아니라 힌두적인 기독교인의 정체성을 유지하려는지 이해하기가 보다 쉬울 것이다.

그뿐만 아니라 기독교에 문화와 신앙의 두가지 측면이 있어서 먹고 마시고 입고 결혼하고 살아감에 있어서는 일반 문화만 따라가면 누구든지 독실한 기독교인으로 인정받고, 어떤 신을 믿는지는 개인의 자유에 맡기는 그런 신앙 속에 살고 있다면, 자신의 출생 문화를 따르면서도 그리스도 예수만을 유일한 신으로 따르는 예수 박타의 정체성 문제를 이해 못할 일은 없을 것으로 보인다.

그러나 많은 사람이 오해하는 것처럼 힌두교는 하나의 종교가 아니다. 독일의 저명한 인도학자 하인리히 슈틴튼크론(Heinrich Von Stietencron, 1933년 생)은 서구인이 오해하고 있는 힌두교의 문제를 지적하면서 이렇게 말했다.

> 힌두교의 역사를 연구한 학자들은 힌두교가 다양한 신앙과
> 관습들을 가지고 있으므로 그것을 하나의 종교로 여기는 것

---

19 Madhusree Mukerjee, *Churchill's Secret War: The British Empire and The Ravaging of India during World War II* (New York: Basic Books, 2010), ix.

은 부적절하다고 보고 있다. 적어도 비슈누파, 시바파, 샥티파와 기타 여러 힌두교의 종파들은 독립적인 종교로 보아야만 한다. 그들은 각기 다른 신학을 가지고 있고, 경전도 다르며, 각기 다른 선생들의 가르침을 따르고 있으며, 각기 다른 신을 예배하고 있다.[20]

이렇게 각기 다른 신앙들임에도 불구하고 그들이 어떻게 힌두교라는 하나의 이름으로 불리는 것인가?

이런 점에서 유명한 힌두 철학자이자 초대 인도 대통령이었던 라다크리슈난은 힌두교가 "삶의 방식, 곧 문화"라고 말했다.[21] 그리고 영국의 힌두교 학자인 쥴리우스 리프너(Julius Lipner, 1946년생)은 다음과 같이 말했다.

> 기본적인 의미에서 힌두의 대다수는 종교적이다. … 그러나 힌두가 어떤 사람을 힌두로 받아들이기 위해서 반드시 종교적일 필요가 없다는 것은 중요하다. 힌두는 다신론자 또는 일신론자일 수도 있고, 일원론자 또는 범신론자일 수 있으며, 심지어는 불가지론자, 인본주의자, 무신론자일 수도 있지만 여전히 힌두로 여겨진다. 이것이 왜 내가 힌두교를 근본적으로 '문화적' 현상이라고 말하는 이유이다.[22]

---

20 Heinrich von Stietencron, "Religious Configurations in Medieval India and Modern Concept of Hinduism," Vasudha Dalmia & Heinrich von Stietencron ed., *The Oxford India Hinduism Reader* (Place Unknown: Oxford University Press, 2009), 50.
21 S. Radhakrishnan, *The Hindu View of Life* (London: Unwin Books, 1971), 55.
22 2010년 케이프 타운에서 열린 로잔대회에서 북미의 힌두들 가운데 복음적 상황화 문제를 언급한 코디 로렌스(Cody Lorance) 역시 힌두교를 종교가 아니라 하나의 문명으로 보아야 함을 말했다. 정흥호, "로잔 운동과 상황화에 관한 논의에 대한 연구," 「복음과 선교」

인도 법원이 시바 사원에서 시바 숭배를 한 것이 종교적인 행위가 아니므로 소득세를 내지 않아도 된다는 판결을 내릴 때 판사가 말한 힌두교의 정의를 들어보자.

> 힌두교는 하나의 종교나 하나의 공동체가 아니라. 그것은 각기 다른 방법으로 각기 다른 신을 믿는 수많은 공동체로 이루어져 있다. 힌두의 삶의 방식을 받아들이기만 하면 심지어 신을 믿는 것이 필수적인 것도 아니다.[23]

그러기에 힌두라는 문화를 따라 살면서, 힌두의 애국심을 유지하면서, 기독교의 신 예수님을 믿는 것은 완벽히 가능한 이야기이다. 이것이 바로 예수 박타의 삶이고 그들의 정체성이다. 우리가 한국인으로서의 정체성과 기독교인으로의 양개 정체성이 반드시 필요하고 이 두 가지는 공존할 수 있다고 믿는다면, 힌두로 태어난 인도인이 자신의 힌두 정체성을 지키면서 그리스도인으로 살자고 하는 것을 막을 권리가 없다고 본다.

그럼에도 불구하고 예수 박타 모델의 혼합주의화 가능성은 여전히 남아 있다. 그 이유는 이 운동에 참여하여 사역하는 모든 사역자들이 과연 힌두 신앙과 기독교 신앙의 차이점을 분명히 인식하고 예수 박타들을 바르게 지도할 전문성과 훈련을 충분히 갖추었다고 보기 어렵기 때문이다. 힌두교와 기독교 양쪽 종교를 정확히 이해한 가운데서 힌두교와 다른 기독교의 독특성을 유지하고 지켜 나갈 전문가가 많이 부족한 실정에서 진행되는 예수 박타 모델은 적지 않은 부분에서 혼합주의로 흐를 가능성이

제26집 (2014), 133.
23 C. Unnikrishna, "Shiva Worship Not a Religious Act: Income Tax Tribunal Says," *The Times of India*, March 16th, 2013.

있는 것이 사실이다.

이런 점에서 무슬림 내부자 운동을 언급한 우드베리(J. Dudley Woodberry)가 타 문화권 상황화에 있어서 전문가 훈련의 필요성을 지적하고, 무슬림 신앙의 변질된 의미를 포함시키지 않으면서 어떻게 복음의 의미를 담아내는가에 힘써야 한다[24]는 주장은 힌두권의 예수 박타 모델에도 동일하게 적용될 수 있다.

그뿐만 아니라 기독교로의 개종을 위해 선교사를 파송하고 후원하는 한국 교회의 입장에서 "기독교인"이 아닌 "예수 박타," "크리스타 박타"라는 부류의 사람들을 받아들일 수 있는지도 의문시된다. 스스로를 그리스도인이라고 정체성을 밝히지 않는 사람들, 내용적으로는 "그리스도를 따르는 사람들"이라고 말할 수 있어도, 외양적으로는 여전히 "힌두"로 살고 있다.

이들을 한국의 교회가 과연 이해하고 그들을 위해 사역하는 선교사들을 기꺼이 후원해 줄 수 있을까?

이런 점들이 예수 박타 모델을 가지고 사역할 때의 어려움이다.

4. '예수 박타' 모델에 대한 평가와 한인 선교

위에서 다룬 바와 같이 예수 박타 모델은 혼합주의의 위험성이 다분하고, 정체성 논란의 문제가 있는 것이 사실이다. 물론 그들이 힌두 문화를 부분적으로 수용한다는 것이, 복음 전파의 장애물을 제거하고 복음 전도를 용이하게 한다는 의미이지, 힌두 신상에 우상 숭배하는 것을 내포하는 것이 아님은 분명하다. 그럼에도 불구하고 힌두 문화 속에서 삶

---

24 정승현, "우드베리의 이슬람 선교 이론 연구", 『복음과 선교』 제31집. 2015, 150-151.

의 대부분을 사는 그들이 어떻게 복음의 변질을 막고 기독교 신앙을 유지할 수 있는지, 더 나아가 복음으로 잘못된 힌두 문화를 변혁시켜 나갈 수 있는지가 이 모델의 장기적인 성패를 좌우할 것이다.

이와 같은 문제점이 있는 것을 분명히 지적하는 한편, 우드베리가 "만약 무슬림 사회에서 전통적인 교회의 모습을 고집하고 그리스도의 신분을 공적으로 드러낸다면 무슬림 사회 전체에서 복음을 들을 수 있는 기회 자체를 상실하게 될 것"이라고 지적하면서, "여러 가지 단점에도 불구하고, 내부자 운동을 통해서 더 많은 무슬림들이 복음을 접할 수 있는 기회가 제공되는 것이 중요하다"[25]고 말한 것이, 예수 박타 모델에 대한 평가에도 동일하게 적용할 수 있겠다.

인도에서는 기독교인이라고 밝히는 것 자체가 법적으로 사회적으로 천민 카스트로의 신분 이동을 의미하는 것이기 때문에 원천적으로 상층 카스트의 접근을 차단시킨다. 그러므로 근대 500년의 선교의 결과 오늘날 3천여만 명의 기독교 신자가 있다고 말하여도 95% 이상이 수드라 이하 천민일 뿐 절대 다수의 상층 카스트들은 복음을 들을 기회조차 제공되지 못했다. 이런 점에서 예수 박타 모델은 사회적으로는 인도의 상층 카스트, 경제적으로는 중산층 및 상층에 파고들어 갈 수 있는 기회를 제공해 주고 있는 모델로 평가된다.

이런 점에서 필자는 예수 박타 모델을 문화변혁의 관점에서 바라보기보다는 하나님의 구원의 관점에서 바라봐야 되지 않나 생각된다. 예수 박타들이 힌두 문화권에서 살면서 어떻게 복음의 변질을 막고 힌두 문화를 변화시킬까 하는 것은 매우 중요한 문제이다. 그러나 12억 영혼의 절대 다수가 그리스도를 알지 못하는 상황에서 더욱 중요한 것은 그들을 복음으로 초대해서 그리스도를 믿음으로 영혼을 구원하는 일이라 본다.

---

25 정승현, "우드베리의 이슬람 선교 이론 연구," 153-154.

구원의 체험이 있고, 그리스도와 성경을 삶의 유일무이한 지침으로 삼게 되고서야 변혁도 있고 변화도 있는 것이다.

선교의 모교회인 한국의 교회나 서구 교회를 봐도 전통문화나 세속주의 문화의 영향을 받음으로 순수 복음 신앙의 수호라든지 사회의 잘못된 문화를 변혁시키는 역할이란 면에서 제 역할을 하고 있다고 보기 어려워 보인다. 복음의 변질을 막고 문화를 변혁시키는 일은 어느 곳이나 결코 쉽지 않은 일이다. 그러기에 이런 잣대가 더욱 필요한 곳은 이미 복음이 자리 잡은 한국과 미국과 서구 교회이지, 전 인구의 98%가 타 종교도인 인도 땅은 아닐 것이다. 여기에서는 구원의 복음을 들을 기회와 영혼의 구원이 가장 중요하다. 이런 점에서 정승현이 내린 결론, "상황화는 무슬림을 향한 하나님의 관점으로 이뤄져야 하는 것이다. 완벽하지는 않더라도 무슬림을 그 분의 집으로 초청하기 원하시는 하나님의 선교가 첫 번째 전제가 되어야 한다"[26]는 말에 전적으로 동의하며, 힌두를 그 분의 집으로 초청하기 원하시는 하나님의 선교가 인도 땅에 이뤄지기를 원한다.

또한 그 일을 이루기 위해 힌두 문화로 범람하는 땅에서 그리스도를 따르는 제자의 삶을 살며, 그리스도 증인의 삶을 살기 위해 고군분투하는 예수 박타들을 넓은 마음으로 품고 격려하며 기다려주고 기도해 주는 것이 필요하지 않을까 생각한다. 그들에게 필요한 것은 힌두교와 기독교 양개 신앙의 유사점과 차이점을 정확히 알고 지도해 줄 수 있는 선교사와 목회자이다. 이런 이들을 파송하고 훈련하여 세워 주는 것이 예수 박타의 변질을 막고 그들이 구원을 넘어 서서 힌두 사회를 변화시키는 일을 할 수 있게 하는 원동력이 될 것이다.

현재 한인 선교사 가운데 예수 박타 운동에 참여하고 있는 사람은 바

---

26 정승현, "우드베리의 이슬람 선교 이론 연구," 155.

라나시 예수전도단(YM) 라즈뿌르 지부에서 여러 해 동안 미국인 아미뜨와 동역하고 있는 이계절[27] 선교사가 있다. 그리고 최근에 필자와 이계절 선교사가 바라나시에서 "인도의 그릇 포럼"(Indian Bowl Forum)을 만들어 그 첫 모임을 시작했는데 이를 통해 한인들 가운데 예수 박타 운동을 소개하고 있다.

예수 박타 운동에 한인 선교사가 참여하는 것이 다음과 같은 점에서 의미가 있다.

첫째, 예수 박타 운동이 그동안 도시 중산층과 상층 카스트 선교를 해야 하는 책임감을 느끼면서도 길을 찾지 못하던 한인 선교사들에게 돌파구가 되는 모델을 찾게 해 주었다. 예수 박타 모델은 삿상의 방법으로 상층 카스트에게 접근하는데 이는 도시 중산층이나 상층 카스트 공히 부담이 되지 않는 모델이면서, 한국 사람에게 익숙한 성경 공부와 제자 양육 모델과 유사하기 때문에 기본 교육만 받으면 얼마든지 시행 가능한 모델이 된다.

둘째, 예수 박타 운동은 그동안 한국 선교의 문제점으로 지적받았던 물량주의 선교를 극복하게 해주는 모델이다. 전통적인 서구식 선교는 학교와 교회 건축, 그리고 프로젝트에 많은 돈이 드는 선교이다. 그런데 삿상과 가정 교회 모델은 건물이 필요 없다. 타지인 출신 선교사나 목사보다는 지역 사회에 연결점이 있는 평신도 자원을 길러서 그들을 통해 일하는 것이기 때문에 월급 줄 필요가 없다. 더구나 하층 뿐 아니라 중상층 클래스의 사람들도 쉽게 들어올 수 있기 때문에 자립에 아무 문제가 없게 된다. 예수 박타 모델은 자립 선교 모델이다.

---

27 이계절 선교사는 인도 선교에 대한 두 권의 책 『두 갈래』, 『끝나지 않은 이야기』를 기독교문서선교회(CLC)에서 저술했다.

제4부
카스트 힌두에 적합한 인도 선교신학

1장 인도 선교에 있어서 로고스신학의 역할
2장 상층 카스트 선교에 유용한 성취신학

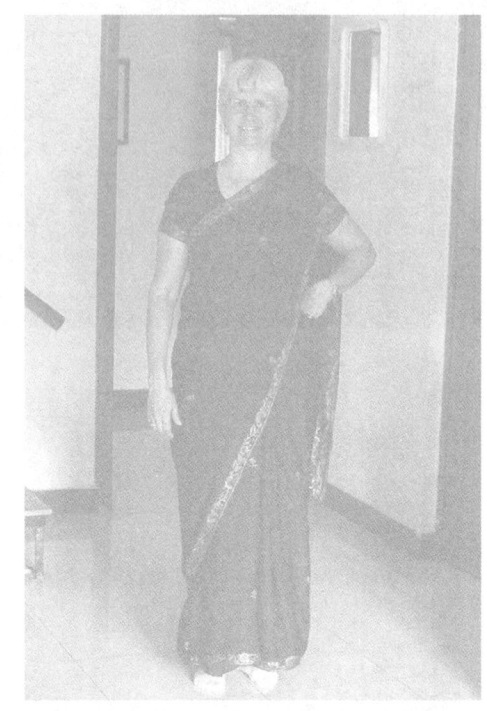

전통적 선교에서 문화에
적합한 선교로 전환하라

인도 선교의 이해 II

Understanding of India Missions II

1장

인도 선교에 있어서
로고스신학의 역할[1]

1. 들어가는 말

이 글은 인도에 적합한 기독교를 세우기 위한 자신학으로써 인도신학을 만듦에 있어서 로고스신학의 중요성을 말하고, 그에 기초한 인도의 상황화 신학으로서 박띠신학, 아드바이따신학, 드럼신학의 모델을 소개 및 평가하고자 한다. 이로써 향후 인도의 자신학 만들기뿐 아니라 여타 지역의 현지 신학을 만들기 위한 방향을 제언하고자 한다.

한국의 자신학 만들기의 경험이 일천하기는 하지만, 오늘날 한국 기독교인이 사용하는 신명, '하나님'을 처음으로 제안한 만주의 존 로스 선교사가, 한국의 전통 종교인 샤머니즘의 최고신의 이름에서 한국 기독교의 신명을 채택한 것은 주목할 만하다.[2] 왜냐하면 타 종교의 불완전성에도

---

1 2014년 한국 세계선교협의회가 주최한 권역별 선교전략회의(RCOWE) 인도지역 모임에서 "로고스신학과 인도의 자신학 만들기"라는 제목으로 발표한 글..
2 임희국, "한국의 성경번역사에서 일어난 신명 논쟁에 관하여," 제8회 소망신학 포럼 공동과제 302(2008년 4월 30일), 46.

불구하고 그 속에 있는 진리의 요소를 긍정하고 그것을 접촉점과 도구로 사용하여 현지에 적합한 기독교로 만드려는 시도는, 19세기 말과 20세기 전반에 '로고스신학'과 '성취신학'이라는 이름으로 영국과 인도와 중국 등에 널리 알려졌는데, 한국의 자신학 만들기에 기여한 존 로스는 그 영향을 직접적으로 받은 사람 중 하나였기 때문이다.[3]

아쉽게도 한국에는 로고스신학이 체계적으로 소개된 바가 없어 이에 근거한 자신학 만들기가 진행된 것은 없는 것으로 알고 있지만, 인도의 경우는 선교사들뿐 아니라 현지 기독교인들이 로고스신학을 적극 받아들여 인도에 적합한 인도신학 만들기가 일찍부터 다양하게 시도되었다.

예를 들어 선교사 가운데에는 1880년대 말 런던선교회 소속 토마스 슬레이터 선교사가, 기독교 복음을 제시할 때 '외국적이고 서구적인' 형태를 지양하고 '동양적인 기독교'를 제시해야 한다고 역설했으며, 그것은 구체적으로 '베단따'적 색깔을 띤 기독교라야 한다고 방향을 제시한 바 있다.[4] 그가 베단따 색깔을 띤 기독교를 만들어야 한다고 말한 것은 베단따가 대표적인 인도의 사상일 뿐만 아니라 그것이 기독교 복음 전달의 좋은 도구가 될 수 있다고 보았기 때문이었다.

이처럼 슬레이터가 인도 선교사들 중에 가장 먼저 로고스신학을 기초로 인도 자신학 만들기의 중요성을 말했지만, 슬레이터 이전 시대부터 슬레이터가 희망했던 것을 현실화시켜 인도의 전통 신앙을 기초로 인도의 자신학 만들기를 시도한 많은 현지 기독교인들이 있었는데, 그들에게서

---

3 안성호, "19세기 중반 중국어 대표자역본 번역에서 발생한 '용어논쟁'이 초기 한글성서 번역에 미친 영향(1843-1911)," 「한국 기독교와 역사」, 제30호 (2009), 229.

4 T. Slater, "How Shall We Preach to the Hindus? A Symposium I," *The Harvest Field* Vol. VII. No. 9(March 1887), 26; *The Higher Hinduism in Relation to Christianity: Certain Aspects of Hindu Thought from the Christian Standpoint* (London: Eliot Stock, 1901), 20.

공통적으로 발견되는 것은 로고스신학이다.

그렇다면 로고스신학은 무엇이며, 그것이 어떤 점에서 선교사와 현지 기독교인으로 하여금 자신학을 만들도록 촉진하는 촉매제의 역할을 하는 것일까?

2. 자신학 만들기의 기초로서 로고스신학

로고스신학은 타 종교 속에 있는 기독교적 진리, 다른 말로 하면 팔레스타인 땅의 유대인들에게 주어진 성경의 특별계시 이외의 하나님의 일반계시의 기원과 작용에 관해 성경적인 대답을 찾는 신학이다. 이레니우스, 터툴리안 등의 기존 라틴계 교부들과 칼 바르트, 헨드릭 크래머 등의 신정통주의 학자들은 그리스도 안에만 유일한 계시가 있고 그 밖에는 계시가 없으므로, 타종교 안에 있다고 주장되는 모든 유사점과 접촉점은 거짓이요 오류이며 도리어 차이점이 된다고 하였다.[5]

이러한 라틴계 신학의 장점은 기독교 계시의 독특성과 유일성을 명확히 하는 것이지만, 다른 한편으로 타 종교와의 접촉점을 찾고 현지의 신앙과 사상에 적합한 자신학을 만드는 데에는 큰 도움이 되지 못했다. 왜냐하면 이들의 입장에서 타 종교란 '거짓' 종교, '마귀' 종교이며, 아무리 찾으려고 해도 선한 것을 거의 찾을 수 없고, '미신'과 '우상'과 '하나님께 대한 대적'과 '어리석음'과 '죄'와 '불의'와 '도덕적 부패'로 가득한 것이어서 깨끗이 파괴하고 새집을 짓는 것 외에는 달리 희망이 없다고 보

---

5 H. Kraemer, *The Christian Message In A Non-Christian World* (London: The Edinburgh House Press, 1938), 115, 136.

왔기 때문이다.[6]

그런데 서구의 라틴신학의 전통과 달리 그리스신학 또는 동방교회 전통에서는 타 종교 속의 진리의 요소의 기원에 대해 다른 대답을 내어 놓았다. 저스틴, 클레멘트, 오리겐과 같은 알렉산드리아 교부들은 먼저 사도행전 14:17을 인용하여 모든 민족들 가운데 하나님이 자신을 증거 하지 않은 것이 아니라는 사실을 강조한다. 그리고 요한복음 1:5을 인용하여 빛이 어두움에 계속해서 빛을 비춰 왔음에 주목했다.

그러면 성경 계시를 갖지 않은 이방 민족들에게 하나님께서 어떻게 자신을 증거하셨단 말인가?

이를 설명하는 것이 세계 속에 내재하시는 영을 통한 신적 로고스, 육화되기 이전에도 로고스(말씀)으로 존재하시며 사역하셨던 로고스(선재하신 그리스도)의 사역으로 설명한다. 이것을 저스틴(100-165)은 내재하시는 '신적 로고스'로 표현했고(Apology., i.c. 46), 토마스 슬레이터는 '성육신 하신 로고스'와 대조하여 '보편적 로고스'라고 불렀다.[7]

이러한 로고스신학의 장점은 타 종교 내에 부분적으로 있지만 진리의 요소를 긍정하고, 그것의 기원은 마귀가 아니라 하나님이심을 인정하는 것이다. 채은수 교수가 말한 대로 '애굽의 금'도 금이라고 보는 것이다.[8]

6　G. Mackenzie Cobban, "Christianity and the Hindu Faiths," *The Madras Christian College Magazine* (September 1899), 199; Stephen Neil, *A History of Christian Missions* (Baltimore: Penguin Books Inc., 164), 264.

7　V. G. Alexander Allen, *The Continuity of Christian Thought: A Study of Modern Theology in the Light of Its History* (London, New York: Ward, Lock, 1884), 29-30; Thomas E. Slater, *God Revealed: An Outline of Christian Truth. Being Sunday Afternoon Lectures Delivered to Educated Hindus* (Madras: Addison and Co., 1876), 57.

8　채은수 교수는 어거스틴이 '애굽의 금도 금'이라는 사상을 잘 수용한 사람으로서 신플라톤주의 사상을 기독교에 맞게 성공적인 상황화를 성취한 모델로 제시했다. "개혁주의 선교신학의 단초로서 어거스틴 사상," 「신학지남」 2008년 가을호 (통권 제296호), 204.

이는 타 종교와 타 종교인을 존중하게 만들 뿐 아니라 타 종교 속에 기독교와의 접촉점, 유사점을 발견케 하며, 불완전하기는 하지만 기존의 신앙과 사상의 틀을 사용하여 현지인들이 이해할 수 있고 수용할 수 있는 현지의 자신학 만들기를 할 수 있는 성경적 근거를 제시해 준다.

화란의 개혁주의 선교학자 요한 바빙크는 "하나님께서 감동시키지 않으셨다면, 부처도 구원의 도리를 명상초차 하지 못하였을 것이다. 모하메드도, 하나님께서 그에게 관심이 전혀 없었더라면, 그의 예언적 증언을 한마디도 하지 못하였을 것이다"[9]고 했다. 백석대의 주만성도 칼빈의 말을 인용하면서 '비신자들도 많은 진리를 발한다'[10]고 했다. 부처가 말한 구원의 도리, 모하메드가 한 예언적 증언, 비신자가 발하는 많은 진리, 이 모든 것의 기원은 로고스신학적으로 볼 때 하나님께 있으며 그 목적은 복음을 영접하는 준비, 징검다리, 가정교사라는 것이다. 존 로스가 한국어 성경을 번역할 때 채택한 샤머니즘의 신명 속에 있는 최고신, 유일신 개념 역시 우리 민족의 복음화를 위해 하나님이 예비하신 '로고스의 씨앗(로고스 스페르마티코스)'으로 설명할 수 있는 것이다.

그런데 선교지의 현장에서 발견되는 타 종교의 신앙과 사상 속에 발견되는 일반계시의 정도는 바빙크가 말한 '하나님에 대한 희미한 느낌' 이상으로서, 책상 앞에 앉아 글쓰는 본국의 신학자는 결코 상상도 할 수 없을 만큼 크다. 예를 들어 인도의 주류 종교인 힌두교 신앙에서는 최고신과 유일신 개념이 있을 뿐 아니라 이슬람교에는 없는 삼위일체와 성육신 신앙이 있고, 천국과 지옥, 죄와 회개와 중생이 존재한다. 그뿐만 아니라 "고행으로도 금욕으로도 요가로도 그 어떤 선행으로도 안되지만 오

---

9 J. H. Bavinck, 『절과 모스크 사이의 교회』(The Church Between Temple and Mosque), 전호진 역(서울: 성광문화사, 1983), 242-243.
10 주만성, "일반 은총의 진보적 작용에 대한 신학적 논쟁," 「대학과 선교」 제8집, 2005, 290.

직 하나님의 은혜와 사랑으로 구원받는다"는 신앙의 구원과 "유일한 중보자로서 하나님의 아들 바유"의 개념이 있는 것이 힌두교이다.[11] 그러기에 인도에서 가장 저명한 기독교인 중 하나요 브라만 개종자인 나라얀 띨락이 '투카람의 다리'를 넘어 기독교로 왔다는 유명한 고백을 하고 있는 것이다.[12] 투카람은 대표적인 힌두 박띠 신앙의 성자로서 투카람의 신앙에 대한 그의 이해가 기독교 복음을 영접하는 준비를 시켰다는 것이다.

인도에서 전통 종교와 사상에 기반하여 기독교 자신학을 만든 사람들은 예외없이 인도의 종교 가운데 내재하시는 하나님의 계시활동을 긍정하는데, 이를 통해 로고스신학에 대한 이해는 인도에서 자신학 만들기에 결정적인 역할을 해 온 것을 알 수 있다. 다음에는 로고스신학에 기초하여 인도 자신학 만들기를 시도한 몇 가지 예를 소개해 본다.

3. 인도의 자신학 I – 박띠신학

인도 바깥 세계에 주로 알려진 인도의 전통 신앙과 철학은 샹까라의 아드바이따 일원론 사상이지만 인도의 대다수가 믿는 대중적인 신앙은 박띠 신앙이라고 할 수 있다.[13] 루돌프 오토의 정의에 의하면 박띠 신앙은 "영원하신 하나님과 그분과의 교제를 통해 구원에 이르는 신앙"이다.[14]

---

11 S. Radhakrishnan, *Indian Philosophy* Vol. 2 (New Delhi: Oxford University Press, 2008), 689, 695.
12 H. L. Richard, *Christ-Bhakti: Narayan Vaman Tilak and Christian Work among Hindus* (Delhi: ISPCK, 191), 18.
13 Dayanand Bharati, *Understanding Hinduism* (New Delhi: Munshiram Manoharial Publisher, 2005), 202, 252.
14 R. Otto, *Christianity and the Indian Religion of Grace* (Madras: CLS, 1929), 13.

이 정의를 보면 알 수 있지만 박띠 신앙은 살아 있는 인격적인 신을 믿으며 성육신에 대한 신앙을 가지고 있다. 박띠의 신은 거룩한 신이며 그러기에 그 신자들은 악을 미워하고 죄를 회개하며 성결한 삶을 살아야 한다. 회개는 죄사함의 필수조건이며 악을 행하는 자에게는 지옥의 영벌이 기다리고 있다. 반대로 그분의 말씀을 들으며 그분께 대한 신앙과 사랑과 헌신을 드리는 자는 구원의 은총과 함께 그 분과 함께 영생을 누리는 축복을 받게 된다.[15]

이상에서 알 수 있듯이 박띠 신앙은 기독교와 많은 유사점을 가지고 있다. 그러기에 브라만 신분에서 개종한 뒤 비숍 칼리지의 교수가 된 바너지(K. Banerjea: 1813-1885)는, 신들과 인류를 죄와 죽음에서 구원하기 위해 만물의 주이지만 자신을 희생제물로 바치기를 갈망하는 쁘라자빠띠라는 신에 주목했다.[16] 그는 베다 경이 가르치는 이상은 힌두의 그 어떤 신에 의해서도 성취된 바가 없고 오직 하나님의 어린양으로 오신 역사적 예수님 안에서만 성취되었기에, '진정한 쁘라자빠띠'로서 예수님이야말로 인도인에게 가장 적합하게 기독교를 소개하는 것으로 제시했다.[17]

바너지와 함께 남인도 지역의 대표적인 기독교 학자이자 교회 지도자였던 A. J. 아빠사미(1891-1975)는 박띠 전통과 그 토대가 되는 라마누자의 철학적 표현이야말로 인도에서 기독교적 메시지를 선포하고 설명하는 데 가장 적합한 도구라고 보고 인도인에게 익숙한 박띠의 틀을 사용하

15　Trans. By Shanti Lal Nagar, *Shiva Mahapurana* (Delhi: Parimal Publications, 2007), 13-14, 70, 81, 464, 577.

16　K. M. Banerjea, "The Arian Witness, 1865," Ed., by K. P. Aleaz, *From Exclusivism to Inclusivism* (Delhi: ISPCK, 1998), 206, 211.

17　K. M. Banerjea, "The Relation Between Christianity and Hinduism, 1881," Ed., by K. P. Aleaz, *From Exclusivism to Inclusivism*, 603, 605.

여 기독교신학을 만드는 시도를 하였다.[18]

첫째, 그는 『박띠의 방법으로서 기독교』(1928)라는 책에서 인생의 목적은 "내 안에 거하라"(요 15:4)고 말씀하신 그리스도 안에서 믿음과 사랑 안에서 인격적으로 연합하는 것이라고 말했다. 이는 그의 신학을 관통하는 주제로써 샹까라의 '비인격적인 흡수'로서 형이상학적 연합을 거부하며, 인격적인 순종을 통해 신앙적, 도덕적 연합을 강조했다.

둘째, 아빠사미는 『목사란 무엇인가』(1931)라는 책에서 구원이란 샹까라의 말하는 바와 같이 무지를 제거함으로 얻어지는 지식이 아니라 믿음과 사랑을 통해 그리스도 안에서 누리는 영생이라고 말했다.

셋째, 아빠사미는 힌두 신앙에서 '안타리야민'(Antariyamin: 내재자)라는 용어를 도입하여 성육신하기 이전부터 세상에 내재하시는 로고스의 존재를 지칭하였다. 그에 의하면 내재하시는 그리스도, 또는 안타리야민으로서 하나님은 이미 모든 사람 안에 계신다. 그러나 사람들이 이를 온전히 깨닫지 못하기 때문에 하나님의 자기 계시의 좀 더 효과적인 수단으로서 그리스도께서 성육신하셨다는 것이다.

넷째, 아빠사미는 기존의 아바따라 신앙의 도케티즘적, 반복적, 신화적 성육신과 대조적으로 육체로 오신 그리스도, 단회적이고 유일한 성육신, 역사적인 성육신 개념을 제시했다. 또한 악인을 심판하러 오는 끄리슈나에 대해 죄인을 구원하러 오신 그리스도를 강조했다.

아빠사미의 유일한 성육신 개념에 대해서 또 다른 박띠신학자인 남인도의 V. 차카라이(1880-1958)는 인도 기독교의 성육신 이해는 아바따라와 같이 반복적 성격을 가지는 것으로 제시되어야 한다고 주장했다. 차카라이의 새로운 성육신에 의하면 그리스도는 십자가에 죽으심으로 끝난 것이 아니고 "세상 끝 날까지 항상 함께 계시리라"(마 20:28)는 말씀대

---

18 Robin Boyd, *An Introduction to Indian Christian Theology* (Delhi: ISPCK, 1969), 143.

로 성령으로 반복적으로 성육신하여 "내 속에 언제나 함께 거하신다"(갈 2:20)는 것이다. 그에 의하면 성육신에는 3단계가 있다.

① 예수 그리스도 안의 역사적 성육신 단계
② 그리스도의 부활하신 몸의 단계
③ 부활하신 그리스도께서 성령을 통해 인간의 마음 가운데 찾아오시는 오순절 후 성육신 단계[19]

차카라이의 성육신론은 성령을 예수님과 동일시하며, 서구의 전통적인 삼위일체 신앙을 약화시키는 약점이 있다. 그럼에도 불구하고 그는 성령을 예수님께 종속시킴으로써 성령의 역할을 축소시키는 서구신학을 비판하면서, 논리보다 경험을 중시하는 인도인의 관점에서 성령의 성육신적 역할을 강조했다. 경험의 관점에서 볼 때 반복적으로 오지만 일시적으로 왔다가 사라져 버리는 힌두교의 아바따라와는 달리, 기독교의 성육신은 역사적으로는 한 번 왔지만 성령으로 매일 같이 우리의 마음과 삶에 찾아와서 늘 성육신의 은혜를 체험케 한다는 것이다. 이러한 반복적 성육신 개념은, 인도인에게 의미 없고 이질적인 성육신의 역사성에 대한 강조나 논리보다, 종교적 경험을 중시하여 매일매일의 삶 속에 함께 하시는 하나님의 은혜를 체험하기를 원하는 인도인들에게 적합하고도 매력적인 인도의 자신학이 될 수 있다.

---

19 V. Chakkarai, *Jesus the Avatar* (Madras: CLS, 1932), 114–115.

4. 인도의 자신학 II – 아드바이따신학

인도 철학에 6개 학파가 있고 베단따 학파는 그 중에 하나이지만 특별히 샹까라가 해석한 아드바이따 베단따는 인도의 대표적인 사상으로 널리 알려져 있다. 베단따란 신의 계시된 말씀인 베다의 '목적'이란 뜻으로, 베다의 결론 부분에 해당되는 우빠니샤드를 가리킨다. 샹까라는 이 우빠니샤드가 가르치는 핵심이 아드바이따(둘이 아닌 하나 곧 일원론)라고 말했는데, D. S. 샬마에 따르면 샹까라의 가르침의 핵심이다.

① 브라만이라 불리우는 영원하고 비인격적인 절대자만이 유일한 궁극적 실재이다.
② 사람 속에 내재하는 영은 절대자의 영과 하나이다.
③ 이러한 하나됨을 깨닫지 못함으로 세상에 모든 죄와 고통이 존재한다.
④ 어떤 행위나 신앙으로서가 아니라 신인이 하나임을 묵상함으로써 얻어지는 지식이 이 모든 업보와 윤회의 짐으로부터 사람을 해방시킨다.[20]

이러한 아드바이따 사상의 범신론적 신 이해는 만물 속에 있지만 만물 위에 계시며 인격적인 신인 기독교의 신관과는 거리가 매우 멀다. 또한 만물 속에서 신을 봄으로써 다신과 미신을 촉진하며, 비인격적인 신성으로 말미암아 인간의 윤리적 삶에 도움이 안 된다. 그뿐만 아니라 죄와 구원 개념이 전혀 달라서 기독교 복음 전달의 도구가 되기보다는 인도 선교의 가장 큰 장애물로 여기는 것이 많은 선교사들과 선교 변증가

---

20 D. S. Sharma, *Hinduism through the Ages* (Bombay:Bharatiya Vidya Bhavan, 1973), 35.

들의 견해이다. 그런데 그럼에도 불구하고 많은 인도의 기독교인들이 아드바이따 사상을 가지고 기독교의 복음을 표현한 것은 흥미로운 일이다.

그들은 어떻게 아드바이따신학을 제시했는가?

인도신학의 아버지라 불리우는 브라만 개종자 브라마반다브 우빠디아야(1861-1907)의 견해이다.

첫째, 유신론적 신관의 근거로서 베다 경전은 한 분 하나님을 예배하는 유일신 신앙을 가르친다고 주장했다.[21]

둘째, 브라마 사마즈 운동의 지도자 센(K. C. Sen, 1838-1884)의 입장을 받아들여 기독교의 삼위일체에 해당되는 인도 기독교의 용어로 삿칫아난드(Sat-Chit-Anand)를 제안했다. 만물의 원인이 되는 영원한 존재 파라브라만이 삿(존재), 지성 또는 로고스로써 삽다브라만이 칫(의식), 그리고 본질상 영원한 복이 끊임없이 발출되는 브라만이 바로 아난드(복)라고 말하며 이 세가지 양상이 한 하나님 브라만의 세 가지 측면과 성품이라고 표현했다.[22] 그는 기독교의 삼위일체 교리는 삿칫아난드로서 베단따의 브라만 개념과 정확히 같은 것이라고 주장했다.[23]

셋째, 우빠디아야는 기독교의 창조 교리를 가장 잘 설명할 수 있는 개념으로 '마야'를 제시했다. 브라만이 신성의 자유로 릴라(놀이)에 의해 세상을 창조하였는데, 마야는 다양하고 의존적이고 유한한 것들을 만들어내는 하나님의 능력을 나타낸다고 했다. 그런데 흔히들 마야에 의해 창조된 세상은 미몽으로 알고 있지만, 우빠디아야는 브라만은 자신이 누군

---

21 Edited and annotated by Julius Lipner & George Gispert-Sauch, *The Writings of Bramabandhab Upadhyay* Vol. II (Bangalore: UTC, 2002), 250-251.
22 *Sophia Weekly*, Vol. 1, #18, New Series (27 Oct., 1900), 6, 7, Quoted from Timothy C. Tennent, *Building Christianity on Indian Foundations The Legacy of Brahmabhandhav Upadhyay* (Delhi: ISPCK, 2000), 233.
23 K. P. Aleaz, *Christian Thought Through Advaita Vedanta* (Delhi: ISPCK, 1996), 14.

가에 대한 지식을 가지고 있기 때문에 미몽을 낳을 수가 없고, 그러므로 우리가 살고 있는 세상은 미몽이 아니라 실재하는 것이라고 주장했다. 그는 이러한 마야의 개념이 기존에 존재하는 서구의 어떤 기독교 개념보다도 창조의 교리를 더 잘 증거한다고 하였다.[24]

벨기에 예수회 선교사인 리처드 드 스멧(Richard de Smet: 1946-1997) 역시 인도의 기독교는 샹까라의 아드바이따로 표현해야 한다고 주장한 사람으로서, 특히 그는 브라만의 인격성을 강조함으로 아드바이따 사상을 기독교신학으로 만드는 데 큰 장애물 중 한 가지를 제거하고자 시도했다. 드 스멧에 따르면 일반적으로 브라만을 비인격적인 신으로 잘못 알고 있지만 인간과 관계하는 사구나 브라만(형태 또는 속성을 가진 브라만)만이 아니라 형태나 속성을 안 가진 닐구나 브라만 역시 인격성을 가진 신이라고 주장했다.

만일 '인격'을 실재하는 존재, 다른 것과 구별되며, 완전하고, 지성을 가진 존재로 본다면, 샹까라의 닐구나 브라만이야말로 '가장 인격적인 존재'라고 말했다. 왜냐하면 브라만은 실재하는 존재이며, 진리와 아름다움과 지성과 사랑과 축복과 능력을 가진 존재이기 때문에 완벽하게 인격적인 존재라는 것이다.[25]

최근에 은퇴한 비숍 칼리지 종교학 교수 K. P. 에일리즈는 샹까라의 아드바이따 베단따가 예수님을 이해시키는데 가장 좋은 틀이라고 보고 그 기초 위에 그의 인도 예수학을 만들었다. 아드바이따의 틀에 담아 에일리즈가 제시한 예수님은 편재하시고 빛을 비추시며 만유를 통일시키는 최고 자아의 능력이다. 따라서 인도인에게 의미있는 예수님의 기능은 최

---

24 K. P. Aleaz, *Christian Thought Through Advaita Vedanta*, 29.
25 R. V. De Smet, "Materials for an Indian Christology," *R and S*, Vol. XII, No. 4, Dec. 1965, 9-10.

고 자아가 모든 시대 모든 장소 모든 만물에 편만하다는 복음을 선포하는 것이라고 한다.[26] 온 세상사람, 특히 인도인이 갈망하는 예수님의 메시지는, 최고의 자아는 오직 하나로서 모든 육체에 빛을 비추고 있다고 선포하는 것이다.[27]

5. 인도의 자신학 III – 드럼신학

앞에서 언급한 박띠신학과 아드바이따신학이, 종교적으로는 인도의 주류 종교인 힌두교, 계층적으로는 상층 카스트를 대상으로 하는 인도의 자신학이라고 한다면, 세번째로 언급할 모델은 비힌두권의 하층 카스트, 특히 남인도 따밀 나두와 께랄라의 불가촉 천민에 해당되는 빠라이야를 대상으로 하는 자신학 모델이라고 할 수 있다.

빠라이야는 빠라이(드럼)이라는 말에서 온 것으로 북치는 사람이라는 뜻이다. 빠라이야는 전통적으로 결혼이나 마을 축제, 정부 주관 및 상업 행사 광고시 북을 치는 사람들이었다. 빠라이야는 상층 카스트에 의해 신성한 글을 읽는 것이 금지된 사람들이었기 때문에 기록된 문서나 경전의 형태로 자신의 종교적인 유산을 보존할 수가 없었다. 그러므로 그들은 음악과 그림, 춤, 베짜기, 노래, 건축의 형태로 자신들의 신앙을 표현하고 전수하였다. 그중에 드럼은 그들의 종교생활의 중심으로서 신적 존재와 소통하는 대표적인 종교적 상징물이었다. 그러기에 빠라이야들에게 복음을 전하는 사람들이 그리스도를 '드럼'으로 표현하는 것은 자연스러운 일이었다.

---

26 K. P. Aleaz, *Christian Thought Through Advaita Vedanta*, 102.
27 K. P. Aleaz, *Christian Thought Through Advaita Vedanta*, 103.

저명한 달릿 신학자인 사티아나단 클락은 빠라이야 공동체의 신적 소리에 대한 연구조사에서 이 사회 구성원의 내면 세계에 도달되는 '그리스도적 존재'로서 드럼을 제시했다. 그에 의하면 "드럼은 빠라이야들에게 그리스도의 임재를 매개하며, 내재하시는 하나님이 함께 하지 않았던 때가 없음을 확신시킨다. 드럼 소리가 울려 퍼지면 그 소리를 매개 삼아 하나님(그리스도)의 존재가 사람이 사는 삶의 전 영역으로 스며들어가는 것이다."[28] 이러한 분석을 기초로 그는 빠라이야들이 드럼이라는 수단을 통해 공동체 의례에 다같이 참여함으로써 다른 카스트 그룹과의 상호 관계에서 자기 정체성을 세울 뿐만 아니라 그것으로 카스트 공동체를 화해시킨다고 주장했다.

드럼은 빠라이야 공동체에서 언제나 구속적 사역을 수행했다. 북을 침으로써 신의 임재를 요청하고, 북을 침으로써 죄의 용서함과 화해를 빌며, 매일매일 삶의 필요를 고한다. 이 드럼은 기독교 구원의 복음의 이야기를 전부 말 하기에는 불충분하다. 그러나 드럼은 공동체 구성원의 갈망과 질문을 중개하는 기능을 수행한다. 이런 면에서 '신적 소리'로서 드럼은 빠라이야들에게 적합한 자신학을 만드는 데 좋은 도구가 된다고 본다.

6. 나가는 말: 인도 자신학 만들기를 위한 제언

이상에서 인도에 적합한 기독교를 만들기 위한 자신학으로서 박띠신학, 아드바이따신학, 드럼신학의 모델을 살펴보았다. 만일 인도의 전통종교인 힌두교를 다신교, 우상 종교, 마귀 종교, 거짓 종교로만 보고 정죄

---

28 Sathianathan Clarke, *Dalits and Christianity: Subaltern Rreligion and Liberation Theology in India* (Delhi: Oxford University Press, 1998), 188.

하는 입장을 가진다면 우리는 박띠와 아드바이따와 드럼 같은 것으로 기독교신학을 만드는 작업 같은 것은 상상도 할 수 없을 것이다.

그러나 위에서 살펴보았듯이 인도 땅에는 수많은 인도 기독교인들과 선교사들이 그리스도를, 우리 위해 희생제물이 되신 참된 '쁘라자빠띠'요 우리 안에 내재하시는 '안타리야민'과 매일매일의 삶 속에 성육신하시는 '아바따라'로 제시하고 있다. 또 과거에는 복음의 장애로 여기던 요소조차 갈고 닦고 연구하여 인도인들이 이해할 수 있고 편안하게 느끼고 매력을 느껴 복음을 잘 받아들일 수 있도록 인도의 자신학을 만드는 일에 땀방울을 흘리고 있다.

이런 일이 잘 진행되게 하기 위해서는 결론적으로 다음과 같은 방향이 필요하다고 본다.

첫째, 가장 기본적인 것 같으나 가장 부족한 것인데 현지에 대한 이해와 지역 연구가 반드시 필요하다. 많은 사람들이 유대교, 기독교, 이슬람교와 함께 힌두교 역시 책의 종교, 경전의 종교인 줄을 모른다. 힌두교의 경전을 읽고 그들의 신앙을 연구하지 않으면 기독교와 그들의 종교 사이에 어떤 유사점이 있는지, 어떤 차이가 있는지 알 수가 없다. 그들의 종교를 아는 것이 그들에게 적합한 기독교를 만드는 자신학화 작업의 출발점이다.

둘째, 로고스신학에 대한 이해를 가져야 한다. 진리는 어디에서 발견되어도 진리이다. 진리는 비진리에서 나올 수 없다. 진리는 진리되신 하나님께로부터 나온 것이다. 공평하고 정의로우신 하나님은 타 종교인들에게도 우리가 생각하는 것보다 훨씬 많은 진리를 주셨다. 타 종교 속에 있는 이러한 진리의 요소의 신적 기원과 복음의 준비로서 그 가치를 말해주는 것이 로고스신학이라고 본다면 인도의 자신학화 작업은 로고스신학의 토대 위에 세워져야 한다.

셋째, 선교 공동체 사이에 자신학 모델에 대한 토론과 평가를 통해 공감대도 얻어나가고 부족한 부분을 보충해 나갈 필요가 있다. 선교는 혼자 하는 일이 아니고 공동체와 같이 진행해 나가는 일이기 때문에 선교 공동체의 이해와 동의, 그리고 보충, 보완의 작업이 더 적절한 자신학을 만드는데 도움이 된다고 본다. 특히 인도에는 지역에 따라 신들의 이름이 다르고 신들의 이야기가 다르므로, 선교사들이 각자 자신의 지역에 적합한 자신학 만들기를 할 필요가 있는데, 선교 현장을 모르는 한국과 외국의 학자들을 의지할 것이 아니라 선교사들끼리 연구와 토론을 거쳐 지역에 따른 자신학 만들기를 할 필요가 있다고 본다.

2장

상층 카스트 선교에 유용한 성취신학[1]

1. 들어가는 말

에딘버러 선교사대회(이하 에딘버러대회)가 열린지 백년의 세월이 지났지만 에딘버러대회의 선교신학의 내용이 무엇이었는지, 또 그것이 시대를 초월해 지금도 여전히 의미 있는 선교신학이 될 수 있는지 평가 작업이 일단락 되었다기 보다는 이제 논쟁이 시작되는 시점에 있다고 말할 수 있겠다.

먼저 에릭 샤프(Eric Sharpe), 마틴 모(Martin Maw), 케네스 크랙넬(Kenneth Cracknell), 그리고 폴 헤지스(Paul Hedges)와 같은 주요 성취신학 연구자들은 에딘버러대회의 선교신학이 대체로 '성취신학'이라고 말하고 있지만, 성취신학의 내용이 정확히 무엇인가에 대해서는 제4분과 보고서를 썼던 데이빗 케언스(David Cairns)를 비롯해 후대의 연구자들까지도 혼란에 빠져있다. 혼란의 출발은 성취신학의 뼈대와 내용을 만들

---

1 "1910년 에딘버러 선교사대회 신학의 재발견"이라는 제목으로 「선교신학」 제23집 (2010)에 실린 글이다.

었을 뿐 아니라 그것을 보급까지 한 성취신학의 대표자 토마스 슬레이터(Thomas E. Slater)를 빼고, 대신 여러 후발 성취신학 선교사 중의 하나에 불과한 존 파커(John N. Farquhar)를 '전형적인 성취신학의 대표자'라고 기록한 것이다.[2]

슬레이터의 성취신학은 '보편적인 로고스'에 준비가 이뤄지고 '성육신적 로고스'에 의해 성취가 이뤄지는 것으로 말하는 반면, 파커는 그것을 진화론으로 설명하는 '진화론적' 성취신학이기 때문에, 파커의 성취신학을 전부로 아는 일부 연구자는 성취신학의 내용을 진화론의 일종으로 평가 절하한다. 최근 에딘버러대회에 대해 선교 역사가의 측면에서 체계적으로 정리한 브라이언 스탠리(Brian Stanley)는, 자신의 책에서 진화론과 섭리론, 성령론과 통합한 것으로 성취신학을 이해하며, 이러한 진화론적 개념이 타 종교 현실에 적용되지 않는다는 이유로 성취신학의 가치를 회의하는 입장에 서 있다.[3]

20세기 후반과 21세기 전반 서구 선교의 황금시기에 주요 선교신학 중 하나로 영향을 끼쳤던 성취신학은 1938년 탐바람(Tambaram)선교대회 이후 바르트주의의 등장과 함께 역사의 주요 무대에서 사라졌다. 1960년대 이후 가톨릭 진영을 시작으로 해서 타 종교와의 대화에 대한 필요

---

2 World Missionary Conference, *Edinburgh 1910: Report of Commission IV The Missionary Message in Relation to Non-Christian Religions* (Edinburgh and London: Oliphant, Anderson, & Ferrier, 1910), 181. 폴 헤지스(Paul Hedges)는 그의 박사논문인 인도에서 성취신학의 역사에 관한 글에서 파커의 공헌에 대한 잘못 알려진 오해에 대해 언급하면서 파커는 긴 성취신학 역사의 흐름 중 한 사람에 불과한 반면 슬레이터는 핵심 주창자임을 증명해내고 있다. 헤지스의 책을 참조하라. *Preparation and Fulfilment: A History and Study of Fulfilment Theology in Modern British Thought in the Indian Context* (Berne: Peter Lang, 2001), 16.

3 Brian Staley, *The World Missionary Conference, Edinburgh 1910* (Cambridge: William B. Eerdmans Publishing Company, 2009), 246-247.

성이 대두되면서 다시 주목을 받기는 했지만[4] 학계와 특히 선교 현장에서는 거의 영향력을 상실해 버리고 말았다. 중요한 이유는 성취론이 기독교의 유일성과 독특성을 강조하는 전통적인 가치를 가졌음에도 불구하고 타 종교의 가치를 긍정하는 측면이 있기 때문이었다. 헨드릭 크래머(Hendrick Kraemer)는 이것을 성경적 사실주의(Biblical Realism)에 기초하여 전적으로 부정하고 말았지만, 사실 그 비판이 성경적으로 근거있기 보다는 일반은총의 가치를 경시하는 근본주의 신학의 결과물로 보여진다. 화란의 대표적 개혁주의자인 요한 바빙크(Johan Bavinck)는 명백히 성취론을 부정하기는 하였지만 그럼에도 불구하고 아래에서 상술하겠지만 타 종교 안에 있는 진리의 요소에 대해 특별은총의 예비적 가치, 또는 작지만 그 '계시적 가치'에 대해 긍정하였다. '용어'의 차이가 있고, '정도'의 차이는 있지만 개혁주의 입장에서도 성취론을 반드시 부정할 것은 아님을 보여 준다.

성취신학의 가치를 재평가하는데 있어서 중요한 것은 현장에서 끼치는 영향력과 관련이 있는데 이 점에서 인도에서 힌두를 대상으로 선교하는 사람들 가운데 성취신학이 끼치는 영향은 결정적이라고 할 만큼 중요하다.

이런 점에서 본 논문에서는 성취신학의 재평가와 관련된 주요 논점들을 다룸으로써 성취신학의 현대적 의미를 재발견해보고자 한다. 먼저 그 동안 역사의 무대의 뒤에 가려져 있었던 슬레이터의 공헌을 파커의 신학과 대조해서 살펴보고자 한다. 다음으로는 성취신학의 핵심 논점 중에 하나인 유사점과 차이점에 관해 성취신학과 호그의 입장을 살펴보겠다. 다음으로는 호그와 함께 성취신학의 핵심 비판자인 크래머의 신학에 대해 근본주의와 개혁주의라는 입장에서 재평가해보고, 인도 현장에서 성

---

4 Robin Boyd, *An Introduction to Indian Christian Theology* (Delhi: ISPCK, 1969), 286.

취신학이 어떤 영향을 주고 있는지를 살펴봄으로써 성취신학의 가치를 새롭게 조명해 보고자 한다.

2. 슬레이터의 성취신학의 재평가

먼저 에딘버러대회에서 성취신학은 대부분의 선교사가 가졌던 선교신학은 아니라는 것부터 말하고자 한다. 제4분과의 대표 집필자요 보고자인 케언스가 증거를 관통하는 다수 선교사의 확신으로 모든 다른 종교를 성취하고 대체하는 성취신학을 말했기에 혼동이 되지만, 실제로 압도적인 다수가 동의하는 사실은 성취신학이라기보다는 타 종교에 대해 적대적인 태도를 버리고 이해와 공감의 태도를 갖는 것이다.[5] 그리고 타 종교가 갖고 있는 유사점을 접촉점으로 활용하여 선교해야 한다는 데에도 거의 이의가 없었다. 이런 것들이 샤프가 말한대로 성취신학을 암시는 하고 있으나, 이중에 절반은 성취신학의 핵심 용어인 '준비'와 '성취'(또는 완성), 또는 '로고스'라는 용어 사용을 꺼린다.[6]

그러나 나머지 절반은 이상의 용어 외에도 성취신학에서 흔히 사용하는 '디딤돌', '그림자,' '약속,' '구속적 예언'과 같은 단어를 타 종교를 가리키는데 적극적으로 사용하고 있다. 이와 같이 성취신학을 지지하는 선교사

---

5 World Missionary Conference, *Edinburgh 1910: Report of Commission IV*, 267-268.
6 타 종교에 공감하고 그 속에 있는 진리의 요소를 긍정하며 그것을 선교의 접촉점으로 보는 견해는 성취신학과 밀접한 관련이 있으나 이것이 있다고 하여 이것만 가지고 성취신학이라고 말할 수는 없다. 헤지스가 말한대로 성취신학의 핵심 개념은 '준비'와 '성취'이다. 또 고전적 성취개념으로서 '로고스'가 핵심적인 내용이다. 이런 용어를 중심으로 살펴보면 제4분과에 답장을 보냈던 선교사 중에 절반 정도만이 성취신학적 입장을 드러낸 것으로 보인다. 헤지스의 책, 27-29를 참고하라.

가 절대다수는 아니지만 그것이 다수의 선교사가 선호하는 주요 선교신학이 됨에는 틀림이 없겠다.

그런데 성취신학이 얼마나 오랜 역사를 가졌으며 파커 이전 시대와 동시대에 얼마나 다양한 사람들이 이런 주장을 했는지 그 역사를 모르는 일반 연구자의 경우에는 성취신학자의 주요 주창자는 케언스가 언급한 파커 뿐이다. 게다가 일류 종교 역사가인 샤프가 파커의 업적을 다룬 책을 쓴 이후로 이러한 오해는 좀 더 깊어지고 넓어지게 되었다. 그러나 성취신학은 역사적으로 순교자 저스틴(Justin Martyr), 오리겐(Origen), 클레멘트(Clement)와 같은 알렉산드리아 교부들이 로고스신학에 기초한 성취신학을 처음으로 제시했다. 세계 가운데 내재하는 로고스에 의해 타 종교 속에 진리의 씨앗이 심어지게 되었고, 그것이 이방 세계에 그리스도의 복음을 위한 준비가 되어 궁극적으로 완전한 계시자인 그리스도 안에서 성취와 완성에 이르게 되었다는 것이다.[7]

이러한 사상이 19세기 영국과 영국령 인도를 중심으로 꽃을 피우게 되는데 그 인물들은 프레더릭 모리스(Frederick D. Maurice), 롤랜드 윌리엄스(Rowland Williams), 리처드 트렌치(Richard C. Trench), 존 모리스(John B. Morris), 모니어 모니어 윌리엄스(Monier Monier-Williams), 그리고 막스 뮐러(Friedrich Max Müller)와 같은 인물들이다. 기원면에서 보면 영국 선교사들인 슬레이터와 파커보다 앞서서 성취신학에 대한 사상을 발표한 사람들이 인도에 있었는데 그들은 케샵 센(Keshab Sen)과 바너지(K. M. Banerjea)였다.

파커(1861-1929)는 슬레이터와 같은 런던선교회 출신 선교사요 그것도 같은 캘커타에서 활동한 사람으로서 전임자인 슬레이터의 성취신학을 알

---

7 Allen V. G. Alexander, *The Continuity of Christian Thought: A Study of Modern Theology In the Light of Its History* (London, New York: Ward, Lock, 1884), 47-48.

고 있었지만 그에 동의하지 않고 있다가 1902년에 이르러서야 처음으로 성취신학에 대한 생각을 논문으로 발표하기에 이른다. 파커의 대표작으로 알려진 『힌두교의 왕관』은 에딘버러대회가 끝난 지 3년이 지난 후인 1913년에야 비로소 출판되었기 때문에 오늘날 그의 명성의 일부분이 된 이 책은 에딘버러대회 때에는 아무런 영향을 끼치지 못했다.

반면에 슬레이터(1840-1912)는 성취신학에 관한 첫 책인 『계시된 하나님』을 쓴 때가 1875년이었으며, 에딘버러대회에 이르기까지 총 13권의 책과 40여 편의 성취신학 관련 논문을 썼다. 그뿐만 아니라 그는 남인도 마드라스에서 10년, 벵갈루루 지역에서 20여 년 간 사역하면서 매달 모이는 선교사 수양회에서 성취신학에 관한 글을 발표했으며, 정기적으로 남인도 주요 지역을 돌면서 강연함으로써 성취신학의 보급에 힘썼다. 그리하여 캠벨(W. H. Campbell), 루카스(Bernard Lucas), 존스(J. P. Jones) 등과 같이 하나의 학파를 형성하여 당시 선교 저널인 *The Harvest Field, The Indian Evangelical Review, The East and the West, The Madras Christian College Magazine* 등에 기고하였다.

제4분과의 질문지에 답을 보낸 선교사 중에 다수의 선교사가 직간접적으로 그의 영향을 받은 사람이며, 심지어 에딘버러대회 때 저녁강의 설교를 한 일본 대표 타수쿠 하라다(Tasuku Harada)가 슬레이터의 이름과 함께 그의 글을 네 번이나 인용하는 것을 볼 수 있다.[8] 이보다 중요한 것은 제4분과의 비기독교 종교와의 관계에 있어서의 기독교 메시지를 만드는 데 슬레이터가 공헌한 점이다. 슬레이터는 에딘버러수양회에 보내는 제4분과의 설문에 대한 답변서도 123페이지로 전체 선교사 중에서

---

8 World Missionary Conference, T*he History and Records of the Conference 1910, Vol. 9, The History and Records of the Conference Together with Addresses Delivered at the Evening Meetings* (Edinburgh: Oliphant, Anderson Ferrier, 1910), 283.

가장 많은 분량을 보냈을 뿐 아니라, 힌두교 분과 보고서 중에 보고자인 로빈슨에 의해 11번으로 최다 인용되었으며, 이는 파커의 4번 인용된 횟수와 대조가 된다.

또한 성취신학 사상의 정교함도 파커는 슬레이터에 떨어진다. 왜냐하면 파커는 타 종교 속에 있는 기독교적 진리의 출처를 성경이 아니라 진화론으로 설명했지만, 슬레이터는 성경에 근거한 로고스신학으로 제시했기 때문이다. 파커는 신학을 공부하지 않은 역사가요 평신도였고, 반면에 슬레이터는 신학자였던 점을 고려하면 이해할 만하다. 물론 슬레이터 사상의 기원은 교부들과 막스 뮐러, 네안더(A. Neander), 콜드웰(R. Caldwell), 바너지(K. Banerjea) 등에 있었지만, 그는 로고스신학에 기초한 성취신학을 인도 땅에 적용하는 데 성공했고, 당시 교육 받은 힌두 선교의 모델이 되는 선교사로 선교 저널마다 인용되었다. 그래서 성취신학 사상의 역사에 대해 체계적으로 연구한 헤지스는 파커가 성취신학을 바르게 표현하는 데 실패하였지만, 슬레이터는 로고스신학을 제시함으로 '전형적', 또는 '고전적' 형태의 성취신학 사상의 대표자가 되었다고 옳게 말했던 것이다.[9]

슬레이터를 빼고서도 파커보다 영향력이 크고 명성이 있었던 흄(R. A. Hume), 존스, 루카스, 스탕달(F. W. Steinthal) 같은 시니어 선교사가 있었음에도 불구하고 파커가 케언스에 의해 '전형적인 성취신학 선교사의 대표자'로 기록된 것은, 샤프가 말한 대로 파커를 인도 YMCA의 학생 총무로 고용한 세계 YMCA의 대표이자 에딘버러대회를 조직한 존 모트(John R. Mott)의 정치적 영향력 때문일 수가 있다. 그러나 저자는 이와 함께 궁극적으로 타 종교는 그리스도 복음으로 대체되고 파괴되어야

---

9 Paul Hedges, *Preparation and Fulfilment: A History and Study of Fulfilment Theology in Modern British Thought in the Indian Context* (Oxford: Peter Lang, 2001), 37.

한다고 보는 파커의 보수적인 성취신학을, 개종 이후에도 타 종교의 도덕적 가치를 긍정하는 슬레이터의 진보적인 신학보다 선호하는 보고자와 다수 선교사들의 신학적 성향과 관계가 많다고 본다.

3. 핵심 논쟁의 재평가

에딘버러대회의 주류 선교신학이 성취신학인 것은 맞지만 샤프가 잘 분석한 대로 성취신학의 주요 비판자인 알프레드 호그(A. G. Hogg, 1875-1954)의 입장이 케언스에 의해서 적지 않게 부각되었다. 즉 케언스는 호그의 논문을 제4분과 위원들에게 읽어보도록 나누어 주었으며, 힌두교 집필자인 로빈슨(C. H. Robinson)은 호그의 글 "까르마와 구속"을 보고서 안에 집어 넣었던 것이다.[10] 성취신학 입장에 있는 어느 누구의 출판물도 명시하지 않았지만, 호그의 글만을 괄호 안에 집어 넣은 것은 대표 집필자들이 호그의 입장에 깊이 공감하였고, 그의 글이 선교사들에게 영향을 끼치기를 바라는 마음 때문이었다.[11]

이런 점에서 에딘버러대회는 성취신학의 입장만이 있었다고 보기보다는 그것과 호그의 입장 사이에 긴장과 대립과 논쟁이 있었다고 보아야 한다. 그 논쟁의 핵심은 타 종교와 기독교 사이에 있는 유사점과 차이점을 어떻게 이해하고 어떻게 접근할 것인가 하는 것이었다.

---

10 James L. Cox, *The Development of A. G. Hogg's Theology in Relation to Non-Christian Faith: its Significance for the Tambaram Meeting of the International Missionary Council, 1938* (Unpublished Ph. D. Thesis, University of Aberdeen, 1977), 115.

11 Martin Maw, *Visions of India: Fulfilment Theology, the Aryan Race Theory, and the Work of British Protestant Missionaries in Victorian India* (Frankfurt: Peter Lang, 1986), 377.

먼저 성취신학의 입장은 타 종교 내에는 기독교와 관계없는 쓰레기 같은 것들도 많이 있지만 우주적인 로고스의 작용에 의해서 기독교적인 진리, 또는 보물이 있다는 것을 긍정한다.[12] 슬레이터는 이것이 하나님께서 힌두교를 내버려 두지 않고 기독교 복음을 영접하기 위해 약속과 증인과 가정교사와 징검다리로 준비시킨 것으로 본다. 물론 힌두교 속에 있는 준비적 계시만으로는 불충분하여 힌두교의 이상과 갈망을 채울 수 없고, 유일하고 완전한 계시인 예수 그리스도를 받아들일 때에만 힌두 현자들의 이상을 성취, 완성시킬 수 있다고 말한다. 예수 그리스도로 인하여 힌두교와 기독교 차이에는 분명한 불연속성이 존재하지만 그럼에도 불구하고 양자 사이에는 연속성이 있는데 그 연속성과 관련지어서 기독교 복음을 전할 때 효과적으로 복음을 전달할 수 있다는 것이 성취신학의 요점인 것이다.

스코틀랜드 연합자유교회 출신 선교사이자 마드라스 크리스천칼리지(Madras Christian College)의 교수였던 호그는 이러한 '유사점'을 접촉점으로 하는 선교 방법에 반대했다. 호그 외에도 마드라스의 주교였던 화이트헤드(H. Whitehead)는 제4분과의 설문지에 대한 대답에서 기독교 전도의 목적은 힌두교와 기독교 사이의 유사점을 보여 주기보다는 차이점을 깨닫게 하는 데 있다고 말하며, 힌두들이 개종하는 것은 기독교가 자신들의 종교와 유사하기 때문에가 아니라 다르기 때문이라고 주장했다.[13]

바젤 복음주의선교회 출신 쇼서(A. Schosser)는 성취신학을 진리에 대한 '타협'으로 보아 반대했으며, 비기독교인을 '잃어버린 아들'이 아니라 '미성년자 아들'로 보는 기독교 메시지는 진리에 대한 왜곡이며, 그런 메시지

---

12 Thomas E. Slater, *Studies in the Upanishads* (London and Madras: Christian Literature Society for India, 1897), 5.
13 H. Whitehead, Bishop of Madras' correspondence to the Edinburgh Conference, Edinburgh University archive, Commission IV Boxes, 28.

를 전하는 기독교 선교사는 선교지에서 그 존재 의미조차 조만간 약화되고 말 것이라고 말했다.[14]

호그가 성취신학에 반대하는 이유는 쇼서와 같이 신학적으로 보수적인 입장 때문에서가 아니라 화이트헤드와 같이 기독교 메시지를 만드는 방법론 때문이었다. 이는 호그에 대해 박사 논문을 썼던 제임스 콕스(James L. Cox)가 말한대로 유사점을 강조하는 메시지는 결국 모든 종교는 그대로 내버려 둬서 각자 자기의 길로 하나님께로 가게 해야 한다는 힌두들의 기존 입장을 강화시키는 결과만을 낳게 된다고 보았기 때문이다.[15] 더욱 중요한 것은, 힌두는 기독교 복음이 제공하는 필요를 느끼지 못하고 대체로 자신들의 신앙에 만족하며 살고 있다는 것이다. 그런 사람들에게는 기독교가 힌두교와 유사하다는 것이 아무런 매력이 되지 못하며 도리어 어떤 점에서 다른가를 이야기해야 관심을 갖게 된다고 한다.

무엇보다 힌두들이 필요를 느끼지 못하는 공통점보다는 그들에게 없지만 그들도 필요를 느낄 수 있는 기독교만의 독특한 어떤 접촉점을 만들어서 인도인들의 심성에 그것을 준비시켜야 한다고 주장했다.[16] 이를 위해 그는 힌두교가 어떤 점에서 힌두들의 고통과 문제들에 대한 답을 제시해 주지 못하는지를 말함으로 그들의 종교적인 평정심을 뒤흔들어 놓아야 한다고 역설했다.[17] 그리고 난 다음에 기독교인이 느끼는 것과 같

---

14 A. Schosser's correspondence to the Commission IV, Edinburgh University, 15.
15 J. L. Cox, "The Development of A. G. Hogg's Theology in Relation to Non-Christian Faith," 105-106.
16 World Missionary Conference, *World Missionary Conference, 1910, Report of Commission IV*, 185.
17 J. L. Cox, "The Development of A. G. Hogg's Theology in Relation to Non-Christian Faith," 45.

은 필요를 느낄 수 있도록 새로운 종교적 필요성에 대해 눈을 뜨도록 만들어야 한다고 했다.

호그의 왕국신학에 의하면 그리스도는 도덕적인 면에서뿐만 아니라 물리적인 면에서도, 미래뿐 아니라 현재에서도, 인간을 온갖 질병과 삶의 고통에서 해방시켜 주시는 분이심을 자신의 기적을 통해 보여 주었다고 한다.[18] 그는 이 해방의 측면에서 힌두교의 무력함을 지적함으로써 힌두들의 평정심을 흔든 후 대조적으로 기독교가 그들의 필요를 어떻게 만족시킬 수 있는지 제시하였다. 동시에 그들에게 없거나 매우 약하지만 그들이 반드시 가져야 할 죄의식과 도덕의식을 가르치고 그 죄를 해결할 분으로서 그리스도를 제시한 것이다.

이처럼 대조의 방법을 통한 호그의 메시지는 기독교의 차별성과 독특성을 강하게 부각시키면서도 힌두교의 필요를 채울 수 있다는 점이 큰 장점이다. 그럼에도 불구하고 해방의 개념과 죄의 개념이 후에 대조되어지기는 했지만 여전히 앞의 절반의 내용은 힌두교와 기독교 사이에 '해방'이라는 유사점에 기반한 메시지라는 점도 부인할 수 없는 사실이다. 그뿐만 아니라 그는 힌두교가 진리에 대한 '추구'만 있는 것이 아니라 '발견'도 있다고 말했는데,[19] 이는 비기독교 종교 속에 있는 계시를 긍정한 것으로서 슬레이터의 로고스 개념과 크게 다를 바 없는 것으로 보여진다.

에딘버러대회가 열렸던 시대나 그 이후 시대나 양 종교 사이의 대조점과 차이점을 가지고 접근하는 유형과, 유사점 또는 공통점을 접촉점과 준비로 접근하는 두 가지 유형의 접근 방식이 다같이 선교지에서 사용되

---

18 J. L. Cox, "The Development of A. G. Hogg's Theology in Relation to Non-Christian Faith," 129.

19 J. L. Cox, "The Development of A. G. Hogg's Theology in Relation to Non-Christian Faith," 106.

어 왔다고 말할 수 있다. 대조점과 유사점 둘 중의 어느 하나만 취하고 다른 것을 완전히 배제시키는 접근법은 온전한 기독교 메시지를 타 종교인들이 받아들이기에 편안하게 전하는데 장애를 가져올 수 있다.

대조점만 이야기하면 기독교의 독특성은 최대로 표현할 수 있지만 기독교는 계속 외국의 종교, 이질적인 종교로 남아 현지인들이 기독교에 접근하기 어렵게 된다. 반면에 유사점만 이야기하고 차이점을 명확하게 말하지 않으면 혼합주의의 위험과 함께 같은 내용의 다른 외국 종교를 인도인이 받아들일 이유가 없게 되는 것이다. 에딘버러대회는 성취신학 일변도의 입장만 제시하기보다는 비판적인 입장에 있는 호그의 입장도 같이 제시함으로써 이후 타 종교 선교의 대표적인 두 모델을 제시했다는 점에서 의의가 있다.

4. 성취신학에 대한 크래머 비평의 재평가

호그와 함께 성취신학의 주요 비판자는 화란의 선교학자 헨드릭 크래머(Hendrick Kraemer, 1888-1965)였다. 에딘버러대회 이후 한 세대가 지난 1938년 인도의 탐바람선교사대회에 이르러 성취신학의 공감적 기독교 메시지는 더 이상 공감을 얻지 못하게 되었다. 이는 당시 신학계를 지배하고 있던 칼 바르트의 영향력 때문었는데 바르트계 신학자인 크래머는 탐바람대회를 앞두고 쓴 책, 『비기독교 세계에서의 기독교 메시지』에서 성취신학을 강력하게 비판했다.

크래머 주장의 핵심은 서두에서 말했듯이 '성경적 사실주의'(Biblical Realism)인데 이것에 의하면 '자연'과 '은혜,' '이성'과 '계시' 사이에는 아무런 연속성이 없으며 오직 성경만이 모든 다른 종교들을 판단할 수 있는

'유일한' 하나님의 계시라는 것이다.[20] 또한 성경적 사실주의에서 강조되는 것은 '십자가에 못박히신 그리스도'인데, 사람들은 예외 없이 성경 말씀을 유일한 삶의 기준으로 제시하신 하나님의 뜻을 거절하고 도망함으로써 심판을 면치 못하게 되었다고 한다.[21]

따라서 크래머는 하나님을 찾는 힌두의 '추구'에서 하나님의 유일하고 참된 계시인 그리스도에 대한 '거절'과 '반역'을 발견한다. 이것이 성경적 사실주의이며 바로 여기에서부터 선교사 메시지와 선교 사역이 출발되어야 한다고 주장했다.

이러한 성경적 사실주의에 기초해 볼 때 모든 종교가 하나님의 계시의 도구가 될 수 있다고 말하는 성취신학은 설 자리가 없게 된다. 교리적인 면에서 비기독교 종교와 기독교 사이에는 어떤 유사점이나 접촉점도 인정되지 않는다. 설사 외견상 기독교 진리와 유사하게 보이는 것이 힌두교 안에 있다 하더라도 살아 있는 전체 종교 체계 중에서 일부 요소만을 인위적으로 떼어 내어서 그것이 접촉점이 된다고 말하는 것은 자의적이고 부적절하다고 말했다.[22] 그렇다고 해서 크래머가 접촉점 자체를 부정한 것은 아니었다. 그에 의하면 접촉점은 교리 사이의 공통점에 있다기보다는 선교사의 성품과 태도에 있는 것으로 본다.[23] 비기독교 종교인들과 그들의 삶에 대한 진정한 관심, 그리고 지속적인 관심만이 유일한 접촉점

---

20 H. Kraemer, *The Christian Message in a Non-Christian World*, 339-340.
21 H. Kraemer, *The Christian Message in a Non-Christian World*, 77.
22 크래머는 종교를 '전체주의적' 관점에서 본다. 즉 종교적인 삶과 표현이 상호 유기적으로 연결된 한 몸이라는 것이다. 그래서 모든 종교는 어떤 일부분이라도 떼어 내거나 분리해서 존재할 수 없는 실존적 통일체라고 여기는 것이다. 이런 관점에서 보면 종교적인 삶과 실존이라는 것을 도외시하고 교리적으로 어느 한 부분만을 떼어내서 이것이 힌두교라고 말하는 성취신학자들의 행태는 종교의 참된 이해와 거리가 먼 것으로 본다(H. Kraemer, *The Christian Message in a Non-Christian World*, 77).
23 H. Kraemer, *he Christian Message in a Non-Christian World*, 140.

이 되어 기독교 복음에 대한 문을 연다고 말하였다.

크래머의 입장은 슬레이터의 입장에 비해 전통적 성경관과 계시관에 충실한 점이 장점이다. 타 종교에는 구원과 계시가 없고 정죄와 심판만이 있으므로 기독교의 성경과 그리스도께로 개종해야 할 명확한 이유를 재확립했다. 문제점은 비기독교인에 대한 진정한 관심이라는 세련된 옷을 입기는 했으나 슬레이터 이전 세대의 대결적, 정죄의 메시지와 크게 다를 바가 없다는 것이다. 이런 메시지는 선교사 본국에서는 통할지 몰라도 기독교에 대해 적대적인 선교현장에서는 갈등과 충돌과 박해의 원인을 제공할 뿐이며, 박해가 무서운 것이 아니라 기독교에 대한 혐오감을 증대시킴으로 선교에 큰 장애를 만들 수가 있는 것이다.

더 근본적인 문제는 모든 자연계시를 부정하는 크래머의 입장이 과연 성경적인가 하는 질문이다. 고든 카넬 신학대학의 선교학 교수였던 티모시 테넌트(Timothy Tennent)는 어거스틴과 존 캘빈과 같은 종교개혁자들의 예를 들며 다원주의와 포용주의에 대해서는 타협할 수 없지만, 복음의 준비로서 일반계시에 대하여는 개방적인 태도를 가지는 것 역시 성경적, 교회사적으로 정당화될 수 있음을 주장한 바 있다.[24]

개혁주의 선교학자 중에 요한 바빙크(1895-1964)는 얼핏 성취신학이나 로고스론에 대해 반대하는 입장에 서 있는 것처럼 보인다. 그는 이교 신앙이 썩어지지 않는 하나님의 영광을 썩어질 인간의 형상으로 바꾸는 것으로서, 창조자에 대한 반역이며 불신앙으로 보았다.[25] 이 점은 바르트와 다를 바 없어 보인다. 그러나 이처럼 바빙크가 기독교 계시의 유일성

---

24 Timothy C. Tennent, *Christianity at the Religious Roundtable: Evangelicalism in Conversation with Hinduism, Buddhism, and Islam* (Grand Rapids: Baker Academic, 2002), 26.

25 J. H. Bavinck, 『기독교 선교와 세계문화』(*The Impact of Christianity on the Non-Christian World*), 권순태 역(서울: 성광문화사, 1987), 114.

과 구원 문제에 대해서는 타 종교와의 사이에 명백하게 선을 그으면서도, 일반은총이라는 측면에서는 타 종교와 문화 속에 유용하고 고상한 진리의 요소를 인정하고 이를 기독교 선교의 접촉점으로 적극 제시하는 것은 주목할 만하다. 그는 이방 나라의 철학자들에게 하나님의 신성에 관한 희미한 느낌이나 생각이 있는 것을 볼 수 있는데, 그것을 주신 분은 바로 하나님이라고 말한다. 그것은 '부스러기 지식,' 또는 '불완전한 지식'이기는 하나, 하나님을 더듬어 찾아 발견케 하는 것이며, 가장 멀리 떨어진 민족들에게까지도 자기를 증거하시는 하나님의 사역이라고 말한다.[26] 그는 기독교 신앙과 타 종교 사이의 관계에 대한 자신의 연구에서 이렇게 말한다.

> 우리는 로마서 1장에서 바울이 밝혔던 두가지 사상에서 출발해야 옳음을 분명히 깨닫는다. 거기서 우리는 하나님께서 태초부터 모든 사람에게 언제나 자신을 계시하셨음을 보았다. 하나님께서는 모든 사람에게 관심을 갖고 계신다. 하나님께서 감동시키지 않으신다면, 부처도 구원의 도리를 명상초차 하지 못하였을 것이다. 모하메드도, 하나님께서 그에게 관심이 전혀 없었더라면, 그의 예언적 증언을 한마디도 하지 못하였을 것이다. 어쨌든 모든 종교는 하나님의 침묵적 사역을 포함하고 있다. 인간은 언제나 하나님의 이 침묵적 사역을 억눌러 왔다.[27]

하나님이 "모든 시대, 모든 지역, 모든 사람에게 언제나 자신을 계시하

---

26 J. H. Bavinck, 『기독교 선교와 세계문화』, 114.
27 J. H. Bavinck, 『절과 모스크 사이의 교회』, 242-243.

시는 침묵적 사역"은 다음과 같다.

① 하나님이 우리 마음에 심은 종교의 씨일 수 있고,
② 그가 지으신 자연 만물을 통해 나타내 보이시는 영원하신 능력과 신성일 수가 있으며,
③ 부처와 무함마드와 힌두의 현자들을 통한 하나님의 자기 계시일 수 있다.

그러나 이것은 성경과 예수 그리스도를 통한 계시가 아니기 때문에 모두 일반은총의 영역에 속한다. 그는 이 일반은총을 이방 선교의 디딤돌로 사용할 것을 제안한다. 단어를 포함한 인간의 언어가 죄로 인한 오염 때문에 복음의 장애물이 될 수도 있지만 적절하게 사용하면 디딤돌이 될 수 있다는 것이다.[28] 그래서 바빙크는 아레오바고 연설에서 그리스 철학자들의 글을 인용한 바울 사도와 같이, 인도에서 사역하는 선교사는 고대 시인과 철학자들에 의해 씌여진 종교적이고 철학적 교훈에 대한 여러 책들을 자유롭게 사용하며 복음을 설명하면 유용할 것이라고까지 제안한다.[29]

결국 바빙크가 성취이론에 반대하는 것은 그리스 철학 또는 이방 종교를 구약 성경 수준의 계시로는 보지 않기 때문이요, 그들이 차이점보다는 유사점에 더 강조를 둠으로서 혼합주의의 위험에 빠질 것에 대한 두려움 때문인 것으로 보인다. 그러나 이방 계시가 부스러기 계시이기는 하지만 주신 분이 하나님이시요, 그러므로 그것을 디딤돌로 사용하여 복음을 전하되, 이방 문화를 파괴가 아니라 유지향상 시키면서 새롭게 변혁시

---

28 J. H. Bavinck, 『기독교 선교와 세계문화』, 56.
29 J. H. Bavinck, 『기독교 선교와 세계문화』, 58.

켜야 한다는 주장은 성취신학의 주장과 크게 다르지 않다.

5. 인도에서의 성취신학

크래머의 비판과 탐바람대회의 영향으로 비기독교 종교에 대한 선교사의 태도는 일부 예외적인 경우를 제외하고는 대체로 슬레이터 이전의 대결과, 정죄의 태도로 되돌아 간 것으로 보인다. 물론 1960년대 말 이후 종교 간 대화의 필요성이 부각됨으로써 비기독교 종교에 대한 공감적 메시지에 대한 이해가 다시 높아지고 성취신학에 대한 재평가 작업이 이뤄지기도 했다. 그러나 그것은 주로 가톨릭을 중심으로 한 학계의 분위기이고, 실제 선교 현장의 다수를 차지하는 보수적 선교사들의 경우 성취신학적 방법론을 채택하는 경우는 찾아보기 어려워졌다.

그러나 타 종교인에 대한 전도는 외국 선교사들만의 전유물이 아니고 현지 교회가 성장함에 따라 토착적인 예배, 토착적인 신학과 선교의 방법론이 대두하게 되었다. 인도의 경우가 좋은 예가 될 수 있다. 스코틀랜드 장로교 선교사로 19세기 인도 기독교회 가운데 많은 상층 카스트 출신 평신도 지도자와 목회자를 배출한 알렉산더 더프(Alexander Duff, 1807-1878)의 제자 가운데 가장 유명한 사람은 후에 성공회신학대학인 비숍칼리지의 교수가 된 끄리슈나 바너지(Krishna M. Banerjea, 1813-1885)이다.

바너지는 신학교 교수로 재직하는 동안에는 더프와 같은 입장을 견지했다. 그러나 은퇴 후 베다(Veda) 경을 연구하면서 1875년부터는 이전까지와는 다른 목소리를 내기 시작했다. 그것은 베다 경과 창세기의 창조, 타락, 홍수에 관련된 병행 구절을 비교해 가면서 베다 경에 나타난 제사 제도는 그리스도의 속죄 제도의 예표이며 그것이 기독교 신앙 안에서 성취되었다고 주장한 것이다.[30] 그는 창조주이자 희생 제물이 된 힌두의 신, 쁘라자빠띠(Prajapati)와 하나님의 어린양 예수 그리스도 사이의 유사점을 기초로 속죄주 그리스도에 관한 메시지를 전한 첫 번째 인도 기독교 지도자였다.

힌두 전도자 중에 대표적인 사람은 인도 기독교인 중 외부 세계에 가장 많이 알려진 사두 선다 싱(Sadhu Sundar Singh, 1889-1929)이다. 그는 극적인 회심과 금욕적인 삶, 복음 전도자로서 큰 성공과 같은 것들로 유명하지만 그보다 더욱 중요한 것은 그의 신학과 힌두에 대한 접근 방법이다. 그는 영원한 말씀의 빛으로 말미암아 비기독교 종교도 어느 정도 빛을 가지고 있으며, 그것이 사람들을 그리스도께로 이끄는 준비요 가정교사 역할을 한다고 보았다.

율법이 유대인들에게 한 역할, 플라토닉 철학이 헬라인들에게 한 역할은 바로 베다와 여타 힌두 경전이 인도인들에게 한 역할과 같다는 것이다. 힌두교에 대한 선다 싱의 다음 메시지를 읽어보면 그의 입장이 성취신학적 메시지와 놀라울 정도로 유사한 것을 발견할 수 있다.

> 하나님의 로고스 곧 그리스도의 계시는 신구약의 범위를 훨씬 더 넘어서 존재하는 것이다. … 비기독교 사상가들도 의의 아들에 의해 조명을 받아왔다. … 힌두교 안에도 아름다운 많은 것들이 존재한다. 그러나 최상의 빛은 그리스도로부터 온다. 하나님은 사람들의 갈망을 어느 정도는 채워 주시지만 완전한 만족은 오직 그리스도 안에만 발견되는 것이다. …

30　K. M. Banerjea, *The Arian Witness: or the Testimony of Arian Scriptures in Corroboration of Biblical History and the Rudiments of Christian Doctrine Including Dissertations on the Original Home and Early Adventures of Indo-Arians* (Culcutta: Thacker, Spink & Co., 1875), 134.

> 힌두교와 불교는 그동안 수로를 파오고 있었지만 그것을 채울
> 물은 가지고 있지 못했다. 이런 점에서 나는 그리스도로부터
> 살아 있는 생명수를 받아들일 준비가 되어 있다. 기독교는 힌
> 두교의 성취인 것이다.[31]

아빠사미(A. J. Appasamy, 1891-1975)는 40년 이상 인도 교회에서 작가요 학자요 목사와 주교로서 주도적인 역할을 한 인물로서, 인격신을 믿고 믿음의 구원관을 가진 힌두교의 박띠(Bhakti) 신앙으로 기독교 메시지를 표현한 대표적인 기독교 지도자였다. 그에 의하면 하나님은 세계와 사람 안에 로고스로 내재하시는 분이시다. 신앙을 가진 사람들은 희미하던 밝던 모두 그 빛을 본 사람들이다. 그러나 우리는 예수님 안에 보이는 모든 빛 중의 완전한 빛으로 나아올 의무를 가지고 있다. 왜냐하면 그 안에만 로고스가 온전히 거하기 때문이라고 말했다. 그는 하나님께서 영원한 로고스에 의한 계시를 주심으로 많은 힌두의 현자와 박띠 신자들 가운데 그리스도를 영접할 준비를 해왔다고 주장하며, 이것은 자신만의 견해가 아니라는 것을 다음과 같이 강조해 말했다.

> 인도에서 대부분의 기독교인들은 인도의 철학과 종교가 어둠
> 의 세력들에 의해 영감받은 것이 아니라, 때로는 명확히 때로
> 는 희미하게 보일지라도 하나님의 손길에 의해 인도함 받아온
> 것을 인정하고 있다.[32]

---

31 Friedrich Heiler, *The Gospel of Sadhu Sundar Singh* (Delhi, ISPCK, 1927), 149-151.
32 A. J. Appasamy, "An Approach to Hindus," ed., by T. D. Francis, *The Christian Bhakti of A. J. Appsamy: A Collection of His Writings* (Madras: CLS, 1992), 229.

라젠드라 다스(Rajendra Chandra Das, 1887-1976)는 인도 기독교 연구자 리처드(H. L. Richard)에 따르면 20세기 힌두 전도 역사 분야에서 논쟁의 여지가 없는 핵심적인 인물이다. 그는 인도 선교사협회(NMS)의 대표로 40년간 일했으며, 학생 운동 단체(SCM)와 주류 교회와 외국 선교단체와 기독교 아쉬람에서 골고루 활동한 경력이 있는 인물이다. 다스는 하나님이 자신의 조상들을 어두움 속에 그냥 내버려 두고 있었다고 보지 않았다. 모든 나라마다 진리의 파편과 신적인 등불과 사람들의 갈망이 시대마다 있어왔는데 그것이 모아지는 정점과 완성은 의의 태양이자, 하나님의 완전하고 최종적인 계시인 예수 그리스도 안에 있다고 했다.[33] 기독교와 힌두교의 관계에 대해서는, 그리스도는 힌두교 속에 진리의 파편과 선한 요소들을 파괴시키지 아니하고 모든 의로운 것과 아름다운 것을 성취시킨다고 주장했다.[34]

이상에서 인도 기독교 지도자들의 기독교 메시지를 보면 전반적으로 힌두교에 대한 공감적, 관용적 태도를 볼 수 있다. 그 이유는 힌두교 안에 하나님의 계시와 영감과 조명과 같은 로고스의 활동 또는 내재하시는 성령 하나님의 사역이 있다고 보았기 때문이었다. 그리고 그와 같은 계시를 기독교 복음 메시지 전달의 준비로 보았으며, 그것의 성취요 완성으로서 예수 그리스도를 제시하는 공통점이 있는 것을 발견하게 된다. 그들은 서구 선교사에 비해 전통적 신앙고백과 형식에 구애됨이 없이 힌두교의 용어와 사상을 도구로 해서 기독교 메시지를 전달하는 데 주저함이 없었다.

---

33 H. L. Richard ed., *R. C. Das: Evangelical Prophet for Contextual Christianity* (Delhi: CISRS, 1995), 81.
34 H. L. Richard ed., *R. C. Das: Evangelical Prophet for Contextual Christianity*, 124.

6. 나가는 말

이상의 재평가 작업을 통해서 에딘버러대회가 백 년이 지난 오늘날에 있어서 에딘버러대회의 주류 선교신학이었던 성취신학의 의의에 대해서 다음과 같이 정리할 수 있겠다.

첫째, 에딘버러대회의 선교신학을 만드는 데 공헌한 핵심 인물은 그동안 알려져 왔던 존 파커라기보다는 토마스 슬레이터로 보아 마땅하다. 파커에서 슬레이터로 대표자를 재인식하는 것은 매우 중요한 의미가 있다. 그것은 성취신학의 내용이 진화론에서 로고스신학으로 옮아가는 것을 의미한다. 그럼으로써 그동안 진화론과 관련지어 성취신학을 이해하고 비판했던 많은 내용들이 수정되고 재논의 되어야 할 필요가 생기게 된다. 성취신학이 진화론과 전혀 관계가 없다는 것이 아니라, 성취신학의 근거가 과학적 이론이 아니라 성경과 교부들의 신학으로 옮아감으로써 에딘버러 선교신학의 신학적 토대가 견고해지고, 그 신학적 방법론들을 오늘날 선교 현장에서도 지속적으로 사용할 적절한 근거를 얻게 된 것이 중요하다.

둘째, 에딘버러 선교신학의 핵심 논쟁이었던 유사점과 차이점의 문제는 오늘날의 선교에 있어서 타 종교에 접근하는 두가지 대조적인 모델을 제시했다고 본다. 때로는 선교사의 신학적 관점의 차이에 의해서, 또 때로는 선교의 대상이 되는 현지인의 관점을 고려해서 유사점이나 차이점 가운데 어떤 점을 특별히 강조하거나 먼저 사용할 수 있겠다. 그러나 기독교의 독특성을 포기해서도 안되지만 현지인들이 거부감 없이 받아들이기 쉽고 이해하기 쉽게 만드는 작업을 결코 포기해서는 안 될 것이다. 그 반대의 경우도 마찬가지이다.

셋째, 크래머의 에딘버러 선교신학의 비평은 치명적이었지만 그 시대의 주류 신학이 거하면서 그의 신학은 일반은총과 문화의 가치를 경시한 근본주의 신학으로 남게 되었다. 바빙크 같은 개혁주의자가 부처와 무함마드에게 주어진 하나님의 계시를 긍정하면서 그러한 것을 복음의 장애가 아니라 디딤돌로 사용할 것을 제안한 것은 그가 일반은총의 가치를 인식했기 때문이다. 일반은총이 주어진 목적이 주만성이 말한 대로 특별은총의 자리를 준비하기 위한 예비적 은총으로 본다면 이것은 준비와 성취를 말하는 성취론적 모델과 크게 달라 보이지 않는다.

넷째, 인도에서 자생적으로 일어난 성취신학의 강력한 영향력을 고려해볼 때, 혼합주의의 위험을 지나치게 의식하고 기존 서구신학을 표준으로 삼는 선교사들보다는, 도리어 현지인들이 성취신학의 가치를 인식하고 그것을 선교 현장에 유용한 도구로 사용하는 것을 보게 된다. 성취신학은 독특성과 친근성이라는 두가지 얼굴을 가지고 있기에 신학적 입장에 따라 선호할 수도 있고 부정할 수도 있다. 그러나 선교 현장에서는 이 두가지가 다 필요하다는 점이 성취신학의 최대 장점이고, 바로 이러한 이유 때문에 교부들의 시대에 사용했던 신학이 19세기와 20세기, 그리고 21세기에도 여전히 유용한 도구가 되고 있는 것으로 보인다.

참고문헌

1. 국문

고홍근. "인도 종파주의의 성격(1)." 「남아시아 연구」. 제8권 2호, 2003.
권순태 역. 『기독교선교와 세계문화』. 서울: 성광문화사, 1990.
안성호. "19세기 중반 중국어 대표자역본 번역에서 발생한 '용어논쟁'이 초기 한글 성서 번역에 미친 영향(1843-1911)." 「한국 기독교와 역사」. 제30호, 2009년.
이계절. 『인도에서 자전거 함께 타기 2: 선교 방법과 열매 사례』. 서울: 도서출판 퍼플, 2013.
이상규. "한국에서의 개혁주의 신학." 「역사신학 논총」. 창간호, 1999.
임희국. "한국의 성경번역사에서 일어난 신명 논쟁에 관하여," 46. 제8회 소망신학 포럼 공동과제: 3-2, 2008.
전인도 선교사회 연구위원회. 『한국 교회 인도 선교 백서』. 전 인도 선교사회, 2012.
전호진 역. 『절과 모스크 사이의 교회』. 서울: 성광문화사, 1983.
정승현. "우드베리(J. Dudley Woodberry)의 이슬람 선교 이론 연구." 「복음과 선교」. 제31집, 2015.
주만성. "일반은총의 진보적 작용에 대한 신학적 논쟁," 「대학과 선교」. 제8집, 2005.
진기영. "아바따와 성육신: 힌두 개념의 아바따에 대한 차카라이와 아빠사미의 기독론 비교 연구." 에딘버러대학교 석사 에세이. 2003.
_____. "인도 기독교인을 위한 끄리슈나의 역할: 파커의 불연속성과 우빠디아이의 연속성 논쟁." 에딘버러대학교 석사 에세이. 2004.
_____. "파커, 호그, 크래머의 관점에서 베단타 힌두전통과 기독교 복음을 연

관시키는 수단으로서 '성취신학'에 대한 비판적 평가." 에딘버러대학교 석사 학위 논문. 2004.
_____. "적인가 형제인가?: 슬레이터의 성취신학의 관점에서 보는 힌두교와 기독교 사이의 평화적 관계 수립." 버밍험에서 평화와 화해 학회. 2005.
_____. "라젠드라 찬드라 다스의 힌두 선교와 한국선교사의 과제." 서남아시아 선교사 대회, 2005.
_____. "힌두교에 대한 선교사 메시지: 인도에서 성취신학에 기여한 토마스 슬레이터 선교사의 공헌에 대한 비판적 연구." 에딘버러대학교 박사 학위 논문. 2009.
_____. "인도 오릿사 기독교인 박해와 향후 선교적 과제 2008년 사건을 중심으로."「선교신학」. 제20집 1권, 2009.
_____. "한국 교회의 인도 선교 패러다임 전환,"「선교신학」제23집 1권, 2010.
_____. "1910년 에딘버러 선교사대회 신학의 재발견."「선교신학」. 제23집, 2010.
_____. 인도 박띠 신앙에 대한 개혁주의 선교적 접근.「선교신학」. 제26집 1권. 2011.
_____. "알렉산더 더프 선교사의 유산." CMI 세미나. 2013.
_____. "로고스신학과 인도의 자신학 만들기." 권역별 선교 전략회의 (RCOWE). 2014.
_____. "쉬바신은 거룩한 신인가, 부패한 신인가?" 인도 뿌네 UBS 선교 학회, 2014.
_____. "총체적 선교의 관점에서 보는 윌리엄 캐리의 인도 선교 평가." 임희모 교수 정년퇴임 준비위원회 편.『생명봉사적 통전 선교 이해와 전망』. 서울: 도서출판 케노시스, 2015.
_____. "한국 교회의 인도 선교 33년과 다음 세대의 과제," 인도 선교 전략 포럼, 2015.
_____.『인도 선교의 이해(I)』. 서울: CLC, 2015.
_____. "시바파 힌두교에 대한 선교사 메시지 모델."『한국선교계간(KMQ)』. 14권 3집. 봄호, 2015.
_____. "인도 그릇의 관점에서 보는 인도 선교 역사." 인도 그릇 포럼. 2015.
_____. "인도 도시 중산층 선교 방법론." 찾아가는 인도 선교 세미나. 2015
_____. "힌두 선교와 예수 박타 모델."「복음과 선교」. 32권 2015.

_____. "안에서 보는 힌두교." 『나래하』. 2016
_____. "구루 쉬쉬야 관점에서 보는 인도인 제자 양성." 인넷 인도 선교 포럼. 2016.
_____. 『인도 선교의 이해(II): 인도 문화에 적합한 선교 방식의 탐구』. 서울: CLC, 2016.
채은수. "인도의 종교사상과 기독교 선교." 「신학지남」. 1986년 봄, 여름호 (통권 208호).
_____. "개혁주의 선교신학의 단초로서 어거스틴 사상." 「신학지남」. 296호, 가을 2008.
PCK. 『PCK 인도 선교 30주년 회고와 전망』. PCK 인도 선교사회, 2012.

2. 토마스 슬레이터의 저작

Jottings of a Tour in South India in May and June. Calcutta: Christian Spectator, 1873.
God Revealed: An Outline of Christian Truth. Being Sunday Afternoon Lectures Delivered to Educated Hindus. Madras: Addison and Co., 1876.
Religion and Morality, A Lecture and a Discussion. Bangalore:Tract and Book Society, 1876.
The Philosophy of Missions: A Present Day of Plea. London: James Clarke & Co., 1882.
"The Old and the New." *Madras Christian College Magazine.* 1883.
"Berkeley." *The Madras Christian College Magazine.* Vol. 1 Oct. 1883.
"Berkeleyanism, Materialism, Vedantism." *The Madras Christian College Magazine.* Vol. 1 Nov. 1883.
Keshab Chandra Sen & Brahma Samaj: Being a Brief Review of Indian Theism from 1830 to 1884: Together with Selections from Mr. Sen's Works. Madras: Society for Promoting Christian Knowledge, 1884.
"The Christian Mediation." *Madras Christian College Magazine.* 1885.
"Modern Thought and Missions." *Madras Christian College Magazine.* September 1885.

"Child Marriage and Enforced Widowhood." *Madras Christian College Magazine.* December 1886.

Keep Thyself Clean, Gospel Purity Association. 1887.

"How shall we preach to the Hindus? A Symposium." *Harvest Field* Vol. VII. No9. March 1887.

"The Political Power of Christianity." 1888.

The Law of Duty. 1889.

"Address about the New and Remarkable Movement in India." *The International Congregational Council*, London: James Clarke & Co., 1891.

"The Attitude of Missionaries Towards the Indian National Congress," *The Harvest Field*.March 1889, A paper read at the Bangalore Missionary Conference, 1889.

The Influence of the Christian Religion in History. London: the Religious Tract Society, 1892.

"A Remarkable Contrast between the Bible and the Vedas." *Harvest Field*, December 1892.

"The Present Religious Outlook of India." *The World's Parliament of Religions*, ed. John Henry Barrows, Vol. II, 1893.

"Concession to Native Ideas, Having Special Reference to Hinduism." *The World's Parliament of Religions*, ed. John Henry Barrows, Vol. II, 1893.

Studies in the Upanishads. London and Madras: The Christian Literature Society for India, 1897.

The Transmigration of the Soul. Madras Christian College Magazine. Vol. 15, 1897.

Transmigration and Karma. London and Madras: CLSI, 1898.

A Missionary Church. London: London Missionary Society, 1899.

"The Missionary Problem." *Harvest Field* XI, 1900.

"Early Christianity and Culture." *Madras Christian College Magazine* XVIII, 1900-1901.

The Higher Hinduism in Relation to Christianity: Certain Aspects of Hindu Thought from the Christian Standpoint. London: Eliot Stock, 1901.

"Transmigration." *Harvest Field*, Vol. XIII. No 1, January 1902 .

"God is Spirit." *Madras Christian College Magazine* XIV, 1901-1902.

"How to Reach the Educated Hindus Apart from the Higher Education in College." *Harvest Field*. XIV, 1903.

"The Attitude of Educated Hindus towards Christianity." *East & West* I, 1903.

"The Meaning and Supremacy of the Bible." *Harvest Field*, Vol. XV, No.3, March 1904.

Missions and Sociology. London: Elliot Stock, 1908.

"Modern Theology and Missionary Enterprise." *Harvest Field*, Vol. XI X, No. 11, November 1908.

Illusion… A Lecture Given in Bangalore and Bellary in 1908. London, Madras: Christian Literature Society, 1909.

"The Contribution of the Church in India to the World's Interpretation of Christ." Harvest Field, Vol. XXX, No. 3, March 1910.

The Problem of Pain and Life after Death. Madras and Colombo: Christian Literature Society for India, 1912.

"Religious Movements amongst Hindus in South India During the Decade." Vol. 1 Jul. 1883.

3. 영문

Abhishiktananda. *Guru and Disciple: An Encounter with Sri Gnanananda, A Contemporary Spiritual Master*. Delhi: ISPCK, 1990.

Addison, James Thayer. "The Changing Attitude toward Non-Christian Religions." *International Review of Mission*. Vol. XXVII, 1937.

Aghamkar, Y. Atul. *Insights into Openness: Encouraging Urban Mission*. Bangalore: SAIACS Press, 2000.

_____. "Paradigm Shift in Urban Mission in India," *UBS Journal* Vol. 2. No. 2, September, 2004.

Aghamkar, Y. Atul. Padole, Vishwas. *Christian Missions in Maharashtra: Retrospect and Prospect*. Bangalore: Tetrawpoi, 2010.

Aleaz, K. P. "The Theological Writings of Brahmabandhav Upadhyay Reexamined." *Indian Journal of Theology.* April-June, 1979.

_____. *Christian Thought Through Advaita Vedanta.* Delhi: ISPCK, 1996.

Allen, V. G. Alexander. *The Continuity of Christian Thought; a Study of Modern Theology in the Light of its History.* London, New York: Ward, Lock, 1884.

Alexander, Ellen. & Thomson, Robin. ed. *Walking the Way of the Cross with Our Hindu Friends.* Delhi: Grassroots Mission Publications, 2011.

Alphonse, Martin. *The Gospel for the Hindus: A Study in Contextual Communication.* Chennai: Mission Educational Books, 2001.

Anderson, Gerald. *Biographical Dictionary of Christian Missions.* New York: Simon & Schuster Macmillan, 1998.

Appasamy, A. J. *The Gospel and India's Heritage.* London and Madras: SPCK. 1942.

Aquinas, Thomas. *Summa Theologia.* Vol. 48, Blackfriars: Mcgraw-Hill Book Company. 1976.

Ariarajah, Wesley. *Hindus and Christians: A century of Protestant Ecumenical Thought. Currents of Encounter Series.* Vol. V. Michigan: Grand Rapids: William B. Eerdmans Publishing Company, 1991.

Arles, Siga. ed. *Emerging Challenges to Mission.* Delhi: ISPCK, 2012.

Arnold, Edwin. *The Light of the World; Or, the Great Consummation.* London: Longmans, Green and Co., 1893.

Baago, Kaj. *Pioneers of Indigenous Christianity.* Madras: Christian Literature Society, 1969.

Badham, Paul. *The Contemporary Challenge of Modernist Theology.* Cardiff: University of Wales Press, 1998.

Banerjea, Krishna Mohan. *The Arian Witness.* Calcutta: Thacker, Spink and Co., 1875.

Barr, James. *Biblical Faith and Natural Theology.* Oxford: Clarendon Press, 1993.

Barrows, John H. *The World's Parliament of Religions.* Vol. II. London: The Review of Reviews Office, 1894.

_____. *The Christian Conquest of Asia: Studies and Personal Observation of Oriental Religions*. New York: Charles Scribner's Sons, 1899.

Bassuk, Daniel E. "Six Modern Indian Avatars and the Ways They Understand Their Divinity." *Dialogue & Alliance*. Vol. 1. No.2, Summer: 1987.

Bavinck, J. H. *An Introduction to the Science of Mission*. Phillipsbur: Presbyteria & Reformed Publishing Co., 1960.

_____. *The Church Between Temple and Mosque: A Study of the Relationship Between the Christian Faith and Other Religions*. 1983.

Bearce, George D. *British Attitudes Towards India 1784-1858*. London, New York: Oxford University Press, 1961.

Bevans, Stephen B., Schroeder, Roger P. *Constants in Context A Theology of Mission for Today*. Bengalore: Claretian Publications, 2005.

Bharati, Dayanand. *Living Water and Indian Bowl: An Analysis of Christian Failings in Communicating Christ to Hindus*. Delhi: ISPCK, 1997.

_____. *Understanding Hinduism°* New Delhi: Munshiram Manoharial Publisher, 2005.

Bonk, Jonathan. *Missions and Money: Affluence As A Missionary Problem ... Revisited*. New York: Orbis Books, 2006.

Bosch, David J. *Transforming Mission Paradigm Shifts in Theology of Mission*. Maryknoll: Orbis Books, 1995.

Boyd, Robin H. S. *An Introduction to Indian Christian Theology*. 2nd ed. Madras: CLS, 1975.

Brockington, John. Hinduism and Christianity. Hampshire: The Macmillan Press LTD, 1992.

Caldwell, Robert. *The Relation of Christianity to Hinduism*. London: R. Clay, Sons, and Taylor, 1885.

Carey, Eustace. *Memoir of William Carey*. Boston: Gould, Kendall and Lincoln, 1836.

Chakkarai, V. *Jesus the Avatar*. Madras: CLS. 1932.

Chandavarkar, G. A. *A Manual of Hindu Ethics*. New Delhi: Rupa & Co, 2010.

Chandra, Bipan. *Communalism in Modern India*. New Delhi: Vikas Publishing House, 1984.

Clarke, Sathianathan, *Dalits and Christianity: Subaltern Religion and Liberation Theology in India*. Delhi: Oxford University Press, 1998.

Cox, James Leland. "The Development of A. G. Hogg's theology in Relation to Non-Christian Faith: Its Significance for the Tambaram Meeting of the International Missionary Council, 1938." Unpublished Ph.D Thesis. University of Aberdeen, 1977.

_____. "Faith and Faiths: The Significance of A. G Hogg's Missionary Thought for a Theology of Dialogue." Vol. XXXII. *Scottish Journal of Theology*. 1979.

Cracknell, Kenneth. *Justice, Courtesy and Love: Theologians and Missionaries Encountering World Religions, 1846-1914*. London: Epworth Press, 1995.

Daniel, J. T. K. and Hedlund, R. E. *Carey's Obligation and India's Renaissance*. Serampore: Council of Serampore College, 1993.

Daniel, Potts, E. *British Baptist Missionaries in India 1793-1837 The History of Serampore and Its Missions*. Cambridge: Cambridge University Press. 1966.

Das, R. C. "A Modern Apologetics for Hinduism." *The Pilgrim*. Vol. 3 No. 1. 1943.

_____. *Conviction of an Indian Disciple*. Bangalore: CISRS, 1966.

Dharmaraj, Jacob S., *Colonialism and Christian Mission: Postcolonial Reflections*. Delhi: ISPCK, 1933.

Duerksen, Darren. "Ecclesial Identities of Socioreligious 'Insiders': A Case Study of Fellowships among Hindu and Sihk Communities." *International Bulletin of Missionary Research*. Vol. 37. No.2, April 2013.

Duff, Alexander. *India, and Indian Missions*. Edinburgh: John Johnstone, 1839.

Fairbairn, A. M. *The Philosophy of the Christian Religion*. London: Hodder and Stoughton, 1902.

Farquhar, J. N. *Gita and Gospel*. Madras: Christian Literature Society, 1906.

_____. *The Crown of Hinduism*. London: Oxford Univ. Press, 1913.

_____. "The Relation of Christianity to Hinduism." *International Review of Missions*. Vol. III, 1914.

_____. *Modern Religious Movements in India*. London: Macmillian and Co., 1915.

Flood, Gavin. *An Introduction to Hinduism*. Cambridge, New York: Cambridge University Press, 1996.

Fowlekes, Dane W. *Developing A Church Planting Movement in India*. Unpublished Ph.D Thesis. University of the Free State. 2004.

Francis, T. Dayanandan. ed. *The Christian Witness of Sadhu Sundar Singh: A Collection of His Writings*. Madras: CLS, 1989.

Friedhelm, Hardy, *Viraha-Bhakti. The Early History of Krishna Devotion in South India*. Delhi: Oxford University Press. 1983.

Frykenberg, Robert E. ed. *Christians and Missionaries in India: Cross-Cultural Communication since 1500 with Special Reference to Caste, Conversion, and Colonialism*. London: Wm. B. Eerdmans Publishing Co., 2003.

Giri, K. "A Critical Study of the Teachings of the Five Popular Gurus Traditions in Contemporary Indian Society." *Sathri Journal*. Vol. 2. No. 2 December 2008.

Golwalkar, M. S. *We or Our Nationhood Defined*. Nagpur: Bharat Prakashan, 1947.

Grss, Andreas. ed. *Halle and the Beginning of Protestant Christianity in India*. Vol. II. Halle: Frankesche Stiftungen, Halle, 2006.

Hale, Chris. "Reclaiming the Bhajan." *Mission Frontiers*. June 2001.

Hedges, Paul. *Preparation and Fulfilment: A History and Study of fulfillment Theology in Modern British Thought in the Indian Context*. Oxford: Peter Lang, 2001.

Henderson, Lilian F. *The Cambridge Mission to Delhi*. London: Offices of the Mission, 1931.

Hiebert, Paul G. "Critical Contextualization." *International Bulletin of Missionary Research*.Vol.11. No.3, 1987.

Hoefer, Herbert E. *Churchless Christianity*. Madras: APATS, 1991.

Hoerschelmann, Wener. *Christian Gurus: A Study on the Life and Work of Christian Charismatic Leaders in South India.* Chennai: Gurukul Lutheran Theological College and Research Institute, 1998.

Hrangkhuma, F. & Kim, C. H. Sebastian. *The Church in India: Its Mission Tomorrow.* Delhi:CMS/ISPCK, 1996.

Hume, R. A. *Missions from the Modern View.* New York: Fleming H. Revell Co., 1905.

Hunsal, S. M. *The Lingayat Movement A Social Revolution in Karnatak.* Bangalore: Basava Samithi, 2004.

James, Emmanuel E. "Rethinking Christianity in India Today - An Evangelical Perspective". *Religion & Society.* Vol. 44. No. 4 December 1997.

Jones, John P. *India Its Life and Thought.* New York: Macmillan, 1908.

_____. "The Modern Missionary Attitude." *The Indian Witness.* Vol. XLIII, No. 22, 1912.

Jorgensen, Jonas Adelin. "Jesus Imandars and Christ Bhaktas: Report from Two Field Studies of Interreligious Hermeneutics and Identity in Globalized Christianity." *International Bulletin of Missionary Research.* Vol. 33, No.4 Oct. 2009.

Kannan, P. and S. "A Survey of Disciples of Christ from Non-Dalit Hindu Homes." *International Journal of Frontier Missions* 18:4. Oct-Dec, 2001.

Kapoor, Subodh. *A Short Introduction to Vaisnavism*, New Delhi: Indigo Book, 2002.

Keene, J. Calvin. "Ramanuja, The Hindu Augustine," *Journal of Bible and Religion*, Vol. 21. No. 1, Jan., 1953.

Kellett, Frederik William. *Christ the Fulfilment of Hinduism.* Publisher unknown. 1896.

Kim, Sebastian C. H. *In Search of Identity: Debates on Religious Conversion in India.* Oxford: Oxford University Press, 2003.

Klostermaier, K. Klaus. *Mythologies and Philosophies of Salvation in the Theistic Traditions of India.* Waterloo: Wilfrid Laurier University Press, 1984.

_____. *Hinduism: A Short Introduction*. Oxford: Oneworld Publications, 1996.

Kraemer, H. *The Christian Message in a Non-Christian World*. London: Edinburgh House Press, 1938.

Kretzmann, Norman & Stump, Eleonore. ed. *The Cambridge Companion to Aquinas*. Cambridge: Cambridge University Press. 1993.

Kuriakose, M. K. *History of Christianity in India: Source Materials*. Delhi: ISPCK, 1999.

Kuttianimattathil, Jose. *Practice and Theology of Interreligious Dialogue*. Bangalore: Kristu Jyoti Publications, 1995.

Laing, Mark. "Mission by Education: An Examination of Alexander Duff's Missiology and Its Outcome." *Banglaore Theological Forum*. Vol. XXXIV. No. 2. Bangalore: United Theological College, 2002.

Lampe, G. W. H. *God as Spirit*. Oxford: Oxford University Press. 1977.

Lefroy, George Alfred. *Missionary Work in India. Cambridge Mission to Delhi Occasional Papers No.12*, Cambridge: Cambridge University Press, 1887.

Lightfoot, Joseph Barber. *Historical Essays*. London: Macmillan and Co., 1895.

Lipner, Julius. *Hindus: Their Religious Beliefs and Practices*. London: Routledge, 1994.

_____. "Avatara and Incarnation". Re-visioning India's religious traditions. Delhi: ISPCK. 1996.

_____. *Brahmabandhab Upadhyay: The Life and Thought of a Revolutionary*. Delhi: Oxford university Press, 1999.

Lipner J. and G. Gispert-Sauch ed. *The Writings of Brahmabandhab Upadhyay*. Vol. 1, 2. Bangalore: The United Theological College, 1991.

Lott, Eric. *Vedantic Approaches to God*. London: The Macmillan Press LTD. 1980.

_____. "The Mythic Symbol Avatara in Indian Conceptual Formulations." *Dialogue & Alliance*. Vol. 1. No.2 1987.

Lovett, Richard. *The History of the London Missionary Society 1795-1895*. London: Henry Frowde Oxford University Press, 1899.

Lucas, Bernard. *The Empire of Christ: Being a Study of the Missionary Enterprise in the Light of modern Religious Thought*. London: Macmillan and Co. Ltd., 1907.

_____. "Not to Destroy, But to Fulfil." *Harvest Field*, Vol. XXXIV. No.12, 1914.

Mangalwadi, Vishal. *The World of Gurus*. Mumbai: GLS Press, 2009.

_____. *Why Are We Backward? Exploring the Roots Exploding the Myths Embracing True Hope*. New Delhi: Forward Press, 2013.

Marshall, P. J. ed. *The British Discovery of Hinduism in the Eighteenth Century*. Cambridge: Cambridge University Press, 1970.

Massey, James. "Oppressed Communities and the Role of the Church". *Gurukul Journal of Theological Studies*. Vol. XVI. No. 1 & 2 January & July 2005.

Matthew, A. *Christian Missions Education and Nationalism From Dominance to Compromise 1870-1930*. Delhi: Anamika Prakashan.

Matthew, Colin. ed. *The Nineteenth Century The British Isles: 1815-1901*. Oxford: Oxford University Press, 2000.

Mathew, C. V. *The Saffron Mission: A Historical Analysis of Modern Hindu Missionary Ideologies and Practices*. Delhi: ISPCK, 1999.

Maurice, F. D. *The Religions of the World: and Their Relations to Christianity*. London: Macmillan and Col, 1886 (first published 1847).

Maw, Martin. *Fulfilment Theology. The Aryan Race Theory, and the Work of British Protestant Missionaries in Victorian India*. Ph.D Thesis. University of Leicester, 1986.

Mcgrath, Francis. *John Henry Newman: Universal Revelation*. Tunbridge Wells: Burns and Oates, 1997.

Miller, David. "Sources of Hindu Ethical Studies: A Critical Review." *The Journal of Religious Ethics*. Vol. 9. No. 2, Fall 1981.

Mlecko, Joel D. "The Guru in Hindu Tradition," *Numen*, Vol. 29. Fasc. 1 Jul., 1982.

Mukerjee, Madhusree. *Churchill's Secret War: The British Empire and The Ravaging of India during World War II*. New York: Basic Books, 2010.

Mulla, D. E. *Principles of Hindu Law*. Vol. II. New Delhi: Butterworths, 2005.

Myers, Bryant, "Another Look at Holistic Mission: A Response." *Evangelical Missions Quarterly*. July: 1999.

Nagar, S. Lal trans. *Shiva Mahapurana*. Delhi: Parimal Publications, 2007.

Neill, Stephen. *A History of Christian Mission*. London: Penguin Books, 1991.

Monier-Williams, Monier. *Indian Wisdom*. London: Wm. H. Allen and Co., 1875.

_____. *Religious Thought and Life in India*. London: John Murray, 1883.

_____. *Modern India and the Indians*. London: Trubner and Co., 1887.

Muller, Friedrich Max. *Chips from a German Workshop*. London: Longmans, Green and Co., 1867.

_____. *Introduction to the Science of Religion*. London: Longmans, Green and Co., 1873.

Neill, Stephen. *Colonialism and Christian Missions*. London: Lutterworth Press, 1966.

Newman, John Henry. *Apologia Pro Vita Sua*. London: Fontana Books, 1864.

O'Connor, Daniel. *Gospel, Raj and Swaraj: The Missionary Years of C. F. Andrews 1904-14*. Frankfurt: Verlag Peter Lang, 1990.

Oliphant, Anderson & Ferrier. *Report of Commission VI*. Edinburgh and London: Fleming H. Revell Company, 1910.

O'Malley, Lewis S. S. *Popular Hinduism: The Religion of the Masses*. Cambridge: Cambridge University Press, 1935.

Otto, R. *Christianity and the Indian Religion of Grace*. Madras: CLS, 1929.

Pandey, Vinita. *Crisis of Urban Middle Class*. Jaipur: Rawat Publications, 2009.

Pandit, Bansi. *The Hindu Mind: Fundamentals of Hindu Religion and Philosophy for All Ages*. New Delhi: New Age Books, 2001.

Parrinder, Geoffrey. *Avatar and Incarnation: The Divine in Human Form in the World Religions*. Oxford: Oneworld Publications. 1997.

Pegis, C. Anton. *Basic Writings of Saint Thomas Aquinas*. Vol. 2. New York: Random House, 1944.

Peterson, Brian K. "The Possibility of a 'Hindu Christ-Follower': Hans Staffner's Proposal for the Dual Identity of Disciples of Christ within High Caste Hindu Communities." *International Journal of Frontier Missiology*. 24:2 Summer 2007.

Philoxenos, Isaac Mar. *Grace in Vaishnavism and Christianity*. Delhi: Intercultural Publications Publications, 1998.

Prabhavananda, Swami. *Srimad Bhagavatam The Wisdom of God*. Mylapore: Sri Ramakrishna Math, 2004.

Prasoon, Srikant. *Indian Saints & Sages from before Shankaracharay to Vivikanand*. Delhi: Hindoology Books, 2009.

Radhakrishnan, S. *The Hindu View of Life*. London: Unwin Books, 1971.

_____. *Indian Philosophy*. Vol. 1. New Delhi: Oxford University Press, 2008.

Rajagopalachari, C. *Mahabharata*. Bombay: Hindustan Cellulose & Paper Co., 1953.

Raj, Ebe Sunder. *The Confusion Called Conversion*. New Delhi: TRACI Publications, 1988.

Rajendran, K. A. *Critique of Twenty-five Years 1972-1997*. Bangalore: SAIACS Press, 1998.

Reardon, Bernard M. G. *Religious Thought in the Nineteenth Century*. Cambridge: Cambridge University, 1966.

Reese, Robert. "The Surprising Relevance of Three-Self Formula." *Mission Frontiers*. July August 2007, 27.

Richard, H. L. *Christ-Bhakti: Narayan Vaman Tilak and Christian Work among Hindus*. Delhi: ISPCK, 1991.

_____. *Das: Evangelical Prophet for Contextual Christianity*. Delhi: CISRS, 1995.

_____. "A Survey of Protestant Evangelistic Efforts among High Caste Hindus in the Twentieth Century." *Missiology: An International Review*. Vol. XXV. No. 4, October, 1997.

_____. "Evangelical Approaches to Hindus." *Missiology*. Vol. XXIX No. 3, July, 2001.

_____. *Exploring the Depths of the Mystery of Christ: K. Subba Rao's Eclectic Praxis of Hindu Discipleship to Jesus*. Bengalore: Centre for Contemporary Christianity, 2005.

_____. *The Christian Society for The Study of Hinduism, 1940-1956: Interreligious Engagement in Mid-Twentieth Century India*. Unpublished Ph.D Thesis of University of South Africa, 2011.

Robinson, C. H. ed. *The Attitude of Educated Hindus towards Christianity in the East and the West*. Vol. III, 1905.

Robinson, Rowena. *Christians of India*, New Delhi: Sage Publications, 2003.

Robinson, William. "How Shall We Preach to the Hindus?" *The Harvest Field*. Vol. VII. No. 9, March 1887.

Robson, John. *Hinduism and Its Relation to Christianity*. Edinburgh: William Oliphant and Co., 1874.

Sarma, D. S. *Hinduism through the Ages* Bombay: Bharatiya Vidya Bhavan, 1973.

Sauliere, A. *His Star in the East*. Madras: De Nobili Research Institute. 1995.

Schreiner, Susan E. *The Theater of His Glory: Nature and the Natural Order in the Thought of John Calvin*. Durham, North Carolina: The Labyrinth Press. 1991.

Sen, K. M. *Hinduism,* Middlesex: Penguine Books, 1961.

Sharpe, Eric J. *Not to Destroy But to Fulfill: The Contribution of J.N. Farquhar to Protestant Missionary Thought in India before 1914*. Uppsala: Almqvist & Wiksells Boktrycheri AB, 1965.

_____. *Faith meets Faith: Some Christian Attitude to Hinduism in the*

Nineteenth and Twentieth Centuries. London: SCM Press, 1977.

_____. "The Legacy of J. N. Farquhar." *Occasional Bulletin of Missionary Research*. Vol. III. April 1979.

_____. *Comparative Religion: A History*. La Salle: Open Court, 1991.

Smet, R. De. and Nener, J. *Religious Hinduism*. Bangalore: St. Pauls, 1997.

Smith, A. Christopher. "The Legacy of William Carey." *International Bulletin of Missionary Research*. Vol. 16, No. 1. January 1992.

_____. *The Serampore Mission Enterprise*. Bangalore: Centre for Contemporary Christianity, 2006.

Snell, Merwin-Marie. "Hinduism's Points of Contact with Christianity in Salvation." *The Biblical World*. Vol. 4. No. 2, Aug., 1894.

Stanley, Brian. *The World Missionary Conference, Edinburgh 1910* Cambridge: William B. Eerdmans Publishing Company, 2009.

Stokes, Eric. *The English Utilitarians and India*. Oxford: Clarendon Press, 1959.

Subbamma, B. V. "Smoothing the Paths: A Caste Hindu Tells Her Story." *Mission Frontiers*. January 2001 Special Issue.

Sunand, Sumithra. *Christian Theologies from an Indian Perspective*. Bangalore: Theological Book Trust, 1995.

Sugirtharajah, R. S. ed. *Asian Faces of Jesus*. London: SCM Press, 1993.

Sylvester, Jerome. *Kristbhakta Movement: Hermeneutics of a Religio-Cultural Phenomenon*. Dehli: ISPCK, 2013.

Tagare, Ganesh Vasudeo. *The Bhagavata-Purana*, Vol. 7. Delhi: Motilal Banarsidass Publishers, 1976.

Tandon, Nirmala. *Contemporary Indian Ethics*. Mumbai: English Edition, 2003.

Taylor, George P. "Fulfilment of Antithesis: Which?" *The Indian Witness*. Volume XLIII. #20, 1912.

Tennent, Timothy. *Building Christianity on Indian Foundations: The Legacy of Brahmabandhav Upadhyay*. Delhi: ISPCK, 2000.

_____. *Christianity at the Religious Roundtable: Evangelicalism in Conversation with Hinduism, Buddhism, and Islam*. Grand Rapids:

Baker Academic, 2002.

Thomas, P. T. *The Theology of Chakkarai with Selections from His Writings*. Madras: Diocesan Press. 1968.

Trench, R. C. *Christ the Desire of all Nations, or the Unconscious Prophecies of Heathenism*. Cambridge: Barclay and Macmillan, 1846.

Unnikrishna, C. "Shiva Worship Not a Religious Act: Income Tax Tribunal Says." *The Times of India*. March 16th, 2013.

Vandana, *Gurus, Ashrams and Christians*. Delhi: ISPCK, 2004.

Vivekananda, Swami. "Discipleship," *The Voice of India*. November 1946.

Walls, Andrew F. *The Missionary Movement in Christian History: Studies in the Transmission of Faith*. New York: Orbis Books, 1996.

Warrier, Maya. "Guru Choice and Spiritual Seeking in Contemporary India." *International Journal of Hindu Studies*. 7, 1-3 (2003).

Web, Clement C. J. *A Study of Religious Thought in England from 1850*. Oxford: Clarendon Press, 1933.

Westcott, B. F. *Christus Consummator: Some Aspects of the Work and Person of Christ in Relation to Modern Thought*. London: Macmillan, 1886.

Williams, Rowland. *Parameswara-Jnyana-Goshti: a Dialogue on the Knowledge of the Supreme Lord, in which are Compared the Claims of Christianity and Hinduism, and Various Questions of Indian Religion and Literature Fairly Discussed*. Cambridge: Deighton, Bell and Co., 1856.

Wilson, W. trans. *The Writings of Clement of Alexandria*. Edinbrugh: T. and T. Clark, 1867.

World Missionary Conference. *Edinburgh 1910. Report No. IV: "The Missionary Message in Relation to Non-Christian Religions."* Edinburgh: Oliphant, Anderson, and Ferrier. 1910.

_____. *World Missionary Conference Edinburgh 1910 Official Handbook*. Edinburgh: World Missionary Conference Office. 1910.

인도 선교의 이해(II)
Understanding of India Missions (II)

2016년 10월 31일 초판 발행

지 은 이 | 진기영

편   집 | 정희연, 이정희
디 자 인 | 이수정, 박슬기
펴 낸 곳 | 사)기독교문서선교회
등   록 | 제16 - 25호(1980. 1. 18)
주   소 | 서울시 서초구 방배로 68
전   화 | 02) 586-8761-3(본사) 031) 942-8761(영업부)
팩   스 | 02) 523-0131(본사) 031) 942-8763(영업부)
홈페이지 | www.clcbook.com
이 메 일 | clckor@gmail.com
온 라 인 | 기업은행 073-000308-04-020, 국민은행 043-01-0379-646
　　　　　예금주: 사)기독교문서선교회

ISBN 978-89-341-1589-2 (93230)

* 낙장·파본은 교환해 드립니다.

이 도서의 국립중앙도서관 출판시 도서목록(CIP)은 서지정보유통지원시스템 홈페이지(http://seoji.nl.go.kr)와 국가자료공동목록시스템(http://www.nl.go.kr/kolisnet)에서 이용하실 수 있습니다.
(CIP제어번호: CIP2016023448)